...SCHEN LANDE IM JAHRE 1640

RICARDA HUCH

Untergang des Römischen Reiches Deutscher Nation

DEUTSCHE GESCHICHTE
BAND 3

Mit einem Nachwort
von Gordon A. Craig

29 Holzschnitte
von Lisa Hampe

MANESSE VERLAG

ZÜRICH

Einleitung

Als Luther die Thesen niederschrieb und in den Kampf mit dem Papst geriet, dachte er nicht, eine Spaltung der Kirche, viel weniger des Reiches zu veranlassen. Die Reformation, welche um die Wende des Jahrhunderts angestrebt wurde und welche Luthers Wirksamkeit vorbereitete, hielt eine straffere Zusammenfassung der Reichsglieder durch Verstärkung der kaiserlichen Macht für das sicherste Mittel, der zunehmenden Willkür und Unordnung zu steuern. Auch Luther hatte eine hohe Meinung von der kaiserlichen Würde und scheute sich, das Ansehen des Kaisers zu erschüttern. Er sowohl wie sein Gegner, Kaiser Karl V., hielt an der nach mittelalterlicher Auffassung mit der Reichseinheit zusammenhängenden Glaubenseinheit fest, wenn auch jeder das Wesen des Glaubens anders faßte. Erst dadurch, daß sich mit dem religiösen Gegensatz, den Luthers Auftreten herbeiführte, politische Interessen verbanden und die Fürsten, die von jeher nach Unabhängigkeit vom Kaiser getrachtet hatten, ihre selbstsüchtigen Pläne mit einer Gewissenspflicht verwechseln konnten, kam es zur endgültigen Trennung. Wie sehr weltliche Interessen bei den Glaubenskämpfen des 16. und 17. Jahrhunderts mitwirkten, zeigt sich darin, daß die Parteien nicht rein nach dem Bekenntnis geschieden waren. Der Kampfpreis der Fürsten im Westfälischen Frieden war, wenn auch nicht die volle Souveränität, doch eine ihr ähnliche Selbständigkeit, das Recht, Bündnisse mit ausländischen Staaten zu schließen, und das Recht, das religiöse Bekenntnis in ihren Ländern zu bestimmen. Die kaiserliche Macht war durch den Friedensschluß und die darauf folgenden Wahlkapitulationen so geschwächt, daß auch ein energischer Kaiser, der seinen Willen ernstlich darauf gerichtet hätte, sich nicht zum Herrn des Reiches hätte machen können.

Langsam, aber unaufhaltsam vollzog sich die Auflösung des gewaltigen Körpers, der seinen Charakter als Haupt und Kern der christlichen Welt verloren hatte. Die mächtigen unter seinen Gliedern, die Territorialfürsten, suchten sich auf Kosten der benachbarten zu vergrößern, nur dann hielten sie zusammen, wenn es galt, den Kaiser an einer etwaigen Machtvermehrung im Reich zu hindern. An die Stelle der starken Bünde, die einst germanischer Gemeinschaftsgeist geschaffen hatte und die wiederholt Aufgaben des Reiches ausgeführt hatten, traten die Allianzen der Fürsten, nach den Bedürfnissen des Augenblicks auch mit ausländischen Mächten ohne Rücksicht auf Kaiser und Reich und meist mit dem Hintergedanken baldiger Trennung geschlossen. Es kam so, daß das Reich immer unterlag, daß die Schwachen stetig schwächer wurden und daß die Gewinne der Starken dem Ganzen nicht zugute kamen. Alles Bedeutende, was in den die äußere Geschichte Deutschlands im 18. Jahrhundert beherrschenden Kämpfen zwischen Habsburg und Hohenzollern geschah, kann das Gemüt der Deutschen nicht erheben, weil ihr tragisches Ergebnis war, Deutschland zu zerreißen.

Zerfiel das reichgegliederte, ruhmreiche Gebäude des Reichs, so war doch das Gefühl der Zusammengehörigkeit im deutschen Volke nicht erstorben, noch waren die Ideen erloschen, die einst heilig gehalten waren und allen vorangeleuchtet hatten. Aus den zerbröckelnden Trümmern, die ein Gegenstand des Hohnes der umgebenden Völker waren, erschwang sich die deutsche Musik, in unvergänglichen Formen das Unsterbliche des sterblichen Körpers bewahrend. Vom Gipfel ewiger Gleichnisse herab sich ergießend, ergriff sie das gesamte Geistesleben, die Dichtung folgte ihr. Hier war das Band der Überlieferung nicht abgerissen, hier lebte noch das Reich der Gerechtigkeit, das Gottesreich, die erhabene Idee, die dem Römischen Reich deutscher Nation eingebildet gewesen war. Nie ist einer untergehenden Epoche der Geschichte eines großen Volkes ein schöneres Schwanenlied gesungen worden.

Leviathan

«Meinst du», heißt es im Buch Hiob, «daß der Leviathan einen Bund mit dir machen werde, daß du ihn immer zum Knecht habest? Auf Erden ist ihm niemand zu gleichen und ist gemacht ohne Furcht zu sein.»

Diesem Leviathan der Bibel, dem Ungetüm, das dem Menschen seine Ohnmacht zum Bewußtsein bringen soll, wird der Staat als höchste Macht unter der Sonne gleichgesetzt. Es war ein Engländer, Thomas Hobbes, der das Bild in einem im Jahre 1650 erschienenen Buche gebrauchte. Er vergleicht den Leviathan Staat einem Menschen, einem riesenhaften, und folgert daraus, daß der Staat wie der Mensch nur eine Seele, einen Willen haben könne. Jede Existenz im Staate muß ihm untergeordnet sein.

Die Auffassung des Staates als einer einheitlichen Gewalt war nicht neu. Schon im 16. Jahrhundert hatten der französische Gelehrte Jean Bodin und im 17. Jahrhundert der französische Staatsrat Lebret gelehrt, die Staatsgewalt sei so wenig teilbar wie der geometrische Punkt. Der deutsche Staatsrechtslehrer Althusius, Professor in Herborn und Syndikus der Stadt Emden, gab etwa 40 Jahre vor Hobbes ein bedeutendes Werk heraus, in dem er gleichfalls die Staatsgewalt, von ihm Majestas genannt, als einheitlich und unteilbar auffaßte. Sie gehörte nach ihm dem Volke, welches sie auf eine regierende Person, sei es ein einzelner oder eine

Mehrheit, überträgt. Dem Regierenden gegenüber behält das Volk, der eigentliche Inhaber der Majestas, das Recht des Widerstandes, wenn er zum Tyrannen wird. Ein einzelner allerdings darf ihn nicht angreifen, absetzen oder sonst zwingen, wohl aber diejenige Behörde, welche, das Volk vertretend, sein Recht ausüben kann.

Den Deutschen war die Theorie von der unteilbaren Staatsgewalt fremd. Das vornehmste Staatsgebilde des Abendlandes, das Römische Reich Deutscher Nation, war ein Wahlreich, in dem die Regierungsgewalt oder Majestas zwischen dem Kaiser und den Fürsten, dem Reich im engeren Sinne oder den Reichsständen, geteilt war. Ähnlich war es in den einzelnen Ländern, die das Reich bildeten. Gelangten die Fürsten auch nicht durch Wahl, sondern durch Erbfolge zur Herrschaft, so war doch immer noch kenntlich, daß sie ursprünglich nur Inhaber einzelner Regierungsrechte gewesen waren. Sie teilten die Gewalt mit den Ständen, die ihnen meistens erst dann huldigten, wenn sie ihnen ihre Rechte eidlich gewährleistet hatten. Die Stände, fast immer aus Vertretern des Adels, der Geistlichkeit und der Städte, sehr selten auch aus solchen der Bauern bestehend, setzten sich für ihre eigenen Interessen ein, aber auch für die der Teile des Volkes, die nicht unmittelbar vertreten waren. Man nannte die Art des Staates, in dem die Regierungsgewalt zwischen Fürst und Ständen geteilt war, den Ständestaat. In den geistlichen Ländern des Reiches nahm die geistliche Körperschaft, welche den Bischof, Abt oder was für einen Herrn immer wählte, die Stelle der Stände ein. Auch das Haupt der Kirche, der Papst, wurde von den

Kardinälen gewählt; das Konstanzer Konzil hatte die Absetzbarkeit der Päpste erklärt und selbst einen Papst abgesetzt.

Wenn die Germanen sich rühmten, die Freiheit in das zusammenbrechende Römische Reich eingeführt zu haben, so durften sie es insofern tun, als sie keine Macht gelten ließen, die nicht durch das Recht veredelt gewesen wäre. Auch der mächtigsten Macht setzten sie die Schranke des Rechts. Die gewaltige Pyramide des mittelalterlichen Reiches war durch das Spiel miteinander ringender und sich ausgleichender Kräfte beseelt und dadurch als lebendiger Organismus gekennzeichnet. Kant sah das Wesen des Organismus darin, daß alle seine Glieder sowohl Wirkung erleiden wie Wirkung ausüben, zugleich Mittel und Zweck sind. Im Leviathan des Hobbes wirkt nur das Zentrum, die Staatsgewalt, auf untergeordnete Teile, ohne von ihnen Wirkung zu empfangen, er war also eine Maschine, wie auch Hobbes selbst ihn einen künstlichen Menschen nannte. Insofern manche seiner Zeitgenossen den Menschen überhaupt als Maschine betrachteten, kam diese Unterscheidung nicht in Betracht.

Der germanischen Auffassung wirkte von jeher die des antiken Staates entgegen und tat es mit größerem Nachdruck seit der Wiedergeburt des klassischen Altertums in Italien. Sie unterstützte die natürliche Neigung der Fürsten, ihre Macht zu vergrößern, wie sie denn schon im 15. Jahrhundert mit Hilfe ihrer juristisch gebildeten Räte den Grundsatz ins Feld zu führen wußten, jedem Landesherrn stehe es zu, die Herrschaft über seine Untertanen so zu handhaben, daß der Gehorsam ungespalten sei. Mit solchen Behauptungen hatte der Herzog von Tirol den Bischof von Brixen angegriffen, und die mächtige Kirche, der geistesgewaltige Nikolaus von Cusa, hatten schließlich den kürzeren gezogen. Darauf, die Kirche, die bisher so furchtbare Nebenbuhlerin des Staates, unschädlich zu machen, kam es Hobbes hauptsächlich an.

Kaum war nach der Reformation der alte Drache Kirche schwer verwundet in seine Höhle zurückgekrochen, so streckte der Leviathan Staat seinen züngelnden Kopf hervor. Wenn er besorgt vor Feinden war, so war er es am meisten vor jenem Drachen, dessen schweren Atem er noch spürte. Nie wieder durfte er ausbrechen, er mußte als verderblicher Giftwurm in der Erinnerung der Menschen fortleben, die Religion, in deren Namen er geherrscht hatte, mußte entwertet werden. Hobbes, der die Lehre von der Unteilbarkeit der Staatsgewalt so zum äußersten ge-

führt hat wie kein Staatsrechtslehrer vor ihm, bemühte sich denn auch, seinen Leviathan vor allen Ansprüchen der Kirche sicherzustellen. Die Kirche, sagt er, hat, da der Staat unteilbar ist, kein Dasein, das vom Dasein des Staates gesondert wäre, und kein eigenes Recht. Sie ist eine Einrichtung, die der Gesetzgeber nach dem Gesichtspunkt des Staatswohls gestalten und verändern kann. Staat und Kirche sind ihrem Wesen nach eins und müssen durch einen und denselben unteilbaren Willen dargestellt werden. Namentlich muß der Einfluß der Kirche auf den Unterricht gebrochen werden. Die Universitäten, die unter der Aufsicht des Papstes standen und eigentlich kirchliche Anstalten waren, müssen, verlangt Hobbes, dem Staate unterstellt werden. Ohne Religion soll das Volk nicht sein, aber der Staat bestimmt den Glauben, der ohne die Bestätigung des Staates Aberglauben wäre; der Staat legt die Bibel aus. Ketzer nannte man bisher diejenigen, die von den Lehren der Kirche abwichen, Ketzer ist nach Hobbes, wer eine andere Meinung hat als der Souverän. Wie alle Gelehrten seiner Zeit, ließ auch Hobbes den Staat durch Vertrag entstehen, aber mit dem Unterschied von anderen, daß er annahm, das Volk habe sich beim Vertrage aller seiner Rechte vollkommen entäußert, so daß den Untertanen in keinem Falle ein Recht auf Widerstand geblieben sei. Sie waren in seinen Augen keine juristische Person mehr, die ein Recht haben könne, sondern ein Haufe, eine Volksmenge. Der Leviathan allein ist im Besitze von Macht und Recht; er ist, nach Hobbes, wenn dieser auch zu vorsichtig war, um sich geradezu als Gottesleugner zu bekennen, der Gott auf Erden.

Es ist merkwürdig, daß der Verfasser des Leviathan ein Engländer war, ein Sohn des Landes, das bald als das freieste, das einzig freie in Europa gepriesen werden sollte. Auch wurden der Leviathan und andere Werke des Hobbes im Jahre 1683, vier Jahre nach seinem Tode, von der Universität Oxford verbrannt, während sie die deutsche Wissenschaft stark beeinflußten; Hobbes gilt neben Spinoza und mit mehr Recht als dieser als der Vater des Atheismus. Das gotterfüllte Geisterreich, an das der mittelalterliche Mensch geglaubt hatte, war in seinen Augen ein von listigen Priestern vorgetäuschtes Blendwerk. Für die moderne Wissenschaft war das Weltall ein Uhrwerk, das menschliche Herz eine Feder, alles Geschehen ein berechenbarer Ablauf.

Der Fürstenstaat

Ungefähr um dieselbe Zeit wie der Leviathan erschien in Deutschland ein Buch über den Staat, das die im Reich althergebrachte Auffassung zusammenfaßt und das bis ins 18. Jahrhundert viel gelesen wurde und großes Ansehen hatte. Der Titel des Buches hieß: Der teutsche Fürstenstaat, und sein Verfasser war Veit von Seckendorff, Kanzler des Herzogs Ernst von Sachsen-Gotha, eines der verdienstvollsten Fürsten seiner Zeit. Beide waren konservativ in dem Sinne, daß sie sich bestrebten, innerhalb der neuen, durch den Westfälischen Frieden geschaffenen Verhältnisse das gute Alte zu bewahren. Das Reich war ihnen eine lebendige, ehrwürdige Größe.

Gottlob, sagte Seckendorff, wissen wir in deutschen Landen von keiner solchen Macht, die von einem einzigen, der sich für den Obersten hielte, ausgeübt wird, einem einzigen, der mit oder ohne Recht die Gewalt hätte, alle anderen nach seinem Nutzen und Vorteil, nach seinem Willen und Belieben zu führen, ihnen bald dies, bald jenes anzuschaffen. Der Fürst hat nur die höchste Botmäßigkeit im Lande, weswegen die Untertanen ihm bei der Erbhuldigung schwören, ihm getreu, hold, gehorsam und gewärtig zu sein. Die Lehensleute lassen den Gehorsam aus.

Absolut ist der deutsche Fürst nicht, er ist nicht etwa nur Gott verantwortlich: es sind ihm Schranken gesetzt, und zwar zunächst durch Kaiser und Reich, denen die Fürsten gebührlichen Respekt zu leisten haben. Sie schwören Kaiserlicher Majestät und dem Reich denselben Eid wie ihre Untertanen ihnen, nämlich ihnen getreu, hold, gehorsam und gewärtig zu sein. Sie sind verpflichtet, die Reichsbeschlüsse zu beachten. Wenn sie ihre Untertanen in ihren Freiheiten und Privilegien beschweren, wenn der Landesherr, sagt Seckendorff, sich zu sehr mit Befehlen interessiert gemacht, können sie ihn vor den hohen Reichsgerichten zur Verantwortung ziehen. Die Fürsten haben den Vorzug, daß sie entweder vor ein Austrägalgericht oder vor das kaiserliche Hofgericht anstatt vor das Reichskammergericht geladen werden.

Nächst der Schranke, die den Fürsten von oben her durch Kaiser und Reich gesetzt ist, besteht von unten her die Schranke der Stände, nämlich der Vertreter des Adels, der Geistlichkeit und der Städte. Ihr wichtigstes Recht ist das der Steuerbewilligung. Ohne Einwilligung der Stände darf der Fürst neue Gefälle nicht erheben. Überhaupt werden die Steuern nicht wie Frondienste zwangsweise entrichtet, sondern es sind freiwillige, gutherzige Beiträge, weshalb sie in manchen Ländern Bethen, das heißt erbetene Einkünfte genannt werden. Auch über andere Dinge beratschlagt der Fürst auf den sogenannten Landtagen sich mit den Ständen, die Beschwerden oder Gravamina vorzubringen das Recht haben. Die vereinbarten Beschlüsse, die Abschiede, muß der Landesherr meistens bei der Erbhuldigung bekräftigen, ohne die Einwilligung der Landstände kann er nicht davon abweichen.

Sollte es in einem Lande keine Stände geben, so ist der Landesherr doch seinen Untertanen gegenüber an das gebunden, was ihnen seine Vorfahren etwa versprochen haben oder was dem guten alten Herkommen gemäß oder was in den Fundamentalgesetzen des Reiches festgelegt ist. Immer muß er ferner das landesübliche gemeine Recht im Auge haben, er darf kein neues, absonderliches und eigennütziges Recht oder vielmehr ungleiches und geiziges Beginnen einreißen lassen, sondern er muß sich alles dessen befleißigen, was christlich, billig, fürstlich und wohlanständig ist.

Schließlich aber, wenn auch alle diese Schranken nicht bestünden oder umgeworfen würden, sollte der Fürst dennoch seine Untertanen mit Sklaverei verschonen, ja er sollte, wenn er allein die Verantwortung trüge, um so mehr auf seine Räte hören, damit er nicht zuletzt alles auf seine Inklination stelle und dahin komme, sich für einen Gott zu halten. Jedenfalls ist ein deutscher Fürst gebunden an das göttliche, an das natürliche und an das Völkerrecht. Nach dem natürlichen Recht muß er seine Untertanen als Freigeborene behandeln, sie in ihrem Besitz und ihrer Habe belassen und ihnen Gerechtigkeit mitteilen. Nach göttlichem und natürlichem Recht muß er Verträge halten.

Das natürliche Recht, auf welches Seckendorff sich bezieht, war im Mittelalter und bis ins 18. Jahrhundert hinein wirkliches, geltendes Recht. Der Inhalt des göttlichen Rechtes war im Dekalog, den Zehn Geboten, enthalten. Die Übereinstimmung des natürlichen Rechtes mit dem göttlichen gründete sich auf die Worte, die Moses zum Volke sprach, als er ihnen seine Gebote ans Herz legte: «Denn das Gebot, das ich dir heute gebe, ist dir nicht verborgen, noch zu ferne, noch im Himmel, daß du möchtest sagen: Wer will uns in den Himmel fahren, und uns holen, daß wir's hören und tun? Es ist auch nicht jenseits des Meeres, daß du möchtest sagen: Wer will uns über das Meer fahren, und uns holen, daß wir's hören und tun? Denn es ist das Wort fast nahe bei dir in deinem Munde und in deinem Herzen, daß du es tust.» Ferner auf die Stelle im Römerbrief des Paulus über das Gewissen der Heiden: «Denn so die Heiden, die das Gesetz nicht haben und doch von Natur tun des Gesetzes Werk, dieselbigen, dieweil sie das Gesetz nicht haben, sind ihnen selber das Gesetz. Damit sie beweisen, des Gesetzes Werk sei beschrieben in ihren Herzen, sintemal ihr Gewissen sie bezeuget, dazu auch die Gedanken, die sich untereinander verklagen oder entschuldigen.»

Indessen glaubten nicht nur die Israeliten, sondern alle die alten orientalischen Völker an die göttliche Herkunft des Rechts, und auch die Griechen glaubten an das göttliche Recht als an ein Recht, das dem menschlichen vorangehe und nach dem sich das menschliche zu richten habe. Aristoteles, der von den mittelalterlichen Scholastikern hochgeschätzte Philosoph, hatte die Gerechtigkeit bestimmt als die dauernde Geneigtheit, jedem das Seinige – *suum cuique* – zu geben. Man unterschied geschriebene und ungeschriebene Gesetze. Die ungeschriebenen, die Gesetze Gottes und der Natur, die dem Menschen ins Herz geschrieben sind, gelten, so war die Lehre, zu allen Zeiten und für alle Länder und Menschen, sie sind ewig und unabänderlich, sie bilden die Grundlage für Gesetz und Recht des Staates. Ein Gesetz, das dem göttlich-natürlichen Recht widersprach, konnte keine Gültigkeit behaupten. In Fällen, wo das menschliche Gesetz nicht genügte, konnte es durch das natürliche Recht ergänzt werden, und man nannte es dann das billige Recht oder die Billigkeit, *jus aequum*. Da auch nach germanischer Anschauung das Recht göttlichen Ursprungs war, nahmen die Deutschen die kirchliche Lehre vom göttlich-natürlichen Recht leicht auf. Von dem *Suum cuique* ausgehend, welches, wenn man seinen Sinn entfaltete, mit den Zehn Geboten übereinkam, konnte man den Inhalt des Naturrechts bestimmen und faßte ihn zusammen als das Recht auf Freiheit und Eigentum, was jedem Menschen zustehe und worin er nur in Übereinstimmung mit dem gültigen Gesetz könne angetastet werden. Selbst Hobbes wagte nicht das Naturrecht zu leugnen, nur verklausulierte er es so, daß es tatsächlich in seinem Idealstaat nichts mehr bedeutete.

Das Völkerrecht wurde als Teil des natürlichen Rechts aufgefaßt. Obwohl es seinem Wesen nach nicht erzwingbar war, sah es Seckendorff doch als eine Art von Rechtsschranke an.

Verhältnismäßig wenig konnte damals schon die Kirche dem weltlichen Regenten entgegensetzen. Bei den Protestanten war es, sehr zum Bedauern mancher Theologen, selbstverständlich geworden, daß das obrigkeitliche Regiment sich auch auf die geistlichen Dinge erstreckte. Seckendorff meint, daß das auch bei den Katholiken der Fall sei, und führte zum Beweis den bekannten Ausspruch des Herzogs von Cleve an, er sei Papst in seinem Lande, und den des streng katholischen Herzogs Georg von Sachsen, er sei in seinem Lande selbst Papst, Kaiser und Deutschmeister. Immerhin, sagt er, seien auch in Sachen der Religion dem Fürsten durch die Reichsgesetze Schranken aufgerichtet. Er darf in seinem Lande mit Ausnahme der jüdischen keine andere als die christliche Religion zulassen, und zwar nur das katholische, das evangelische und das reformierte Bekenntnis. Er darf Christen, die von dem in seinem Lande geltenden Bekenntnis abweichen, nicht verjagen oder gar bestrafen, sondern er muß sie dulden oder unter Mitnahme ihrer Habe auswandern lassen. Daß er Glaubenssätze nicht ändern darf, versteht sich von selbst. Wenn er selbst zu einem anderen Bekenntnis übertritt, darf er seine Untertanen in dem einmal zugelassenen Glauben nicht beschweren, hat sie vielmehr darin zu beschützen.

Überblickt man diese staatsrechtliche Untersuchung, so spürt man noch etwas von der Erhabenheit und Harmonie der mittelalterlichen Auffassung. Für Seckendorff ist die Herrschaft ein von Gott verliehenes, rechtlich und sittlich gebundenes Amt. Nur Gott ist absolut. Der irdische Staat soll das Recht, das von Gott kommt, verwirklichen. Es scheint, als sei der Fürst im Reich durch Gesetz und Herkommen so vorsorglich eingehegt, daß er sich ein tyrannisches Regiment gar nicht anmaßen könne. Sieht man aber näher zu, so merkt man, daß der Verfasser, wie sehr er selbst auch von der Richtigkeit seiner Behauptungen und Argumente überzeugt ist, sich in der Verteidigung fühlt einem Angriff gegenüber, den die Verhältnisse begünstigen und der die Richtung der Zeit für sich hat. Vollends aus den Anmerkungen, die der Herausgeber einer neuen Auflage des Fürstenstaates im Jahre 1720 dem Werke beigefügt hat, kann man schließen, wie unsicher das alte Recht bereits geworden ist. Er bringt den alten Text, ohne seiner Geltung recht zu trauen. In den letzten hundert Jahren sei von den landesfürstlichen Rechten viel geschrieben worden, sagt er und meint, es sei eine fast gefährliche Frage. «Die unart der eigenwilligen herrschaft», heißt es, «hat allem ansehn nach der alten freyheit zuwider etliche *saecula* her mehr und mehr an vielen orten, auch in unserm vaterlande, zugenommen, allwo doch vor diesem mehrere freyheit gewesen, ja wo die freyheit ihren alten sitz gehabt und von denen poeten daher genennet ward *germanorum scythorumque bonum*.» Als Ursache der Veränderung wird angeführt die Strafe Gottes, die liebkosenden Höflinge und das Beispiel anderer Länder, wo das absolute Regiment herrsche. Das geht natürlich auf Frankreich. Bereits sei von Staatsrechtslehrern die Ansicht geäußert worden, daß sich das Recht der hohen Obrigkeit nicht dividieren lasse, daß es einheitlich und unumschränkt sein müsse und daß etwaige Privilegien der Untertanen der landesherrlichen Allmacht keinen Abbruch tun könnten. «Es steht dahin, wie weit mit dieser *subtilität in effectu* auszulangen. Manche fügen sich, manche nicht.» Daß Briefe und Pergamente keine festen Mauern sind, hatte die Erfahrung bereits bewiesen.

Stände und Städte

Nachdem die Fürsten die Zügel der kaiserlichen Oberhoheit im Westfälischen Frieden fast ganz abgeworfen hatten, gingen sie darauf aus, sich auch der von unten her durch die Stände ihnen gesetzten Einschränkung zu entledigen. Eine gewisse Nötigung, die produktiven Kräfte ihrer Länder ganz in ihre Hand zu bringen, lag für die Fürsten darin, daß Frankreich sich in dieser Richtung entwickelt hatte. Folgerichtig wäre es allerdings gewesen, wenn die Gewalt des Kaisers sich im selben Maße wie die des französischen Königs verstärkt hätte, aber das war ausgeschlossen durch die Eigenart der Reichsverfassung, durch die Vielstämmigkeit der Deutschen und ihre Neigung zur Selbstbehauptung der Einzelkräfte. Auf der Grundlage des Verhältnisses zwischen Oberhaupt und Gliedern, wie es sich einmal herausgebildet hatte, nahm die kaiserliche Macht ab, wie die des französischen Königs zunahm, während die deutschen Fürsten dem Beispiel des benachbarten Monarchen zu folgen versuchten. Das Abendland bildete so sehr eine Einheit, daß eine wesentliche Veränderung seines Charakters, die sich auf einem Punkte durchsetzte, allmählich das Ganze ergreifen mußte; meistens pflegte sie gleichzeitig an mehreren Orten aufzutreten. Die Zentralisierung der Macht vollendete sich zuerst in Frankreich; die Überlegenheit, die es dadurch erlangte, zeigte sich so deutlich und mit so verderblichen Folgen für Deutschland, daß die Landesherren darauf hingedrängt waren, dem Beispiel zu folgen, auch wenn es ihren persönlichen Neigungen und Bedürfnissen nicht entsprochen hätte.

An Kampf und Beraubung gewöhnt, begierig, für erlittene Verluste sich zu entschädigen oder erbeuteten Gewinn zu vermehren, waren die Fürsten nach dem Dreißigjährigen Kriege Raubtieren im Käfig ähnlich, die hungrig und grimmig die Stäbe entlang streichen und mit dem Schweif die engen Wände peitschen. Sie trachteten alle nach dem *miles perpetuus,* wie man damals sagte, nach dem stehenden Heer, das sich im Kriege so nützlich erwiesen hatte, mit dem sie äußere und innere Feinde bezwingen konnten; aber der *miles perpetuus* kostete Geld, sehr viel Geld, und das Geld befand sich in einem Beutel, den die Stände öffnen und verschließen konnten. Die Stände, in der Regel bestehend aus Vertretern von Adel, Geistlichkeit und Städten, waren ebenso friedliebend, wie die Fürsten kriegerisch waren; sie wußten, wie schwer das Geld zu beschaffen war, sie waren selbst auf die Abgaben der Untertanen angewiesen und sahen es ungern, wenn diese auch noch vom Staat ausgebeutet wurden. Ihre eigenen Interessen waren stark im Spiel; aber sie vertraten doch auch die des Volkes, wenn sie sich der Prachtliebe, der sinnlosen Verschwendung und der Kriegspolitik der Fürsten widersetzten. Diese bevormundenden Stände loszuwerden und durch unterwürfige Beamte zu ersetzen war der Wunsch aller Fürsten des 17. Jahrhunderts, und sie wurden darin durch ihre Beamten und Räte, namentlich soweit sie Juristen waren, unterstützt. Von jeher hatten die Juristen eine absolutistische Auffassung gepflegt, wie es ihrem Bildungsgange entsprach; die im Mittelalter so vielfach verflochtenen und zerstreuten Rechtstitel einem einzigen Prinzip, der landesfürstlichen Hoheit, unterzuordnen war ihrem im Studium des römischen Rechts geschulten Verstande einleuchtend und bequem. Die landesfürstliche Hoheit war ein Begriff, der, gerade weil er unbestimmt war, sich beliebig anfüllen und verwenden ließ.

Die seltene Einmütigkeit der Fürsten in diesem Punkte setzte im Jahre 1654 einen Reichsbeschluß durch, der die Stände verpflichtete, ihren Landesherren das nötige Geld zur Erhaltung ihrer Festungen und deren Besatzungen zu bewilligen. Damit war das Steuerbewilligungsrecht durchbrochen. Es genügte aber den Fürsten nicht, und sie versuchten einen neuen Reichsbeschluß durchzubringen, der die Stände anhielte, alles Geld, was von ihnen verlangt würde, «gehorsamlich und unweigerlich darzugeben», damit sie den Verpflichtungen nachkommen könnten, die ihnen aus dem im Westfälischen Frieden erworbenen Recht, Bündnisse mit inneren und auswärtigen Mächten zu schließen, erwüchsen. Schon glaubten sie sich am Ziele, als der Kaiser, in dessen Interesse es nicht lag, die Fürsten noch unabhängiger zu machen, das Zustandekommen des Beschlusses verhinderte. Erbittert darüber schlossen mehrere Reichsstände, darunter Kur-Brandenburg, ein Bündnis, in welchem sie sich Beistand gegen ihre Stände und Untertanen versprachen, falls diese sich ihren militärischen Ansprüchen widersetzen sollten. Sie waren entschlossen, jede Schranke ihrer Macht zu beseitigen.

Unter den deutschen Fürsten des 17. Jahrhunderts hatte keiner ein so machtgieriges Herz und ein so ausgeprägtes Herrscherbewußtsein wie Friedrich Wilhelm von Brandenburg, den die dankbaren Nachkommen den Großen Kurfürsten genannt haben. Seine Stände waren ihm nicht nur im Wege, weil sie seine Kriegsführung und die Vereinheitlichung seiner weit auseinandergelegenen Provinzen erschwerten, sondern auch weil sie das ihm angeborene Herrschergefühl verletzten. Wenn er sagte, die Untertanen sollten mit der Regierung nicht *a pari* konkurrieren, so stimmte das mit der neuen Theorie von der Einheitlichkeit der Staatsgewalt überein, entsprang aber zugleich seinem despotischen Charakter. Es gab wohl nach seiner Meinung Fürsten und Stände; aber die Stände waren Untertanen und mußten gehorchen. Daß ein Vertrag zwischen ihm und den Ständen bestehe, leugnete er. Seine Gewalt war ihm, behauptete er, von Gott verliehen, und nur Gott sei er verantwortlich. Die Stände ihrerseits meinten, gleichfalls von Gott geordnet zu sein, sie bildeten nach mittelalterlicher Auffassung ein *corpus mysticum,* dessen Haupt der Landesherr sei. Sie konnten sich darauf berufen, daß Friedrich Wilhelm beim Antritt seiner Regierung ihre Privilegien beschworen hatte, wohingegen er das Staatswohl anführte, nach dessen Erfordernissen er seine Gewalt gebrauchen müsse. Daß seine Ansicht vom Staatswohl die gültige sei, verstand sich von selbst. Zweifelsohne waren die Stände im Recht, wenn sie ihre Privilegien verteidigten, Unrecht hatten sie nur insofern, als der Geist der Zeit ihnen entgegen war und als sie selbst von ihm beeinflußt waren. Ihre Lage wäre besser gewesen, wenn sie ein breiteres, sicheres Fundament gehabt hätten; aber der Adel hatte das bürgerliche Element hochmütig zurückgedrängt, von den Bauern ganz zu schweigen. Den ernstesten Widerstand hatte der Kurfürst in Preußen zu besorgen. Hatte er im Jahre 1659 die polnische Oberhoheit abwerfen können, so war doch im Lande das Gefühl der Zugehörigkeit zu Polen noch nicht ausgelöscht. Auch rechtliche Bande gab es noch, insofern Polen die Rechte der preußischen Stände garantiert hatte. Adel und Städte hatten sich im allgemeinen bei der Verbindung mit Polen wohl gefühlt, sie liebten den Kurfürsten nicht, überhaupt reflektierten sie, wie sie sagten, wenig auf das deutsche Wesen. Seit der unglücklichen Schlacht bei Tannenberg hatte Preußen in keiner Verbindung mehr mit dem Reich gestanden, Polen war ihm vertrauter als Brandenburg.

Nicht alle Räte des Kurfürsten billigten sein rechtswidriges Verfahren im Verkehr mit den Ständen; denn schließlich waren sie auch Adlige und hatten Verständnis für die Interessen ihrer Schicht. Aber Friedrich Wilhelm griff durch; er erhob Steuern, die nicht bewilligt waren, und ließ sie mit Härte gewaltsam eintreiben. Träger des Widerstandes waren auf seiten des Adels Christian Ludwig von Kalkstein und auf seiten der Städte der Königsberger Schöffe Hieronymus Roth, ein ehemals begüterter Kaufmann, dessen Verhältnisse zurückgegangen waren. Er wurde in einem durchaus ungesetzlichen Verfahren zu ewiger Gefangenschaft verurteilt. Während des Prozesses und der langen Haft zeigte er würdigen Stolz, um Gnade zu bitten verschmähte er, weil er sich im Recht wußte.

Kalkstein flüchtete nach Polen und konnte nur durch Verrat in die Hände des Kurfürsten geliefert werden. Ein Adliger, Eusebius von Brandt, gab sich dazu her. Er spiegelte Kalkstein die Möglichkeit der Versöhnung mit dem Kurfürsten vor und lockte ihn damit auf preußisches Gebiet; später verbreitete er, Kalkstein sei aus eigenem Antriebe gekommen, um seine Frau zu besuchen. Friedrich Wilhelm ließ sein Opfer nicht nur hinrichten, sondern vorher, um geeignete Aussagen zu erpressen, foltern, was ganz ungesetzlich war. Wenn er sagte: Ich habe nichts Unbilliges begehrt, ich wollte nur Herr, und sie sollten Untertanen sein, so mag man annehmen, daß er bei dieser naiven Äußerung gutgläubig war. Daraus, daß nur zwei Männer sich ernstlich für die Sache der Stände einsetzten, ist ersichtlich, wie wenig Selbstbewußtsein mehr in ihnen war. Kalkstein und Roth waren die unglücklichen Vertreter von Körperschaften, in welchen der Lebenskraft einer aufkommenden Gewalt gegenüber nicht genügend Widerstandskraft mehr vorhanden war. Sie gingen zwiefach unter; denn die Nachkommen, die dem neuen Gestirn huldigten, schwiegen von ihnen oder schmähten sie, um den Sieger nicht zu beeinträchtigen. Sie mußten ihm gegenüber unrecht haben.

Die Kämpfe mit den Ständen zogen sich durch Friedrich Wilhelms lange Regierung hin. In Preußen, wo der Widerstand mit Anhänglichkeit an Polen verknüpft gewesen war, konnte er als Landesverrat nachdrücklicher als anderswo angegriffen werden; aber ihn mit einem Schlage auszurotten, gelang nirgends. In Kleve, wo die Selbstverwaltung viel fester eingewurzelt war als im Osten, wurden während des Großen

Kurfürsten langer Regierungszeit Landtage abgehalten. Auch in seinem Bestreben, sich ein ganz von ihm abhängiges Beamtenheer zu schaffen, war er nicht ohne Ausnahmen erfolgreich. Um die Beamten aus jedem Zusammenhang mit den Ständen und mit dem Interesse der Provinz zu lösen, besetzte er die Stellen nach Möglichkeit nicht mit Eingeborenen, wie es den Privilegien entsprochen hätte, sondern mit Fremden, Angehörigen anderer Provinzen, die als Ausländer empfunden und oft gehaßt wurden. Bei alledem gelang es ihm nicht, die Mitwirkung der Stände ganz auszuschließen.

Das allerwirksamste Mittel, den ständischen Adel in einen dienenden Hofadel umzuwandeln, waren die mit dieser Umwandlung verbundenen Vorteile, für die der Landesherr sorgte. Sie bestanden darin, daß dem Adel alle hohen und einträglichen Stellen im Heer und in der Beamtenschaft vorbehalten blieben und daß ihm die Bauern preisgegeben wurden. Man könnte meinen, es habe im Interesse der Fürsten gelegen, die gedrückten Bauern gegen Adel und Städte aufzuwiegeln und mit ihrer Hilfe diese Stände zu schwächen; allein der Gedanke einer derartigen Umwälzung lag ihnen fern. Sie wollten das Ansehen und die Macht des Adels erhalten, etwa noch vermehren, aber er sollte ihnen zur Verfügung stehen. Gerade weil er mächtig war, wollten sie sich auf ihn stützen. Ihn sich zu unterjochen und zugleich auf Kosten der schwächeren Stände zu stärken war ihre Politik.

Erst seit dieser Zeit waren die Bauern vollständig entrechtet, zum Teil eigentliche Leibeigene. Sie hingen von der Willkür ihres adligen Grundherrn ab, der die

Rechtsprechung über sie hatte, es gab für sie keine höhere Instanz, an die sie hätten appellieren können. Alle Übergriffe, die sich die Grundherren mit der Zeit im Verhältnis zu den Bauern herausgenommen hatten, die Ausbeutung, den unmenschlichen Druck, ließ der Kurfürst nicht nur geschehen, alles das wurde in vielen Paragraphen eines Landtagsabschieds den adligen Herren als ihr Recht bestätigt. Anstatt daß der Landesherr den Bauern hilfreiche Hand reichte, verdoppelte er ihre Bürde, indem er ihnen zu den übrigen noch die Militärlasten auflegte. Die Bürgerlichen unterstanden zwar nicht der Gerichtsbarkeit des Adels, hingen überhaupt in keiner Weise rechtlich von ihm ab, aber sie bildeten einen geringeren Stand und durften keine adligen Güter erwerben. Dennoch drangen zuweilen Bürgerliche in die höheren Staatsämter ein, wenn man ihrer Intelligenz und ihres Fleißes bedurfte; sie wurden dann geadelt, um der Ehre des Hofes fähig zu werden. Einigermaßen hoben sich die zünftigen Gelehrten von dem verachteten Kreis des Bürgertums ab.

In Österreich vollzog sich die Umwandlung des Staatswesens dem Charakter der Dynastie und der Bevölkerung entsprechend langsamer und weniger gewaltsam als in Preußen. Auch hier hatten die Stände im siebzehnten Jahrhundert das Bewußtsein ihres Rechts und das Gefühl ihrer Macht eingebüßt. Schon bei Leopolds I. Thronbesteigung wurde die Huldigung nur durch Abgeordnete und nicht mehr unter freiem Himmel geleistet; sein Sohn Karl leistete keinen Eid mehr, sondern versprach nur, die Privilegien zu halten. Bald in dem einen, bald in dem anderen Punkte gingen die Befugnisse des ständischen Adels in die Hände neugeschaffener fürstlicher Behörden über. Immerhin machte es sich geltend, daß die gesellschaftliche Stellung des österreichischen Adels nicht so leicht erschüttert werden konnte, daß auf die reichen und stolzen Familien, die den Thron umgaben, Rücksicht genommen werden mußte. Wenn es bald keine ständische Behörde mehr gab, die Statthalter, Gubernatoren, Oberstburggrafen und wie sie alle hießen, die nicht auch dem Landesherrn verpflichtet gewesen wäre, so erleichterte doch die unsichere Begrenzung der beiderseitigen Befugnisse den Ständen die Einmischung. Der Landesherr hatte in den militärischen Dingen die Oberhoheit, aber die Aushebung und die Verpflegung der Soldaten stand den Ständen zu, und in allen finanziellen Angelegenheiten hatten sie sogar den größeren Anteil der Rechte. In Ungarn vollends, wo die feudalen Verhältnisse noch herrschten und wo der Abfall beständig drohte, mußte man die mächtigen Magnaten schonen. Auch als ihre Unzuverlässigkeit Gelegenheit gab, mit blutiger Härte gegen sie vorzugehen, gelang es doch nicht, ihr Ansehen und ihren Einfluß ganz zu unterdrücken.

In Schwaben waren die ständischen Rechte im Besitz einer selbstbewußten, gewissenhaften, charaktervollen Bürgerschaft. Überhaupt hatte sich hier das ständische Wesen viel folgerichtiger als anderswo in Deutschland entwickelt und gesetzlich gefestigt, und wenn die Stände im erbitterten Kampfe mit despotischen Fürsten vorübergehend zurückweichen mußten, behaupteten sie sich doch in Ehren. Stände erhielten sich bis in die neuere Zeit in Sachsen und in Mecklenburg, wo die Ritterschaft sich nicht zum Segen des Landes ihrer Rechte bediente.

Als Staaten im Staate waren die Städte den Fürsten ein Dorn im Auge. Nach dem Beispiel, das sie ihnen in früherer Zeit gegeben hatten, suchten jetzt die Fürsten aus ihren Territorien abgeschlossene Wirtschaftsräume zu machen, und dabei waren ihnen die Städte mit ihren Zöllen und Stapelrechten im Wege. Wie hätte nicht auch der Reichtum der großen Städte und die Menge ihrer gewerbstätigen Einwohner und ihre Handelsbeziehungen die Fürsten anlocken sollen? Wagten sie sich nicht an den eigentlichen Reichsstädten zu vergreifen, machten sie um so mehr Jagd auf diejenigen Städte, die an Macht und Ansehen Reichsstädten glichen, auch sich als solche fühlten und gebärdeten, aber versäumt hatten, sich die Reichsstandschaft rechtmäßig zu sichern, in Zeiten, wo diese Würde Kosten mit sich brachte, ohne daß ein Gewinn damit verbunden zu sein schien. Zu diesen gehörte Magdeburg, das sich zur Zeit Karls V. durch Überzeugungstreue und Standhaftigkeit ausgezeichnet hatte und im Dreißigjährigen Kriege ein Opfer seines protestantischen Charakters geworden war; die Stadt hatte verdient, auf dem Friedenskongreß berücksichtigt zu werden. Wirklich brachten es die Bemühungen der protestantischen Mächte zuwege, daß ein Artikel des Westfälischen Friedensinstrumentes ihren Ansprüchen Rechnung trug. «Der Stadt Magdeburg», hieß es da, «wird ihre alte Freiheit und das Privilegium Ottos I. vom Jahre 940, obwohl es durch die Ungunst der Zeit verlorengegangen ist, von der Kaiserl. Majestät erneuert werden, ebenso das ihr von Ferdinand II. verliehene

Festungsprivilegium.» Die Erneuerung des sagenhaften Privilegs Ottos I. bedeutet jedoch nichts weiter als einen vorläufig aufgestellten Grundsatz, dessen Verwirklichung erkämpft werden mußte. Das zu früh triumphierende Magdeburg sah ein, daß es seine Anstrengungen fortsetzen, womöglich verdoppeln mußte, wenn es sein Ziel erreichen wollte. Niemand konnte seine Interessen besser vertreten als der Bürgermeister Otto von Guericke, dessen physikalische Untersuchungen und Entdeckungen ihm die Teilnahme der hohen Häupter sicherte. Wie fast alle wissenschaftlich begabten Menschen des 17. Jahrhunderts war er erfüllt von der Einsicht, daß nur Mathematik unumstößliche Wahrheitsbeweise bringen könne, dazu Erfahrung und Experiment im Gegensatz zu den flatterhaften Hypothesen. Seine Beobachtung der Luft führte ihn zu der Erfindung des Wettermännchens, eines Barometers, mit dessen Hilfe einmal ein Sturm vorausgesagt wurde, der Luftpumpe und der sogenannten Magdeburger Halbkugeln, mittels welcher er die Gewalt des Luftdrucks anschaulich machte. Es waren luftleer gemachte kupferne Kugeln von einer Elle im Durchmesser, die von 24 Pferden nicht auseinandergerissen werden konnten. Guericke verwandte seine Zeit und sein Geld am liebsten auf derartige wissenschaftliche Versuche; aber er war patriotisch genug, um einstweilen darauf zu verzichten und anstatt dessen als diplomatischer Vertreter seiner Stadt bei Kaiser und Reich für sie zu wirken. Dabei legte er seinen Ruf und seine Künste mit in die Waagschale und führte in Regensburg dem versammelten Reichstage das Schauspiel der Luftkugeln vor. Dem Kurfürsten von Mainz, Joh. Phil. von Schönborn, gefiel es so gut, daß er dem Bürgermeister seine Instrumente abkaufte. Auch das Wohlwollen des Kaisers Ferdinand III. und seines Sohnes und Nachfolgers erwarb er; aber er mußte erfahren, daß alle seine Reisen, sein Aufwand, sein Betteln und Antichambrieren sowie sein berühmter Name die Sache nicht vom Fleck brachten. Der Kaiser hatte nicht den Mut, dem Kurfürsten von Brandenburg entscheidend entgegenzutreten; denn dieser war es, der mit angeblichen Ansprüchen auf den Besitz Magdeburgs auftrat. Immerhin konnte derselbe auf dem Wege des Rechts auch nichts erlangen, und gegen den Weg der Gewalt sprachen sich seine Räte aus. Friedrich Wilhelm berief sich ihnen gegenüber auf das Staatswohl, das immer herhalten mußte: im Jahre 1666 zwang er die Stadt, eine Besatzung aufzunehmen und ihm zu huldigen, ihr blieb nichts übrig, als sich zu fügen. Otto von Guericke entging dem Verdacht nicht, er habe sich vom Kurfürsten bestechen lassen; denn dieser hatte sich für seine physikalischen Versuche interessiert und ihn in seinen Dienst gezogen.

Ungefähr um dieselbe Zeit unterwarf sich der Kurfürst von Mainz mit französischer Hilfe die Stadt Erfurt und versuchte Schweden, sich Bremen einzuverleiben; in beiden Fällen wäre Friedrich Wilhelm gern den Bedrohten zu Hilfe gekommen; aber das Bewußtsein seiner Absichten auf Magdeburg, das ihn gleichsam zum Mitschuldigen jener Missetäter machte, hielt ihn zurück.

Mit großer Standhaftigkeit wehrte sich die stolze Stadt Münster gegen ihren Bischof, am Ende aber doch vergeblich. Braunschweig, die mächtige Hansestadt, die früher die Zwietracht der welfischen Herzoge hatte ausnützen können, um ihre Freiheit zu erhalten, stand im 17. Jahrhundert nicht mehr abenteuernden Fürsten, sondern einer methodisch geschlossenen Staatsgewalt gegenüber. Einem Heer unter Führung des Grafen Waldeck, der damals im Dienst der welfischen Herren stand, konnte die von keiner Seite unterstützte Stadt auf die Dauer nicht widerstehen. Denn das war eben der Charakter der Zeit: Die Städte, die einst so fest zusammengehalten und sich gegenseitig Hilfe geleistet hatten, ließen einander im Stich und konnten einzeln besiegt werden; die Fürsten, die sich einst befehdet hatten und auch jetzt noch einander mißgünstig bekämpften, hielten zusammen, wenn es galt, eine Stadt zu unterjochen. Rettete sich eine bedrängte Stadt, wie das zum Beispiel dem tapferen Bremen, wie es Hamburg und Köln gelang, so geschah das, weil das eigene Interesse der benachbarten Mächte mit dem der Städte zusammenfiel. Die Hanse, die im Jahre 1669 ihre allerletzte Versammlung abhielt, hatte tatenlos zugesehen, wie sich Schweden und Dänemark, die nordischen Staaten, über die sie einst glänzende Siege erfochten hatte, sich ihrer stolzesten Glieder, Bremens und Hamburgs, zu bemächtigen suchten.

Es ist nicht anzunehmen, daß die deutschen Fürsten aus Scheu vor einem Rechtsbruch die eigentlichen Reichsstädte nicht anfochten; sie vermieden aber wohl den Rechtsbruch, weil er vermutlich zu einem ernstlichen Konflikt mit dem Kaiser und mit allen den Fürsten geführt hätte, die, weil sie leer ausgegangen wären, sich dem Kaiser angeschlossen hätten. So erhielten Nürnberg, Frankfurt, Hamburg, Lübeck, Bremen und noch viele andere, die zu unbedeutend waren, um begehrt zu werden, ihre Selbständigkeit und manche den alten Flor; Hamburg ging sogar inmitten allgemeiner Verarmung stetigem Wachstum, zunehmendem Reichtum und Ansehen entgegen. Im allgemeinen aber nahm der Wohlstand der einst so weitberühmten deutschen Städte ab. Er hatte auf den handeltreibenden und gewerbstätigen Bürgern, auf ihrer Wehrfähigkeit und ihrer politischen Macht beruht; Wohlstand und politische Macht waren durch den Krieg, der 30 Jahre lang währe, zugleich erschüttert. Waren sie immer noch begehrenswerte Vorratskammern für die geldlosen Fürsten, so war ihr Zustand mit der mittelalterlichen Blüte doch nicht zu vergleichen. Neben den neu entstehenden fürstlichen Territorien befanden sie sich in dem Nachteil solcher Gebilde, deren an sich gute und kräftige Organe mit der Umgebung nicht mehr zusammenpassen und deshalb verkümmern.

Kampf gegen das Haus Österreich

Von einem dritten Buch muß ich noch sprechen, in dem sich eine Tendenz der Zeit ausspricht. Im Jahre 1640, also während des Dreißigjährigen Krieges, erschien es unter dem Titel *Dissertatio de ratione status in imperio nostro rom.-germ.*, und als Verfasser nannte sich Hippolithus a Lapide. Unter diesem Namen verbarg sich Bogislaw Philipp von Chemnitz, der auf protestantischer Seite Kriegsdienste getan hatte und dann schwedischer Kanzler in Pommern wurde. Er war der Enkel eines berühmten Theologen. Man vermutet, daß die Schrift in Zusammenhang mit einer anderen stehe, die im Jahre 1635 herausgekommen war und ihren Zweck im Titel unverhohlen aussprach: *Quaestio odiosa sed notabilis de Remotione Austriacae Domus abs Imperiali dignitate* – peinliche aber wichtige Untersuchung über die Entfernung des Hauses Österreich von der Kaiserwürde. Das nämlich, die Niederwerfung des Hauses Österreich, ist der Kern der Abhandlung des Chemnitz, und der Verdacht liegt nahe, daß Schweden ihn angeregt hatte, um sein Schwert durch die Feder zu unterstützen.

Chemnitz behandelt seinen Gegenstand systematisch und gründlich: Der Gegner soll nicht nur als hassenswert, er soll als schuldig und strafwürdig hingestellt werden. Die Lehrer der Staatswissenschaft gingen damals von der Theorie des Aristoteles aus, es gebe drei Formen des Staates: Monarchie, Aristokratie und Demokratie, je nachdem die Staatsgewalt im Besitz eines einzigen, mehrerer oder des ganzen Volkes sei. Allerdings konnte Chemnitz nicht übersehen, daß diese Einteilung auf verschiedene Länder, zum Beispiel auf das Römische Reich, auf Holland, auf die Eidgenossenschaft, sich nicht anwenden ließ; aber er erklärt diese gemischten Formen für unzweckmäßig. Staaten gemischter Form, sagt er, beständen nicht lange oder wären dauernden Unruhen ausgesetzt, denn jeder Teil strebe nach der alleinigen Macht, was Kampf und Zwietracht zur Folge habe. Richtig charakterisierte er damit die eifersüchtigen Machtkämpfe zwischen dem Kaiser und den Ständen oder in Holland zwischen dem Statthalter und den Staaten. Wäre das nicht, meint er, würde die gemischte Regierungsform sogar die allerbeste sein; aber der Mensch sei nun einmal so, daß jeder sich anstelle, als sei es ihm nur um das Gleichgewicht zu tun, während er sich selbst erheben und die andern unterdrücken wolle. Aus diesem Grunde nannte er Staaten, in denen die Regierungsgewalt geteilt war, verdorbene Staaten, schalt sie gewissermaßen aus und erklärte das Römische Reich Deutscher Nation für eine Aristokratie. Das gab ihm die Möglichkeit, alle Zustände, Ereignisse und Handlungen im Reich, die den Charakter des Monarchischen hatten, für Übergriffe und widerrechtliche Anmaßungen des Hauses Österreich zu erklären. Wenn gewisse Staatsrechtslehrer, besonders katholische, das Reich als Monarchie angesehen wissen wollten, stellte er ihre Beweisführung als Faselei von Dummköpfen hin, oder er erklärte die Tatsachen, die für sie sprachen, als Überbleibsel alter Zeiten oder für eine Folge hochtönender zeremonieller Wendungen, der sich die Kanzleien zu bedienen pflegten, die aber nur Schein wären, nichts Wesentliches bedeuteten. Wie konnte denn, fragt er, das Reich, das eine Aristokratie sei, den Schein der Monarchie annehmen? Daran sei die Einführung des römischen Rechtes schuld. Die Juristen, die aus der unreinen Pfütze, der Mistjauche des römischen Rechtes geschöpft hätten, wendeten den Unrat auf das Römische Reich Deutscher Nation an, um es zur Monarchie zu erheben. Mit Recht lehnte Chemnitz die absolute Monarchie für das Reich ab; aber daß es ebensowenig eine Aristokratie im aristotelischen Sinne war, diese Einsicht hatte er wohl, er schob sie aber beiseite.

Nach der theoretischen Feststellung konnte er zur Anklage übergehen. Die Habsburger, meinte er, seien diejenige Dynastie, die von Anfang an danach gestrebt hätte, das Amt, das sie im Auftrage der Stände führte, in eine erbliche Macht zu verwandeln, die Schlangenbrut, die zu einer Zeit, als andere Dynasten schon herrschten und mächtig waren, als geringes Geschlecht aus dem Dunkel des Schwarzwaldes hervorgebrochen sei. Sie habe sich dabei der List sowie der Gewalt bedient. Zum Beispiel habe sie die Türkenkriege benutzt, um den Ständen Geld zu entlocken, das sie dann für eigennützige Zwecke gebraucht hätte, ja, sie hätte die Türken selbst zum Angriff gereizt, um sich dieses Vorwandes bedienen zu können. Ein anderer Kunstgriff sei die Gründung des Reichshofgerichts gewesen, wodurch sie sich der Gerichtsbarkeit im Reiche habe bemächtigen wollen. Als Vorbilder für den Kaiser stellte Chemnitz den Dogen von Venedig und den König von Polen hin und führte eine Stelle aus der Rede eines polnischen Magnaten beim Tode des Königs Sigismund von Polen, eines energischen, herrschsüchtigen Fürsten, an, daß die unter monarchischer Herrschaft gepfiffenen Trauerlieder der Sklaverei sich zu der Regierungsform eines freien Staates nicht schickten und daraus gänzlich zu verbannen seien. Der König von Polen sei nichts als gleichsam der Mund des Königreiches, der Mund aber dürfe sich nicht bewegen und kein Wort sprechen, als was aus dem Herzen des ganzen Körpers, nämlich der polnischen Magnaten, hervorgegangen sei. Diese Art der Machtverteilung, findet Chemnitz, sei dieselbe wie im Römischen Reich Deutscher Nation. Es klingt wie Hohn, wenn er sagt, so viel Macht, wie der polnische König habe, möge man dem deutschen Kaiser wohl gönnen.

Es versteht sich nach Chemnitz von selbst, daß die Reichsstände, welche im Vollbesitz der Regierungsgewalt sind, den Kaiser absetzen können. Die Absetzung des Hauses Habsburg, das ist es, was er mit seinem Buche bezweckt. Es ist mitten im Kriege geschrieben, ein Kampfmittel, und geht auf die Vernichtung des Gegners aus. Zu erörtern bleibt, ob die Entthronung ebenso ausführbar, wie sie nach Chemnitz rechtlich erlaubt und durch die Umstände geboten ist. Die habsburgischen Tyrannen, besonders Karl V. und Ferdinand II., haben es so weit gebracht, daß ihr Geschlecht ohne Anwendung von Gewalt nicht gestürzt werden kann. Deshalb ist es vor allen Dingen nötig, daß die Fürsten fest zusammenhalten. Chemnitz sieht ein, daß die Kaiser aus dem Hause Österreich auch nicht den Schein der Macht, geschweige denn die Macht, über die sie wirklich verfügten, hätten erlangen können, wenn nicht die Kurfürsten sie immer wieder gewählt und wenn nicht alle Fürsten durch ihre gegenseitigen Zwistigkeiten, vor allem aber durch die Kirchenspaltung, sich selbst geschwächt und den Kaisern Gelegenheit zu Übergriffen gegeben hätten. Deshalb müsse zuallererst Einigkeit unter sämtlichen Fürsten hergestellt werden. Daß man um Religion zu kämpfen vorgebe und teilweise auch glaube, sei wiederum eine List des Hauses Habsburg, das dadurch mächtige katholische Staaten auf seine Seite gezogen habe. In Wahrheit handle es sich nicht um Religion, sondern darum, ob die Reichsstände, die Fürsten, Leibeigene des Kaisers werden sollten oder ob sie ihre edle Hoheit und Freiheit wiedererlangen könnten. Wenn sie nur den Vorwand, als kämpften sie um die Religion, fallenließen, könnten sie das um so eher, als die Kronen von Frankreich und Schweden bereit wären, sie mit ihren Waffen zu unterstützen. Vereint mit dem alten unauslöschlichen Haß Frankreichs und dem neuen Schwedens könnten die Fürsten das Haus Habsburg mit den Wurzeln ausgraben.

Allerdings entsteht die Frage, wer dann Kaiser werden soll? Der Grund, weshalb die Kurfürsten immer wieder Habsburger wählten, war eben das, was man fürchtete: die Macht dieses Hauses. Da die Kaiser ihre Domänen und das Reichsgut längst verschenkt hatten, verfügten sie als solche über kaum nennenswerte Einkünfte; nur ein mächtiger Reichsstand, meinte man deshalb, könne die Last der Kaiserkrone tragen. Chemnitz weiß einen Vorschlag zu machen, wie es künftig möglich werden solle, bei der Kaiserwahl einzig auf die guten Eigenschaften des zu Erwählenden zu sehen: Man entreiße den überwältigten Habsburgern ihre Erblande und versehe daraus den jeweiligen Kaiser mit den Mitteln, seinen Stand zu erhalten. Sollte dies Ziel erreicht werden, mußte das Haus Habsburg in der Tat mit den Wurzeln ausgerottet werden.

Wie in allem, was er anführte, hatte Chemnitz ein wenig Recht und viel Unrecht auch in der Frage, ob der Krieg, der geführt wurde, ein Religionskrieg sei oder nicht. In einem Kriege, der, als das Buch erschien, bereits 22 Jahre gedauert hatte, war die gegenseitige Feindschaft tief eingefleischt: Jeder hatte ein triefendes Schwert in der Hand und sah durch Blut. Man erkannte nicht mehr klar, um was es ging, man haßte und tötete blindlings den Gegner; aber im ganzen waren sich doch alle, mochte auch die alte Frömmigkeit geschwunden sein, ihres Bekenntnisses bewußt. Immerhin waren die Parteien nicht streng nach dem Glauben geschieden, und wenn es auch hauptsächlich Protestanten waren, die die Gesinnung des Chemnitz teilten, so waren doch auch Katholiken Feinde des Hauses Habsburg oder sahen wenigstens seine Macht mit Sorge und Eifersucht. Im allgemeinen herrschte nach dem Kriege im ganzen Reich außerhalb der österreichischen Erblande eine ablehnende Stimmung gegen den Kaiser, wenn sie auch nicht zu dem erbitterten Hasse gesteigert war, den die Dissertatio des Hippolithus a Lapide zu verbreiten suchte.

Brandenburg

Ganz in der Atmosphäre des Buches von Chemnitz, hatte er es nun gelesen oder nicht, lebte der junge Graf Georg Friedrich von Waldeck. Seinem Tatendrange genügte sein Ländchen nicht, es wurde ihm eng und dumpf zumute, wenn er sich dort aufhalten und mit den Nöten seines durch den Krieg ausgesogenen, verarmten Gebietes herumschlagen mußte. Er hatte in Holland Kriegsdienst getan; das war die hohe Schule für diejenigen jungen Fürsten und Adligen, die einst selbst Armeen anzuführen hofften. Als der junge Kurfürst Friedrich Wilhelm von Brandenburg, der im Jahre 1640 die Regierung angetreten hatte, ihn in seinen Dienst zu ziehen wünschte, griff er zu. Wie so manches Mal staatsmännisch begabte Männer ihre

Kraft im Namen eines Teilhabers ausüben, der den Titel und die Macht hat und den sie mit ihrem Genie beseelen, ahnte er in Brandenburg die Möglichkeit, Taten zu tun, wie sie ihm vorschwebten. Man kann es merkwürdig finden, daß er Hoffnungen auf einen Staat setzte, der sich im Dreißigjährigen Krieg besonders unkräftig gezeigt hatte und durch Preußen Vasall Polens war, der Pommern mit dem Seehafen Stettin an Schweden hatte abtreten müssen und dessen Bewohner arm und roh waren. Die Umstände waren es, die Brandenburg darauf hinwiesen, protestantische Vormacht zu werden. Pfalz und Sachsen, die die Führung der Protestanten vor dem großen Kriege gehabt hatten, waren zurückgegangen, Pfalz war ein notdürftig zusammengeflicktes Ländchen geworden, das nur eben seine Selbständigkeit behauptete, Sachsen hatte durch seine zum Kaiser hinneigende unentschlossene Politik an Ansehen eingebüßt; so wurden die Blicke der Protestanten auf Hannover und Brandenburg gelenkt. Der junge Friedrich Wilhelm, Kurfürst von Brandenburg, ließ sofort merken, daß er die Absicht hatte, die Macht seines Landes zu erhöhen. Der kaiserliche Gesandte Lisola, ein scharfsichtiger Beobachter, sagte von ihm, er sei nicht bedeutenden Geistes, habe aber den Wunsch, als ein großmütiger Fürst dazustehen; auf einen so gearteten Herrn konnte Waldeck Wirkung ausüben zu können hoffen. Sie waren gleichaltrig, es gelang Waldeck bald, des Kurfürsten Gunst, ja seine Neigung zu gewinnen.

Die Anfänge von Friedrich Wilhelms Politik waren ein vollständiger Fehlschlag. Zwei Aufgaben waren es, die er sich gestellt hatte: das rheinische Fürstentum

Jülich-Berg und das schlesische Fürstentum Jägerndorff sich anzueignen, auf die er Ansprüche zu haben glaubte. In das Herzogtum Cleve hatten sich beim Aussterben des Cleveschen Hauses der Kurfürst von Brandenburg und der Herzog von Neuburg geteilt, so daß der erstere Cleve, Mark und Ravensberg, der andere Jülich-Berg erhielt; jeder von beiden behielt sich aber im stillen vor, das Ganze sich anzueignen, wenn sich Gelegenheit böte. Jägerndorff, wozu noch einige andere schlesische Landesteile kamen, war im Besitz des Kaisers, der den brandenburgischen Anspruch nicht anerkannte und nicht im Sinne hatte, auf die ihm besonders wertvolle Provinz zu verzichten; aber die Brandenburger rückten unermüdlich damit auf, wie es die Fürsten zu tun pflegten, um einen einmal erhobenen Anspruch nicht erlöschen zu lassen. So sehr erfüllten diese Pläne namentlich des Kurfürsten Herz, daß er es unternahm, nicht lange nachdem unter unsäglichen Mühen der Westfälische Friede zustande gekommen war, Jülich-Berg mit Waffengewalt dem Herzog von Neuburg zu entreißen. Dieser mit unzureichenden Mitteln und im unglücklichsten Augenblick gewagte Friedensbruch hatte zur Folge, daß Friedrich Wilhelm einen beschämenden Rückzug antreten mußte und in den Ruf unbezähmbarer Ländergier geriet.

In Waldecks Augen war die kurfürstliche Politik altfränkisch, unfruchtbar, einseitig; er hatte höhere, umfassendere Ziele. Im Grunde kam es ihm auf Vernichtung des Hauses Habsburg und Erhöhung des Hauses Hohenzollern an. Des Reichsgrafen Gedanken waren auf das Wohl und Wehe des Reiches, die des

Kurfürsten nur auf sein eigenes Territorium gerichtet. Wie Chemnitz sah Waldeck im Hause Habsburg den allgemeinen Feind. Die Leidenschaften des großen Krieges brannten noch in ihm, er war überzeugt, daß der Kaiser, wenn er könnte, die Protestanten ganz unterdrücken würde. Grade wie es bei Chemnitz ausgeführt wurde, sah er die Rettung in der Verbindung aller Reichsstände, der protestantischen und der katholischen, gegen das verderbliche Haus Österreich. Die Kombination des großen Krieges, daß die antiösterreichische Partei Schutz bei Frankreich, namentlich aber bei Schweden suchte, war ihm selbstverständlich. Eine möglichst starke Allianz im Reiche zustande zu bringen, deren Spitze gegen den Kaiser gerichtet wäre, wenn das auch nicht ausgesprochen werden durfte, das war sein nächstes Bestreben; das Haupt der Allianz sollte der Kurfürst von Brandenburg sein. Der Kurfürst, das war er selbst. Er fühlte die Kraft in sich, Führer im Reich zu werden, an die Stelle des tyrannischen Hauses Österreich zu treten, vielleicht tyrannischer als dieses. Ein jeder, hatte Chemnitz geschrieben, behauptete, für das Gleichgewicht der Kräfte zu arbeiten, während er danach trachtete, sich selbst zu erheben und die andern zu unterdrücken. Das würde sich Waldeck kaum eingestanden haben; in Brandenburg sah er einen entwicklungsfähigen Staat, einen nach Großem strebenden Fürsten, hier konnten gewandte, nervige Hände mit Erfolg das Steuer ergreifen. Es gab freilich viel Arbeit, kleinliche, mühsame Arbeit, bevor das Ziel erreicht werden konnte. Zuerst mußte er des Kurfürsten Seele gewinnen und seine bisherigen Räte entweder auf seine Seite bringen oder stürzen, dann die Fürsten und Räte der andern Staaten zum Abschluß der Allianz bewegen, wobei er darauf achten mußte, daß sie die Absicht des Kurfürsten auf eine beherrschende Stellung nicht merkten. Alles das getraute Waldeck sich zu erreichen. Wirklich gelang es ihm, diejenigen Räte, auf die Friedrich Wilhelm bisher gehört hatte, zu überstimmen. Sie waren gut protestantisch; aber sie standen auf dem Boden der alten Reichsverfassung. Ein Staat wie Brandenburg, meinten sie, könne nur in Verbindung mit anderen, mächtigeren sich erhalten, entweder im Bunde mit dem Auslande oder mit dem Kaiser, das letztere sei das natürliche, empfehlenswerte. Die einstige Kraft und Herrlichkeit des Reiches komme nicht wieder; aber man könne doch die jetzige Verfassung erhalten. Danach müsse man streben, daß Kaiser und Kurfürsten miteinander das alte Gebäude im Stande hielten. Waldeck hoffte im Gegenteil, der Kaiser werde, obwohl ihm das durch den Westfälischen Frieden und durch die letzte Wahlkapitulation verboten war, Spanien gegen Frankreich unterstützen; denn der Krieg zwischen diesen beiden Mächten dauerte noch fort; das würde Brandenburg einen Vorwand liefern, seinerseits in den Krieg einzutreten, und er faßte bereits ins Auge, daß die Spanischen Niederlande an Frankreich abgetreten würden, wogegen Frankreich das vielbegehrte Jülich-Berg an Brandenburg zu bringen hätte. Das war eine Lockspeise für den Kurfürsten. Über eine solche Politik der Hinterhältigkeit und Zügellosigkeit waren die kurfürstlichen Räte entsetzt; Waldeck ließ sie zetern und die Hände ringen, wenn nur das Ziel erreicht würde. Aber die Verhandlungen mit den Fürsten wegen der Allianz machten nur langsame Fortschritte, wenig wurde erreicht, weil der Argwohn gegen Brandenburgs Ehrgeiz allgemein und schwer zu beschwichtigen war; doch ließ sich Waldeck keine Mühe verdrießen. Da traten Ereignisse ein, die nicht vorauszusehen gewesen waren und die seiner nach Westen gerichteten Politik eine andere Richtung gaben.

Dominium maris Baltici

Ein Weltkrieg wie der Dreißigjährige hinterläßt Kriegsmüdigkeit, aber auch Kriegsbereitschaft; denn von den Konflikten, die ihn herbeiführten, werden nur einige, und auch die nicht zur Befriedigung aller gelöst werden. Nicht nur die Besiegten hatten Opfer bringen müssen, auch die Sieger, die ja verschiedene und zum Teil entgegengesetzte Interessen hatten, mußten in manchen Punkten nachgeben und sich auf spätere Gelegenheiten vertrösten lassen. Es gab nach dem Kriege nicht nur eine ausgesogene, erschöpfte Bevölkerung, sondern auch Armeen, die ihre Landesherren nicht entlassen wollten und konnten und in denen noch die Lust an ihrem Geschäft und die Begierde nach dem Gewinn brannte, den es mit sich bringen konnte. Die Gewinner im Dreißigjährigen Kriege waren Frankreich und Schweden. Frankreich war vorläufig gesättigt, Schweden war trotz seines Ländergewinns am Kriege verarmt. Schon Gustav Adolf hätte den Krieg ohne französisches Geld nicht führen können; nach seinem Tode hatte die Krone ihre Domänen an die adligen Herren verschenken müssen, die von jeher in Schweden mächtig waren und es vollends im Kriege wurden. Bedrohlich erhob sich die Frage, wie die zurückkehrenden Soldaten ernährt werden sollten?

Mit Gustav Adolf war die schwedisch-protestantische Linie des Hauses Wasa im Mannesstamm ausgestorben. Nachdem seine Tochter Christine abgedankt hatte, bestieg Karl Gustav von Zweibrücken als nächster Verwandter den Thron. Während manchmal kleine Reichsfürsten ihre Soldaten, die sie nicht entlassen wollten, aber nicht bezahlen konnten, irgendeiner kriegführenden Macht überließen, erwog Karl Gustav den Ausweg, mit seinem erprobten Heer einen Eroberungskrieg zu beginnen. Der Krieg konnte die Soldaten ernähren, konnte seinem Lande die breitere Grundlage schaffen, die ihm fehlte, und befriedigte zugleich die angeborenen Neigungen und Talente des jungen Königs. Karl X. Gustav war unförmig dick und schwer, aber unternehmend, abenteuerlustig und ein ausgezeichneter Feldherr, reich an Einfällen und jeder Lage gewachsen. Übrigens war er verschlossen, ob außer seinen kriegerischen Interessen etwas in ihm vorging und was es war, erfuhr man nicht.

Seit Jahrhunderten kämpften Dänemark, Schweden und die deutsche Hanse um das, was man damals das *Dominium maris Baltici* nannte, die Beherrschung der Ostsee, das heißt um das Recht, mit den angrenzenden Ländern Handel zu treiben und die damit verbundenen Zölle zu erheben; in der neueren Zeit war die Hanse aufgelöst und aus dem Wettbewerb ausgeschaltet. Wenn Karl X. Gustav sich auf Polen warf, so verfolgte er damit die Politik, die sein großer Vorgänger Gustav Adolf ihm gewiesen hatte. Das agrarische Polen war zwar nicht gewerbetreibend und keine Handelsmacht; aber es besaß einen hervorragenden Handelsplatz in der Stadt Danzig, die Gustav Adolf nicht hatte überwinden können, und in der Provinz Litauen einen Küstenstrich, der ausgenützt werden konnte. Außerdem gab es noch andere, besondere Verhältnisse, die Polen und Schweden zu Feinden machten.

Zu Ende des 16. Jahrhunderts war ein schwedischer Prinz, der die Anwartschaft auf den schwedischen Thron hatte, König von Polen geworden. Da er zum Katholizismus übergetreten war und dem neuen Glauben mit Leidenschaft anhing, so daß er ihn nicht nur in Polen, sondern auch in Schweden verbreiten wollte, wurde er in Schweden nicht zur Regierung zugelassen; vielmehr kam es dort zu strengen Gesetzen gegen das katholische Bekenntnis. Unter Ausschließung des katholischen Wasa, der in Polen regierte, kam die protestantische Linie mit Karl IX. auf den schwedischen Thron, dem im Jahre 1611 sein Sohn Gustav Adolf folgte. Der polnische Vetter, König Sigismund, behauptete sein Recht. Er war ein energischer, ehrgeiziger Fürst, der nach dem Aussterben des Hauses Rurik sein Auge auch auf Rußland warf. In dem Kriege zwischen Polen und Schweden, den die polnischen Ansprüche auf Schweden herbeiführten, gelangte zwar Gustav Adolf nicht zum entscheidenden Siege, doch kam es zu einem Waffenstillstand, der Estland und Livland in seinem Besitz ließ. Rußland, wo inzwischen das Haus Romanow den Thron bestiegen hatte, war vom Meere abgedrängt. Der Umstand, daß der Kaiser Polen unterstützt und durch Wallensteins imperialistische Politik sich am Meere festgesetzt hatte, bewog Gustav Adolf, in den großen festländischen Krieg sich einzumischen; er wollte verhindern, daß das Meer, welches er als das seinige betrachtete, in die Gewalt einer anderen, noch dazu katholischen Macht geriet.

Jetzt eben, in der Mitte des 17. Jahrhunderts, hatten die Moskowiter, wie man die Russen damals nannte, unter dem Zaren Alexei Michailowitsch Polen angegriffen. Sollten sie den Schweden zuvorkommen? Sollte Schweden nicht vielmehr die bedrängte Lage Polens ausnützen? Ein leiser Geruch von Verwesung ging von Polen aus und lockte die Geier. König Johann Casimir von Polen war der letzte Sproß der katholisch-polnischen Wasa, ein schwächlicher, zum Regiment untauglicher Herr, unter dem die Adelsrepublik sich unaufhaltsam auflöste. Es war töricht von einem so hilflosen Herrscher, die Nachfolge Karl Gustavs in Schweden nicht anzuerkennen und ihm dadurch einen Vorwand zum Angriff zu geben; es fehlte zwar auch sonst nicht an Streitpunkten zwischen Polen und Schweden, die sich hätten benützen lassen. Schrecken und Unruhe verursachte Karl Gustavs Schilderhebung in ganz Europa. Ohnehin war der Krieg zwischen Frankreich und Spanien noch im Gange, und ein Zusammenstoß zwischen England und Holland drohte. Diese Kriege aber waren wenigstens auf zwei Gegner beschränkt; der im Osten, fürchtete man, würde um sich greifen. Große Aufregung entstand namentlich am Berliner Hofe. Als Karl Gustav um Bundesgenossen warb, stimmte der kühne Graf Waldeck sogleich dafür, die Gelegenheit zu ergreifen, bei der viel zu gewinnen sei: Ein Krieg an der Seite Schwedens gegen das katholische Polen fügte sich durchaus in die Ziele, die er sich für Brandenburg gesetzt hatte.

Friedrich Wilhelm, dem die Entscheidung zufiel und der die Verantwortung tragen mußte, rang mit

Begier und Furcht. Siegte Schweden, so konnte er die Unabhängigkeit des Herzogtums Preußen erlangen, das er von Polen zu Lehen trug, ein höchst willkommener Machtzuwachs; war er aber sicher, daß es siegen werde? Die Schweden malten den Zustand Polens so aus, als liege es bereits in den letzten Zügen; aber der preußische Gesandte in Polen war nicht derselben Meinung und warnte. Die Räte waren mit einem so gewagten und treulosen Schritt, wie die Waffenerhebung gegen Polen sein würde, nicht einverstanden, namentlich die Kurfürstin, die Oranierin Luise Henriette, beharrte dabei, daß Friedrich Wilhelm als redlicher Mann dem König von Polen, dem er den Vasalleneid geschworen habe, treu bleiben müsse. Aber gerade das, daß er Vasall des Königs von Polen war, drückte den Kurfürsten, und er hätte sich gern von diesem Verhältnis frei gemacht. Nachdem seine Begehrlichkeit einmal angeregt war, vermochte er auf einen so kostbaren Preis nicht mehr zu verzichten; nur hätte er ihn gern eingestrichen, ohne etwas aufs Spiel zu setzen. Am liebsten hätte er es mit beiden Gegnern gehalten, um sich zuletzt auf die Seite des Gewinners zu schlagen, und soweit es möglich war, führte er das auch durch. Er unterhandelte gleichzeitig mit Schweden und Polen, teils mit beider Vorwissen, teils heimlich und so geschickt, daß der angegriffene Teil es nicht merkte, wenn seine Truppen schon gegen ihn unterwegs waren. Als er von Karl Gustav verlangte, daß die Kriegserklärung gegen Polen nicht eher erlassen werden dürfe, bis er mit seinen Völkern über die Weichsel gegangen wäre, damit er sich unter dem Schutz des friedlichen Verhältnisses mit Polen und unter dem Vorwande des von den großpolnischen Ständen erbetenen Schutzes in den Besitz der begehrten Landschaften setzen könne, fand der König, daß das zu weit gehe.

Vom preußischen Hinterpommern aus brach Karl Gustav in Polen ein, während die Russen vom Osten her Litauen überfielen. Der polnische Adel unterwarf sich dem Schwedenkönig kampflos, Johann Casimir floh von Warschau nach Krakau, der alten Krönungsstadt, und von da nach Schlesien; es war ein vollständiger Zusammenbruch, dem, wie man annehmen konnte, die Auflösung Polens folgen würde. Die Küste dachte Schweden für sich zu behalten, kleine Stücke an Brandenburg, vielleicht auch an Rußland und Siebenbürgen zu geben. Indessen der Zusammenbruch war zu stürmisch gewesen, um einen dauerhaften Zustand zu gewährleisten. Das streng katholische Land empörte sich gegen den protestantischen Herrscher, und der Adel, wie haltlos und treulos er sich auch benommen hatte, begriff bald, was für einen unvorteilhaften Tausch er gemacht hatte. Das so schnell gewonnene Polen leistete der Besetzung Widerstand und mußte nun erst mit Waffengewalt überwunden werden. Man staunte, was für ein gewaltiges Heer das Land aufbrachte, das sich soeben jämmerlich unterworfen hatte: etwa 100000 Mann standen in Waffen, eine für die damalige Zeit ungeheure Zahl. Sie waren der vereinigten schwedisch-brandenburgischen Armee ungefähr fünffach überlegen, aber an Ordnung, Ausrüstung, Kriegserfahrung ihr nicht entfernt gleich; die brandenburgischen Führer waren zumeist Veteranen aus dem Dreißigjährigen Kriege. Die Polen waren durch Tataren verstärkt, auf beiden Seiten fochten fast nur Reiter;

bei den Polen wurden Fußvolk und Artillerie überhaupt ganz vernachlässigt. Die große Schlacht bei Warschau, die sich über drei Tage erstreckte und durch originelle Manövrierung des siegreichen schwedisch-brandenburgischen Heeres merkwürdig war, vermehrte den Ruhm Karl Gustavs und begründete das militärische Ansehen Friedrich Wilhelms; den Krieg beenden konnte sie nicht.

Aus dem halbbarbarischen Polen brachen, wenn es eben unterworfen war, neue kampfbereite Menschenmassen hervor und stellten die errungenen Vorteile wieder in Frage. Der moskowitische Zar machte sich lästig, indem er mit vielen Truppen in Livland eindrang, das tatsächlich, wenn auch nicht förmlich, den Schweden gehörte. Soviel nahm sich der Großfürst heraus, daß er dem Kurfürsten von Brandenburg zumutete, ihn als Lehnsherrn anzuerkennen, weil das Herzogtum Preußen eine Dependenz von Litauen sei. Dazu kam, daß sich nun auch der Kaiser entschloß, dem glaubensverwandten Polen zu Hilfe zu kommen: die Aussicht, Schweden in die Nachbarschaft der Erblande vordringen zu sehen, erschreckte ihn. Karl Gustav wurde dieses unabsehbaren Kampfes müde, bei dem seine Heldentaten so wenig greifbare Frucht trugen. Ein Angriff des stets eifersüchtigen Dänemark gab ihm den Anlaß, das Festland mit seinen Truppen zu verlassen und sich mit dem gewohnten Schwung auf den treulosen Nachbarn zu stürzen.

Friedrich Wilhelm war nun in mißlicher Lage, da er, nachdem Karl Gustav abgezogen war, den polnischen Krieg allein auf dem Halse hatte. Andrerseits bot sich eine neue, viel aussichtsreichere Kombination: Wenn er sich mit Polen versöhnte und mit dem Kaiser verbündete, konnte er nicht nur die Unabhängigkeit Preußens erringen, sondern auch Schweden das im Dreißigjährigen Kriege abgetretene Pommern wieder abjagen. Es kam ihm zugute, daß er eine *politique volpinesque,* wie der holländische Ratspensionär Jan de Witt es nannte, eine Fuchspolitik getrieben und dauernd nach allen Seiten verhandelt hatte, woran er nun anknüpfen konnte. Im Bunde mit Polen und dem Kaiser und im Begriff, Pommern zu erobern, stand er immer noch in freundschaftlichen Beziehungen zu dem verratenen Bundesgenossen Karl Gustav. Viel zu sehr ineinander verschlungen waren aber die abendländischen Verhältnisse, als daß ein einzelner, noch dazu eine so verhältnismäßig kleine Macht wie der Kurfürst von Brandenburg, umwälzende Absichten so ohne weiteres hätte verwirklichen können. Nicht nur, daß der Kaiser, sein eigener Bundesgenosse, keine Lust hatte, dem ehrgeizigen Reichsfürsten zu beträchtlicher Vergrößerung zu helfen, und sich folglich für den pommerschen Krieg nur lau einsetzte, Frankreich, das im Jahre 1659 den langen Krieg mit Spanien endlich siegreich beendigt hatte, warf sein Machtwort zu Gunsten Schwedens in die Waagschale: Es gehörte zur französischen Politik, Schweden in seinen Ansprüchen an das Reich zu unterstützen und ihm seinen im Westfälischen Frieden erworbenen Besitz im Reich zu erhalten. So kam es, daß im Frieden von Oliva, der im Jahre 1660, kurz nach dem vorzeitigen Tode des nordischen Alexander, wie man Karl Gustav zu nennen pflegte, die nordischen Wirren beendete, die alten Verhältnisse im wesentlichen wiederhergestellt wurden. Polen war gerettet, einzig auf die Oberhoheit über das Herzogtum Preußen mußte es verzichten. Friedrich Wilhelm hatte durch sein Schaukeln zwischen den Parteien, das durch kräftige militärische Anstrengungen unterstützt wurde, nicht nur sich von Polen unabhängig gemacht, sondern auch sein Ansehen als kluger Politiker und bedeutender Feldherr sehr vermehrt. Rußland mußte sich mit einer kleinen Gebietserweiterung begnügen, den Zugang zum Meere, den es erstrebt hatte, erreichte es nicht.

Seiner Gesinnung getreu hatte Graf Waldeck die Schwenkung des Kurfürsten zum Kaiser hinüber nicht mitgemacht; schon im Mai des Jahres 1658, bald nachdem das Bündnis mit dem Kaiser zustande gekommen war, verließ er den brandenburgischen Dienst, um später in schwedischen zu treten. Vergebens hatte ihn der kaiserliche Gesandte Lisola, der seinen Wert erkannte, durch große Vergünstigungen für den Dienst des Kaisers zu gewinnen versucht. Viele Jahre später sollte er den Kurfürsten, seinen ehemaligen Herrn und Freund, unter sehr veränderten Verhältnissen wiedersehen.

Der Rheinbund

Der Kurfürst von Brandenburg war nicht der einzige, der als Haupt einer Allianz die Führung im Reiche an sich zu bringen dachte: Ein katholischer Fürst war es, dem das gleiche Ziel vorschwebte, der Kurfürst Johann Philipp von Mainz. Schon durch seine Stellung als Erzkanzler des Reichs war Johann Philipp der bedeutendste unter den rheinischen Fürsten; aber er war es auch durch seine Person. Johann Philipp von Schönborn hatte im Dreißigjährigen Kriege als Offizier in kaiserlichem Dienst gestanden, war dann, 25jährig, Kapitular von Würzburg geworden und hatte als solcher den Einfluß des edlen und unglücklichen Spee erfahren. Was von dessen hochherziger Menschlichkeit auf ihn übergegangen sein mochte, gestaltete sich in ihm zur Duldsamkeit in religiösen Fragen und zu allgemeiner Friedensliebe, soweit beides nicht zu seinem fürstlichen Ansehen in Widerspruch stand. Den Hexenprozessen hat er in seinem Lande ein Ende gemacht. Es gab keinen Fürsten im Reich, für den das fürstliche Ansehen nicht ausschlaggebend gewesen wäre, alle beherrschte die Sucht, ihr Gebiet, sei es groß oder klein, zu vergrößern und möglichst ertragreich zu machen. Als Johann Philipp im Jahre 1647 Kurfürst von Mainz wurde, war sein Kurfürstentum noch zum großen Teil von französischen Truppen besetzt, und er glaubte, den König von

Frankreich am ehesten durch Nachgiebigkeit in allen Dingen zur Räumung bewegen zu können. Die Politik des Anschlusses an Frankreich war ihm nicht neu, er hatte dem Kaiser schon früher widerstrebt, als derselbe energischeres Vorgehen gegen Frankreich forderte. Im Verein mit dem streng katholischen Maximilian von Bayern hatte er den Kaiser zur Abtretung des Elsaß an Frankreich gedrängt. Allerdings war seine Politik von der des bigotten, auf Österreich eifersüchtigen Bayern doch verschieden. Johann Philipp mißbilligte die protestantenfeindliche Haltung des Kaisers, er selbst war in seinem Lande milde gegen sie, hatte Protestanten in seinem Dienst und scheute sich sogar nicht, einem protestantischen Gottesdienst beizuwohnen. Vor allen Dingen hielt er dafür, daß der Friede für Deutschland notwendig sei und daß, da die gänzliche Unterwerfung der Protestanten, die der Kaiser wünschte, sich als unmöglich erwiesen habe, man sich mit ihnen vertragen müsse. Die Lage brachte den begabten, ehrgeizigen Johann Philipp auf den Gedanken, die Führung der Reichsangelegenheiten selbst in die Hand zu nehmen in der Weise, daß er zunächst die rheinischen Länder in einer Allianz zusammenfaßte, in die allmählich nach Möglichkeit auch andere Reichsfürsten ohne Unterschied der Konfession aufgenommen würden. Für jeden Reichsfürsten, ganz besonders aber für den Erzkanzler des Reichs, wäre es ordnungsgemäß gewesen, den Plan des Rheinbundes dem Kaiser zu unterbreiten und ihn zu bitten, sich an seine Spitze zu stellen. Nach Johann Philipps Meinung aber sollte der Bund in gewissem Sinne gegen den Kaiser gerichtet sein, insofern er etwaige kriegslustige oder herrschsüchtige

Gelüste desselben in Schach halten sollte. War es schon eine Beleidigung des Kaisers, daß er nicht zum Eintritt in die Allianz eingeladen wurde, so war die Aufnahme des Königs von Frankreich vollends eine Herausforderung.

Das volkreiche und geldreiche, kräftestrotzende Frankreich mußte notwendigerweise einen Druck auf das verarmte, verödete Reich ausüben und gegen dasselbe vordringen. Seit der Zeit Richelieus war zu deutlichem Ausdruck gekommen, welches das Eroberungsziel des geeinigten Landes war. Im Jahre 1632 erschien ein Buch des königlichen Rats Jacques de Cassan, unter dem Titel *La recherche des droits du Roy et de la couronne de France;* es war Richelieu gewidmet. In diesem Buche wurde festgestellt, daß ganz Deutschland mitsamt seinem Anhang eigentlich Frankreich gehöre, außerdem Portugal und große Teile von Spanien und Italien. Für den Drang Frankreichs, mindestens den Rhein zu erreichen und womöglich die Kaiserkrone zu erringen, schien jetzt die Stunde der Ausführung gekommen zu sein. An der Spitze des an Hilfsmitteln überreichen Landes stand ein junger, begabter, höchst ehrgeiziger und völlig skrupelloser König, der sich zur Herrschaft über Europa berufen fühlte. Zu der Anziehungskraft der Macht, die Frankreich ausübte, kam die einer Kultur, die innerhalb der Schranken französischer Eigenart einen hohen Grad von Vollkommenheit erreicht hatte. In der Ausbildung der Sprache, in Poesie und Wissenschaft war Frankreich Deutschland weit überlegen, eine Menge vorzüglicher Ingenieure, Diplomaten, Soldaten, Feldherren, Staatsmänner, Gewerbetreibender, Dichter und Gelehrter wetteiferten, Frankreich groß zu machen und den Monarchen zu verherrlichen. Über die Rechte seines Landes, über die Anschauungen und die Willensrichtung der Untertanen gebot der König unbeschränkt; mit dem Kaiser verglichen war er fast allmächtig.

Die rheinischen Fürsten, die sich nach dem verwüstenden Kriege in ihren Ländern wieder leidlich einzurichten suchten, erfüllte gegenüber dem gewaltigen Nachbarn Schrecken und Bewunderung. Da sie es für unmöglich hielten, ihm zu widerstehen, schien es das beste, sich gut mit ihm zu stellen. Indem er ein Glied des Bundes und ihr Freund und Beschützer wurde, war er zugleich unschädlich gemacht. Es war im Jahre 1655, als Johann Philipp einer schon bestehenden Allianz zwischen einigen rheinischen Fürsten beitrat, um sie zum Ausgangspunkt seines Planes zu machen. Als der einzige Staatsmann mit bestimmten Zielen war er bald der Leiter des Bundes und bemühte sich, ihn in seinem Sinne auszubauen. Mitten in die angeknüpften Verhandlungen fiel ein folgenschweres Ereignis, der Tod des Kaisers Ferdinand III. Er starb im Frühling 1657, nachdem er während der letzten Jahre infolge des Todes seines geliebten ältesten Sohnes in Schwermut versunken gewesen war. Nicht nur die Fürsten im Reich, ganz Europa wurde durch die bevorstehende Kaiserwahl in Aufregung versetzt. Mazarin, damals leitender Minister in Frankreich, hätte die Kaiserkrone am liebsten seinem König, dem jungen Ludwig XIV., zugewendet, allein er sah ein, daß das trotz aller Versprechungen, die die Kurfürsten ihm gelegentlich machten und die Karl Ludwig von der Pfalz vielleicht sogar ernst meinte, nicht durchzusetzen sein werde. Da die Politik der deutschen Fürsten von jeher bezweckte, die Macht des Kaisers zu schwächen, hätten sie sich den größten Tort angetan, wenn sie den mächtigsten Monarchen Europas sich zum Herrn gesetzt hätten. Gegen Karl V., so gewaltig er war, hatten sie Frankreich aufbieten können; wer sollte sie vor einem Kaiser schützen, der zugleich König von Frankreich war? Wenn der König von Frankreich aber für sich selbst verzichten mußte, sollte wenigstens ein von ihm abhängiger Kandidat die Krone erringen, und dazu ersah Mazarin den jungen Kurfürsten von Bayern, Ferdinand Maria. Ausnahmsweise aber verhielt sich Bayern ablehnend gegen Frankreich: Unter dem Einfluß seiner Mutter, die eine österreichische Prinzessin war, und seiner Österreich freundlichen Räte verpflichtete sich der noch sehr junge Kurfürst, die Wahl nicht anzunehmen. Mochten auch hie und da Gedanken an ein protestantisches Kaisertum und an die Kurfürsten von Sachsen oder Brandenburg auftauchen, so waren das doch nur Träume ohne Folge. Es war wieder so, daß man aus Verlegenheit an dem verhaßten Hause Habsburg hängenblieb. Sehr wichtig war es, daß die Kaiserwahl grade in die Zeit fiel, wo der Kurfürst von Brandenburg sich mit dem Kaiser gegen Schweden verbinden wollte und deshalb dem in Österreich regierenden Herrn seine Stimme nicht entziehen konnte. Der Kurfürst von Köln, ein Wittelsbacher, der seinen bayrischen Verwandten gewählt hätte, ließ sich, da dieser ablehnte, mit einer mäßigen Bestechungssumme, wie die Habsburger sie aufzuwenden pflegten, gewinnen. Mainz war um so eher geneigt, sich für Österreich zu erklären, als es ein Mittel hatte, noch über die Wahlkapitulation hinaus den Kaiser in Schranken zu halten, nämlich den Rheinbund. Wenn der König von Frankreich ihm beitrat, so hatte man, meinte der Erzkanzler des Reiches, ein Gegengewicht, das den Kaiser an seine Verpflichtung, Spanien nicht gegen Frankreich zu unterstützen, fest binden und dadurch den Frieden sichern würde. Er glaubte, trotz des Königs von Frankreich, die leitende Macht im Bunde zu bleiben und dadurch die ausschlaggebende Macht im Reiche werden zu können, der Friedensbringer.

Eine ganz uneigennützige Friedensliebe war von allen diesen Herren, auch von Johann Philipp von Schönborn nicht zu erwarten. Den unersättlichen Geldhunger der deutschen Fürsten in der zweiten Hälfte des 17. Jahrhunderts konnte nur Frankreich befriedigen. Ist es immer schwer, die ineinander verschlungenen Fäden des Guten und Bösen zu entwirren, so läßt sich auch nicht leicht beurteilen, wieweit Geldgier und wieweit vernünftige politische Gründe für die Handlungen der Fürsten maßgebend waren. *Point d'argent point de Mayence* pflegte man in Frankreich zu sagen. Alle fanden es selbstverständlich, daß sie für ihre Dienste gut bezahlt wurden. Die Kaiser wandten viel weniger auf Bestechung als die französischen Könige, teils weil sie kein Geld hatten, teils weil sie zu stolz waren, um sich die Anhängerschaft der Reichsstände zu erkaufen.

In den Jahren 1658 bis 1666 traten dem Bunde nacheinander bei: Frankreich, Kur-Mainz, Kur-Köln, Schweden, Pfalz-Neuburg, Braunschweig, beide

Hessen, Württemberg, Zweibrücken, der Bischof von Basel, der Bischof von Straßburg, Kur-Brandenburg, der Markgraf von Brandenburg. Der Kurfürst von Brandenburg war einer der letzten, der sich anschloß; nicht die Mitgliedschaft Frankreichs schreckte ihn ab, mit dem er ohnehin verbündet war, wohl aber die Mitgliedschaft Schwedens, dem er das fast schon eroberte Pommern wieder hatte herausgeben müssen.

Es wäre ein Wunder gewesen, wenn so viele deutsche Fürsten sich längere Zeit miteinander vertragen hätten. Der Gegensatz zwischen Kurfürsten und Fürsten, zwischen Katholiken und Protestanten machte sich bald bemerkbar. Daß der Kurfürst von Mainz sich mit Hilfe französischer Truppen der protestantischen Stadt Erfurt bemächtigte, auf die er Ansprüche hatte, gab den Protestanten gerechten Anlaß zum Unwillen. Es zeigte sich bei dieser Gelegenheit, welches eigennützige Interesse der Kurfürst an der Verbindung mit Frankreich hatte: Er, der Friedensstifter, der so eifrig daran gearbeitet hatte zu verhindern, daß spanische

Truppen den Reichsboden beträten, erlaubte sich, mit französischen Truppen den Frieden zu brechen.

Übrigens war die Sorge, der Kaiser möchte trotz eingegangener Verpflichtungen Spanien gegen Frankreich unterstützen und dadurch das Reich in Krieg verwickeln, schon hinfällig geworden, als im Jahre 1659 der Pyrenäische Friede zustande kam und einen Krieg abschloß, der 24 Jahre gedauert hatte. Er entschied das Übergewicht Frankreichs in Europa und das endgültige Abgleiten Spaniens von der gebietenden Stellung, die es zur Zeit Karls V. und Philipps II. eingenommen hatte.

Ludwig und Leopold

Bald nach dem Abschluß des Pyrenäischen Friedens starb Mazarin, der Nachfolger Richelieus, und an die Spitze Frankreichs trat der junge König Ludwig XIV. mit der Absicht, die Regierungsgeschäfte selbst in die Hand zu nehmen. Er war der erste Monarch in Europa, der die neue Staatsrechtslehre von der Unteilbarkeit und Allmacht der Staatsgewalt bewußt und mit dem Einsatz einer starken Willenskraft verwirklichte. Er war durchaus kein Genie, aber erfüllt von Selbstbewußtsein und Ruhmsucht, war er höchst geeignet, die Kräfte eines blühenden, geeinigten Landes in sich zusammenzufassen und blendend darzustellen. Die Art, wie er sich selbst als Idol setzte, so daß die persönliche Eigenart sich verflüchtigte, gab ihm etwas Starres; vielleicht aber war es grade das, daß er mehr götzenhaft als gottähnlich war, was ihm damals und später so viele Bewunderer verschaffte.

Der historische Gegner Frankreichs war der Kaiser. Karl V. hatte einst dem König Franz I. als Mensch und Fürst überlegen gegenübergestanden, Leopold stand in mancher Hinsicht hinter Ludwig zurück. Er war so verschieden von ihm wie das bunte, mannigfaltige Völkerreich Österreich von dem geschlossenen Staat Frankreich. Als er im Jahre 1659 zur Regierung kam, war er erst 18 Jahre alt, eine äußerlich etwas kümmerliche Erscheinung. Er hatte nicht das blonde Haar, das eigentliche Kennzeichen der Habsburger, er war dunkel, und nur die außergewöhnlich dicke hängende Unterlippe, die unverschämt große Goschen, wie Karl Ludwig von der Pfalz sagte, konnte als Familienmerkmal angesprochen werden. Als jüngerer Sohn war er zum Geistlichen bestimmt und jesuitisch erzogen worden, seine natürliche Anlage zum Jähzorn, zum Selbstbewußtsein und zum Stolz hatte man unterdrückt. Nicht nur infolge der Erziehung, sondern auch von Natur war er durchaus unkriegerisch und hatte keinen Funken politischer Leidenschaft.

In diesem Punkt war Ludwig ihm weit überlegen. Er besaß, was den Eroberer macht: einen festen, auf ein festes Ziel gerichteten Willen. Dies Ziel war durch die großen Minister, die ihm vorausgegangen waren und ihm vorgearbeitet hatten, vorgeschrieben: die Rheingrenze und folglich die Einverleibung derjenigen Gebiete, die Frankreich vom Rhein trennten. Darüber hinaus gab es einen fernen Gipfel, den schimmerndes Gewölk verhüllte: die Kaiserkrone, die noch immer das edelste Diadem der Christenheit war, und dann, was vielleicht jedes Eroberers heimlicher Endwunsch ist, die Weltherrschaft, wenn man den erreichbaren Erdkreis Welt nennen will. Diese Herrschaft konnte nicht unmittelbare Aneignung sein, wohl aber wirksamer Einfluß, schiedsrichterliche Stellung. Ludwig als Kaiser würde der wahre *dominus mundi* sein, dem selbst der Papst untertan wäre.

Gab es irgendeine Macht, die ihm erfolgreichen Widerstand hätte leisten können? Über England regierte der Stuart Karl II., den seine Absicht, England wieder zu katholisieren und ein absolutistisches Regiment aufzurichten, zum Gefolgsmann Frankreichs machte und der ohnehin durch seinen Charakter wie durch das gegensätzliche Verhältnis zu seinem Volke ein gering zu schätzender Feind gewesen wäre. Holland hatte soeben einen großen Seekrieg mit England ruhmreich beendet, durch welchen England Hollands Übergewicht zur See zu brechen versucht hatte. Wie natürlich war der Anschluß an Frankreich für einen Staat, der sein Entstehen einem 80jährigen Kampfe gegen Spanien verdankte! Jan de Witt, der Ratspensionär von Holland, ein kultivierter, bedeutender Mann, glaubte im herkömmlichen Anschluß an Frankreich den Frieden am besten erhalten zu können, und Frieden erschien der ersten europäischen Handelsmacht als wichtigstes Erfordernis. Den Frieden und die durch den Kongreß von Osnabrück und Münster notdürftig geordneten Verhältnisse zu erhalten, war der allgemeine Wunsch im Reich, das Ludwig auch ohnehin durch den Rheinbund beherrschte. Die meisten Reichsfürsten waren außerdem noch durch Subsidien an Frankreich gefesselt. Es blieb Österreich als etwa zu fürchtender Gegner; aber gegen Österreich konnte Ludwig die Ungarn und die Türken hetzen. Regent, Diplomaten, Feldherrn, Finanzen waren überhaupt derart in Österreich, daß der König von Frankreich ohne Mühe mit ihnen fertig werden zu können glaubte.

Seit Leopold die Regierung angetreten hatte, war er außerordentlich fleißig; aber wenn er stundenlang Berichte gelesen und Briefe geschrieben und die *disgusti,* die die Politik mit sich bringt, ausgehalten hatte, glaubte er eine *recreazion* verdient zu haben und ergab sich mit frohem Herzen dem, was das Eigentliche war. Das Eigentliche waren Musik und Liebe. In seine

jeweilige Frau war er sehr verliebt, besonders wenn sie
seine Cousine war. Seine erste Frau, eine spanische
Prinzessin, war so vielfach mit ihm verwandt, daß sie
fast wie eine Schwester war und doch eine Fremde,
etwas unwiderstehlich Anziehendes. In der Musik war
er selbst ausübend, und Musik zu hören, konnte er
nicht entbehren. Wenn eine Oper aufgeführt wurde,
stahl er sich selbst dann hin, wenn die Hoftrauer
um irgendein Glied seiner Familie es ihm eigentlich
verbot. Auch den Balletten, den Turnieren, den Jagden
und sonstigen Festlichkeiten widmete er sich mit
Hingebung. Neben einem steifen und pompösen Ze-
remoniell, das streng nach den Gebräuchen der Vorfahren eingerichtet war und unerschütterlich gehandhabt wurde, ging es am Hofe wienerisch gemütlich zu.
Viele fanden es anstößig, daß Leopold in Frankfurt
während der Kaiserwahl sich mit Kegelschieben unterhalten und dabei vertraulich mit seinen Begleitern
verkehrt hatte. Er konnte das tun, weil er wußte, daß
sie nie die Grenze überschreiten würden, die zwischen
dem Herrn und seinen Dienern gezogen war. Vielleicht war es eine Art Hochmut, daß er sich so
unbekümmert in seiner Menschlichkeit gehenließ;
aber jedenfalls war es ein Hochmut, der ihm die
Menschen näher brachte, anstatt sie von ihm zu
entfernen. Die Dietrichstein, Portia, Lobkowitz,
Liechtenstein, Piccolomini, Esterhazy, Österreicher,
Reichsdeutsche, Italiener, Böhmen, Ungarn, die die
Hufe ihrer Pferde mit Silber beschlagen lassen konnten, die viele Güter besaßen und reicher waren als der
Kaiser, hielten sich in Wien auf, weil sie nur am Hofe
ihres Lebens froh werden konnten.

Zu den Beschäftigungen, die dem Kaiser am Herzen lagen, gehörten auch das Besuchen von Kirchen und Klöstern, die Wallfahrten, die gottesdienstlichen Verrichtungen. Er war sehr kirchlich und aus Überlieferung und Gewohnheit fromm. Gott war für ihn ein besonders vornehmes Glied der Familie, eine Art sagenhafter Ur-Habsburger, der wohl einmal, temperamentvoll, wie er war, die Zuchtrute über ihm schwingen konnte, der aber doch schließlich ein Einsehen haben und die Seinigen gut hinausführen würde.

Dem leidenschaftlichen Erobererwillen Ludwigs XIV. hatte er diese Frömmigkeit und sein Pflichtgefühl entgegenzusetzen und etwas, was freilich auch Magie war: das habsburgische Cäsarenbewußtsein, das sich mit seiner kindlich spielerischen Natur wunderlich vereinte. Dadurch daß er nichts tat, ermöglichte er es zuweilen der Zeit und dem Zufall, etwas für ihn zu tun. Etwas österreichischer Skeptizismus und Fatalismus war auch dabei; er sah um sich herum so viele Leute, auch seine eigenen Kinder, sterben, sah so viele Glückswechsel, Erwartungen und Enttäuschungen: *basta, pazienza,* man mußte es geschehen lassen, man konnte nichts tun, als hoffen, daß es besser komme.

So war es aber doch nicht, daß sich Leopold des Gegensatzes zu Frankreich, der ein Erbteil seiner Familie war, nicht bewußt gewesen wäre. Frankreich gegenüber fühlte er sich deutsch und erhob sich auch wohl zu dem Gefühl der Verantwortung, die er als Kaiser für das Reich übernommen hatte. Seine Briefe waren, wie gewiß auch seine Rede, gespickt mit lateinischen, italienischen, spanischen Brocken, denn diese Sprachen beherrschte er und hatte viel Gelegenheit, sie zu gebrauchen; aber nie kommt ein französischer Ausdruck vor. Es mußte ihn erbittern, daß Ludwig ihm in Spanien den Rang ablief und die Hand der ältesten Tochter des spanischen Königs errang, die er schon als die seinige betrachtet hatte. Durch unablässiges Werben und Drängen setzte er die Vermählung mit der zweiten, Margarethe Theresia, durch, einem zarten, gebrechlichen Wesen, das nach mehreren Geburten geduldig starb. Einstweilen jedoch bestanden zwischen Versailles und Wien gute Beziehungen, Leopolds vertrautester Rat, Lobkowitz, war sogar ein Bewunderer des französischen Königs.

Vergleicht man die Persönlichkeit der beiden Regenten, so mußte, wenn es sich um kriegerische Entscheidungen handelte, Leopold hinter Ludwig zurückstehen; noch weit mehr aber war das der Fall, wenn man den Unterschied in der Verfassung der Länder bedenkt. Ludwig verfügte über alle finanziellen und militärischen Kräfte Frankreichs; wenn auch Leopold keinen Widerstand der Stände mehr zu befürchten hatte, so war doch Österreich bei weitem nicht so zentralisiert wie Frankreich, und auf den österreichischen Adel mußte viel mehr Rücksicht genommen werden. Als Kaiser bedeutete Leopold militärisch überhaupt nichts. Ob das Reich, das unter einem Führer eine fast unwiderstehliche Macht ins Feld hätte schicken können, sich ihm anschließen wollte, hing vom Belieben der einzelnen Reichsstände ab, von denen ein großer Teil an Frankreich verkauft war. Ohne Verbindung mit einer auswärtigen Macht konnte Leopold kaum einen Krieg mit Frankreich wagen.

Ludwigs erster Raubkrieg

Wie rasch ein großes und mächtiges Reich zur Bedeutungslosigkeit herabsinken kann, davon ist das Spanien des 17. Jahrhunderts ein Beispiel. Nach dem Achtzigjährigen Kriege mit Holland und dem Vierundzwanzigjährigen mit Frankreich, den der Pyrenäische Friede im Jahre 1659 abschloß, konnte die einst so stolze, gefürchtete Macht nicht mehr handelnd und richtunggebend in die Welthändel eingreifen. Wie es oft der Fall ist, bestand auch in Spanien ein merkwürdiger Zusammenhang zwischen dem Zustand des Landes und dem seiner Herrscher. Ebenso ohnmächtig hinschwindend wie das Land war die Dynastie. Die Bilder der letzten spanischen Habsburger, die Velazquez gemalt hat, zeigen höchst verfeinerte Geschöpfe, heimatlos, ziellos, von der Wehmut des Abschieds überhaucht. Man hatte sich daran gewöhnt, in Philipp IV. den Letzten der Familie zu sehen, als ihm zu allgemeiner Überraschung noch ein Sohn geboren wurde, der den Namen seines größten Vorfahren, Karl, erhielt. Das blonde Kind, um dessen Dasein begehrliche Leidenschaften kreuzten, war so zart, daß man meinte, ein Hauch könne es auslöschen. Angstvoll behütet, wurde es launisch und unlenkbar. Man suchte es abzuhärten, durch Selbstüberwindung zu stählen. Der österreichische Gesandte am Hofe von Madrid berichtet nach Wien, daß der kleine Prinz das

Ausziehen eines Stockzahnes heroisch überstanden habe, und Leopold, sein kaiserlicher Oheim, der selbst Zahnschmerzen hatte und einer etwaigen Operation zitternd entgegensah, war geneigt, diesen Beweis frühen Heldentums als glückliches Vorzeichen zu betrachten. Im allgemeinen aber waren die europäischen Höfe überzeugt, daß Karl nicht lange leben und daß er keine Kinder erzeugen werde. Die regierenden Familien, die spanische Prinzessinnen als Mutter, Großmutter und Urgroßmutter aufzuweisen hatten, bereiteten ihre Ansprüche vor und lauerten sprungbereit auf den schicksalvollen Augenblick.

Infolge der Festsetzungen Karls V. bildeten die österreichischen und spanischen Habsburger eine einzige Familie, ihre Länder eine Einheit, der eine Zweig war Erbe des anderen. Wie Familien unverbrüchlich zusammenhalten trotz etwaiger innerer Gegensätze, so handelte es sich auch bei den beiden Habsburger Linien ganz abgesehen von den Gefühlen um eine feste, vom Schicksal gewollte Verbundenheit. Der Zwang, dem Leopold infolge der Wahlkapitulation unterstand, Spanien nicht gegen Frankreich zu unterstützen, hatte etwas entfremdend gewirkt. Der junge Kaiser wurde von Madrid aus mit argwöhnischen Augen betrachtet, der spanische Gesandte berichtete nach Hause, wenn Leopold eine französische Theateraufführung besuchte, Leopold entschuldigte sich, so gut es gehen wollte, und kam wohl spanischen Vorwürfen zuvor, indem er sich über spanische Langsamkeit und Schwerfälligkeit lustig machte. Seit er in den Besitz der Königstochter gelangt war und dadurch sein Erbrecht verstärkt hatte, sah er der Zukunft in

LUDWIGS ERSTER RAUBKRIEG 73

Hinsicht auf das Erlöschen der Dynastie gelassen entgegen.

Da, im Jahre 1665, starb Philipp IV., und Ludwig XIV. entschloß sich, dies Ereignis zu einer Eroberung zu benützen. Noch atmete der junge Karl, nunmehr König von Spanien, er schien zäher zu sein, als man gemeint hatte; unabsehbar lange Zeit tatenlos zuzuwarten, entsprach dem Charakter Ludwigs nicht. Es ist eine Huldigung, die auch der mächtigste Räuber der Idee des Rechts darbringt, daß er in der Öffentlichkeit nicht rauben, sondern ein Recht wahrnehmen will. Die Rechtsverwahrungen Ludwigs XIV. waren sehr fadenscheinig, wurden aber mit viel Aufwand und Gravität verkündigt. Diesmal wurde ein in Brabant herrschendes Erbfolgegesetz, das sich auf Privatverhältnisse bezog, wonach die Töchter aus erster Ehe den Vater beerben, auf den Staat angewandt und daraus der Anspruch Ludwigs, als Gatten der ältesten Tochter des verstorbenen Königs Philipp, auf die spanischen Niederlande abgeleitet.

Es war ein glänzender Erfolg der französischen Diplomatie, daß es ihr gelungen war, vorher denjenigen unschädlich zu machen, der am meisten berufen war, dem überfallenen Spanien zu Hilfe zu kommen, nämlich Leopold. Er war dadurch zum Stillsitzen gezwungen, daß Ludwig ihn bewogen hatte, einen Teilungsvertrag über das spanische Erbe mit ihm abzuschließen.

Die spanische Monarchie umfaßte, abgesehen von kleinen Besitzungen, das eigentliche Spanien, die spanischen Niederlande, Mailand, Neapel und Sizilien und die amerikanischen Kolonien, eine Ländermasse, die zu groß schien, als daß man glauben konnte, sie würde von den europäischen Mächten einem einzigen, wäre das Recht auch auf seiner Seite, gegönnt werden. Deshalb ging Leopold auf Ludwigs Vorschlag ein, wonach er, Ludwig, die spanischen Niederlande und Neapel und Sizilien, Leopold Mailand, Spanien und Amerika erhalten sollte. Der stolze und reiche, Frankreich freundliche Lobkowitz hatte, durch alle Intrigen geschickt hindurchsteuernd, mittels welcher Andersgesinnte den Plan zu durchkreuzen suchten, das Abkommen zustande gebracht. Es verstand sich von selbst, daß der Plan geheim bleiben mußte, und in der Tat haben die Zeitgenossen nichts davon erfahren, so viel auch an den Höfen geklatscht, gespäht und verraten wurde. Leopold spielte seine zweideutige Rolle besser, als man von einem so frommen und gewissenhaften jungen Mann hätte wünschen mögen; ganz wohl war ihm freilich nicht dabei. Was für Entschuldigungen sollte er immer aufbringen, um den spanischen Verwandten sein Stillsitzen begreiflich zu machen? Ohne Geld von Spanien könne und könne er keinen Krieg führen, ließ er durch seinen Gesandten immer wieder erklären, zum Kriege brauche man *dineros, dineros y mas dineros*. Die Spanier antworteten mit dem Vorwurf, er, Leopold, gebe ungeheure Summen für Opern, Ballette und Feste aus. Allerdings hatte er gerade im Jahre 1667 das berühmte Roß-Ballett aufführen lassen, in dem er selbst mitwirkte und für dessen Erfindung und Einrichtung italienische Künstler unverhältnismäßig viel Geld erhalten hatten. Leopold ging auf diese Frage nicht ein, sondern klagte seinerseits über die spanische Langsamkeit. *«Per amo-*

rem, was schlafen *Hispani et non agunt res suas!»* Er und die Spanier, schreibt er, kämen ihm vor wie die sieben Schwaben, von denen jeder dem andern zumutet: Gang du voran! An frommen Trostsprüchen fehlte es natürlich nicht. «*Deus autem habitat in altissimo,* kann alle böse *disegni* gar bald zu nix machen.» Vielleicht werde dem König von Frankreich sein räuberischer Überfall übel ausgehen, «denn er dies einmal nit verantworten kann».

Die unglücklichen Spanier hätten freilich viel Geld haben müssen, wenn sie mit den von Frankreich aufgewendeten Bestechungssummen hätten wetteifern wollen. Es wäre wohl nützlich, meint Leopold, wenn man den Kurfürsten von Brandenburg für das habsburgische Haus gewinnen könnte, «denn *certe timeo, ne alias Brandenburgensis se vertat ad regem Galliae».* Ebenso, meint er, würde eine Summe Geldes nicht verworfen sein, wenn man sie employierte, Mainz auf die habsburgische Seite zu bringen, das sich grade von Frankreich abwenden zu wollen schien und das man nicht stecken lassen dürfe. «Denn ohne Geld erhalten wir diese Leute nit, und nehmen sie nachmals Frankreichs Geld an, so heißt es *operam et oleam perdidimus.»*

Man muß zugeben, daß es der Kaiser nicht leicht hatte. Spanien, sein sicherster Bundesgenosse, war jetzt mehr eine Belastung als eine Hilfe, die Ungarn drohten mit Abfall, im Osten und im Westen standen zwei mächtige Feinde kampfbereit: Frankreich und die Pforte. Am Hofe Ränke zwischen den Räten, die teils für teils gegen Frankreich waren, sterbende Kinder, eine sterbende Gattin, und im Herzen schon die Liebe zu einer neuen, seiner schönen Cousine Claudia von Tirol.

Wie peinlich es auch für Leopold war, daß er durch eigene Schuld außerstande war, Spanien zu helfen, fast noch peinlicher mochte es ihm sein, daß ihm durch drei protestantische Mächte, Holland, England und Schweden, geholfen wurde. Der Leiter der Republik Holland, Jan de Witt, erschrak über die Aussicht, Frankreich im Besitz der spanischen Niederlande zu seinem Nachbarn geworden zu sehen. Es gelang ihm, sich mit England und Schweden zu einem Bündnis, der sogenannten Tripelallianz, zu vereinigen, welche den raschen kriegerischen Fortschritt Ludwigs aufhielt und eine Friedensvermittlung einleitete. Daß das schuldlose Spanien Opfer bringen mußte, ließ sich allerdings nicht hindern. Ludwig, der in Eile noch die Franche Comté eroberte, um ein Faustpfand mehr zu haben, behielt 12 Festungen in den spanischen Niederlanden, was eine spätere Eroberung erleichtern würde. Zunächst aber gedachte er Holland dafür zu bestrafen, daß es gewagt hatte, ihm in den Weg zu treten.

Der holländische Krieg

Bevor er das Unternehmen gegen Holland ins Werk setzte, hielt es Ludwig für gut, sich den Besitz Lothringens zu sichern, das ohnehin fast ganz abhängig von ihm war. Der Überfall war so gut vorbereitet und wurde so genau und schneidig ausgeführt, daß sich Herzog Karl IV. nur durch eilige Flucht aus seiner Hauptstadt Nancy retten konnte. Sein Neffe und Nachfolger, Karl V., suchte Schutz beim Kaiser, dessen Haus seitdem sich immer enger mit dem Hause Lothringen verband.

Lähmender Schrecken befiel die benachbarten Staaten bei dem neuen Friedensbruch. Wer würde das nächste Opfer sein? Bündnispläne wurden überall beredet und wieder verworfen. Auch der Kurfürst von Mainz sah ein, daß die Ruhe Europas nicht durch Österreich, sondern durch Frankreich bedroht war. Bereits hatte er angefangen, sich dem Kaiser zu nähern, ohne aber den Charakter seiner Politik gänzlich zu ändern. Er dachte jetzt an eine Allianz, die er die deutschgesinnte nannte, als deren Haupt er eine schiedsrichterliche Stellung zwischen Österreich und Frankreich einnehmen würde. Der Kaiser sollte ihr nicht als Kaiser, wohl aber als König von Böhmen und als Erzherzog von Österreich angehören. Frankreich sollte durchaus nicht den Eindruck haben, als wolle der Kurfürst sich von ihm abwenden, die Beziehungen sollten ungetrübt bleiben. Johann Philipp träumte davon, er könne das Interesse Ludwigs auf die Levante ablenken, seine Eroberungslust mit der Aussicht auf frisch ergrünenden Kreuzzugs-Lorbeer locken.

Auch Leopold wurde unruhig und unterhandelte hier und dort; aber sich selbst zu empeñiren fand er sich doch impossibilitiert. Vollends als er sich überzeugt hatte, daß die französischen Rüstungen Holland galten, fand er es gar nicht so übel, daß Frankreich und die Niederlande sich in die Haare gerieten und ein wenig zausten.

Diejenigen, auf die er es abgesehen hatte, pflegte Ludwig vorher zu isolieren, wobei ihm seine gewandte, gut geschulte Diplomatie ausgezeichnete Dienste leistete. In bezug auf Holland hatte er leichtes Spiel. Der mächtige und reiche Handelsstaat hatte diejenigen zu Gegnern, die seine Stelle einzunehmen wünschten, Frankreich und England. Überhaupt ist Besitz von viel Geld ein Magnet, der Haß und Neid anzieht. Die Fürsten hatten außerdem eine gereizte Abneigung gegen die Republik, deren Wohlstand und Kultur sie doch bewundern mußten: So gelang die Auflösung der Tripelallianz ohne Mühe. Der König von England war sowieso französisch gesinnt und wurde gern aus einem Verbündeten Hollands sein Feind, bei Schweden handelte es sich nur um ein Geldgeschäft. Ähnlich ging es mit den Reichsfürsten. Der Kurfürst von Mainz besann sich darauf, daß seine Mittlerstellung ohne eine hinreichende Anzahl Truppen in der Luft schwebe, und erneuerte seine Freundschaft mit Frankreich. Kurfürst Ferdinand Maria von Bayern gab sich aus vollem Herzen dem französischen Einfluß hin; er sowie der

Kurfürst von Köln standen unter dem Einfluß der verräterischen Brüder Grafen Fürstenberg. Der Kurfürst von Köln und der Bischof von Münster, die allerlei kleine Grenzstreitigkeiten mit dem holländischen Nachbarn hatten, erklärten sich sogar bereit, an Frankreichs Seite in den Krieg einzutreten. Der Kölner verpfändete Ludwig seine Festung Neuß als Waffenplatz und Ausfallort gegen Holland.

Wie bedrohlich die Umstände für Holland auch waren, so lag doch die größte Gefahr in Holland selbst. Den holländischen Staat würde Hobbes nicht als Staat anerkannt, er würde ihn das Zerrbild eines Gemeinwesens genannt haben; denn die Staatsgewalt war hier nicht einheitlich, sondern nach mittelalterlicher Art geteilt, und zwar zwischen dem Statthalter, der das monarchische Element, und den Vertretern der Provinzen, die das aristokratische Element bildeten. Das Statthalteramt war seit der Zeit des großen Wilhelm von Oranien in der Familie Oranien erblich. Von den Vertretern der Staaten war der Ratspensionär von Holland, der bei weitem reichsten und mächtigsten Provinz, herkömmlicher Weise der Leiter der holländischen Politik. Er hatte hauptsächlich das Interesse der Handelsherren im Auge und trieb infolgedessen Friedenspolitik, während der Statthalter, der oberster Anführer von Heer und Flotte war, eher zu kriegerischen Lösungen bereit war und natürlich die Wehrmacht in gutem Stande zu erhalten suchte. Was Hippolithus a Lapide von den gemischten Regierungen sagte, daß solche Staaten meist unruhig wären, weil jeder Teil die ganze Herrschaft anstrebe, das traf auf Holland zu. Die Gefahr war vorhanden, daß der

Statthalter seine Stellung zu einer wahrhaft monarchischen ausbaute, das machte die Aristokraten mißtrauisch und verursachte einen Gegensatz zwischen den beiden Gewalten; er hatte im Anfang des Jahrhunderts zu der Katastrophe des großen Staatsmanns und Patrioten Oldenbarneveldt geführt. Der Statthalter stützte sich auf das niedere Volk, das sich zu den Aristokraten auch in einem religiösen Gegensatz befand. Der frühe Tod Wilhelms II., dem nach seinem Tode noch ein Söhnchen geboren wurde, hatte der aristokratischen Partei ermöglicht, den Statthalter ganz auszuschalten. Um sich vollständig zu sichern, brachte Jan de Witt im Jahre 1667 ein Edikt heraus, welches die Vereinigung des Statthalteramtes mit der obersten Heeresleitung in einer Person für immer verbot. Dadurch schien es dem heranwachsenden Wilhelm von Oranien unmöglich gemacht, dem Ratspensionär und seiner Partei gefährlich zu werden.

Jan de Witt hatte im Anschluß an Frankreich die beste Bürgschaft für den Frieden zu finden geglaubt. Zwar wurde er auf das, was sich in Frankreich vorbereitete, aufmerksam und dachte daran, einem etwa von Frankreich drohenden Angriff durch einen Angriff von seiner Seite zuvorzukommen; aber die anderen Erwägungen gewohnter Art verdrängten den mutigen Entschluß wieder. Als drei französische Heere unter Ludwigs vorzüglichsten Feldherren, Turenne, Condé und Luxembourg, sich gegen Holland in Bewegung setzten, war es wehrlos und hilflos. Sein einziger Bundesgenosse, der Kurfürst von Brandenburg, der von Jugend auf dem holländischen Staate anhänglich und mit einer Oranierin verheiratet war, dem es außerdem um seine rheinischen Besitzungen bange wurde, zog sich wieder zurück, ohne etwas Nennenswertes ausgerichtet zu haben, und schloß Frieden mit Frankreich.

Schon war fast ganz Holland von den unwiderstehlichen französischen Truppen besetzt, da suchten die Verzweifelten Hilfe bei dem ihnen verbündeten Element: Sie öffneten die Schleusen, und die Überschwemmung des Landes trieb die Eindringlinge zurück. Jan de Witt und sein Bruder wurden von dem wütenden Volke, das ihre Politik für das nationale Unglück verantwortlich machte, ermordet, und Wilhelm von Oranien trat als Statthalter und Führer von Heer und Flotte an die Spitze der Republik.

Inzwischen hatte sich der Kaiser aufgerafft, Lobkowitz, der Franzosenfreund, wurde gestürzt, ein kaiserliches Heer unter dem bewährten, nun freilich alten und kränkelnden Montecuccoli erschien im Felde, und der Kurfürst von Brandenburg nahm die Waffen wieder auf. Der erste Waffengang verlief so, daß beide Teile sich den Sieg zuschreiben konnten und daß die Rheingrenze gehalten wurde.

Gegner Frankreichs

Macht wirkt wie das Licht auf die Motten, wie der Blick der Schlange auf die Tiere, die sie verschlingen will: Frankreich unterwarfen sich alle, auch diejenigen, die voraussehen mußten, daß es zu ihrem Schaden oder Untergang führen würde. «Wenn Europa bereit ist zu dienen», sagte der kaiserliche Gesandte Lisola, «ist Ludwig bereit, ihm Ketten anzulegen.» In Flugblättern wurde wohl eine öffentliche Meinung laut, die vor der französischen Tyrannei warnte und zum Widerstand mahnte; aber das waren namenlose Stimmen, Stimmen von Leuten, deren Platz im Leben ihnen keinen Einfluß auf die öffentlichen Angelegenheiten gestattete. Immerhin gab es einige unter den zu öffentlicher Wirksamkeit Berufenen, die den Kampf gegen Frankreichs Übermacht und rechtswidrige Gewalttätigkeit sich zur Aufgabe machten: Einer der ersten war Franz Paul von Lisola, kein Reichsdeutscher, sondern italienischer Abkunft und in Salins in der Freigrafschaft geboren. In Dôle studierte er die Rechte. Mit 25 Jahren ging er nach Wien, um dort eine Rechtssache zu vertreten, und nahm kaiserlichen Dienst an. Am Ende des Dreißigjährigen Krieges begleitete er den Grafen Trauttmansdorff nach Münster zu den Friedensverhandlungen. Mit einer Zielsicherheit und Energie, mit der rücksichtslosen Schärfe gegen seine Gegner stand Lisola zwischen den gemütlichen Österreichern ziemlich allein, seine Versuche, dem Kaiser das Elsaß zurückzugewinnen, scheiterten. Vielleicht hätte Ferdinand III. für seine Pläne Verständnis gehabt, wenn ihn nicht in seinen letzten Lebensjahren Schwermut gelähmt hätte; Leopold mit sich fortzureißen war anfangs unmöglich. Trotzdem arbeitete er unermüdlich im antifranzösischen Sinne an den Höfen, wo er den Kaiser als Gesandter zu vertreten hatte. Als im Jahre 1667 die Schrift erschien, in der Frankreichs Ansprüche auf die spanischen Niederlande entwickelt wurden, die noch als burgundischer Kreis des Reiches galten, verfaßte Lisola eine Antwort und Widerlegung unter dem Titel *Bouclier d'état et de justice*. Es war eine Kampfschrift, die die Weltherrschaftspläne Frankreichs entlarvte und brandmarkte. In einer Sprache voll Feuer und scharfer Klarheit stellte Lisola den abendländischen Fürsten vor, daß sie alle gleichmäßig bedroht wären, daß keiner auf eine andere Gunst des Zyklopen hoffen könne, als zuletzt verschlungen zu werden. Merkwürdig, daß dieser leidenschaftliche und glänzende Aufruf zum Kampfe gegen Frankreich von einem im kaiserlichen Dienst stehenden Manne italienischer Abkunft in französischer Sprache geschrieben war. Während des Holländischen Krieges hielt sich Lisola im Haag und in Amsterdam auf ungeachtet der Gefahr, der er sich dort aussetzte, bestrebt, ein Bündnis zwischen dem Kaiser und den Staaten zustande zu bringen. «Ohne *miraculi*», hieß es in einem Gutachten des Hofkriegsrats in Wien, «ist nicht möglich, daß *nolente imperio* der Kaiser Ludwigs *vasti disegni* verhindere.» Es mußte einer viel Feuer in sich haben, der sich zutraute, soviel Bedenklichkeit und Schläfrigkeit zu entflammen. Lisola erlebte noch den Abschluß des Bündnisses, das einen Umschwung der Ereignisse hoffen lassen konnte, die Enttäuschung nicht mehr; er starb im Jahre 1674.

An Tatkraft und Schwung großer Entwürfe glich ihm ein Zeitgenosse, den man auf der gleichen Seite zu finden nicht erwarten konnte: Graf Georg Friedrich von Waldeck. Wer seine Anfänge kannte, wie er Pläne zur Niederwerfung des Hauses Habsburg machte, mußte sich höchlich wundern, ihm sechs Jahre nachdem er den Kurfürsten von Brandenburg verlassen hatte, weil dieser sich gegen Schweden mit dem Kaiser verbündete, im Dienst des Kaisers gegen die Türken kämpfend zu begegnen. Als ihm aufgegangen war, daß die Freiheit des Reiches und Europas nicht von Österreich, sondern von Frankreich bedroht war, stellte er sich vollständig um und führte nun den Kampf gegen Frankreich mit derselben entschiedenen Leidenschaft wie vorher gegen Österreich. Eine Zeitlang hielt er sich am Hofe des Herzogs Ernst August von Braunschweig auf und wirkte dort für Anschluß an den Kaiser, dann ging er nach Holland, wo der junge Wilhelm von Oranien als Mittelpunkt des Widerstandes gegen Frankreich ihn anzog. Von Holland aus begab es sich, daß er im Auftrage der Republik an den Hof von Berlin ging, um den Kurfürsten zum Eintritt in eine Koalition gegen Frankreich zu bewegen. Der Trieb zu großen Wagnissen und Unternehmungen, bei denen Ehre zu gewinnen ist, der ihn nach seinen eigenen Worten beseelte, fand im Umgang mit Wilhelm von Oranien Genüge.

Man hat Wilhelm III. mit seinem großen Vorfahr,

dem Schweiger, verglichen, weil er es verstand, wie dieser zu warten und sich zurückzuhalten, und weil er geduldig, hartnäckig, kein Opfer scheuend auf der einmal beschrittenen Bahn ausharrte; aber er war nicht wie jener ein glänzender Kavalier, der durch Liebenswürdigkeit und Laune die Herzen gewann. Wilhelm III. war wortkarg, trocken, verschlossen, sei es, daß das seine Natur war oder daß die im Schatten verbrachte Jugend, die Zurücksetzung, der er sich unterwerfen mußte, diese Anlage verstärkt hatte. Die Rolle, die er bei der Ermordung der Brüder de Witt spielte, hat düstere Linien in sein Bild gezogen: Seine unzugängliche Art schreckte manche ab, nur denjenigen, deren Charakter und Gesinnung er erprobt hatte, verriet er, daß er warmer Empfindung fähig war. Sehr schwer mußte es dem temperamentvollen, offenen Waldeck werden, die kühle Behandlung von seiten des um dreißig Jahre jüngeren Mannes zu ertragen; aber er tat es um der Sache willen, für die sie beide kämpften. Auf Grund dieser Übereinstimmung sollte sie mit der Zeit enge und dauernde Freundschaft verbinden.

Hatte Wilhelm III. nicht die strahlende Kraft, die von manchen heroischen Naturen ausgeht, so wirkte doch auch seine verhaltene Leidenschaft fesselnd. Die sich ihm einmal angeschlossen hatten wie Waldeck und der Ratspensionär Heinsius, der Nachfolger des unglücklichen de Witt, blieben in seinem Bann. Leider besaß er nicht die Feldherrngaben, die seine Vorfahren Moritz und Friedrich Heinrich ausgezeichnet hatten. Er war ebenso wie Waldeck im Felde meist unglücklich. Immerhin gab Ludwig, nachdem der erste siegreiche Angriff zurückgeworfen war und das verbündete kaiserlich-brandenburgische Heer herannahte, den Krieg gegen Holland auf. Die Republik war für den Augenblick gerettet.

Zu den großen Gegnern Ludwigs XIV. darf man auch Leibniz zählen, obwohl er im Dienst des Kurfürsten von Mainz seine Laufbahn als Anhänger Frankreichs begonnen hatte und nie aufhörte, die französische Kultur zu schätzen. Den Reichsfeind Ludwig bekämpfte seine Feder, seine eindringlichen, schneidenden Äußerungen begleiteten alle die kriegerischen Aktionen, die sein Leben erfüllten, bald aufreizend, bald trauervoll und zornig.

Ungarn und Türken

Zur Methode Ludwigs gehörte es, denen, die er angreifen oder die er verhindern wollte, ihn anzugreifen, Feinde zu erwecken. Deshalb reizte er Portugal zum Kriege gegen Spanien, deshalb suchte er einen französischen Prinzen oder von ihm abhängigen Mann auf den polnischen Thron zu bringen, der sich etwa gegen Österreich gebrauchen ließ. Österreich gegenüber war er in der günstigen Lage, sich zweier immer zum Sprunge bereiter Feinde dieser Macht bedienen zu können: der Ungarn und der Türken. Man muß die stets von Osten drohende Gefahr bedenken, um Leopolds unsicheres Verhalten im Westen zu verstehen.

Es waren die schwierigen Verhältnisse Siebenbürgens, die einen Zusammenstoß mit der Türkei herbeiführten. Dies Land hatte sich unter ehrgeizigen und oft hervorragenden Führern eine Art von Selbständigkeit zwischen der Pforte und Österreich zu behaupten gewußt, sich bald mehr dem einen, bald dem anderen Lande anschließend. Als die Pforte den Großfürsten Rákoczy, der ihre Unzufriedenheit erregt hatte, angriff und besiegte, dann das ungarische Großwardein eroberte, glaubte die österreichische Regierung sich einmischen zu müssen, um einem türkischen Einfall in die Erblande vorzubeugen.

Wenn sich der Kaiser nicht leicht zum Kriege entschloß, so erklärt sich das aus der Schwierigkeit, ein den türkischen Streitkräften nur einigermaßen gewachsenes Heer zusammenzubringen. Er verfügte damals über 12 000 Mann, wozu noch das etwa 15 000 Mann zählende Aufgebot der Ungarn kam, und diesen standen 120 000 Türken gegenüber. Sicherlich hätte der Kaiser mehr Geld und mehr Soldaten aus den Erblanden aufbringen können, wenn die militärischen Angelegenheiten ganz in seiner Hand gelegen hätten und wenn nicht in der Verwaltung Schlendrian und Schlamperei herkömmlich gewesen wären. «Kein Mensch hat hier Lust zu ernstlicher Arbeit», schrieb der Nuntius an den Papst, und später Prinz Eugen: «Es mag auch noch so schlechte Nachricht kommen, ist man doch hier weit entfernt, sich zu beunruhigen oder an Abhilfe zu denken. Man ist hier von außerordentlicher Gemütsruhe und läßt alles seinen Gang gehen.»

Hier Ordnung zu schaffen, war Leopold nicht die Persönlichkeit. *«O Dio»*, schrieb er einmal seinem Beichtvater, *«come detesto di dover prendere delle resoluzioni!»* Aus Angst vor Entschlüssen und Entscheidungen ließ er die Dinge gehen, und eine ähnliche Geistesverfassung herrschte in seiner Umgebung.

Der Oberbefehlshaber des kaiserlichen Heeres, Raimondo de Montecuccoli, einer der vielen zu Österreichern gewordenen Italiener, war im Jahre 1609 in Modena geboren, hatte in vielen Schlachten des Dreißigjährigen Krieges mitgekämpft und war in den Jahren 1639–42 in schwedischer Gefangenschaft gewesen. Diese Zeit hatte er benützt, um viel zu sehen, nicht nur kriegswissenschaftliche, sondern auch allgemein wissenschaftliche Werke, und hatte sich eine bedeutende Gelehrsamkeit erworben. Vielleicht war es dies Wissen, vielleicht auch das zunehmende Alter, das seine Kriegführung bedächtig, oft allzu bedächtig machte. Überhaupt aber war es der Grundsatz dieser Epoche, Schlachten womöglich zu vermeiden, um die Soldaten, eine kostbare Ware, zu sparen, und mehr durch geschickte strategische Bewegungen Erfolge zu erringen. Montecuccoli ging darin sehr weit; allerdings war er fast immer in der Lage, mit einer geringen Truppenzahl einer Übermacht entgegenzugehen. Als Mensch war er ehrenhaft und sympathisch.

Nachdem die wichtige, der Grenze nahegelegene Festung Neuhäusel von den Türken erobert worden war und nachdem Leopold den Regensburger Reichstag gehörig bearbeitet hatte, ließ sich das Reich zur Hilfeleistung bereit finden. Sie war dreifacher Art: Das Reich stellte die eigentlichen Reichstruppen, Brandenburg, Sachsen und Bayern schickten ihre Hilfe gesondert, und ebenso trat der Rheinbund als selbständig handelnde Macht auf. Als das vornehmste Glied desselben lieferte Ludwig XIV. die meisten Truppen, zu denen sich viele von Adel als Freiwillige gesellten. Daß Ludwig ihm als Teilnehmer am Kriege aufgedrängt wurde, während man doch wußte, daß er die Türken gegen Österreich aufzuhetzen pflegte, war eine Beleidigung des Kaisers, die er tief empfand. Doch kämpften die Franzosen mit der ihnen eigenen Bravour und Disziplin, so daß sich Ludwig rühmen konnte, einen großen Teil zum Siege beigetragen zu haben.

Bei St. Gotthardt an der Raab, nahe der steiermärkischen Grenze, kam es zur Schlacht, die ungeachtet des Zurückweichens der Reichstruppen im Beginn mit einem vollständigen Siege der Christen endete. Es scheint, daß Montecuccoli auch in diesem Fall die Schlacht vermeiden wollte und nur durch den Rat der übrigen Heerführer zum Angriff bestimmt wurde. Trotz des glänzenden Erfolges schloß der Kaiser noch im selben Monat, im August 1664, den für ihn unvorteilhaften Frieden von Vasvar, der die Festungen Großwardein und Neuhäusel in den Händen der Türken ließ. Auch Siebenbürgen blieb bis auf weiteres unter türkischem Einfluß. Die Sorge um die Entwicklung in Spanien im Falle des Todes Philipps IV., der damals erwartet wurde, noch mehr vielleicht der Unmut über die unwürdige Bundesgenossenschaft Frankreichs, scheint beim Abschluß eines so verzichtvollen Vertrages den Ausschlag gegeben zu haben.

Der Unwille über den nachteiligen Friedensschluß war auch in Ungarn groß und steigerte die im Kreise der Magnaten ohnehin herrschende Unzufriedenheit zu förmlicher Verschwörung. Nur einige Komitate Ungarns, die der österreichischen Grenze nahe lagen, waren damals in österreichischem Besitz, die Mitte, nämlich die Komitate oder Paschaliks Ofen, Temesvar, Kanischa und Erlau mit dem hochgelegenen Ofen und den übrigen wichtigsten Festungen, darunter Grau, Stuhlweißenburg und Belgrad, befand sich in türkischen Händen. Aber auch das österreichische Ungarn war kein sicherer Besitz. Es war ein tragisches Verhängnis, daß Österreich Ungarn als Vormauer gegen die Türken zu beherrschen suchen mußte und daß andrerseits die Ungarn der deutschen Herrschaft natürlicherweise widerstrebten. Die Ungarn lebten noch in mittelalterlich feudalen Verhältnissen, während Österreich seine ständische Verfassung mehr und mehr durch eine modern-zentralistische zu überwinden suchte. Die ungarischen Stände konnten sich rühmen, im Besitz eines aus dem 13. Jahrhundert stammenden Privilegiums, der sogenannten Goldenen Bulle König Andreas II., zu sein, welches ihnen ein Widerstandsrecht verbürgte für den Fall, daß ein König ihre Rechte verletzen sollte. Die militärischen Stationen, die der Kaiser in Ungarn errichtete und die zum Schutze gegen die Türken notwendig waren, wurden von den Ungarn als unrechtmäßiger Druck empfunden. Besonders die ungarischen Protestanten, die von der österreichischen Regierung ihren Versprechungen zuwider unterdrückt wurden, haßten die Deutschen. Viele von ihnen hätten die Herrschaft der Türken, welche Andersgläubige gewähren ließen, der deutschen vorgezogen; aber auch viele Katholiken dachten so. Nach dem Frieden von Vasvar kam der angesammelte Widerwille zum Ausbruch. Bei Gelegenheit der Verlobung der Helene Zriny mit Franz Rákoczy kamen verschiedene Häupter der Bewegung unauffällig zusammen und beredeten die vorzunehmenden Schritte. Die angesehensten und tätigsten Häupter der Empörung waren Peter Zriny, Ban von Croatien, dessen Schwager Graf Frangipani und Graf Nadasdy, der reichste unter den ungarischen Magnaten. Sie hofften auf Hilfe von der Pforte, von Frankreich, von Polen, von Venedig. An alle diese Mächte wendeten sie sich insgeheim und erhielten auch hie und da ermunternde Antworten, aber keine bindenden Versprechungen. So zogen sich die Vorbereitungen durch mehrere Jahre hin unter wechselnder Teilnahme der einen und anderen, als die österreichische Regierung bereits durch Verräter von den Vorgängen unterrichtet war. Wie schwer erträglich die trotzige Selbständigkeit der Ungarn auch für die Regierung war und wie gern sie auch einen Anlaß ergriffen hätte, sie zu brechen, ging sie doch behutsam mit den ungarischen Magnaten um. Sie waren große Herren, verschwenderisch, liebenswürdig, gute Gesellschafter, großartig im Auftreten, und unterhielten freundschaftliche Beziehungen zum österreichischen Adel. Trotz mancherlei Feindschaft und Eifersucht im einzelnen Fall fühlte sich der Adel aller Länder, die herrschende Schicht jener Zeit, wie eine internationale Kaste untereinander verbunden. Zunächst wurde versucht, ob sich die Schuldigen in Güte gewinnen ließen. Zriny, Frangipani und Nadasdy bekundeten Reue, als ihnen Vorhalte gemacht wurden, und gelobten, künftig dem Kaiser treu dienen zu wollen; sie setzten aber die Versuche, ausländische Hilfe zu gewinnen, fort. Damals begannen die Kriege Ludwigs XIV., die Pforte hielt zwar noch Frieden, konnte ihn aber jeden Augenblick brechen, die Lage Österreichs zwischen den beiden Erbfeinden war so, daß es geraten schien, den sich vorbereitenden ungarischen Aufstand im Keime zu unterdrücken. Als sie sich verloren sahen, flohen die Grafen Zriny und Frangipani nach Wien und ergaben sich der Gnade des Kaisers, die sie schon einmal erfahren hatten. Die Räte des Kaisers entschieden sich für Anwendung äußerster Strenge, das Gericht verurteilte Zriny, Frangipani und Nadasdy, der sich ahnungslos in Baden bei Wien aufgehalten hatte, außerdem noch den Grafen Tattenbach, einen etwas schwachköpfigen Steiermärker, zum Tode. Es war natürlich, daß die Angeklagten leugneten und sich auszureden suchten; aber die Art, wie einer die Schuld auf den andern abzuwälzen versuchte, macht einen peinlichen Eindruck. Als Menschen, die ganz im wilden Genuß ihrer Kraft und ihrer Leidenschaften gelebt hatten, brachen sie zusammen, als sie plötzlich aller äußerer Stützen beraubt waren. Indessen als sie den Untergang vor Augen sahen, rafften sie sich auf und starben stolz und furchtlos. Nur Graf Tattenbach war haltlos und mußte bis zuletzt mit tröstenden Beamten umgeben werden. Die Verurteilten wurden vor ihrem Tode aus der Adelsmatrikel ausgestoßen, was sie sehr schmerzte. Andrerseits wurde dafür gesorgt, daß der Henker sie bei der Vollziehung des Urteils nicht mit der Hand berührte. Ihr Vermögen wurde konfisziert, es bestand zum größten Teil in liegenden Gütern, daneben in edlen Steinen, kostbarem Gerät und Schmuck, auch in Geld. Von den Gütern kamen die meisten an die Familie Esterhazy, die dem Kaiser stets treu angehangen hatte. Graf Frangipani war der Letzte seines Geschlechtes, die Familie Zriny erlosch mit dem Sohne des Hingerichteten. In Zrinys Tochter Helene, die in erster Ehe mit Rákoczy vermählt war, brannte die Flamme des Hasses weiter. Mit ihrem zweiten Gatten, dem hochbegabten, glänzenden Emerich Tököly, entfachte sie den Aufruhr immer neu, schließlich aber mußten sie sich, von den Türken verlassen und verraten, nach Kleinasien zurückziehen, wo sie im Beginn des 18. Jahrhunderts gestorben sind.

Leopold gedachte, die unterdrückte Verschwörung zur Änderung der ungarischen Verfassung im absolutistischen Sinne auszunützen, ähnlich wie es Ferdinand II. in Böhmen gemacht hatte. Er ging dabei zur Schonung seines Gewissens außerordentlich behutsam vor. Eine Versammlung von Geistlichen mußte zunächst vom religiösen Standpunkt aus beurteilen, ob der Kaiser berechtigt sei, die Privilegien, die er beschworen hatte, aufzuheben. Darauf folgten Beratungen von Justiz- und Militärpersonen. Alle diese Kommissionen rieten zu der gewünschten Verfassungsänderung, die auch Lobkowitz und der Hofkanzler Hocher, ein Bürgerlicher, Sohn eines Freiburger Rechtsgelehrten, befürworteten. Bis dahin hatten die hohen Reichsämter ungarische Magnaten inne, die ziemlich unabhängig schalteten, an ihrer Spitze der Palatin. Dies Amt sollte aufgehoben werden und an die Stelle des Palatin ein Gubernator treten, der von Wien abhängig wäre. Möglichst allmählich und unmerklich sollte das Gubernium Justiz, Verwaltung und Steuerwesen an sich ziehen, bis das Regiment auf gleichen Fuß mit den Erblanden gebracht wäre, wie man sich ausdrückte. Nach vielen Bedenken wählte der Kaiser zu diesem Amt den Deutschmeister Ampringen, einen reichsdeutschen Fürsten, der als streng redlicher und wohlwollender Mann bekannt war. Gern hätte Leopold das Land wieder ganz katholisch gemacht, und es wurden zu diesem Zweck mehr als 200 protestantische Pfarrer verbannt, andere, die sich nicht fügen wollten, nach Neapel und Triest auf die Galeeren geschickt, wo viele starben. Die entsetzlichen Grausamkeiten, die von den Vertretern der Regierung verübt wurden, steigerten den Haß der Ungarn ins Maßlose. Der Deutschen Blut zu trinken und ihre Leichen zu häufen war der Wunsch, in dem ihre Lieder schwelgten. Trotz aller Gewalttaten ließ sich weder die Katholisierung noch die Zentralisierung durchführen. Nach acht Jahren suchte Ampringen sein Mergentheim wieder auf, ohne daß er, von der Wiener Regierung ziemlich im Stich gelassen, die Befugnisse seines Amtes hätte ausüben können. Es zeigte sich, daß die alten Organisationen weiterarbeiteten, während die neue ratlos und zwecklos danebenstand.

Unter diesen Umständen war es doppelt mißlich, daß nach dem Tode des friedfertigen Großwesirs Köprili im Jahre 1676 die Beziehungen zur Pforte sich wieder verschlechterten. Kara Mustapha, der an seine Stelle trat, war, weil er von den Polen besiegt worden war, angegriffen und glaubte, seine erschütterte Stellung durch einen Sieg über Österreich wieder befestigen zu können. Die aufständischen Ungarn unter Emerich Tököly versprachen ihn zu unterstützen. Im Frühling des Jahres 1683 wälzte sich ein Heer von 200000 Türken gegen Wien heran; denn es war Kara Mustaphas Plan, die Hauptstadt zu erobern.

Straßburg

Fast immer sind Koalitionen im Nachteil gegen einen einzelnen Feind, selbst wenn sie ihm zahlenmäßig überlegen sind. Das Zusammenwirken des Kaisers mit dem Kurfürsten von Brandenburg gestaltete sich vollends unfruchtbar. Der Kurfürst beschuldigte die Kaiserlichen absichtlicher Untätigkeit, Montecuccoli zog sich zuerst vorübergehend, dann ganz von der Heeresleitung zurück. Es kam zu keinem nennenswerten Erfolg, der Tod Turennes, der bei Sasbach von einer Kugel getroffen wurde, blieb unausgenützt. Von diesen Unzuträglichkeiten abgesehen, sicherte ihre größere militärische Tüchtigkeit den Franzosen das Übergewicht. «Bei den Deutschen», sagte Leibniz, «kein Schneid im Handeln, kein Geist in den Unternehmungen, keine Spur von Feldherrnkunst. Es war, wie wenn ein ungeschlachter Riese kämpfte mit einem geübten

Fechter von Fach: jener plump, unbeholfen, dieser lebhaft, gewandt, sicher, mitten im Kampf kaltblütig, besonnen. Denn für die Franzosen gab Kunst, Geist und Schnelligkeit, nicht Macht und Wucht den Ausschlag, und ihre Pläne waren geheim, ihre Schläge nicht aufzufangen wie der Blitz, erst zu bemerken, wenn sie schon saßen. Die Führer Männer von Kopf, die Obersten und Hauptleute stramm im Dienst, alle der Belohnung sicher.» Dieses schneidende Urteil kann nur auf die Führung bezogen werden. Die deutschen Soldaten waren gut und sollten bald unter ausgezeichneten Führern ihre Leistungsfähigkeit beweisen.

Einen bedeutenden Erfolg errang die französische Diplomatie, als es ihr gelang, die Schweden zu einem Einfall in die Mark Brandenburg zu veranlassen. Der höfliche schwedische Anführer versicherte zwar, das solle keine Ruptur bedeuten; aber der Große Kurfürst nahm es für das, was es war, und kam ohne Zeitverlust seinem Lande zu Hilfe. In seinem eigenen Interesse verletzt, zeigte er, was er leisten konnte, wenn er wollte. In raschem Zuge führte er seine Truppen vom Rhein nach dem Osten, eroberte das von den Schweden besetzte Rathenow zurück, besiegte den Generalleutnant Wrangel in der Reiterschlacht bei Fehrbellin und jagte den Feind in der vielbewunderten Fahrt über die Eisfläche des Kurischen Haffs über die Grenze. Dann eroberte er Stettin und glaubte sich ein zweites Mal im Besitz von Pommern. Daß Ludwig XIV., dessen Absicht es durchaus nicht war, das Reich von den Schweden zu befreien, ihm die Beute entriß, erbitterte ihn nicht gegen den französischen König, sondern gegen den Kaiser, der ihn allerdings nach längerem Auf und Ab der Meinungen am Wiener Hofe preisgab. Der Friede von Nymwegen, der im Jahre 1679 den ersten Koalitionskrieg abschloß, war ein Triumph der französischen Diplomatie. Nachdem zuerst Holland, wo die Aristokratenpartei wieder zu Ansehen kam, sich durch einen vorteilhaften Handelsvertrag hatte gewinnen lassen, folgten Spanien und der Kaiser; da mußte auch Friedrich Wilhelm sich fügen. Von Groll gegen den Kaiser erfüllt, schloß er sich neuerdings eng an Frankreich. Ludwig XIV. konnte sorglos zu neuen Eroberungen schreiten.

Wenn er etwas rauben wollte, pflegte Ludwig vorher zu proklamieren, daß er nichts als den Frieden wünsche und nie etwas nähme, als was ihm gehöre. Was ihm gehöre, bestimmten die sogenannten Reunionskammern, deren Aufgabe es war festzustellen, welche Gebiete von den Bistümern Metz, Toul und Verdun jemals abhängig gewesen wären. Als die Kammern einmal, vom Eifer fortgerissen, auf diese Weise die Bistümer Straßburg, Speyer, Worms, Trier und Mainz einforderten, soll selbst Louvois, der französische Kriegsminister, gelacht haben. Richelieu hatte diesen Weg vorgezeichnet, indem er im Jahre 1624 eine Kammer gründete, die den französischen Anspruch auf Lothringen zu begründen hatte, später galt er der Eroberung des Elsaß. Nach einer längeren Pause nahm die an das Parlament von Metz angeschlossene Reunionskammer im Jahre 1679 ihre Tätigkeit wieder auf, wobei angenommen wurde, daß die drei Bischöfe von Metz, Toul und Verdun als Kläger auftraten und die von ihnen abhängenden Vasallen zur Huldigung aufforderten, widrigenfalls ihre Gebiete ihnen aberkannt würden. Proteste wurden nicht beachtet. Als räumliche Grenze wurde der Rhein betrachtet, eine zeitliche Grenze gab es nicht, man ging bis auf Karl den Großen zurück. Er befürchte, sagte der österreichische Staatsmann von Hornigk, das um sich fressende Dependentienfeuer werde auch die rechtsrheinischen Lande ergreifen, und schließlich werde der König von Frankreich ganz Deutschland als abhängig vom Bistum Metz und als sein Eigentum erklären.

Es wird erzählt, Karl V. habe einmal gesagt, wenn Straßburg und Wien gleichzeitig von Feinden bedroht werden sollten, würde er zuerst Straßburg entsetzen. Als der Fall eintrat, stand ein schwächerer Fürst an der Spitze des Reiches, aber schwächer nicht nur durch seinen Charakter, sondern auch durch nicht von ihm verschuldete Umstände. Das Elsaß hatte er verloren, die Aussicht, es wiederzugewinnen, war gering, das Schwergewicht Österreichs hatte sich nach dem Osten verlagert. Nachdem der unglückliche Friede von Nymwegen geschlossen war, in dem Leopold sogar die Stadt Freiburg im Breisgau, ein Kleinod seiner Krone, geopfert hatte, stand er wieder allein, mit dem militärisch wichtigen Kurfürsten von Brandenburg war er sogar verfeindet. Im Osten bereitete sich die Türkei zu einem großen Schlage vor.

Ludwig XIV. hätte die heißbegehrte Reichsstadt Straßburg am liebsten durch Schmeichelei und Bestechung gewonnen. Wohl gab es in Straßburg seit mehr als 100 Jahren eine französische Partei, aber ausschlaggebend war sie nicht. Die Einwohner waren deutsch und wollten deutsch, wollten vor allem Reichsstädter bleiben, was sie auch im letzten Kriege durch die Tat bewiesen hatten. Die Reichsfreiheit war das Fundament ihres Wohlstandes und Ansehens; wie hätten sie darauf verzichten sollen! Sodann waren sie durchaus protestantisch. Die Stadt, die unter Führung des Stättmeisters Sturm und des Pfarrers Martin Butzer eine Säule der Reformation gewesen war, mißtraute dem katholischen Frankreich. Als im Herbst des Jahres 1681 französische Truppen sich um Straßburg zusammenzogen und ihre Absicht nicht mehr zu verkennen war, verbreitete sich Schrecken. Eine Aussicht auf Entsatz zeigte sich von keiner Seite. Ludwig hatte mit der Möglichkeit gerechnet, daß die evangelischen Orte der Eidgenossenschaft sich um der alten Bundesgenossin willen rühren würden; aber auch sie blieben still. Das Reich war wie gelähmt. Wohl brachte der Kaiser auf dem Reichstage ebendamals eine neue Reichskriegsverfassung zustande; aber sie kam der bedrängten Reichsstadt nicht zugute. Der Magistrat war in großer Sorge, wie sich der notwendige Übergang an Frankreich vollziehen sollte, ohne daß es zu einem Aufruhr im Volke käme. Denn notwendig schien es, sich zu fügen, heroischer Untergang kam nicht in Betracht. Nicht einmal zu einem Tumult kam es; nach der Überlieferung verlangte ein einziges Männlein von 70 Jahren, ein Schneider, daß bis zum Tode für die Freiheit gekämpft werde. Er fand jedenfalls keinen Widerhall in der Bevölkerung: Man ließ, wenn auch ungern, das Unvermeidliche geschehen. Daß tapferer Widerstand, wie Bremen ihn gegen Schweden gewagt hatte, wirksame Hilfe herbeigezogen hätte, ist nicht anzunehmen.

Am 30. September zog Louvois an der Spitze seiner Truppen in die gefallene Stadt ein. Nach den Bedingungen der Kapitulation blieb ihr die innere Verfassung erhalten; aber der Dom wurde dem katholischen Kultus zurückgegeben. Einige Tage später traf der berühmte Vauban ein, um die Grenzstadt zu einer uneinnehmbaren Festung zu machen. Im Oktober folgte der triumphale Einzug des Königs mit der ganzen königlichen Familie. An der Pforte des Münsters empfing den unblutigen Eroberer der Bischof von Straßburg, Egon von Fürstenberg, unter Ludwigs Kreaturen eine der verächtlichsten. Am selben Tage besetzten französische Truppen in Italien die Mantua gehörende Festung Casale.

Man kann wohl das Schuldverhältnis bei diesem traurigen Ereignis nicht richtiger beurteilen, als es Leibniz in einem lateinischen Gedicht getan hat: Deutschland an Straßburg: Schandfleck welchen der Rhein mit all seinen Wogen nicht abwäscht, daß du schweigend verdirbst, daß du das Reich mit verdirbst! Straßburg an Deutschland: Schandfleck welchen der Rhein mit all seinen Wogen nicht abwäscht, daß daliegen im Schlaf allzumal Kaiser und Reich.

Nachdem der Schlag gefallen war, fehlte es nicht an Bemühungen im Reich, Kräfte zum Widerstand gegen die Vergewaltigung zu sammeln; sie scheiterten hauptsächlich an der Weigerung des Kurfürsten von Brandenburg, der am Tage nach dem Fall Straßburgs dem französischen Gesandten einen mit Diamanten besetzten Degen schenkte und das Bündnis mit Frankreich erneuerte. Vergebens bestürmte der kaiserliche Gesandte, der von dem bereits abgeschlossenen Geheimbund nichts ahnte, das Gewissen Friedrich Wilhelms; dieser befürwortete eifrig den Verzicht auf die von Frankreich geraubten deutschen Gebiete. Von Brandenburg verlassen, von türkischer Übermacht bedroht, entschloß sich Leopold zu einem 20jährigen Waffenstillstand mit Frankreich, in welchem er für diese Zeitspanne den Verlust der von den Reunionskammern beanspruchten und eingezogenen Gebiete mit Einschluß Straßburgs anerkannte.

Viele geschichtliche Ereignisse sind durch den Willen handelnder Menschen bestimmt, andere führt eine Verkettung von Umständen herbei, die oft lange Zeit im Dunkeln verlaufen, bis im Augenblick der Reife sie ans Licht treten und sich entfalten. Aber das Unberechenbare hat auch seine Stelle. Der Dämon Zufall wirbelt festes Menschenwerk durcheinander, auf unentwirrbare Knäuel legt sich die lösende Hand des Todes. Daß sich zwei Augen schließen, kann das politische Bild der Erde verändern, auch daß zwei Hände sich zum Ehebunde vereinigen, konnte damals entscheidende Folgen haben. Im Jahre 1677 heiratete Wilhelm von Oranien die protestantische Tochter des katholischen Jakob Stuart, des Bruders König Karls II. von England, der, da Karl kinderlos war, sein Nachfolger sein würde. Noch war es eine ziemlich belanglose Verbindung; aber Ludwig XIV. erkannte die Gefahr, die daraus für ihn entstehen konnte, und empfand sie als Verlust inmitten seiner Siege. Seinem zähesten Feinde hatte sich ein Zugang zum englischen Thron eröffnet. Im Jahre 1679 starb der Kurfürst Ferdinand Maria von Bayern, der ein Vasall Frankreichs gewesen war; sein Sohn und Nachfolger wurde Kaiser Leopolds Schwiegersohn, Anhänger und siegreicher Feldherr.

Die Politik des Anschlusses an Österreich am Anfang der Regierung Ferdinand Marias hatte bald der herkömmlichen Gegnerschaft weichen müssen. Sie wurde unterstützt durch des Kurfürsten Heirat mit Adelaide von Savoyen, einer Prinzessin, die Frankreich liebte und Österreich haßte und diese Richtung mit dem Feuer ihrer Natur und der Energie ihres Charakters am Hofe durchsetzte. In einem Punkte zwar bestand ein Gegensatz zwischen Frankreich und Bayern, insofern beide ein Anrecht auf die Kaiserkrone behaupteten; doch hatte Ludwig so wenig Aussicht, sie zu erlangen, daß er davon absehen konnte; den bayrischen Anspruch auf Böhmen und einen Teil der Erblande erkannte er gern an. Ein merkwürdiger Umschwung erfolgte, als Adelaide die Heirat ihres Sohnes Max Emanuel mit einer Tochter des Kaisers ins Auge zu fassen begann. Sie erwartete so viel von dieser verheißungsvollen Verbindung, daß sie sie sterbend ihrem Sohne empfahl, während ihr ganzes Leben hindurch die Bekämpfung Österreichs und der Anschluß an Frankreich ihr Ziel gewesen war. Auch der Tod des Kurfürsten von Sachsen, der die Subsidien Frankreichs empfangen hatte, brachte einen Anhänger des Kaisers auf den Thron. Wunderbar mutet es ferner an, daß durch die Rücksichtslosigkeit Ludwigs XIV. im Leben und in der Politik zwei Männer, welche durch ihre Nationalität eher zu Frankreich gehörten, von dort nach Wien gedrängt wurden und als österreichische Feldherren dem Kaiser herrliche Siege erkämpfen sollten: Herzog Karl von Lothringen und Prinz Eugen von Savoyen. Wenn die bedeutungsvolle Stunde herannaht, strömt es von allen Seiten, wo vorher sich nichts regte, um das große Ereignis, sei es Sieg oder Untergang, ans Licht zu treiben.

Umschwung

Mit Heerführern war der Kaiser für den bevorstehenden Türkenkrieg gut versehen. Karl V. von Lothringen, der Neffe des inzwischen verstorbenen Herzogs, der nach dem Tode Montecuccolis an die Spitze des kaiserlichen Heeres trat, war ein ausgezeichneter General; als sein höchster Ruhm galt es, daß er auch ein edler Mensch war. Eine besonders glückliche Fügung war es, daß der König von Polen, der ehemalige Kronfeldherr Johann von Sobiesky, die frühere Verbindung mit Frankreich aufgab und dem Kaiser seine Hilfe zur Verfügung stellte. Bundesgenossen aus dem Reich waren die Kurfürsten von Bayern und Sachsen, Herzog Ernst August von Hannover und einige Reichskreise, die der Graf Waldeck in Bewegung gesetzt hatte. Max Emanuel, ein hochbegabter Feldherr, und Johann Georg von Sachsen führten ihre Truppen selbst an, Ernst August schickte zwei Söhne. Der Kurfürst von Brandenburg, damals ganz in den Händen Frankreichs, stellte unannehmbare Bedingungen als Preis seiner Hilfe, daß nämlich der Kaiser einen neuen Waffenstillstandsvertrag mit Frankreich annehmen sollte, auch Jägerndorf blieb nicht aus. Ohne Zuzug der Verbündeten hatte der Herzog von Lothringen nur 40000 Mann unter sich, mit denen er nicht hoffen konnte, den heranrückenden Türkenmassen Widerstand zu leisten. Am 7. Juli 1683 kam es bei

Petronell zu einem Gefecht, welches dadurch bemerkenswert ist, daß darin zum ersten Male der junge Prinz Eugen von Savoyen, der erst kürzlich in Wien angelangt war, als Soldat auftrat. Sein älterer Bruder wurde in diesem Treffen verwundet und starb bald nachher. Es blieb Herzog Karl nichts übrig, als sein Heer langsam zurückzuziehen und den Zuzug zu erwarten. Etwa 10 000 Mann warf er in die Stadt, um die sich der furchtbare Ring der Belagerung zu schließen begann. Kaiser Leopold begab sich mit dem Hofe nach Passau.

Das Kommando in Wien führte der charaktervolle Graf Rüdiger von Starhemberg, ihm zur Seite standen der Bürgermeister Liebenberg und der Bischof von Wiener Neustadt, Graf Kollonich, der in seiner Jugend als Malteserritter auf Kandia gegen die Türken gefochten hatte. Unter Leitung dieser Männer arbeitete die Bevölkerung mit aufopferungsvoller Kraft und Hingebung an der Verteidigung.

An der Donau liegt eine Stadt, die ist geheißen Tuln, erzählt das Nibelungenlied. Dort sammelte sich am 7. und 8. September das Heer, das Wien und die Christenheit vor den Türken retten sollte. Alles in allem zählte es 84 000 Mann gegen etwa 100 000 Türken; denn diese hatten während der Belagerung große Verluste erlitten.

Noch war Wien nicht die Stadt mit den grandiosen Barockpalästen, mit dem festlichen Ring, die Kaiserstadt, die das 19. Jahrhundert entzückte; aber es wurde jetzt *Vienna gloriosa,* die Stadt, die in den acht Wochen der Belagerung 53 Stürme zurückschlug und 36 Ausfälle machte. Der Stephansdom, der sich gewaltig über dem Gewimmel der gotischen Häuser erhob, wurde von vielen Geschossen getroffen, und Raketen stiegen von seinem Turme auf, um den ersehnten Befreiern die äußerste Not der Stadt anzuzeigen. Je näher das Entsatzheer kam, desto häufiger und hitziger wurden die Anstrengungen der Türken, durch unterirdische Minen in die Stadt einzudringen oder sie durch Sturm zu überwältigen.

Der Beschluß, vom Kahlenberg her anzugreifen, damit die Türken zwischen zwei Feuer genommen werden könnten, hätte den Christen zum Verderben ausschlagen können, wenn sich die Türken rechtzeitig dem schwierigen Anstieg, der durch Wälder und Gestrüpp und über Klüfte ging, in den Weg gestellt hätten; da sie das unterlassen hatten, führte der Plan zu überwältigendem Erfolg. Je größer die Gefahr gewesen war, die Österreich und den ganzen Westen bedroht hatte, desto rauschender war die Siegesfreude. Welch ein Mirakel des Hauses Habsburg! Märchenhafte Dinge, das Erlesenste orientalischer Kunstfertigkeit, Teppiche, Stoffe, Waffen, Geräte, dazu Tiere und Lebensmittel in Menge fielen in die Hände der Sieger, ja selbst das Wahrzeichen osmanischer Macht, die Fahne des Propheten, die dann aufgerichtet wurde, wenn es galt, zu siegen oder zu sterben. Dies alles war aber nur die Einleitung zu einer Reihe von Taten ohnegleichen. Der Papst, Polen, Venedig schlossen sich dem Kaiser zur Fortsetzung des Krieges an. Sobiesky drang nach der Walachei vor, Francesco Morosini eroberte Morea, unterstützt von Deutschen unter dem Grafen Otto Wilhelm von Königsmark. Der Herzog von Lothringen nahm Ofen, das 150 Jahre lang Besitz der Türken gewesen war, Stuhlweißenburg, die alte ungarische Krönungsstadt, fiel. Belgrad, ein Bollwerk, das für uneinnehmbar galt, wurde von Max Emanuel von Bayern bezwungen. Durch die Schlacht von Mohacz wurde Ungarn befreit, Siebenbürgen mußte die Hoheit des Kaisers anerkennen. Mit seinen beiden Söhnen, Joseph und Karl, zog Leopold in Preßburg ein und eröffnete einen Reichstag, der eine neue Verfassung Ungarns festsetzte. Ungarn wurde zu einem im Mannesstamm des Hauses Österreich erblichen Königreich erklärt, die Privilegien des ungarischen Adels wurden bestätigt mit Ausnahme der Widerstandsklausel der Goldenen Bulle des Königs Andreas; diese galt nun als ungereimt und göttlichen und menschlichen Gesetzen widersprechend. Joseph wurde als erster erblicher König aus dem Hause Habsburg in Preßburg gekrönt. Den Protestanten wurde innerhalb gewisser Grenzen Duldung zugestanden.

In den Jahren 1683–88 waren Erfolge errungen, die Österreich zur Großmacht erhoben. Ein Ruhmesglanz umgab die kaiserlichen Feldherren, Karl von Lothringen, Max Emanuel von Bayern, Ludwig Wilhelm von Baden, vor dem der Name der französischen in Schatten fiel. Dieser Krieg war kein Raubkrieg, er war zur Rettung der abendländischen Kultur geführt; denn wie verfeinert die Sitten der Türken auch sein mochten, vom Standpunkte der abendländischen Christen waren sie Barbaren, die nach Asien zurückzudrängen die Aufgabe war. Man hoffte damals in Wien, die Conquesten bis Konstantinopel zu poussieren, wie man sich ausdrückte. Der Unterschied im sittlichen Charakter dieser Eroberungen und derer Ludwigs XIV. wurde allgemein und am bittersten vielleicht von ihm selbst empfunden. Was überall als Befreiung gefeiert wurde, kam ihm wie eine Beleidigung Frankreichs vor. Er verlangte nun, daß der für ihn so günstige 20jährige Waffenstillstand in einen Frieden umgewandelt wurde; sonst müsse er fürchten, daß der Kaiser nach der Beendigung des Türkenkrieges die Waffen gegen ihn wenden werde. Allerdings wäre das die nächste Aufgabe des Kaisers gewesen.

Macht zieht Menschen und Dinge, Macht zieht auch das Glück an; wo sich Schwäche zeigt, fängt auch das Glück an zu wanken. Zum Teil schadete Ludwig XIV. sich selbst, namentlich durch die Vertreibung der Hugenotten. Es war ein Fehler, zu dem ihn die zunehmende Bigotterie und das Trachten nach unbeschränkter Autorität hinrissen. Daß es Franzosen gab, die einen anderen Glauben bekannten als er, kränkte sein Selbstgefühl; es vertrug sich nicht mit dem Grundsatz, daß, wie es nur einen Regenten in seinem Lande gebe, auch nur ein Glaube, der seine natürlich, herrschen dürfe. Unter dem Schutz des Edikts von Nantes, das Heinrich IV. im Jahre 1598 erlassen hatte, lebten damals etwa 3½ Millionen Hugenotten in Frankreich. Sie zeichneten sich durch Tüchtigkeit in vielen Berufen aus, im Gewerbe, in den Wissenschaften, im Militärdienst, vorzüglich aber, da sie höhere Staatsämter nicht bekleiden konnten, im Gewerbe und im Handel. Ihre Arbeitsamkeit und Sparsamkeit hingen mit dem kalvinistischen Bekenntnis zusammen. Weil sie betriebsam und vermögend waren, wollte Ludwig sie nicht verlieren, sondern bekehren. Nachdem sie jahrelang unter Mißachtung des Ediktes schweren

Verfolgungen ausgesetzt worden waren, hob der König im Jahre 1685 das Edikt gänzlich auf. Die Ausübung ihres Gottesdienstes wurde den Protestanten verboten, ihre Prediger wurden ausgewiesen, ihnen selbst aber wurde die Auswanderung bei schwerer Strafe untersagt. Eine Anzahl trat unleidlichen Quälereien weichend zum Katholizismus über, die besten, charaktervollsten gaben nicht nach, und vielen gelang trotz aller getroffenen Vorkehrungen die Flucht ins Ausland. Sie wurden namentlich in den Ländern reformierten Glaubens, Pfalz, Hessen-Kassel, Brandenburg mit Freuden aufgenommen. Sie waren keine Flüchtlinge, die zehrten, sondern solche, die durch ihren Kunstfleiß und den Ernst ihrer Überzeugung Nutzen und Ehre brachten.

Das sinnlose Wüten Ludwigs gegen Bürger seines Landes, die keine andere Schuld hatten, als daß sie einen gesetzlich geduldeten Glauben bekannten, rächte sich nicht nur durch den Verlust vieler ausgezeichneter Menschen, sondern auch dadurch, daß er sich die protestantischen Fürsten entfremdete, vor allen denjenigen, dessen Abhängigkeit von Frankreich ihm so nützlich und Deutschland so schädlich gewesen war, den Kurfürsten von Brandenburg. Friedrich Wilhelm fühlte sich, nachdem Pfalz und Sachsen an Ansehen so sehr eingebüßt hatten, mit Recht als Haupt der protestantischen Partei und für sie verantwortlich. Er gehörte zu den Fürsten des 17. Jahrhunderts, die es mit ihrem Bekenntnis noch ernst meinten als mit einem von den Vorfahren überlieferten Gut, das zu behüten war. Insofern er treu an seinem Bekenntnis hing, war er fromm. Die bösartige, ganz ungerechtfertigte Verfolgung seiner Glaubensgenossen faßte er als Kränkung auf, und das machte ihn dem französischen Bündnis abgeneigt. Er wurde nun Annäherungsversuchen seines Neffen Wilhelm von Oranien zugänglicher, war er doch ohnehin der oranischen Verwandtschaft im Grunde zugetan. Geheime Zusammenkünfte fanden statt, auf denen Wilhelms Plan, König Jakob II. von England, der inzwischen seinem Bruder gefolgt war, zu stürzen und selbst den Thron zu besteigen, besprochen und vorbereitet wurde. Nachdem der Kaiser den brandenburgischen Anspruch auf Schlesien, allerdings nur scheinbar, befriedigt hatte, wurde das Einvernehmen zwischen ihm und dem Kurfürsten wiederhergestellt. Hannover wurde durch die Aussicht auf die Kurwürde gewonnen. Als Ludwig XIV. im Jahre 1688 den Krieg erklärte, stand kein einziger deutscher Fürst mehr auf seiner Seite; es war ebenso ungewöhnlich, wie es selbstverständlich hätte sein sollen. Frankreich war der allgemeine Feind geworden.

Es war Ludwig XIV. klar, daß seine Lage nicht mehr so allbeherrschend war wie früher, und er zögerte, bevor er den Krieg erklärte. Bereits begannen sich die Folgen des rücksichtslosen, Geld und Blut der Untertanen verschleudernden Kriegführens bemerkbar zu machen durch Verarmung und durch zunehmenden Mangel an tauglichen Rekruten; aber zu ernstlichen Widersetzlichkeiten führten die vorhandenen Mißstände doch nicht. Es waren immer noch gut ausgerüstete Armeen mit ausgezeichneten Generalen an der Spitze vorhanden, die einheitlichem Befehl gehorchten und tadellos vorbereitete Pläne blitzartig ausführten.

In dem vielgestaltigen Universalreich Österreich konnte eine solche Einheitlichkeit mit dem Motto: ein Herrscher, ein Glaube, ein Gesetz – *un roi, une foi, une loi* – nicht durchgeführt werden. Dazu kamen der in der Verwaltung eingefleischte Schlendrian, die Eifersüchteleien und Ränke unter den Adligen, die die Staatsämter innehatten. Unter den Generalen war Prinz Eugen von Savoyen der einzige, der die Verflechtung der militärischen Dinge mit der Verwaltung und der Wirtschaft, mit dem ganzen Aufbau Österreichs, untersuchte und durchschaute. Es erfüllte ihn mit dem größten Unbehagen, daß die Truppen schlecht gekleidet, ungenügend ernährt und gepflegt und nicht einmal regelmäßig besoldet wurden; auf seine Klagen wurde ihm geantwortet, daß kein Geld in der Kasse sei. Weil es an Geld fehlte, wurden notwendige Maßregeln nicht ergriffen. Dabei war Österreich kein armes Land, mit gutem Willen und vernünftigen Anordnungen wäre wohl Geld zu beschaffen gewesen. Allein Prinz Eugen, damals 25 Jahre alt, hatte kein Amt, das ihn berechtigte durchzugreifen, und war zu jung, um eins erhoffen zu können. Weil er die Schwächen der österreichischen Verwaltung kannte und nicht in der Lage war, etwas zur Besserung zu tun, war er, der Tapfere, vorsichtig und widerriet, einen Krieg nach zwei Fronten zu unternehmen. Im Hochgefühl der jüngst errungenen Erfolge hörte man nicht auf ihn: Der Kaiser beschloß trotz des Angriffs im Westen den Türkenkrieg fortzuführen.

In gewisser Hinsicht hielt Ludwig den Augenblick doch auch für günstig: Er war von der geheimen Absicht Oraniens auf England unterrichtet und meinte, dies große Unternehmen werde es seinen Feinden unmöglich machen, ihm am Rheine hinderlich zu sein. Der Gang der Ereignisse brachte ihm eine furchtbare Enttäuschung: am 15. November 1688 landete Wilhelm in England und im Beginn des folgenden Jahres anerkannte das englische Parlament ihn und seine Gattin Maria, die Tochter Jakobs II., als Könige von England. Die glorreiche Revolution, als welche die englische Geschichte sie verzeichnet, war vollständig geglückt, Jakob II. entfloh nach Frankreich. Sofort verwertete Wilhelm seinen Sieg zum Kampfe gegen Frankreich; ein enges Bündnis zwischen England, Holland und dem Kaiser wurde geschlossen, Spanien und Savoyen traten der großen Allianz bei. Im Februar 1689 wurde, allerdings zu spät, der Reichskrieg gegen Frankreich beschlossen.

Die Verschlechterung der Lage Ludwigs wirkte sich zunächst zum Schaden Deutschlands, besonders der unglücklichen Pfalz aus, die schon so viel gelitten hatte. Im Jahre 1685 war der Sohn Karl Ludwigs von der Pfalz in jungen Jahren ohne Erben gestorben, der letzte der Linie Pfalz-Simmern. Das benützte Ludwig XIV., um für seine Schwägerin, die Tochter Karl Ludwigs, nicht nur die allodialen Güter des Verstorbenen, sondern fast die ganze Pfalz als Erbe in Anspruch zu nehmen. Daß ihm die Auslieferung verweigert wurde, führte er mit als Kriegsgrund an. Da er annahm, die Pfalz werde der Schauplatz des bevorstehenden Feldzugs werden, faßte er den Beschluß, sie zur Einöde zu machen, und Louvois erließ den berüchtigten Befehl: *Brûlez le Palatinat!* Der unmenschliche Plan wurde grausam und flink nach einer geschickten Methode ausgeführt, wie sie bei häufiger Übung erworben wird. Durch die Mordbrennerarbeit wurde das Heidelberger Schloß, das Meisterwerk der deutschen Renaissance, in die pathetische Ruine verwandelt, deren Schönheit die bestialische Absicht der Zerstörer ausgeglichen hat. Nicht alle die ausführenden Organe waren so brutal wie der Kriegsminister Louvois, mehrere suchten den schrecklichen Befehl zu umgehen oder doch zu mildern, wagten sogar Vorstellungen zu machen, indem sie auf die Schönheit der betreffenden Orte hinwiesen und die Befürchtung aussprachen, solche Taten könnten den Ruhm des Königs verdunkeln. Es erregte den Zorn Louvois', daß in Heidelberg nur wenig Häuser zerstört waren. Gründlicher verfuhr man in Worms, Speyer, Mannheim und anderen Orten. Die einst so ruhmvollen, erinnerungsreichen Städte Worms und Speyer haben sich nie wieder erhoben. Wie edle Gefangene inmitten schäbiger Spießbürger stehen die Dome zwischen den mit kläglicher Sparsamkeit wieder aufgebauten Häusern. Die Einwohner mußten zu einer bestimmten Stunde, nachdem ihnen an den Toren alles abgenommen war, was sie etwa noch zu retten hofften, die Stadt verlassen und zusehen, wie ihre Heimat zu Asche brannte. Nach vollendeter Verwüstung und Ausplünderung der Pfalz wurden die Beutezüge nach Schwaben und Franken ausgedehnt.

Wie konnte es geschehen, daß Kaiser und Reich die Zerstörung eines herrlichen deutschen Landes widerstandslos geschehen ließen? «Gott vergebe es allen denenjenigen», schrieb Graf Notker Wilhelm von Oettingen, Generalfeldmarschall und Befehlshaber eines

Teils der schwäbischen Truppen, «so davon Ursach, daß man Heidelberg nicht ehender erlöst hat ... allein das gemeine Wesen hat mießen den Particular-Interessen weichen.» Während in Frankreich der Krieg in der Stille umsichtig vorbereitet war, verschleppten die Deutschen alle heilsamen Beschlüsse. Alle die Behinderungen, die mit Koalitionskriegen in der Regel verbunden sind, traten ein. Anstatt ihre Truppen ins Feld zu führen, vermieteten verschiedene deutsche Fürsten sie, um Geld zu verdienen, an England und Holland, die sie da verwandten, wo es ihr Interesse erforderte, in den Niederlanden. Zwar wurden Franken und Schwaben verhältnismäßig rasch von den räubernden Horden befreit, aber die vordem blühende Pfalz lag in Schutt, und besiegt war der Feind nicht. Für den Türkenkrieg war es ein Unglück, daß im Jahre 1690 Herzog Karl von Lothringen, noch jung, starb, der fast immer siegreiche, allbeliebte Feldherr. Ihm lagen Eitelkeit, Neid und Eifersucht fern, Fehler, von denen der Kurfürst von Bayern und der Markgraf von Baden nicht frei waren und die die Durchführung der Kriegspläne oft erschwerten. Der Markgraf von Baden, der sich ungern vom türkischen Kriegsschauplatz an den Rhein versetzen ließ, richtete dort wenig aus, teils weil die Kreistruppen, auf die er angewiesen war, obwohl sie taten, was sie vermochten, der Aufgabe nicht genügten, teils weil ihn 25 Feldzugsjahre morsch und anfällig gemacht hatten.

Die Tatsachen bewiesen, daß Prinz Eugen recht gehabt hatte, als er dem Krieg nach zwei Fronten widerriet. Auch die Dinge in der Türkei verliefen unbefriedigend, Belgrad, Max Emanuels stolze Eroberung, ging wieder verloren. Durch die furchtbare Schlacht bei Szlankamen, eine der blutigsten des Jahrhunderts, stellte Ludwig Wilhelm von Baden die Waffenehre wieder her, indem er die wie Löwen sich wehrenden Türken besiegte. Dem weiteren Vordringen der Türken wurde dadurch ein Ziel gesetzt, aber die Lage war noch immer mißlich, zumal Ludwig Wilhelm die Verteidigung des Rheins übernehmen mußte. In dieser Not entschloß sich der Kaiser, auf dringende Empfehlung des Hofkriegsratspräsidenten Graf Rüdiger von Starhemberg, des ruhmreichen Kommandanten von Wien, den Oberbefehl über die Armee in der Türkei dem Prinzen Eugen von Savoyen anzuvertrauen, dessen großmütige und uneigennützige Gesinnung der Präsident besonders hervorhob. Sofort durchdrang ein frischer Zug die Kriegsführung. Eugen sammelte alle Truppen, um eine überlegene Macht beieinander zu haben, und als ein Übergang der Türken über die Theiß ihm die Gelegenheit gab, den Feind in einem schwierigen Augenblick zu überraschen, griff er an, obwohl es bereits Nachmittag war, und erfocht einen vollständigen Sieg. Der Sultan vermied jeden weiteren Kampf und verzichtete im Frieden von Karlowitz auf Ungarn mit Kroatien, Slawonien und Siebenbürgen. Nur das Banat Temesvar blieb im Besitz der Türken. So mehrte Österreich im Osten seine Macht, während im Westen die Hoffnungen sich nicht erfüllten, die man auf die große Allianz gesetzt hatte. Wilhelm von Oranien hatte Parlament und Volk von England noch nicht so hinter sich, daß er den Krieg mit vollem Nachdruck hätte führen können. Wieder gelang es der geschickten Diplomatie Frankreichs, die Verbündeten einzeln zum Frieden zu bewegen. Wilhelm begnügte sich damit, daß Frankreich ihn als König von England anerkannte, und gab dafür Straßburg und das Elsaß preis. Nur die Eroberungen auf dem rechten Rheinufer mußte Ludwig zurückgeben.

Der Spanische Erbfolgekrieg

Von den Ansprechern der spanischen Erbschaft hatte der kleine Sohn Max Emanuels von Bayern, der Enkel Kaiser Leopolds und seiner ersten Frau, der armen kleinen spanischen Margarethe Theresia, die besten Aussichten. Max Emanuel war am spanischen Hofe beliebt, der König, Karl II., machte ihn zum Statthalter der spanischen Niederlande, als welcher er sich sehr gut bewährte, und seinen Sohn zu seinem Erben. Allein das kostbare Kind, der kleine Kurprinz, dem eine so reiche Krone winkte, starb; es war einer jener Todesfälle, die den Gang dieser europäischen Frage jäh veränderten. Es begann am Hofe des kränkelnden Königs von neuem der Wettbewerb der französischen und der österreichischen Gesandten mit liebenswürdigem Einschmeicheln und mit Bestechung. In beidem waren die Franzosen Meister und brachten es dahin, daß Karl II. sein ganzes großes Reich einem Enkel Ludwigs XIV., Philipp von Anjou, vermachte. Vielleicht hätte ihn österreichischer Einfluß später einmal bewogen, das Testament umzuwerfen, denn seine Stimmungen wechselten; aber er starb bald nachher, am 1. November 1700. Der Gebrechliche, Lebensschwache war zu einem Alter von beinah 40 Jahren hingepflegt worden. Als am 18. November die Nachricht in Wien anlangte, wurde das dynastische Gefühl Leopolds durch die letztwillige Verfügung so verletzt, daß er, der sonst so lange überlegte, bevor er etwas unternahm, sofort den Entschluß zum Kriege faßte. Auch Prinz Eugen, schon eins mit Österreich, mehr Kaiser als der Kaiser, setzte die Vorsicht beiseite, die er zu beobachten pflegte, und sagte: Marschieren wir, die Bundesgenossen werden sich finden.

Zunächst fehlte es an solchen ganz. Die Seemächte, England und Holland, die, seit Wilhelm von Oranien König von England geworden war, als Einheit betrachtet werden konnten, waren geneigt, das Testament anzuerkennen. Max Emanuel von Bayern, der sich Hoffnung auf den Besitz der spanischen Niederlande machte und dem Kaiser ohnehin entfremdet war, folgte dem alten bayrischen Zuge und trat auf die Seite Frankreichs, mit ihm sein Bruder, der Kurfürst von Köln. Es ist auffallend, daß Leopold seinem Schwiegersohn, der ihm bedeutende Türkensiege erfochten hatte, den Königstitel versagte, während er ihn dem Kurfürsten von Brandenburg gewährte; die beiden Fürsten hatten gemeinsam darauf angetragen. Man muß wohl den österreichisch-bayrischen Gegensatz bedenken, um das Verhalten Leopolds zu verstehen, wozu noch der Umstand kam, daß Max Emanuel als Mitbewerber um die spanische Erbschaft, und zwar erfolgreich, auftrat. Hatte doch beim Tode des Kurprinzen ein schrecklicher Verdacht gegen den kaiserlichen Hof sich regen können. Der Kurfürst von Brandenburg dagegen, es war nicht mehr Friedrich Wilhelm, sondern sein Sohn Friedrich, wurde durch die Königswürde gewonnen. Um die Zeit, als der König von Spanien starb, erklärte sich Leopold bereit, sie anzuerkennen, obwohl Prinz Eugen jede Machterweiterung des Brandenburgers ungern sah; zwei Monate nach dem Tode Karls II. fand in Königsberg die Krönung statt.

Die Aussichten des Kaisers besserten sich dadurch, daß Ludwig XIV. kurzsichtig genug war, England nicht die Handelsbegünstigungen zuzugestehen, die es von dem künftigen Monarchen Spaniens verbürgt haben wollte; denn auf den Handelsverkehr mit Spanien und den spanischen Kolonien in Amerika kam es England hauptsächlich an, das im Begriff war, sich zur größten europäischen Handelsmacht aufzuschwingen. Vollends als im Jahre 1701 der vertriebene Jakob II. in Frankreich starb und Ludwig dessen Sohn als König von England anerkannte, schlug die Stimmung in England, die bis dahin überwiegend friedliebend gewesen war, vollständig um. Die zwei großen Parteien des Landes, die Tories, die das Interesse des Grundbesitzes, die Whigs, die das von Kapital und Handel vertreten und die zum Kriege gedrängt hatten, waren nun bis auf einige Hochtories einmütig im Verlangen, Frankreich zu bekämpfen. Im Mai 1702 erklärten die Seemächte den Krieg. Denjenigen, der diesen Kampf als die Aufgabe seines Lebens betrachtet und ihn mit unendlicher Geduld vorbereitet hatte, raffte ein tragisches Geschick vor der Erfüllung hinweg: Wilhelm von Oranien starb schon im März, 52 Jahre alt. Doch erlebte er, der, obwohl Sohn einer englischen Prinzessin, als Fremdling auf englischem Boden angesehen worden war, so daß er sich zwischen Mißtrauen und kaum verhaltener Feindseligkeit nur durch verzichtvolle Vorsicht hatte halten können, noch den Umschwung des Volkes, das ihn umjubelte. Der Kriegswille hatte die Engländer so stark ergriffen, daß der Tod des Königs, der ihn angefacht hatte, keinen Rückschlag mehr bedeutete. Seine Träger waren in England John Churchill, Graf von Marlborough, und in den Generalstaaten der Ratspensionär von Holland, Anton Heinsius. Es ist merkwürdig, daß beide Männer anfänglich Gegner Wilhelms gewesen waren, Churchill als Anhänger Jakobs II., Heinsius als Vertreter der patrizischen, antioranischen Partei; beide schlossen sich später Wilhelm an, Heinsius in engster persönlicher Freundschaft. Der trockene, zurückhaltende, unauffällige Mann hielt während der Dauer des Krieges die Fäden der europäischen Politik in der Hand.

Beim Abschluß der Allianz mit dem Kaiser hatten die Seemächte die Teilung der spanischen Erbschaft im Auge; nach dem verhängnisvollen Schritt Ludwigs XIV. setzten sie sich als Ziel, die gesamte Monarchie dem Hause Habsburg zuzuwenden. Sie geleiteten Karl, den jüngeren Sohn Leopolds, der zum König von Spanien auserkoren wurde, in das ihm bestimmte Land, das Philipp von Anjou bereits in Besitz genommen hatte, und führten dort den Krieg für ihn, wobei sie den alten Gegensatz zwischen Kastilien und Aragon benützen konnten.

Im Beginn des Krieges war die Lage des Kaisers nichts weniger als günstig. In Ungarn flammte der Aufruhr der sogenannten Malcontenten, geschürt von Tököly, wieder auf, in Italien wurde Prinz Eugen dermaßen von der Verwaltung im Stiche gelassen, daß alle seine Findigkeit, Treue und Tapferkeit kaum ausreichten, um den Zusammenbruch zu verhindern. Er hatte weder Geld noch Pferde, noch Munition, noch

Getreide, womit er den Krieg hätte führen können, und ihm gegenüber stand die wohlausgerüstete, wohlgenährte französische Armee! Seine Verzweiflung erreichte einen solchen Grad, daß er daran dachte, den Dienst zu quittieren. Eine Besserung trat erst ein, als er seine Klagen selbst nach Wien brachte und das Amt des Hofkriegsratspräsidenten selbst übernahm. Als solcher trat er der in allen Ämtern herrschenden Gleichgültigkeit und Schläfrigkeit rücksichtslos entgegen, brachte Geld und was sonst zur Kriegsführung nötig war zusammen. Leopold ließ seinen mächtigen Diener schalten; er erlebte noch die Schlacht bei Höchstädt, durch die er Bayern eroberte, nicht lange darauf starb er, Österreich und das Reich einem sehr unähnlichen Nachfolger überlassend. Joseph I. hatte das rötlichblonde Haar und die blauen Augen der Habsburger, unterschied sich aber auffallend von Vater und Großvater: Er war rasch, unbedenklich, ehrgeizig, kriegslustig, ein Gegner der Jesuiten, die auf Leopold Einfluß gehabt hatten. Eine seiner ersten Handlungen war, die Acht über die Kurfürsten von Bayern und Köln zu verhängen. So sehr war durch die Siege des Prinzen Eugen sein Ansehen im Reiche befestigt, daß er die Zustimmung der übrigen Kurfürsten dazu gewann. In den überlieferten Formen wurde im Rittersaal der Burg das altertümliche Strafmittel vollzogen, wurde verkündet, daß sich jedermänniglich an dem unglückseligen Leib Max Emanuels verfreveln dürfe, worauf der Kaiser die Lehensbriefe der treulosen Vasallen zerriß und bereitstehende Herolde sie vollends zerfetzten und aus dem Fenster warfen. Ein seltsamer Auftritt, ebenso aus der Zeit herausfallend wie das, was er zur Anschauung bringen sollte: Josephs Absicht, der kaiserlichen Macht wieder Geltung zu verschaffen.

Den dramatischen Reiz und farbigen Glanz verliehen diesem Kriege die Persönlichkeiten des Prinzen Eugen und des Herzogs von Marlborough und ihre Siege, die sie über die vorzüglichen, auf ihre Lorbeeren stolzen Armeen Frankreichs davontrugen. Glücklicherweise verband die beiden sehr verschiedenen Männer gleich bei der ersten Begegnung ausgesprochene Sympathie. Marlborough war ebenso blendend schön, wie Eugen erschreckend häßlich war, Marlborough war nicht frei von Habgier und äußeren Einflüssen zugänglich, Eugen war großartig uneigennützig, unentwegt dem Kompaß des Gewissens folgend: Die Übereinstimmung in der Sache, die gegenseitige Erkenntnis ihrer genialen Schlachtenlenkerbegabung war wohl die Grundlage ihrer Freundschaft. Allerdings gehörte Prinz Eugens Mangel an kleinlichem Ehrgeiz dazu, die Zusammenarbeit so fruchtbar zu machen, wie sie war: Er begnügte sich, wenn eine Schlacht bevorstand, mit der geringeren Zahl Soldaten, mit der ungünstigeren Stellung, wenn nur der Zweck erreicht würde. Jedenfalls konnten durch das Einverständnis der beiden Feldherren die Nachteile, die den Koalitionen im allgemeinen anhaften, eine Zeitlang überwunden werden.

Trotz entscheidender Schlachtensiege gelang es den Verbündeten nicht, den Krieg in Frankreich hineinzutragen und nach Paris vorzudringen. Ein Angriff auf Toulon, dem Prinz Eugen als unausführbar widerriet, den aber die Seemächte in ihrem Interesse wünschten, verlief ergebnislos. Die glorreichen Schlachten forderten den äußerst tapfer und geschickt kämpfenden Franzosen gegenüber sehr große Verluste, die nicht sofort ersetzt werden konnten und die entsprechend auszunützen deshalb nicht möglich war. Immerhin war die Lage der Alliierten sehr günstig. Nachdem fast ganz Italien und durch die Siege von Oudenarde und Malplaquet auch die spanischen Niederlande erobert waren, legten die Malcontenten in Ungarn die Waffen nieder. Joseph I. kam denen, die sich bereit erklärten, ihm zu huldigen, mit klugem Großmut entgegen. Dadurch wurden die Truppen, die dort hatten verwendet werden müssen, für andere Kriegsschauplätze frei. Am Rhein wurden wenigstens die Angriffe der Gegner zurückgewiesen, in einem Teil Spaniens behauptete sich Karl. Vor allen Dingen zeigten sich jetzt die entsetzlichen Folgen von Ludwigs Eroberungspolitik im Inneren seines Landes. Die Kräfte des Volkes, das mehr als 30 Jahre lang die Kosten für Ausrüstung und Verpflegung der Heere hatte aufbringen müssen, waren erschöpft.

Zwei Männer hatten in dem despotisch regierten Frankreich Edelsinn und Mut genug, den König auf das Elend seiner Untertanen hinzuweisen, es waren Vauban und Boisguillebert. Sebastian le Prêtre de Vauban, Marschall von Frankreich, Erbauer der Festungen, die Frankreich uneinnehmbar machten, hatte schon die Hugenottenverfolgung mißbilligt. Im Jahre 1699 verfaßte er eine Schrift, in der er die trostlose wirtschaftliche Lage darstellte; er überreichte sie dem König handschriftlich, um den Vorwurf zu vermeiden, er habe Fragen gefährlicher Art in der Öffentlichkeit erörtert. Da der König das Manuskript nicht las, entschloß er sich im Jahre 1706, es in Druck zu geben. Boisguillebert, Beisitzer am Gerichtshof von Rouen, war weniger vorsichtig als Vauban und veröffentlichte in den Jahren 1697 und 1707 zwei Schriften ähnlichen Inhalts, *Détail de la France* und *Factum de la France*. Nach Vauban lebten von den 18 Millionen Einwohnern Frankreichs 10 Prozent vom Bettel, 50 Prozent standen dem Bettel nah, 30 Prozent befanden sich in bedrängten Verhältnissen, 10 Prozent in guten. Das Kapital hatte sich in so wenig Hände zusammengezogen, daß von dem letzten Zehntel nur 10 000 Familien als reich bezeichnet werden konnten. So hatte Ludwig XIV. den Staat, der unter Colberts Verwaltung aufgeblüht war, heruntergewirtschaftet. Die Antwort des Königs war, daß Vaubans Schrift zur Einziehung und Einstampfung verurteilt wurde; er starb einige Wochen darauf im Alter von 74 Jahren. Dem drohenden Staatsbankrott zu entgehen, wußte Ludwig kein anderes Mittel als Münzverschlechterung und Ausgabe von Papiergeld. Der absolute Herrscher, der sich Gott gleichsetzte, wagte es nicht, die privilegierten Stände, auf die er sich stützte, dem Steuerzwange zu unterwerfen, wozu Vauban und Boisguillebert geraten hatten. Die äußere Lage Frankreichs war so schlimm wie die innere. Durch seine Gewalttätigkeit hatte sich Ludwig alle seine Nachbarn zu Feinden gemacht, mit Ausnahme von Bayern und Köln standen sie in Waffen gegen ihn, der Reichtum Hollands, das er hatte vernichten wollen, stand ihnen zur Verfügung. Für den durch Erfolg und Schmeichelei verwöhnten, im Gefühl seiner Gottähnlichkeit schwelgenden Monarchen war es eine unerhörte Demütigung, sich besiegt bekennen und ein Friedensangebot machen zu müssen. Die Gunst dieses großen Augenblicks verscherzten die Alliierten. Ludwig war bereit, nicht nur auf die spanische Erbschaft zu verzichten, sondern auch das Elsaß samt Straßburg zurückzugeben; dagegen bestand er auf einer Schadloshaltung seines Enkels in Italien und weigerte sich, seine Truppen mit denen der Alliierten zu vereinigen, um Philipp, seinen Enkel, aus Spanien zu vertreiben, falls dieser sich weigern sollte, den Frieden anzuerkennen. Es ist nicht verständlich, daß so vorteilhafte Anerbietungen zurückgewiesen und so unbillige Forderungen erhoben werden konnten. Die Verblendung rächte sich bald.

Die glückliche Lage der Alliierten beruhte auf einem Zusammenschließen allseitiger Anstrengungen und glücklicher Zufälle zu einer ausgereiften Frucht, die sofort hätte gepflückt werden müssen. Während man zögerte, verschoben sich die Umstände. Österreich besaß eine Anzahl tüchtiger Generale, aber doch nur einen Prinzen Eugen, der sich hätte in Stücke schneiden müssen, um auf allen Kriegsschauplätzen und an allen Höfen nutzbar zu werden. Auch reiste er nach seinem eigenen Ausdruck wie ein Postillon in Europa herum. Das schlimmste war, daß die Friedenspartei in England allmählich die Überhand gewann. Die eingefleischte Angst der englischen Bevölkerung vor einem stehenden Heer, in dem man nicht mit Unrecht ein Werkzeug des Despotismus sah, verstärkte stets die Gründe, die von den Tories für den Frieden vorgebracht werden konnten. Je mehr die eigentlich englischen Interessen befriedigt waren, desto mehr drang der englische Grundsatz durch, sich nicht in die festländischen Angelegenheiten zu mischen, welcher unter Führung Wilhelms III. zu Gunsten des europäischen Gleichgewichts durchbrochen worden war. In Holland hielt zwar der Ratspensionär Heinsius an Wilhelms Politik fest; aber doch hatte Prinz Eugen Mühe, die Staaten zu dauernder Zahlung der Hilfsgelder anzuhalten. War schon durch den Umschwung der Stimmung in England die Kriegsführung gelähmt, so griff vollends im Anfang des Jahres 1711 noch einmal das Schicksal in die Waage: Joseph I. starb, erst 32 Jahre alt, an den Blattern, ohne einen Sohn zu hinterlassen. Nun kam sein jüngerer Bruder Karl, sein Nachfolger in Österreich und in der Kaiserwürde, als Ansprecher des spanischen Thrones nicht mehr in Betracht: Keine europäische Macht hätte das Entstehen eines Reiches geduldet, das dem Karls V. ähnlich gewesen wäre. England gab sofort eine Erklärung in diesem Sinne ab und knüpfte Verhandlungen mit Frankreich an. Marlborough, der auch aus privaten Gründen in die Ungnade des Hofes gefallen war, wurde zurückberufen und sogar der Veruntreuung von Staatsgeldern angeklagt.

Prinz Eugen bereiste die Höfe der Kurfürsten, um für die Kaiserwahl zu sorgen, reiste nach England, um Königin und Parlament für die Fortführung des Krieges zu gewinnen, reiste zum selben Zwecke nach Holland, konnte aber gegen den veränderten Sachverhalt nichts ausrichten. England schloß mit Frankreich einen Frieden ab, der ihm die gewünschten Handelsvorteile in Spanien und Gewinn an Kolonien eintrug. Karl VI., der kein hervorragender Geist, aber selbstbewußt und starrsinnig war und das ihm liebgewordene

Spanien nicht aufgeben wollte, setzte den Krieg allein fort, mußte aber die Vergeblichkeit seiner Anstrengungen einsehen. So bezogen denn Prinz Eugen und der Marschall Villars das Schloß von Rastatt, um die Friedensbedingungen festzusetzen. Die beiden berühmten Heerführer, die sich im Felde bekämpft hatten, überhäuften einander mit Artigkeiten, während sie sich Vorteile für die von ihnen vertretenen Länder abzustreiten suchten; die geistige Überlegenheit Eugens brachte einen für Österreich günstigen Frieden zustande. Konnte nicht verhindert werden, daß Spanien im Besitz des Bourbonen Philipp blieb, so fiel doch der kostbarste Teil des spanischen Erbes an Österreich: die spanischen Niederlande, Mailand, Neapel und Sizilien. Nach den großen Siegen Eugens bei Peterwardein und der Eroberung Belgrads in den Jahren 1716 bis 1718 erreichte Österreich den größten Umfang, allerdings nur für kurze Zeit.

Im Spanischen Erbfolgekrieg war eine Verschiebung der Machtverhältnisse zur Vollendung gekommen, deren Ergebnis das Übergewicht Englands im Abendland war. Während des Krieges, im Jahre 1707, hatte sich Schottland, wirtschaftlichem Zwange nachgebend, mit England vereinigt, das sich nunmehr Großbritannien nannte. Die Macht des Staates, die fortwährend zunahm, beruhte auf der Beherrschung des Meeres, den amerikanischen Kolonien und dem Handel. Holland, das vor einigen Jahrzehnten sich durch die Heldentaten seines großen Admirals de Ruyter des englischen Angriffs erwehrt hatte, sank zu einer Macht zweiten Ranges und fast zu einem Anhängsel Englands herab. Kleine föderative Staaten konnten neben den mehr oder weniger zentralisierten Großmächten nur noch eine bescheidene Rolle spielen. Auf dem Festlande blieb Frankreich zunächst noch die ansehnlichste und angesehenste Macht, besonders da Österreichs gewaltiger Aufschwung nachließ und gänzlicher Untergang es sogar bedrohte, allein der innere Schaden, die Verelendung des Volkes war nicht gutzumachen und führte gegen das Ende des Jahrhunderts zu einer Umwälzung, die Europa erschütterte.

Neben dem Spanischen Erbfolgekrieg ging im Osten ein Krieg her, der auch dort eine neue Ordnung der Dinge herbeiführte: in den Kreis der alten Mächte trat eine neue, schreckhaft gewaltige, und eine andere, die im Dreißigjährigen Kriege erstarkt und weit vorgedrungen war, Schweden, wurde entscheidend geschwächt und mußte aus der Reihe der die Geschicke Europas bestimmenden Staaten scheiden.

Aufschwung Rußlands

Als an der östlichen Grenze des Römischen Reiches Deutscher Nation der Eisbär, der dort hauste, sich aufrecht stellte, seinen zottigen Kopf und seine Pranken schüttelte, sah man, daß das Ungeheuer viel kolossaler war, als man gedacht hatte, solange es schlafend dalag oder sich im Inneren seines verschneiten Landes herumschlug. Zuerst tauchte die neue Macht in Europa als harmloser Gast auf, gutmütig und in seiner barbarischen Fremdartigkeit fast ein wenig komisch. Als Peter I. im Jahre 1698 die Höfe von Wien und Berlin und Hannover besuchte, erregte der Moskowiter allgemeines Aufsehen. Dem deutschen Adel, der alles bewunderte und nachahmte, was von

Frankreich kam, tat es wohl, sich im Bewußtsein höherer Kultur zu sonnen, wenn er das Benehmen des russischen Herrschers und seines Gefolges beobachtete. Man erzählte sich lächelnd allerlei Anekdoten von ihrem Schmutz und ihrer Ungeschliffenheit. Das Bedeutende von Peters Persönlichkeit fiel aber doch auf. Er gab sich ungezwungen, frisch, sicher, voll Empfänglichkeit und Verständnis für alles Neue, was er sah. Er war begierig zu lernen und lernte schnell als ein geistvoller Mensch, der ein Gerüst schon in sich hat, das er nur auszufüllen braucht.

Die russischen Großfürsten aus dem Hause Romanow, das seit dem Jahre 1613 in Rußland herrschte, hatten schon mehrfach versucht, sich in die europäischen Angelegenheiten zu mischen, namentlich in Hinblick auf den Zugang zum Meere, das dem riesigen Binnenreich Bewegungsmöglichkeiten verschaffen sollte. Schweden hatte zuerst unter Gustav Adolf, dann unter Karl X. Gustav diese Vorstöße zurückgeschlagen. Mit der Tatkraft des Genies, das eine bestimmte Bahn sich vorgezeichnet sieht, und mit der Hemmungslosigkeit eines halbbarbarischen Despoten unternahm es Peter, zuerst die westliche Kultur kennenzulernen und sich davon anzueignen, was die Macht und das Ansehen seines Reiches fördern könne, sodann nach zwei Seiten hin, nach Norden und nach Süden das Meer zu erreichen, im Norden die Ostsee, im Süden das Schwarze Meer. Dabei war ihm im Norden Schweden, im Süden die Türkei im Wege. Seine Jugend, seine Unerfahrenheit, seine Genialität gaben ihm den Mut, so vieles zugleich zu unternehmen.

Bei seinen Plänen gegen Schweden fand er natürliche Bundesgenossen in Schwedens alten Gegnern: Dänemark, Preußen und Polen. An der Spitze des letzteren Landes stand damals ein Barockfürst, der für jedes Projekt zu gewinnen war, bei dem er eine Rolle spielen und sich in bengalische Beleuchtung setzen zu können glaubte: Friedrich August von Sachsen, als August der Starke bekannt. Nach dem Tode des Polenkönigs Sobiesky im Jahre 1697 trat August als Bewerber um die Krone auf. Da sein protestantisches Bekenntnis ein Hindernis war, ließ er sich in die katholische Kirche aufnehmen, ohne daß ihm die Rücksicht auf sein lutherisches Volk oder die Pietät gegen seine Ahnen Bedenken gemacht hätten. Geld, das ihm seine sächsischen Untertanen aufbringen mußten, gewann ihm eine Anzahl polnischer Wähler, das übrige tat eine Armee, die er an der polnischen Grenze aufziehen ließ; auf diese Weise wurde er König von Polen. Irgendein Interesse für dies Land und Volk hatte er nicht, außer daß er den geheimen Wunsch hegte, sich in dem halbrepublikanischen Staatswesen zum erblichen König zu machen, was möglicherweise den Polen hätte zugute kommen können.

Im selben Jahre wie Sobiesky in Polen, starb in Schweden König Karl XI., dem es gelungen war, den schwedischen Adel der Krone zu unterwerfen. Er hatte das hauptsächlich dadurch bewirkt, daß er die königlichen Domänen, die während der letzten, von Kriegen erfüllten Regierungen in den Besitz des Adels gelangt waren, wieder an sich brachte. Auf eine besonders gewalttätige Art und offenbar dem Rechte zuwider hatte er das in Livland getan und den dortigen Adel dadurch arm gemacht. Einer der livländischen Edelleute, Reinhold Patkul, machte sich, obwohl er selbst seiner Güter nicht beraubt worden war, zum Vertreter der Gekränkten. Geächtet und flüchtig bereiste er die Höfe von Dänemark, Rußland, Sachsen, um einen Rachekrieg gegen Schweden zu entflammen, wo inzwischen auf Karl XI. sein jugendlicher Sohn Karl XII. gefolgt war. Hatte Karl XI. wie ein Räuber in Livland gewirtschaftet, so taten die Monarchen, die seinen Sohn bekämpfen wollten, sich ihrerseits wie Raubgesellen zusammen. Solange wie möglich spielten die freundschaftlichen Beziehungen weiter, in denen sie zu Schweden standen, bis sie sich für genügend vorbereitet hielten, es mit der Aussicht auf Erfolg überfallen zu können. August von Sachsen-Polen begann mit einem Angriff auf Livland, den Karl XII. zurückschlagen konnte; der livländische Adel, auf dessen Erhebung gerechnet worden war, schloß sich dem Eroberer nicht an.

Zar Peter war durch Krieg gegen die Türkei beschäftigt. Er kam seinen Bundesgenossen erst zu Hilfe, nachdem er ihn durch die Eroberung von Asow beendigt hatte, dann aber brachte ihm der Schwedenkönig, den Ruhm Karls X. Gustav erneuernd, bei Narwa eine furchtbare Niederlage bei. Voll des gerechten Zorns warf sich der Sieger auf August den Starken, verjagte ihn aus Polen und quartierte seine Armee in Sachsen ein. Für ihn war wie für Karl X. Gustav Polen der eigentliche Feind, die russischen Barbaren, die sich unberufen einmischten, glaubte er mit einem Ruck abgeschüttelt zu haben. Aber er machte mit den Russen dieselbe Erfahrung, die sein Großvater vor 50

Jahren mit den Polen gemacht hatte und die ihm das Kriegführen im Osten verleidet hatte: Man glaubte, den Feind vernichtet zu haben, und sogleich stand ein neues riesiges Heer wieder da. Für die östlichen Regenten waren die Untertanen keine kostbare Ware. Das russische Heer, das Peter ihm nach Verlauf einiger Jahre gegenüberstellte, war besser gerüstet und ertüchtigt als das im Jahre 1702 besiegte, denn der lernbegierige Herrscher hatte die Zeit, die Karl XII. ihm ließ, gut benützt. Karl wurde vollständig geschlagen. Er wandte sich nicht, wie Karl X. getan hatte, als ihm der östliche Kriegsschauplatz unbehaglich geworden war, gegen Dänemark, sondern ging nach der Türkei in der Hoffnung, sie zum Bundesgenossen zu gewinnen.

Friedrich, der erste König von Preußen, sah beunruhigt zu, wie der russische Nachbar der schwedischen Macht zu Leibe ging. Schweden, der Erbfeind seines Hauses, Schweden, das seit 50 Jahren auf das nördliche Deutschland drückte, das die Mündungen der deutschen Ströme beherrschte, die Macht, die man haßte und der man doch schmeicheln mußte, schien ihrem Sturze nah zu sein. Konnte Preußen ruhig zusehen, da es doch den Hauptanteil an der Beute beanspruchen wollte? Wenn der Tisch gedeckt sei, hatte August der Starke gesagt, wolle man Preußen mitessen lassen. Was für eine Verhängnis, daß seine Truppen durch den Krieg im Westen gebunden waren! In demselben Jahre, als im Osten die Schlacht bei Poltawa geschlagen wurde, halfen preußische Truppen in der Schlacht bei Malplaquet Frankreich besiegen, das Friedrichs Vater Jahre hindurch ein zahlungsfähiger, höflicher Verbündeter gewesen war. Welchen Dank würde er vom

Hause Österreich davontragen? Er dachte vorübergehend an einen Krieg nach zwei Fronten; davon wollten die Stände nichts wissen, und seine Kräfte hätten dazu auch nicht ausgereicht. Ein Plan, den er ausarbeitete, Polen zwischen Rußland, Preußen und Sachsen zu teilen, fand die Billigung Augusts des Starken, der seinen Anteil dann als erblicher König besessen hätte, nicht aber den Peters, der sich eben mit den Türken und Schweden herumschlug. Friedrich Wilhelm I., der im Jahre 1713 seinem Vater nachfolgte, war zwar sehr soldatisch, aber nicht kriegerisch. Ihm lag die Politik seines Großvaters, bei Verwicklungen der Nachbarn eine undurchsichtige Neutralität zu bewahren, um sich im letztmöglichen Augenblick dem erfolgreichsten anzuschließen. Die Entscheidung war nicht leicht; sowohl Peter wie Karl waren jeder in anderer Art in der Türkei dem Verderben nahe gewesen, Peter zog sich mit dem Verlust Asows aus der Schlinge, Karl XII. rettete wenigstens seine Person, und beide rückten heran, um ihren Kampf auszufechten. Der zweite nordische Alexander hatte durch sein erstes stürmisch siegreiches Auftreten und durch seine bizarre Persönlichkeit solchen Eindruck gemacht, daß er auch jetzt als vereinzelter Flüchtling noch Schrecken erregte. Friedrich Wilhelm entschied sich dennoch für das Bündnis mit Rußland und Polen und beteiligte sich an der Belagerung Stralsunds, dessen Verteidigung Karl selbst leitete und das er erst verließ, als er einsah, daß er es trotz hartnäckiger Tapferkeit nicht halten konnte.

Vielleicht hätte der unbeugsame Sinn des jungen Königs Wege gefunden, den Niedergang Schwedens für eine Weile aufzuhalten, den sein abenteuerndes

Wesen beschleunigt hatte; aber er fiel vor einer norwegischen Stadt, die er im Kampfe mit Dänemark belagerte. Nur auf Frankreich gestützt hatte Schweden seine Großmachtstellung erwerben und behaupten können, als Frankreich nicht in der Lage war zu helfen und als ein neuer, massiverer Gegner sich erhob, brach sie zusammen. Es war natürlich, daß der größte Teil des Kriegsgewinnes Rußland zufiel: Es erhielt Livland, Estland, Ingermanland und einen Teil von Karelien. Preußen bekam das längst begehrte Hinterpommern, Hannover, das noch rechtzeitig in den Krieg eingetreten war, Bremen und Verden. Von den Erwerbungen des Dreißigjährigen Krieges blieben nur Rügen und Wismar in schwedischem Besitz.

Am Schlusse der beiden großen Kriege, die das erste Viertel des 18. Jahrhunderts erfüllten, gab es im Abendlande vier Großmächte: England und Rußland, umwogt von grenzenlosen ferneblauen Möglichkeiten, Österreich, ruhend im Schimmer alter Würde und alter Glorie, Frankreich, im Glanze seiner reifen Kultur. Der englische Löwe war nur ein kleiner Körper; aber seine Tatze griff über Meere hinüber und schuf sich Glieder, die ihn an Größe übertrafen. Den Felsen Gibraltar, den ihm ein deutscher Prinz, Georg von Hessen, im spanischen Kriege erobert hatte, behielt er nur so nebenbei, gleichsam als Andenken; aber er sollte künftig zum tragenden Pfeiler eines Weltreichs werden. In die Angelegenheiten des Festlandes griff England nicht ein, um Eroberungen zu machen, sondern um für das europäische Gleichgewicht zu sorgen, keine Macht, weder Frankreich noch Österreich, noch Rußland übermächtig werden zu lassen. Ganz besonders ließ es keine Handelsmacht zur See aufkommen. Als Karl VI. sich bemühte, die einst so handels- und geldmächtigen Niederlande zu neuer Blüte zu bringen, hintertrieb es England. In einem großen Kriege vernichtete es Frankreichs Kolonialmacht.

Ganz anders geartet war das durch seine Ländermasse und seine Volksstämme ungeheure Rußland. Sein Ausdehnungstrieb bedrohte unmittelbar den Westen. Friedrich Wilhelm I. fühlte unwillkürliche Sympathie für den Zaren Peter, ein Despot für den andern, ein unermüdlich fleißiger Arbeiter für den andern; aber er konnte doch nicht ohne Sorge an den unberechenbaren Freund denken. War nicht das zwar unruhige, aber schwache Polen ein angenehmerer Nachbar? Man mußte darauf bedacht sein, Rußland nicht zu reizen und möglichst gute Beziehungen zu ihm zu unterhalten. Seine Freundschaft konnte viel nützen, seine Feindschaft sehr gefährlich werden. Österreich als die vornehmste Macht der Christenheit hielt sich zuerst zurück im Umgang mit dem zudringlichen Moskowiter. Peters Wunsch, seinen Sohn mit einer habsburgischen Prinzessin zu vermählen, wurde ausweichend abgelehnt. Bald wurde ersichtlich, daß mehr als die preußische die österreichische Politik durch den russischen Aufschwung gestört wurde. Jahrhunderte hindurch hatte Österreich durch die türkischen Angriffe zu leiden gehabt, nun es in ruhmreichen Kämpfen den alten Feind besiegt und geschwächt hatte, trat Rußland auf den Plan und behauptete, altheilige Ansprüche auf das Reich am Bosporus zu haben. Wenn Österreich jetzt daran dachte, seine Konquesten bis Konstantinopel zu poussieren, würde es auf einen kampfesfreudigen Mitbewerber stoßen, der in seinem unabsehbaren Gebiet so gut wie unbesiegbar war.

An der Erweiterung des europäischen Horizontes hatte Deutschland noch keinen Anteil. Während England und Frankreich um überseeische Kolonien kämpften, fuhren die deutschen Fürsten fort, in eifersüchtigem Hader miteinander zu ringen.

Leibniz

Im Zwielicht seiner Zeit steht der große Leibniz, wie Luther ebensosehr der Vergangenheit verhaftet, wie Wege in die Zukunft weisend. Vergleicht man die beiden Männer, fällt zunächst das Gegensätzliche ins Auge: Luther bei großem Verstande doch ganz unsystematisch, ein Prophet, hingerissen und andere mit sich fortreißend, oft ungerecht, aber seinem Genius treu, das Schöne liebend, ein träumerisches Kind und ein entfesseltes Element, zwischen Himmel und Hölle nachtwandlerisch gefährliche Wege wandelnd; Leibniz ein Gelehrter, ein Denker, schöpferisch auf dem Gebiete der Mathematik, bedächtig, immer geneigt auszugleichen und zu versöhnen. Man wird eher an Albertus Magnus erinnert, wie sehr auch der Umkreis des Wissens und der Charakter der Wissenschaft sich seitdem verändert hatte, dem er ähnlich ist in der Universalität und in dem Bemühen, entzweite Volksgenossen zu vereinigen. Alle drei Männer glichen sich in dem Gefühl der Verantwortlichkeit für ihr Volk. Wie Luther hätte auch Leibniz sagen können: Für meine Deutschen bin ich geboren, und ihnen diene ich auch. Deutschland war aber für ihn das Reich, und das Reich war nicht in sich abgeschlossen, sondern strahlte aus in den Erdkreis.

Wie viele seiner grundlegenden Anschauungen wurzelte Leibnizens Ansicht vom Staat im Mittelalter.

Er hätte für gut gehalten, wenn Papst und Kaiser gemeinsam an der Spitze der Christenheit gestanden hätten, weil das der Menschheit zum Segen gereichen würde. Er meinte, daß, wie man Geistliches und Weltliches nie ganz trennen könne, Papst und Kaiser einander ergänzen müßten. Der Absolutismus, den die Gelehrten seiner Zeit mit Gründen stützten und den die Herrscher ausübten, war ihm zuwider. Wohl bestimmte er das Wesen des Staates gelegentlich als Person mit einheitlichem Willen; aber im Gegensatz zu Pufendorf, der die Verfassung des Reiches für monströs erklärte, nennt er das absolutistische und zentralisierte Frankreich ein Zerrbild und meint, eine gemischte Verfassung wie die des Reiches sei nicht zu verwerfen, könne vielmehr gut und schön sein wie ein wohltemperierter Chor in der Musik. Ein Zusammenwirken vieler verschiedener Stimmen zu einem wohlklingenden Akkord, das war, was ihm gefiel. Wünschte er auch die kaiserliche Zentralgewalt verstärkt, so wollte er doch die Selbständigkeit der einzelnen Glieder namentlich in ihrem kulturellen Leben erhalten wissen; die große Zahl der freien Städte hielt er für eine Zierde Deutschlands. Unbeschränkte Herrschaft, vollends Willkürherrschaft, widersprach seiner Idee vom Gottesreich als eines Reiches der Gerechtigkeit, das die Menschheit mit Gott verbindet und dessen Abbilder zu werden die irdischen Reiche sich bemühen sollen. Daß er Gott als absolut faßte, bewahrte ihn davor, irdisch-menschliche Einrichtungen für absolut zu halten. Die Verwirklichung des Rechtes, das göttlich und über allem Irdischen ist, einem Polarstern gleich, ist nach ihm der Zweck des Staates. Von einer

Gleichsetzung des Staates mit der Person des Herrschers nach dem bekannten Ausspruch Ludwigs XIV. wollte er nichts wissen. Der Herrscher, sagte er, sei ein Glied des Staates, nicht der Staat selbst, das Gottesgnadentum lehnte er ab. Da immer ein Mißbrauch der Staatsgewalt zu fürchten sei, müsse man sich bemühen, sagte er, Gesetze zur Verhinderung von Willkürhandlungen zu schaffen. Es sei kläglich und gefährlich, wenn das Heil und die Freiheit vieler Millionen einzig und allein von gehoffter Treue und Wohlverhalten eines einzigen, wenn auch tüchtigen Mannes abhingen. Er sei ein Mensch, veränderlich und der Verführung ausgesetzt, und «solange Menschen», schrieb er, «nicht Engel sind, ist es rätlich, seinen eigenen Willen für sich zu behalten, statt ihn an die Regierung ganz auf- und hinzugeben, erscheint es rätlich, wenn man sich erlaubt, für sein eigenes Heil selbst zu sorgen.» Er ging soweit, den Untertanen im Notfall ein Widerstandsrecht zuzubilligen. Das Volk sei nicht genötigt, sich durch Laune und Bosheit eines einzigen verderben zu lassen.

Es ist bei diesen Ansichten nicht zu verwundern, daß er gelegentlich eine Vorliebe für die Staatsform der Republik äußerte, wie sie damals Holland und die Eidgenossenschaft darstellten. Die Monarchen haßten sie, sagte er, weil sie sich nicht leicht über den Stock stoßen ließen und weil sie das Asyl der Emigranten seien, die sich bei Monarchen übel befinden. «Sie machen ihren Nachbarn das Maul nach gleicher Freiheit wässerig, lassen alle Religionen zu, so andere neben sich leiden können, sie lassen sich den gemeinen Nutzen heftig angelegen sein, sind keinen Korruptionen unterworfen, sind Seminaria herrlicher Ingeniorum, so nicht nur Galanterien erfinden und von der Eloquenz Profession machen, sondern Realitäten prästieren, weil in ihrem Vaterland nichts anderes ästimiert wird, auch zu nichts anders erzogen. Es mangelt ihnen niemals an Leuten, haben aus der ganzen Welt Zulauf.» Er meint, daß namentlich Holland diesem Idealbild entspreche.

In der Auffassung des Staates befand er sich in bewußtem Gegensatz zu Hobbes und Spinoza, den Vertretern des strengen Absolutismus, die er beide übrigens hochschätzte; Spinoza hat er kurz vor dessen Tode besucht.

Daß jedem Bürger Freiheit des Denkens und Glaubens zustehe, hielt er für selbstverständlich. Bei dem ursprünglichen Vertrage, der in bezug auf die Entstehung des Staates vorausgesetzt wurde, haben die Untertanen eine von der Staatsgewalt freie Sphäre sich vorbehalten. Zwang gegen Andersgläubige, ob er nun vom Staat oder von der Kirche ausgehe, hielt er für verwerflich. Je älter er wurde, desto ausgesprochener wurde seine Empfindlichkeit gegen Unrecht, seine Liebe zur Freiheit. Freiheit, aus dem göttlich-natürlichen Recht sich entfaltend und innerhalb des Staates heilig gewahrt, sollte die Grundlage der Kultur sein, die er für das Reich sich wünschte.

Je tiefer die Kultur des deutschen Volkes seit der Glaubensspaltung gesunken war, desto ernstlicher arbeitete er mit Rat und Tat auf Besserung hin. Auf alle Gebiete erstreckte sich seine Einsicht und seine Tätigkeit, beide gleich staunenswert. Um das Schulwesen, den Unterricht der Jugend hatte schon sein Lehrer

Weigel in Jena sich bemüht, er folgte dessen Anregungen. Der Unterricht sollte realistisch und volkstümlich sein, das Übergewicht, das die Protestanten dem Humanismus eingeräumt hatten, tadelte er. Die Gründung des Waisenhauses in Halle durch Franke und die damit verbundene Schule begrüßte er um so freudiger, als er selbst ähnliches geplant hatte. Er empfahl Handwerkerschulen, damit die Lehrlinge nicht mehr den Quälereien der Meister preisgegeben wären. Auch zu besserer Ausbildung der Offiziere sollten Schulen eingerichtet werden, damit die deutschen Offiziere an Bildung und Tüchtigkeit den französischen gleich würden. Für die Verpflegung der Soldaten, für Feldärzte und Feldlazarette müsse besser gesorgt werden. Der Armut solle durch Schaffung von Arbeitsmöglichkeiten vorgebeugt werden. Werkhäuser sollten errichtet werden, in denen Müßiggänger, Bettler und Übeltäter zur Arbeit angeleitet werden, anstatt an die Galeeren geschmiedet oder zum Tode verurteilt zu werden. Sehr beklagte er, daß die Volkswirtschaft in Deutschland so ganz im argen liege. «Ich bin schon längst überzeugt», schrieb er, «daß die Volkswirtschaft die wichtigste unter den Staatswissenschaften ist, und daß Deutschland über deren Unkenntnis und Vernachlässigung noch zugrunde gehe.» Die Landwirtschaft betreffend riet er zur Herstellung geeigneten Bodens für die verschiedenen Pflanzengattungen, zur Erhaltung der Forsten, zu Anpflanzung von Bäumen, von Klee und Kartoffeln. Bedeutend war seine Wirksamkeit für das Bergwesen. Überall dachte er an Hebung des Wohlstandes und der Tätigkeit in geistiger und materieller Hinsicht an Hand von Vernunft,

Erfahrung und Wissenschaft. Alle die Anleitungen, die er auf den verschiedensten Gebieten gab, waren nicht zufällig aufgelesen oder geistreiche Einfälle, sondern beruhten auf gründlicher Kenntnis. Es war ihm eigentümlich, jede Sache, mit der er sich abgab, von Grund aus kennenzulernen, fast in jeder hatte er eine eigene, fruchtbare Auffassung. Ihm eigentümlich war es ferner, wie es schon aus den eben geschilderten Bemühungen hervorgeht, die Wissenschaft auf das praktische Leben anzuwenden. Das macht sich auch in allen seinen Plänen für wissenschaftliche Akademien geltend. So sehr er Denker war, so wenig war er, was man sich unter einem Stubengelehrten vorstellt.

Wie in der Ansicht vom Staate, so war er auch in der Philosophie noch vom Strome mittelalterlichen Denkens berührt. Bei seiner genialen mathematischen Begabung hätte er leicht von der mechanischen Richtung des Zeitalters ergriffen werden können. Die damalige Wissenschaft neigte dazu, das gesamte menschliche Geistesleben auf mathematische Formeln zu bringen; die Welt als ein Uhrwerk, Mensch und Tier als Maschinen aufzufassen. Der berechenbare Zusammenhang von Ursache und Wirkung, der Zwang der mathematischen Beweise schien alle Erscheinungen in der Natur und alles menschliche Geschehen zum notwendigen Ablauf machen zu können. Die Versenkung in das Mysterium des heiligen Abendmahls, in die *praesentia realis* Christi im Brot und Wein, soll den jungen Leibniz zu der Einsicht geführt haben, es müsse im Körperlichen etwas Geistiges, Ewiges, Unzerstörbares sein, das er in der Folge Substanz nannte. Wie es sich mit dieser Überlieferung auch verhalten möge, es ging ihm die Idee des Geistes als einer lebendigen Kraft auf, die von der Natur verschieden, aber nicht von ihr zu trennen sei, sie vielmehr erfülle. Es ist bekannt, daß er dem Ausspruch Lockes *nihil est in intellectu quod non fuerat in sensu* mit der Entgegnung widersprach: *nisi intellectus ipse.* Seine Idee von der menschlichen Seele als eines eigentümlichen, unzerstörbaren Kraftmittelpunktes und des allumfassenden Kraftmittelpunktes Gott ist eine Übertragung christlichen Glaubens in philosophisches Denken. Indessen blieb ihm, wenn er auch das Urrecht des Geistes wahren wollte, die Neigung, das *quod erat demonstrandum* auch auf das Göttliche anzuwenden.

Bei aller oft betonten Anhänglichkeit an das Christentum hatte er Luthers Glaubenskraft nicht, ja man kann zweifeln, ob er überhaupt im Lutherischen Sinne gläubig war, wenn er sich auch gern von Lutherischer Gläubigkeit erwärmen ließ. Er hatte eine außerordentliche Verehrung für Luther und hing an seinem protestantischen Bekenntnis. Ein Gegner des Katholizismus war er so wenig, daß er vielfach für einen heimlichen Katholiken gehalten wurde, aber sein Grundgefühl war protestantisch, wenn er sich dessen auch nicht von Anfang an bewußt war. Zu seiner Zeit war das Wesen des Protestantismus, nämlich das Absehen von der Kirche und ihren Dogmen in der Beziehung zu Gott und dem Überirdischen überhaupt, bereits so stark in die Bevölkerung eingedrungen, daß man von einer protestantischen Grundauffassung sprechen kann, von der der einzelne sich loszulösen kaum imstande gewesen wäre. Leibnizens Duldsamkeit gegenüber anderen

Bekenntnissen, sein Eingehen auf abweichende Meinungen war nicht durch religiöse Gleichgültigkeit oder durch Unbestimmtheit des eigenen Standpunktes bedingt, sondern durch die Höhe desselben. Gemäß dem Worte Christi: «In meines Vaters Hause sind viele Wohnungen» wollte er der Individualität Spielraum lassen, wenn er nur der gemeinsamen Unterordnung unter das göttliche Absolute gewiß war.

Wie schwer ist es, das geistige Leben eines Menschen, und besonders eines bedeutenden Menschen, der sich in einem langen Leben entwickelt, auf eine Formel zu bringen! Kann man Leibniz fromm nennen? Es sind Züge einer beinah kindlichen Frömmigkeit an ihm wahrzunehmen, er las viel in der Bibel, bewunderte und liebte sie; überwiegend aber haftet seinen Äußerungen über Religion doch die Trockenheit und Beschränktheit seiner rationalistischen Zeit an. Die geoffenbarte Religion ließ er gelten; aber er hielt sie für überflüssig, da das Wesentliche der Religion in der Vernunft gegeben sei; die Religion mußte sich seiner Meinung nach vor der Vernunft ausweisen. Es lag ihm am Herzen, die Vorwürfe zu entkräften, die viele Menschen Gott vorzuhalten pflegen, weil er das Böse in der Welt zulasse, und er unternahm das in einem gründlichen Werke, der Theodizee. Kann der Gläubige schon diesen Rettungsversuch beanstanden, so müßte ihn vollends die Art der Beweisführung abstoßen: Gott wird bei ihm bedenklich einem Professor ähnlich, der mit logischen Kategorien hantierend den Nutzen und die Glückseligkeit der Menschen auf zureichenden Gründen aufbaut. Wenn wir leiden, sollen wir doch erkennen, daß unser Leiden vernünftig und darum notwendig und befriedigend ist. Gott kann nichts dafür. Leibniz wußte sich gut in Gott einzufühlen und die Beweggründe, warum er das Übel in der Welt leidet, klug nachzuweisen; aber war das noch Gott, dem die Menschen so auf die Finger sehen können? Der denkende Leibniz betrachtete Gott zwar mit Respekt, aber doch, als verstehe sich das von selbst, als einen Gegenstand, den die Vernunft nach Maßgabe ihrer Regeln untersuchen und einordnen kann. Auch die Würde und Macht des Bösen verkannte er; es war für ihn nur ein Triebrad, das den guten Zweck des Ganzen befördern muß. Leibniz hat von sich gesagt, daß er bei den Worten und den übrigen Zeichen der Seele immer die Klarheit, bei den Dingen aber den Nutzen suche, ferner daß er das Tragische nicht liebe, sondern nach einem friedlichen Ausgleich suche. Für das Tragische der christlichen Religion fehlte ihm in der Tat der Sinn. Er sah eine helle Religion, in die der scharfe Schatten des Satans nicht hineinfällt.

Und doch hatte der Mann des friedlichen Ausgleichs ein tragisches Leben. Als Jüngling kam er unter den Einfluß des Kurfürsten von Mainz, der unter dem Schutze Frankreichs eine große Rolle im Reich zu spielen hoffte. In seinem Auftrage schrieb er das *Consilium Aegyptiacum,* das bestimmt war, Ludwig XIV. von Angriffen auf Holland abzuhalten, indem man ihm die Vorteile ausmalte, die ihm durch Eroberung Ägyptens und damit des Handelsweges nach dem Orient zufallen würden. Der König hat die Schrift, die Leibniz selbst nach Paris brachte, nicht gelesen, und sein Minister hat sie nicht ernst genommen. Es ist begreiflich, daß der hochbegabte und strebsame junge Deutsche sich in Paris wohlfühlte, wohler als in der Enge und Gebundenheit der Heimat. In Paris war eine Atmosphäre von Kultur, war wissenschaftlicher Betrieb, waren Gelehrte, die ihm liebenswürdig und wohlwollend entgegenkamen, seine Begabung bald erkannten, seine Leistungen bewunderten, mit denen er in einen anregenden Austausch von Gedanken und Erfindungen treten konnte. Es gab hier einen Kreis von Menschen, die das Gefühl beherrschte, daß durch die Wissenschaft Allergrößtes zu erreichen, jedes Problem zu lösen sei. Er fühlte sich beschwingt und frei in einem Reich jenseits nationaler Schranken.

Die europäische Lage brachte ihm bald die nationalen Gegensätze zum Bewußtsein und zugleich sein Deutschtum. Die Raubkriege des Königs von Frankreich weckten seinen patriotischen Zorn und seine Kampflust, die deutschen Verluste seinen bittern Schmerz. Wie leidenschaftlich er aber auch für Deutschlands Ehre eintrat, so blieb ihm doch jene Art der Vaterlandsliebe fremd, die die anderen Länder wesentlich in ihrem Gegensatz zum eigenen betrachtet. Für den kultivierten Menschen hält er es für selbstverständlich, daß er sich über «die Affekte der Parteien» erhebt und das gemeinschaftliche Vaterland des menschlichen Geschlechtes im Auge hat. Und doch hat er sein ganzes Leben hindurch bewiesen, wie erpicht er auf die Deutschen war. Zugleich Deutscher und Weltbürger zu sein, war ihm natürlich, es war kein Problem für ihn. Einen Brief seines Bruders, der ihn, als er in Paris war, ermahnen zu müssen glaubte, daß er die Pflicht gegen sein Vaterland nicht vergesse, wies er mit ziemlicher Schärfe zurück; im Bewußtsein, ein Deutscher zu sein, wollte er sich von niemandem vorschreiben lassen, wie er als Deutscher denken und handeln müsse. Er fühlte sich als Glied des deutschen Volkes, das zum Träger des Reiches auserlesen war, des Reiches, dessen Bestimmung war, dem Gottesreich ähnlich zu werden.

Allerdings, was hatte die Zeit aus dem herrlichen Riesengewächs des Heiligen Römischen Reiches Deutscher Nation gemacht! Die Feinde, die an den Wurzeln der Weltesche nagten, hatten ihre Äste morsch und ihre Blätter welk gemacht. Leibniz wäre gern in den Dienst des Kaisers getreten; aber am Hofe zu Wien hatten die Jesuiten Einfluß, die seine Gegner waren, auch hätte er sich nicht zum Glaubenswechsel bequemt, der unerläßliche Bedingung war, wenn er eine hohe Stelle bekleiden wollte. So mußte er denn an dem kleinen Hofe von Hannover bleiben als Diener eines jener Fürsten, deren hauptsächliches Bestreben war, sich über den Nachbar zu erheben, die das Wohl des Reiches ihren mehr oder minder kleinlichen Sonderinteressen aufopferten. Das Interesse, das der eine oder andere für die Wissenschaften hegte, war nah verwandt mit der Lust am Kuriosen, für andere waren die Gelehrten eine Unterhaltung bei Tisch, wenn nicht eine Art Hofnarren. Leibniz genoß wenigstens den Umgang der Kurfürstin Sophie und ihrer Tochter Sophie Charlotte, die beide den Geist und die persönliche Anziehungskraft aller der Sprößlinge Friedrichs von der Pfalz und der Elisabeth Stuart hatten. Wie oft geschlechtlich nicht besonders reizbare Männer war er ein Freund der Frauen. Solange Ernst August, Sophiens Gatte, lebte, machte sich ihr Einfluß in der Achtung geltend, die Leibniz gezollt wurde, für dessen Sohn und Nachfolger, Georg, dem späteren König von England, war der große Mann nicht mehr als ein ziemlich überflüssiger Diener, der rüden Befehlen zu gehorchen hatte. Am Glanze des Hofes, am Verkehr mit dem Hofadel lag ihm nichts; wenn er trotzdem sein Leben am Hof und im Fürstendienst zubrachte, so war das die Folge davon, daß mit wenigen Ausnahmen die Höfe die Mittelpunkte geworden waren, von denen eine Wirksamkeit ausgehen konnte. Der Hof gewährte ihm eine Stätte, wo er unbehelligt, wenn auch nicht immer nach freier Wahl, arbeiten konnte; da lebte er wie ein Adler im Käfig. Denkt man an seine Leistungen und liest man seine Worte, so spürt man den Hauch eines hohen, freien, tiefeindringenden, umfassenden Geistes, eines mächtigen Willens; durch die Gassen von Hannover ging ein zurückhaltender, genügsamer Mann, von dem bei aller Hochachtung nicht viel Notiz genommen wurde. Als er im Jahre 1716 siebzigjährig starb, wurde sein Tod kaum bemerkt, man weiß nicht mit Sicherheit, wo seine Gebeine ruhen. Seinem Sarge folgte nur sein Sekretär. Während sein Gedächtnis in der Pariser Akademie der Wissenschaften gefeiert wurde, schwieg die von ihm gegründete in Berlin.

Mögen uns über das einsame Ende des großen Deutschen die Worte trösten, die er selbst einmal niedergeschrieben hat, vielleicht in einer Stunde, wo ihn das Gefühl der Verlassenheit bewegte: «Ein Hauptsatz meiner Philosophie im Einklang mit der Heiligen Schrift ist, daß keine Kraft sich verliert, sie wird nur verpflanzt, sie zerstreut und sammelt sich wieder, nicht bloß die Seelen dauern, sondern noch mehr, selbst alle Handlungen leben fort, die vorangehenden reichen den kommenden die Hand. Und so wünsche ich nur als Grabschrift den Vers: Was ich besaß im Geist, was freudig vollbracht, war mein eigen – – Was ich gesät, ich laß es ruhig: mir folgen die Werke.»

Atheismus und Machiavellismus

«Denn wenn die Welt länger hätte stehen sollen wie sie stand», hat Luther einmal gesagt, «wäre gewiß alle Welt mahometisch oder epikurisch worden und wären keine Christen mehr blieben.» Gelegentlich hat er auch geklagt, daß er überall nach Christen gesucht und nirgends welche gefunden habe. Sicherlich hat es zu allen Zeiten wenig wahre Christen gegeben. Sind vielleicht echte Christen immer nur einige Auserwählte, denen die Menge aus Trägheit, Gewohnheit, kindlichem Gehorsam, denen einige aus ahnungsvollem Verständnis nachfolgen? Über die Gläubigkeit eines Volkes oder einer Zeit sich ein Urteil zu bilden, ist unendlich schwierig. Immerhin läßt sich der Charakter einer Epoche im Vergleich zu einer anderen feststellen. Die Anhänglichkeit an den christlichen Glauben und an die Kirche war im Mittelalter zweifellos allgemein, noch gegen das Ende der Epoche beweist das reichliche Ergebnis der Ablaßpredigten, daß das Volk an die Heilswahrheiten, welche die Priester verkündeten, glaubte, mochte die Auffassung sich auch vergröbert haben und mochte die Gewohnheit auch mit im Spiele sein. Selbst diejenigen, die den Priestern mißtrauten und über die Verwaltung der Kirche spotteten oder ihr grollten, wollten doch Glieder der Kirche sein, glaubten an die Erlösungstat Christi und an die ewige, jenseitige Heimat der Menschen. Es gab eine Zeit, wo die jenseitige Welt mit weihevollen Gebräuchen und Zeichen die sichtbare verklärend durchdrang, das Ernste und Fröhliche des irdischen Lebens mit himmlischem Golde umsäumte, wo in den dunklen Kirchen die Flamme der ewigen Anbetung brannte, die lobsingenden Chöre nie verstummten, und alle Knie sich dem Heiligen beugten. Es war für den einzelnen leicht, fast selbstverständlich, seine Seele in der vielstimmigen, sichtbar ausgeprägten Andacht mitschwingen zu lassen.

Drei Gründe lassen sich hauptsächlich erkennen, die das Aufhören dieser Durchdringung des Irdischen mit dem Himmlischen erklären: der von Italien ausgehende Einfluß der antik-heidnischen Weltanschauung, die Vervollkommnung des äußeren Lebens durch menschliche Arbeit und menschliche Einrichtungen, das, was man Verweltlichung nennt, und das Erreichen einer neuen Bewußtseinsstufe durch die abendländische Menschheit. Es machte sich bemerkbar im Vordringen der Verstandeskräfte und im Schwinden der Phantasie, zugleich in einem vermehrten Selbstbewußtsein, welches mit einem lebhaften Gefühl der Verantwortung für das eigene Handeln verbunden war. Es leuchtet ein, wie sehr diese Bewußtseinslage den Sinn für Moral stärkte, während sie die Religiosität schwächte.

Wenn der Protestant die Kirche auch nicht für von Gott gegründet hält, so wird er doch die menschliche Weisheit bewundern, die sie aufgebaut hat. Sie kannte die menschliche Schwäche und rechnete mit ihr, der es nur ausnahmsweise verliehen ist, an das Übersinnliche zu glauben. In der Kirche ist dem Menschen ein Sichtbar-Göttliches gegeben, das er willig verehrt. Der

Protestant hat den Vorzug, sich ohne Mittler an Gott wenden zu können, wenn er die Gnade des Glaubens hat. Nur die Musik, die Luther der Theologie fast gleichsetzte, blieb ihm als ein auch auf die Sinne wirkendes Mittel zum Göttlichen, und das erklärt die magische Macht, die sie zur Zeit der Reformation auf die Bekenner des neuen Glaubens ausübte. Luther selbst erlebte noch den Zusammenbruch des Glaubens, der dem Zusammenbruch der Kirche folgte und die Unfähigkeit des Menschen, den unsichtbaren Gott zu glauben, mit einem Schlage offenbarte. Um so leichteres Spiel hatte der Staat: Er drängte sich sofort in die Lücke als eine Macht, die sich unwiderstehlich den Sinnen einprägt. Wenn sich der Absolutismus auch in den katholischen Ländern ausbreitete, ja, von einem katholischen Lande ausging, so blieb doch die Kirche als starker Bewerber um die Seele des Menschen bestehen, während in den protestantischen Ländern der Staat sich die Kirche unterwarf und von der Geistlichkeit selbst als Gott auf Erden geehrt wurde. Für die Gebildeten wurde neben dem Staat die Wissenschaft ein Ersatz für die Kirche und den Glauben. Von der jetzt erreichten Bewußtseinsstufe aus fühlte der Mensch das Bedürfnis, die Welt und seine Stellung in der Welt selbst zu erforschen, nicht nur Überliefertes und Empfohlenes zu glauben, sondern das Erkannte und Bewiesene zu wissen. Erfüllt von leidenschaftlichem Wissensdrange prüfte er die überkommenen Vorstellungen auf ihre Stichhaltigkeit, warf sie wohl auch ganz beiseite, damit sein Blick nicht durch Vorurteile getrübt würde. Nicht notwendig zerstörte das seine Gläubigkeit, aber sie erhielt doch einen anderen

Charakter. Die Fähigkeit, den Wahrheitsgehalt der religiösen Symbole unmittelbar zu erfassen und zu verehren, schwand, der Verstand suchte unwillkürlich das Göttliche in die Region des Menschlichen zu ziehen, um es als etwas ihm Gemäßes auflösen zu können. In der Lust, seine Kraft zu gebrauchen, hielt er für unmöglich, daß sie eine Grenze haben könnte. Man war überzeugt, daß die Wissenschaft alle Aufgaben, die man ihr stellen würde, vollbringen, alle Rätsel lösen würde.

Die deutschen Gelehrten widmeten sich ihr mit der ganzen Hingebung, dem Ernst und der Opferbereitschaft, der sie fähig sind, und hätten sich so wenig eine Verfehlung gegen die Wahrhaftigkeit der Forschung verziehen, wie einst die Gläubigen ein Vergehen gegen die Gebote der Kirche. Der Glaube an die Wissenschaft und an die in ihr herrschende und in ihrem Dienste arbeitende Vernunft wurde für die Gelehrten zu einer Art von Religion. Sie rüsteten sich mit einer Kampfbereitschaft, die sich nicht selten gegen den alten Glauben und gegen Gott selbst wendete.

Das Gepräge dieser Entwicklung trug auch Luthers Person und Werk trotz der Feuerkraft seiner Phantasie und seines Glaubens. Tadelte er menschliche Kritik am Göttlichen, so ermunterte seine scharfe Kritik an der Kirche und an den Dogmen doch zur Kritik an aller Lehre, gab doch Anlaß zu eigenmächtigem und willkürlichem Auslegen der Bibel; wenn er auch den Humanismus im allgemeinen ablehnte, so beförderte er ihn doch durch seine Wertschätzung des Studiums der alten Sprachen, und trotz seiner Lehre, nur durch den Glauben, nicht durch Werke könne der Mensch selig werden, führte seine Mahnung, sich lieber durch Tüchtigkeit im Beruf als durch Rosenkranzbeten und Wallfahrten Gott zu empfehlen, doch zu einer neuen Art von Werkheiligkeit und Selbstgerechtigkeit, die fast noch gefährlicher war als die der Altgläubigen. Beschimpfte er auch persönlich die Fürsten nach Herzenslust, wenn es ihm paßte, so verleitete ihn doch das Bemühen, die von ihm selbst zerstörte Autorität der Kirche durch eine andere zu ersetzen, dazu, die Kirche in eine unwürdige Untertänigkeit zum Staate zu drängen, und überhaupt durch sein Betonen der unbedingten obrigkeitlichen Gewalt zu einer beginnenden Vergötzung des Staates.

Könnte man das geistige Leben des deutschen Volkes, wie es um 1400 und wie es um 1700 war, in einem Bilde vorstellen, so würde der Unterschied ungeheuer groß und fast erschreckend sein, besonders in den protestantischen Ländern. In den katholischen hielt die strenge Kirchlichkeit der Dynasten das Volk noch in den alten Bezirken des Glaubens fest, aber unter der Hülle der äußeren Übung verbarg sich nur notdürftig die Weltlichkeit, die auch hier namentlich die oberen Schichten ergriffen hatte. Bei den Protestanten sicherte wohl die Orthodoxie den Bestand der Lehre, und einzelne geistliche Führer wußten die Herzensfrömmigkeit zu beleben, so daß von außen gesehen in ganz Deutschland die Religion noch im Vordergrunde des Lebens stand; aber das magische Licht, das einst die Dinge der Erde zauberhaft umhüllte, war von ihnen gewichen, es gab die Spannung zwischen Himmel und Erde nicht mehr, die einst dem Leben Bedeutung gegeben hatte. Den Kämpfen der früheren Zeit hatte es

Großartigkeit verliehen, daß die letzten Gründe immer überweltlich waren, bei den jetzigen handelte es sich um Weltliches, Vergängliches, im Grunde Wertloses. Die Religion war nicht mehr wie im Mittelalter das Band zwischen Himmel und Erde, zwischen Gott und den Menschen, sie war Bestandteil der Welt und des Staates geworden. Über die Stangen des Staatskäfigs hinaus konnte sie sich kaum noch bewegen.

«Durch die Verderbnis des eisernen Jahrhunderts», hatte der protestantische Pfarrer Johann Valentin Andreae gesagt, «stürmen wie durch zwiefach geöffnete Pforten drei Ungeheuer hervor: Atheismus, Barbarei und Sklaverei.» Leibniz, der von 1646 bis 1716 lebte, fand diese furchtbare Weissagung schon bestätigt. Zunächst klagte er über den Atheismus in Frankreich. «Die sogenannten Freigeister sind dort Mode, Frömmigkeit gilt für etwas Lächerliches.» Aber er war überzeugt, daß der Einfluß Frankreichs den Atheismus in Deutschland verbreiten und den Untergang des Abendlandes herbeiführen werde. «Ich finde, daß Meinungen, welche an eine gewisse Zügellosigkeit streifen und welche nach und nach sich der Meinung der großen Welt bemächtigen und in die Modebücher sich einschleichen, alles für die große Revolution, welche Europa bedroht, vorbereiten.» Dieser Gedanke beunruhigte ihn so sehr, daß er nicht begriff, warum sich nicht alle Einsichtigen zur Bekämpfung der Gefahr vereinigten. «Man sollte zur Unterdrückung jener Richtung sich verschwören, die Theologen aller Richtungen sollten zusammentreten. Denn gegen öffentliche Feinde ist jeder Bürger Soldat, sonst droht uns der Umsturz aller Ordnung.»

Umsturz aller Ordnung. Die Gottesherrschaft, von der Leibniz ausging, war eine Herrschaft des Rechts. Mit Gott mußte auch das Recht und mit dem Recht alle menschliche Ordnung schwinden. Seit Grotius und ganz besonders seit Pufendorf trennten die Gelehrten das natürliche Recht aus seiner Verbindung mit dem göttlichen, indem sie die Vernunft als absolute, unabhängige Macht setzten. Leibniz machte diese Wendung nicht mit. Für ihn blieb Gott die Grundlage des Naturrechts. Indessen auch das Vernunftrecht, wie man nunmehr das Naturrecht nannte, war ein unveräußerliches, unantastbares, über dem veränderlichen Staatsrecht erhabenes Recht, ein Seinsollen, dem das Sein sich unterzuordnen hatte.

Mit der christlichen Heilighaltung des Rechtes stimmte die germanisch-heidnische Auffassung überein. Verwirklichung des Rechts war nach germanischer Auffassung die Aufgabe des Staates, der Staat war eine Friedens- und Rechtsgemeinschaft, Friedensbruch war zugleich Rechtsbruch und umgekehrt. Diese Übereinstimmung erleichterte den germanischen Stämmen die Annahme des Christentums. Sie teilten die Gesinnung, die Augustinus in dem berühmten Satz ausdrückte: *«Remota justitia quod sunt regna nisi magna latrocinia»* – Ohne Gerechtigkeit sind die Staaten nichts anderes als große Räuberbanden.

Es war etwas Ungeheuerliches, Schreckenerregendes, daß im Jahre 1532 ein Buch erschien, welches die Lehre von den den Fürsten durch Gott gesetzten Rechtsschranken, als verstehe es sich von selbst, über den Haufen warf: Dies Buch war von einem Florentiner namens Machiavelli verfaßt und hieß: *Il principe,* der Fürst. Der Fürst, als der Vertreter eines Landes, hieß es da, hat kein Gewissen, nimmt keine Rücksicht auf menschliche und göttliche Gebote, für ihn gelten keine Verträge. Es lag den damaligen Gelehrten fern, die Umstände zu bedenken, unter denen das Buch geschrieben war, und den Zweck, den es verfolgte, um sich dadurch die in ihm vorgetragenen Sätze verständlich zu machen; sie nahmen es als absolute Lehre und verglichen es mit den Rechtsgedanken, die für sie feststanden und die es verletzte. Hier war für den Fürsten das Recht des Stärkeren in Anspruch genommen, die Macht über das Recht gestellt. Was für alle Menschen Unrecht war, sollte für den Fürsten Recht sein können. Mit Entrüstung wurde der Angriff auf die christlich-germanische Weltanschauung zurückgewiesen. Der Papst setzte das mit den Fingern des Teufels geschriebene Buch auf den Index. Selbst der französische Gelehrte Bodin, der den Begriff der Souveränität in bisher nicht üblicher Weise zuspitzte, behielt doch das Recht der Gebote Gottes und das damit zusammenhängende Recht der Natur vor. Vollends die deutschen Gelehrten wendeten sich fast ausnahmslos gegen Machiavelli. Der berühmte Freiburger Jurist Zasius erklärte ihn für einen italienischen Fürstenschmeichler; der Fürst stehe nicht über dem göttlich-natürlichen Recht, vielmehr solle gerade er es verkünden.

Die höchsten naturrechtlichen Grundsätze, sagte ein anderer, hätten sogar für Gott bindende Geltung, wieviel mehr für jede irdische Macht, auch für den Staat. Reinking nannte die *Ratio status* oder Staatsraison die arge Stiefschwester der Justitia. Die Heilige

Schrift, sagte er, sei die beste *Ratio status*. Dem neuen Grundsatz *princeps legitus solutus* wurde ein anderer *princeps legitus tenetur* entgegengestellt. Wenn sich auch im Laufe des 17. Jahrhunderts besonders mit Hobbes und seinen Anhängern die Ansichten zugunsten des Florentiners änderten, so glaubte doch zum Beispiel Hippolithus a Lapide, der in seinen Ratschlägen an die Fürsten von den machiavellistischen Grundsätzen reichlich Gebrauch machte, trotzdem oder vielleicht grade deshalb sich feierlich gegen ihn bekennen zu müssen. «Es ist eine abscheuliche Bosheit, daß manche Leute sich erfrechen zu behaupten, als ob ein Regent sogar nicht einmal an das göttliche Gesetz noch an das Recht der Natur gebunden sei, vielmehr diesen willkürlich entgegenzuhandeln und zu verfügen Erlaubnis habe, wenn er einen Scheingrund erdenken könne, um sich damit zu behelfen. – Wie läßt sich doch dasjenige mit dem Namen der Raison *(ratio)* belegen, was aller Vernunft schnurstracks widerspricht! – Die Betrügereien der Gottlosen können nichts weniger als Klugheit heißen. – Nimmt man die Gottesfurcht hinweg, so hebt man damit zugleich durch eine notwendige Folge und unmittelbare Wirkung die vortrefflichste aller Tugenden, die Gerechtigkeit, auf, und es erfolgt alsdann unausbleiblicher- und unwiderstehlicherweise ein Umsturz aller menschlichen Gesellschaft und die Zerreißung der festesten Bande des Staates ... Ehrbarkeit und Treue müssen jederzeit als eine vorzügliche Hauptraison gelten. Wo diese beiseite gesetzt werden, da verschwindet leicht der Begriff und das Wesen eines ordentlichen Staates, und die Oberherrschaft verwandelt sich in die ungerechteste Tyrannei und in ein zusammenhängendes Gewirre der lasterhaftesten Bubenstücke. –

So machten es unter den Alten bereits die Spartaner. Sie maßen die Gerechtigkeit bloß nach dem Vorteil ihrer Republik ab, hierauf allein richteten sie alle Ratschläge... Daß Lysander unterweilen den Fuchspelz angezogen und eine erlaubte Verstellung aus guter Vorsicht zum besten angewandt, solches ist nicht schlechterdings zu mißbilligen. Untreue und Meineid hingegen verdienen den äußersten Abscheu. Plato schreibt nicht unrecht, daß Treu und Glauben der Grund aller menschlichen und bürgerlichen Gesellschaft sei... Die feierlichsten schriftlichen Verträge zu verletzen sind vollends Freveltaten, deren sich auch der allerniederträchtigste Taugenichts zu schämen hat.»

Hundert Jahre später schrieb Karl Friedrich Moser: «Ist aber je ein ungeheurerer Satz gewesen, als den noch vor kurzem der Verfasser der Briefe über die Vorurteile unseres Jahrhunderts aufstellen wollen: Tugend und Laster seyen bloß als solche anzusehen, insofern sie mit der Wohlfahrt des Staates übereinstimmen. In Wahrheit eine saubere Sittenlehre! Nach dem Grundsatz duldet die russische Regierung die Trunkenheit, weil die Bier- und Branntwein-Krüge von der Krone verpachtet werden.»

Die Ansicht, daß das gegebene Wort des Fürsten bindend sei, war im 17. Jahrhundert noch vorherrschend; gestand doch selbst Hobbes zu, daß Verträge gehalten werden müßten. Die Räte des Kurfürsten Friedrich Wilhelm von Brandenburg widerrieten ihm, den Vasalleneid zu brechen, den er dem König von Polen geschworen hatte, nicht aus politischen, sondern aus rechtlichen Bedenken. Darin waren sich alle einig, daß das Staatsoberhaupt, der Vertreter des Ganzen, sich unter Umständen über die Moral- und Rechtsvorschriften hinwegsetzen dürfe, die für den einzelnen maßgebend sind, aber daß er überhaupt an das göttlich-natürliche Recht und an das Völkerrecht nicht gebunden sei, das ließ man nicht gelten. Fiele diese Bindung fort, meinte man, würde die Auflösung des Rechtsgefühls für das Staatsoberhaupt und seine Umgebung sowie für das ganze Volk die Folge sein, woraus unermeßlicher Schaden entstehen würde. Die Grenze, die nicht überschritten werden dürfe, wurde nicht bestimmt; aber daß eine Grenze vorhanden sei, daran wurde festgehalten. Erst im 18. Jahrhundert machte sich die gefürchtete Auflösung mehr und mehr bemerkbar.

Deismus

Auf das Aufflammen des Glaubens im Zeitalter der Reformation folgte die Zeit des Vernunftglaubens. Während Luther, obwohl unklarer und eigenwilliger Schwärmerei feind, an der Mystik festhielt, soweit sie in der christlichen Religion selbst gegeben ist und notwendig mit ihr zusammenhängt, und die Geheimnisse, welche Geheimnisse bleiben müssen, weil sie sich auf das Jenseits der menschlichen Grenzen beziehen, verehrte und unweigerlich verehrt wissen wollte, mit anbetenden Gedanken sich ihnen anschmiegte, waren die Denker des 17. und 18. Jahrhunderts überzeugt, mittels experimenteller Forschung und der Vernunft alles Dunkle klarmachen zu können oder dann es ablehnen zu dürfen. Da es einen Unterschied zwischen göttlicher und menschlicher Vernunft für sie nicht gab, unterwarfen sie alles ihrer eigenen Vernunft. Grade diejenigen Mysterien, die die Licht- und Kraftquelle des Christentums waren: die Fleischwerdung Gottes, die jungfräuliche Mutterschaft der Maria, das Gottmenschentum, die Auferstehung des Herrn, die Einsetzung des Abendmahls, die die mittelalterliche Menschheit mit ahnungsvollem Schauer erfüllt hatten, deren Tiefsinn Luthers Dichterblick aufleuchten ließ, erregten bei den vernunftgläubigen Leuten der späteren Zeit Anstoß. Die, welche es mit der Religion gut meinten, versuchten das Geheimnisvolle und Wunderbare dem Verstande faßlich zu machen, andere wollten vielmehr aus dem, was sie Ungereimtheiten nannten, die Ungereimtheit und Vernunftlosigkeit, also Unzulänglichkeit des ganzen Christentums beweisen. Anstoß erregte auch die Mangelhaftigkeit der Menschen, welche in der Bibel und namentlich im Alten Testament auftreten; denn da man Moral und Religion als dasselbe auffaßte, fand man es unsinnig, Menschen, die nicht durch und durch tugendhaft waren, als fromm zu verehren. Wie konnte man David, der eines abscheulichen Verbrechens schuldig war, als heiligen Mann hinstellen! Und schließlich Gott selbst, der Jehovah des Alten Bundes! Konnte man einen Gott bekennen, der Rache fühlte? Der sich durch menschliches Gebet von seinen Entschlüssen abbringen ließ? Es schien notwendig, aus der Bibel auszumerzen, was Vernunft und Moral beeinträchtigte. Das Buch aus der Tiefe mußte so lange gewalzt werden, bis es den auf der Fläche der Vernunft lebenden Menschen angeglichen war.

Bestrebungen dieser Art gingen zuerst von England aus, einem protestantischen Lande, wo die Bibel viel gelesen und als Glaubensquelle betrachtet wurde, wo es sehr früh eine wissenschaftlich gebildete, geistig sehr regsame Oberschicht gab und wo die Möglichkeit freier Meinungsäußerung in Wort und Schrift bestand. In dem Bestreben, die Unterschiede der englischen Staatskirche und der protestantischen Sekten und der Sekten untereinander auszugleichen, nahm die deistische Richtung ihren Ursprung. Als höherer Standpunkt über den sich bekämpfenden Parteien wurde die Vernunft angenommen, vor ihrem Tribunal sollten die Streitenden sich zu rechtfertigen haben. Am Ende des

17. und im Anfang des 18. Jahrhunderts erschienen verschiedene Schriften, die diese Fragen erörterten, zum Beispiel: Das Christentum nicht geheimnisvoll, Das Christentum so alt wie die Welt, Die Untrüglichkeit des menschlichen Verstandes und andere mit ähnlichen Titeln. Die Kritik, die an die Bibel angelegt wurde, führte dazu, daß man von der geschichtlichen Grundlage ganz absah und von der Lehre nur übrigließ, was mit der Vernunft in Einklang zu bringen war. Manche billigten der Bibel den Vorzug der Popularität zu. «Das staunende und stierende Volk», sagte Hume, «ergreift begierig alles, was dem Aberglauben schmeichelt.» Andere behaupteten, die Wundergeschichten seien spätere Zutaten, wieder andere erklärten sie schlechthin als Priestertrug; das Märchen der Auferstehung zum Beispiel sei dadurch zustande gekommen, daß die Jünger den Leichnam Christi versteckt hätten. Als Kern des Christentums wurde eine Anzahl Wahrheiten festgestellt, etwa: das Dasein eines höchsten Wesens, die Unsterblichkeit der Seele, die Vergeltung in diesem und jenem Leben. Die so entpersönlichte, denaturierte, ausgeweidete, schlotternde Religion, der Deismus, war kein Grund, wo der Schiffer Anker werfen, kein Fels, an dem der Scheiternde sich festklammern konnte. Ein englischer Geistlicher, der einen deistischen Gottesdienst einführen wollte, wo Gott mit Hintansetzung aller Mysterien angebetet werden und alles auf die Erfüllung unserer Pflichten und die lauterste Moral abgestellt werden sollte, fand keinen Anklang. Für den gemeinen Haufen sei dieser Gottesdienst zu eintönig, meinte er, für den Deisten entbehrlich.

Die Schriften der Deisten wirkten auch auf das Ausland. Nach Deutschland kamen sie erst gegen die Mitte des 18. Jahrhunderts. In den katholischen Ländern war die Macht der Kirche zu groß, in den protestantischen die Orthodoxie noch zu sehr von den Regierungen gestützt, als daß Freidenker oder sogar Atheisten sich öffentlich als solche hätten äußern können. Sie wurden verketzert und verfolgt und mußten froh sein, wenn sie bei irgendeinem vorurteilsfreien oder neugierigen hohen Herrn ein Asyl fanden. In dem orthodoxen Hamburg führte Hermann Samuel Reimarus, Sohn und Enkel protestantischer Geistlicher, ein seltsames Doppelleben, indem er nach außen den Rechtgläubigen darstellte und insgeheim, gleichsam um sich zu entgiften, eine bittere Kritik der Bibel niederschrieb, die erst nach seinem Tode bekannt wurde.

Dieser deutsche Deist war außerordentlich dürr und kümmerlich. Vermöge seiner Vernunft wußte er genau, wie ein vernünftiger Gott im Gegensatz zu dem der Bibel hätte sein und was er hätte tun müssen. Vor allen Dingen hätte er, wenn er schon die Menschheit hätte belehren wollen, anstatt der Bibel einen Katechismus verfaßt, in welchem er die Tugenden ausführlich angezeigt und beschrieben hätte, die mit unserer Glückseligkeit verknüpft sind, und auf welche Weise sie in der Gesellschaft zur Ausübung kommen. «Ich bin Jehova», sagt der biblische Gott. Was aber kann ein leerer Name ohne Begriffsbestimmung helfen? Nicht durch göttliche Autorität oder durch eine urteilsfähige menschliche Untersuchungsbehörde, sondern allmählich und zufällig ist die Bibel zustande gekommen. Ein vernünftiger Gott hätte nicht Wunder, noch dazu auf verkehrte Weise Wunder getan. Sollten Menschen an die Auferstehung Christi glauben, so wäre das kürzeste und kräftigste Mittel gewesen, daß Christus sich der Welt lebendig sehen ließ, sich mit den Nagelmalen dem Synedrio, dem Landpfleger, den römischen Soldaten und dem Volk zeigte, oder noch besser, daß er alle zu einer bestimmten Zeit als Zeugen seiner Auferstehung berief.

Im Buche Hiob heißt es: Es begab sich aber auf einen Tag, daß die Kinder Gottes kamen und vor den Herrn traten, kam der Satan auch unter ihnen. Tief geheimnisvolles Bild: Satan unter den Kindern Gottes vor dem Angesicht des Herrn, Gott, der sich von Satan bereden läßt. Das Dasein des Bösen und sein Recht einer Verbindung mit Gott offenbart sich in einem großartigen Bilde: Satan ist nicht Gott, aber er steht vor Gottes Angesicht, er ist kein Geringer, sondern ein Fürst, der mächtige Fürst der Welt. Vielleicht ist es ein Nachklang davon, daß Leibniz in der Theodizee das Böse mit dem Schatten vergleicht, der notwendig mit dem Licht zusammenhängt; aber er nahm damit dem Bösen sein Positives, sein eigenes Dasein, seine Größe. Neben dem unergründlichen und schauerlichen Mysterium der Geschichte von Hiob, wie fadenscheinig wirkt das Christentum der Deisten und auch der meisten Christen des 18. Jahrhunderts! Nach ihm folgte an Gottes Güte, daß er nichts anderes als die Glückseligkeit der Menschen wollen könne. Von der Glückseligkeit war in allen erbaulichen und beschaulichen Büchern jener Epoche unaufhörlich die Rede: Sie bestand hauptsächlich in der Ausübung der Tugend, daneben in der Gesundheit des Leibes und dem Vergnügen der Sinne. Auch die Lehre Christi nannte man eine Glückseligkeitslehre, sein Verdienst sah man darin, daß er eine Anweisung zum glückseligen Leben gegeben und überhaupt an der allgemeinen Vereinfachung teilgenommen habe, die den Aufklärern am Herzen lag. Die Humanität des Heilands wurde hochgepriesen, jeder Zug von göttlicher Übermenschlichkeit und Unnahbarkeit wurde aus seinem Bilde getilgt. Er war der wohlwollende Lehrer der natürlichen Religion, die dem Menschen ohnehin eingeboren ist, wozu er sich also im Grunde nicht hätte kreuzigen zu lassen brauchen. Die Deisten glaubten aus der Bibel das Unkraut ausgejätet zu haben und rissen alles Blühende mit der Wurzel aus, sie glaubten Schmutz und Schlamm aus ihr entfernt zu haben und verdrängten den fruchtbaren Urgrund des Lebens. Aus der Religion, die sie die natürliche nannten, war grade die Natur mit ihrem Reichtum ausgemerzt.

Der Deismus war dem Atheismus nah verwandt, für viele war er nur die korrekt angestrichene Hülle, hinter der sich der Atheismus verbarg. Viele Zweifler, ja selbst Ungläubige hielt doch ein unwillkürliches Grauen vor einer entgötterten Welt davon zurück, sich selbst ihre Gottlosigkeit einzugestehen, und sie klammerten sich an das Drahtgeflecht von Begriffen, das der Deismus ihnen darbot. Die Kraßheit des nackten Materialismus stieß schöngeistige und nachdenkliche Menschen ab. Abgesehen von allem diesem fürchteten die Gebildeten, der Atheismus werde den rohen Instinkten des Pöbels Vorschub leisten. Die christliche Religion war darum schätzbar, weil sie die Armen lehrte, sich mit der Armut zu begnügen, die Reichen nicht zu beneiden und den Höhergestellten zu gehorchen und zu dienen. Ganz fremd war auch Leibniz dieser Auffassung nicht; aber wenn er die unabsehbaren Folgen des einreißenden Atheismus fürchtete, so war es doch weniger, weil er das Christentum als einen Zaum des Pöbels, als weil er es als Quell des Rechts, der Ordnung und der Sittlichkeit überhaupt betrachtete. Der Staat schätzte die Kirche als Beihilfe bei der Zähmung der Untertanen, erst in der zweiten Hälfte des 18. Jahrhunderts fühlte er sich stark genug, sie zu entbehren; Friedrich der Große bekannte sich offen zu seinen deistisch-atheistischen Ansichten.

Aus den Befürchtungen, die Leibniz und andere äußerten, darf man indessen doch nicht schließen, der Deismus oder Atheismus sei irgendwo allgemein verbreitet gewesen. In England wurde der Deismus von der Staatskirche und von den protestantischen Sekten von Anfang an heftig bekämpft, er wurde nur von den Gebildeten gepflegt und verschwand auch dort allmählich wieder. In Deutschland vollends kam er nur in den wenigen großen Städten auf. Sowohl in den

katholischen wie in den protestantischen Ländern gab es auf dem Lande und in den kleinen Landstädten noch viel frommes Volk: Die Katholiken folgten gehorsam den Geboten ihrer Kirche, sie beteten zu ihren Heiligen, der Glaube an die Freuden und Leiden des Jenseits lenkte die Ruhe oder Unruhe ihrer Seelen; die Protestanten folgten ihrem Pfarrer und ihrer Bibel. Die alten Geschichten und gewaltigen Verkündigungen in der musikalischen Sprache Luthers beschäftigten ihre Phantasie und erfüllten ihr Gemüt mit unerschütterlicher, oft heroischer Gläubigkeit.

Die Einheit des Abendlandes

Als ein fremder weißer Mann auf Robinsons Insel kommt und sich dem Herrn derselben bekannt machen muß, sagt er zuerst *Christianus sum,* dann *Hispanus sum.* Der Herr der Insel konnte leicht einem Volke angehören, das mit Spanien im Kampfe lag, aber als Christ war er jedem Christen brüderlich verwandt, insofern sie Christen waren, herrschte Friede zwischen ihnen.

Nach der mittelalterlichen Weltanschauung war der Zweck der Menschen, zu Gott zu kommen. Den Weg, auf welchem sie sich der göttlichen Vollkommenheit nähern konnten, lehrte sie die Kirche, an deren Spitze der Papst stand. Der Kaiser, dem Gott das Schwert verliehen hatte, war der Beschützer der Kirche und teilte mit dem Papst die Herrschaft der Welt. Fiel die Autorität des Kaisers dahin, je mehr die einzelnen Nationen erstarkten und sich zu unabhängigen Gebilden abschlossen, so wurde der Papst durch die Abtrennung der Protestanten wesentlich beschränkt: Das die abendländischen Völker einigende Band war zerrissen. Luther hatte nicht daran gedacht, das Abendland zu spalten; eine Verjüngung der Kirche, nicht Trennung war seine Absicht gewesen, ein Schisma wurde allgemein als etwas so Verhängnisvolles angesehen, daß man Scheu trug, es für endgültig gelten zu lassen. Indessen, nachdem Karls V. großartiger Versuch, die Einheit durch Eingliederung der Protestanten wiederherzustellen, mißlungen war, hielt man es schon für Gewinn, daß überhaupt das Zusammenleben der Konfessionen auf einem Rechtsgrund ermöglicht war.

Es war aber nicht nur der Protestantismus, der die Kirche schädigte, es war auch die Entstehung des Nationalismus, die Neigung der einzelnen Länder, sich in ihrer Nationalität zusammenzuschließen und abzuschließen, ja man kann sagen, daß der Protestantismus mit dem Nationalismus zusammenhing. England und Frankreich, die sich zu Nationalstaaten geeint hatten, machten sich von der Kirche unabhängig, Frankreich durch Vereinbarungen mit dem Papst, England, indem es protestantisch wurde. Deutschland, dessen Oberhaupt der mit dem Papst und der Tradition eng verbundene Kaiser war, das vom Beginn seines Daseins an Träger des universalen Gedankens war, das Reich konnte nicht wie die anderen Länder ein nationaler Staat werden. Hier, wo man durch die Glaubensspaltung am meisten gelitten hatte und noch litt, wo der Universalismus durch die Verfassung geschützt war, mußte die Sehnsucht nach Wiedervereinigung der Bekenntnisse besonders lebhaft sein. Auch fanden im Laufe des 17. Jahrhunderts mehrere Religionsgespräche zu diesem Zwecke statt, die aber ergebnislos verliefen.

Niemand konnte empfänglicher für den Plan der Wiedervereinigung sein als Leibniz, in dem der Reichsgedanke fortlebte und in dessen Gemütsart es lag, mehr das Übereinstimmende als das Trennende in den Dingen zu sehen; doch ging zu seiner Zeit der Versuch, die Einheit der Kirche wiederherzustellen, nicht eigentlich von Deutschland aus.

Der französische Bischof Bossuet verfaßte im Jahre 1671 ein Buch über den Glauben der katholischen Kirche, das bestimmt war, die Hugenotten in den Schoß der Kirche zurückzuführen. Das regte den spanischen Franziskanergeneral Cristoforo di Spinola, den Beichtvater des Kaisers, zu dem Gedanken an, die Abgefallenen aller Länder wieder mit der Kirche zu vereinigen. Mit Erlaubnis des Kaisers bereiste er hoffnungsvoll die Höfe des Reiches und kam auch nach Hannover, wo sich Leibniz sofort für sein Vorhaben interessierte und einsetzte. Die unendlichen Schwierigkeiten, die auf allen Seiten der Verwirklichung entgegenstanden, unterschätzte er zunächst, da er in sich selbst keine Hemmung fand. Der Briefwechsel mit Bossuet, in den er eintrat, um sich mit dem berühmten Bischof Frankreichs zu beraten, sollte ihm eine bittere Enttäuschung bereiten. Bossuet war ein bedeutender Mann, in mancher Hinsicht nicht ohne Verständnis für die Eigenart des protestantischen Empfindens, denn er las viel in der Bibel, und zwar mit besonderer Neigung für die Stücke, an denen die Protestanten ihre Glaubenskraft stärkten; aber er sah im Protestantismus schlechthin einen Abfall, der nur durch unbedingte Unterordnung wieder ausgeglichen werden könne. Sein Wesen, sagte er, sei die Empörung des Individuums gegen die Objektivität der Kirche; daß grade das Christentum dem Individuum göttliches Recht zugesteht, bedachte er nicht. Sein Hochmut und seine unnachgiebige Schroffheit erregten schließlich Leibnizens Zorn, der so bereit zum Entgegenkommen gewesen war. «Seht Ihr denn nicht», schrieb er, «die allgemeine Abneigung gegen die Religion, die sich in

Frankreich und anderwärts schriftlich und mündlich äußert? Wem es wirklich um die Erhaltung des Christentums und der Kirche zu tun ist statt um Parteisätze, die man eigensinnig festhält, der sollte die Augen nicht davor verschließen. Warum denn die Sachen zum Äußersten treiben? Denn die kirchliche Gewalt wie die königliche schadet sich am meisten durch Überspannung.» Für die Größe des katholischen Gedankens lieber Verlust, Angriff und jeden denkbaren Schaden zu erleiden, als einen Kompromiß zu schließen und auch nur ein Tüttelchen im Gefüge seines alten Römerbaus zu verrücken, fehlte Leibniz das Verständnis.

Spinola war entgegenkommender, als man für möglich gehalten hatte. Er forderte von den Protestanten nichts, als daß sie den Papst als obersten Patriarchen der Kirche anerkannten. Es hieß, daß der Papst und selbst der Jesuitengeneral damit einverstanden wären. Leibniz schien das unverfänglich; er erinnerte daran, daß Melanchthon und Calixt nichts gegen die Herrschaft des Papstes eingewandt hätten, nur gegen den Mißbrauch derselben. Allerdings eine unbeschränkte Gewalt wollte er der Kirche auch nicht zugestehen. Das Tridentinum müsse aufgehoben werden, von dem sich die Verknöcherung der Kirche herschreibe. Gelegentlich nannte er das Konzil von Trient eine Rotte von italienischen Bischöfen, Speichelleckern und Pfleglingen Roms, die in einem Winkel der Alpen zusammengekommen wären und auf eine von allen ernsten Männern verdammte Art Beschlüsse fabriziert hätten, welche für die ganze Kirche bindend sein sollten.

Leibnizens großartiger Gedanke, die Lehre allerseits ganz unangetastet zu lassen und die Vereinigung einzig in der Organisation durchzuführen, wurde leider nicht in Betracht gezogen. Dieser Gedanke, der die Sache in ganz neuer Weise erfaßte, hätte bedeutende Folgen haben können, er hätte es allen christlichen Bekenntnissen, die doch im Christentum eine Einheit bildeten, ermöglicht, im Papst für diese Einheit eine wirksame Ausprägung zu finden. Die Nationen, die entsprechend ihrer Nationalität das Christentum verschieden darstellten, wären doch in einem Punkte als christliche und abendländische Nationen vereinigt gewesen, die protestantische Kirche hätte dem unersättlichen absoluten Staat gegenüber eine Stütze gehabt.

Aber grade von der protestantischen Seite war diesmal der Widerstand größer, als er scheinbar von der katholischen war. Der konfessionelle Gegensatz war ja mit einem kulturellen gemischt und in beiden Lagern zu einer Geistesverfassung erwachsen, die gegenseitiges Verständnis fast unmöglich machte. Der siegreiche Staat wünschte nichts weniger als eine Machtverstärkung der Kirche, die die Wiedervereinigung mit dem Protestantismus bedeutet hätte. Die Fürsten witterten Gefahr für ihre Souveränität, manche argwöhnten in dem Entgegenkommen der Kurie eine ihnen gestellte Falle.

Für Leibnizens ausgleichende Bestrebungen blieb nun noch der Versuch einer Union der lutherischen mit der reformierten Kirche. Bei dieser Arbeit sollten nach seiner Meinung die Geistlichen, die die Sache, wie sie glaubten, am meisten anging, von vornherein ausgeschlossen werden, das heißt, die Lehre sollte auf beiden Seiten unangetastet bleiben. «Die Meinung eines frommen, gelehrten und um den Staat verdienten

Laien», sagt er, «pflegt bei den Anhängern der verschiedenen Parteien mehr Gewicht zu haben als die durchdachtesten Disputationen auch der berühmtesten Theologen, die schon durch ihren amtlichen Charakter den Gegnern verhaßt und verdächtig sind.» In diesem Falle wurde die Sache Leibniz durch den Absolutismus und den ihm entsprechenden Byzantinismus verleidet. Der Domprediger von Magdeburg namens Winkler, Mitglied eines Unions-Kollegiums, das der König von Preußen berufen hatte, schlug vor, der König solle die Union von sich aus vollziehen, worauf die Lutheraner sich zu fügen hätten. Das erschreckte Leibniz. «Die neue Regel *quod Princeps evangelicus sit papa in sua ditione* muß man nicht mißbrauchen. Bei den verständigsten unter den Katholiken selbst ist das Konzilium der allgemeinen Kirche wo nicht über, so doch nicht unter dem Papst.» Leibnizens Meinung würde nicht den Ausschlag gegeben haben; aber die Fürsten fanden für besser, die Sache fallenzulassen. Kurfürst Georg von Hannover, der im Jahre 1698 auf Ernst August gefolgt war, befahl Leibniz in dem herrischen Tone, den er auch ihm gegenüber anzuschlagen sich nicht scheute: «Wir wollen auch, daß Ihr von allem, was die Vereinigungsnegotiationen der lutherischen und reformierten Kirche betrifft, hinfüro allerdings abstrahieret.»

Da das Gefühl für die Einheit des Abendlandes vorhanden war und das mittelalterliche Einigungsband sich einstweilen nicht wieder knüpfen ließ, suchte es nach einem Ersatz, wollte es sich auf andere Weise und in anderen Formen äußern. Dahin ist das Bestreben zu rechnen, die Wissenschaft an Stelle der Religion zur Grundlage der Zusammengehörigkeit zu machen. Im Jahre 1667 hatte ein schwedischer Emigrant dem Großen Kurfürsten den Plan einer Universal-Universität vorgelegt. Sie sollte allen Nationen, auch Juden und Arabern, zugänglich sein, als ihr Sitz war die schöngelegene Stadt Tangermünde in Aussicht genommen; sie sollte sich selbst regieren. Etwas bescheidener wollte Leibniz den Gedanken der universalen Wissenschaft ausbauen. Eine Organisation in diesem Sinne schien um so wünschenswerter, als alle Gelehrten außer den Deutschen damals anfingen, ihre Werke in der Nationalsprache zu verfassen. Diejenigen Deutschen, die, wie zum Beispiel Conring, außer der lateinischen nur ihre eigene Sprache beherrschten, waren entrüstet darüber. Wie viele Sprachen sollte man kennen, wenn man die Universalsprache beiseite setzte? Da diese Entwicklung nicht aufzuhalten war und da immer mehr Bücher geschrieben wurden, so daß der einzelne immer weniger in der Lage war, die Menge des Wissenswürdigen zu überblicken, hielt Leibniz eine zusammenfassende Organisation für notwendig. Er dachte an Sozietäten und Akademien, die miteinander in Beziehung träten und durch die schließlich die ganze gelehrte Welt verbunden wäre; eine vom guten Willen der Fürsten abhängige Einrichtung, die im allgemeinen für die Wissenschaft wenig Interesse und noch weniger Geld hatten. Es war auch kaum zu hoffen, daß der Grundsatz der Universalität bei den Sozietäten herrschend würde, während er bei den Universitäten, für die er einst maßgebend gewesen war, vor dem nationalen zurückwich.

Die gelehrten Sozietäten konnten nur eine dünne Schicht Menschen miteinander verbinden; wahrhaft universal war dagegen das Völkerrecht, und man kann seine Ausbildung im 17. Jahrhundert wohl als einen Versuch ansehen, der Einheit des Abendlandes ein neues Fundament zu geben. Das Land, das ganz besonders die Ideale des Friedens, der allgemeinen Wohlfahrt, der Freiheit und der Duldung hochgehalten hat, das Land, in welchem Mennoniten lebten, die als Aktionäre der Ostindischen Compagnien sich weigerten, ihren Anteil aus der Beute anzunehmen, weil sie den Krieg verabscheuten, Holland, brachte auch den Mann hervor, der zuerst dem Völkerrecht eine wissenschaftliche Form gab.

Im Mittelalter, als grundsätzlich eine von Papst und Kaiser zusammengehaltene Völkergemeinschaft bestand, wurde der Krieg als ein Rechtsmittel aufgefaßt, um Streitigkeiten zu entscheiden, falls das päpstliche Schiedsgericht nicht zum Ziele führte, wie auch das Fehderecht ein zugelassenes Mittel war, durch welches der in seinem Recht verkürzte freie Mann sich Recht verschaffen konnte. Friede war der natürliche Zustand zwischen den Gliedern der christlichen Völkergemeinschaft. Dante wies dem Kaiser die Aufgabe zu, durch gerechte und liebevolle Schiedssprüche den Frieden zu sichern. Nachdem die päpstlich-kaiserliche Weltmonarchie sich aufgelöst hatte, blieb doch im Naturrecht noch die Vorstellung erhalten, daß die abendländischen Nationen eine Einheit bildeten und einander beistehen sollten. Jean Bodin wies darauf hin, daß Gott die Völker mit verschiedenen Reichtümern des Bodens bedacht habe, damit sie durch die Notwendigkeit, sich gegenseitig auszuhelfen, zur Freundschaft geführt würden. Man empfand den Handel, der den Mangel eines Volkes mit dem Überfluß des anderen ergänzt, als verbindende Macht und sprach von einer wirtschaftlichen Harmonie.

Hugo Grotius, der anfänglich nach mittelalterlicher Art den Krieg als verhängnisvolles, aber doch erlaubtes Rechtsmittel betrachtete, erwärmte sich im Laufe seines Lebens immer mehr für den Friedensgedanken und empfahl in seinem Hauptwerk *De jure belli et pacis,* das im Jahre 1625 in Paris erschien, zur Durchführung desselben Kongresses der christlichen Fürsten, welche die Streitigkeiten beseitigen und Regeln feststellen würden, nach welchen die Parteien zur Annahme des Friedens gezwungen werden könnten. Zwei Jahre vorher hatte ein französischer Mönch gleichfalls den Vorschlag zu einer Friedensversammlung gemacht, die etwa in Venedig tagen würde, mit dem Unterschied, daß er Fürsten aller Religionen und aller Rassen zugelassen wissen wollte, unter denen er dem Sultan der Türken wegen des Besitzes von Konstantinopel die Stelle nächst dem Papst zuwies. Samuel Rachel, ein Schleswigholsteiner, der Gesandter am Friedenskongreß zu Nymwegen war und über Völkerrecht geschrieben hat, beschränkte den Kongreß auf die christlichen Fürsten; denn der Heiland habe seine Nachfolger zur Liebe und zum Frieden verpflichtet, aber ob die heidnischen Fürsten dafür zu gewinnen wären, sei zweifelhaft. Der Gerichtshof christlicher Fürsten sollte das Recht haben, Widerstrebende durch Waffengewalt zu zwingen. Im Laufe des 18. Jahrhunderts mehrten sich die Vorschläge zur Herstellung eines dauernden

Friedens; dabei wurde zuweilen auf die Analogie des Deutschen Reiches hingewiesen als eines Bundes von Staaten, die trotz ihrer Selbstherrlichkeit eine Einheit bildeten. Auch an der Schweiz und Holland wies man die Möglichkeit nach, daß mehrere selbständige Staaten zugleich ein Ganzes ausmachen könnten.

Seit Hugo Grotius wurde das Völkerrecht neben dem Naturrecht an den Universitäten gelehrt und auf der Idee der Einheit aller christlichen Völker oder der Menschheit begründet. Die Praktiker dachten meist gering davon; denn es hing ja vom Belieben jedes Mächtigen ab, wieweit er es achten wollte. Die herrschende Staatsauffassung, nach der jeder Staat ein geschlossenes Ganzes bildete, zu dessen Wesen es gehörte, nichts und niemanden über sich zu haben, stand der Verwirklichung des Völkerrechts und gar eines Völkerbundes entgegen. Immerhin konnten sich einige völkerrechtliche Grundsätze ausbilden, die einen gewissen Schutz durch die öffentliche Meinung genossen.

Während die Idee der Einheit des Abendlandes mehr und mehr zurücktrat, entwickelte sich das System des europäischen Gleichgewichts. Wie so viele Erscheinungen des modernen Lebens entstand es in Italien, wo verschiedene kleine Staaten sich gegenseitig in Schach zu halten suchten. Keiner von ihnen durfte so mächtig werden, daß er kleinere Gebilde verschlingen und dadurch das Gleichgewicht stören könnte. Dieser Grundsatz wurde in besonderem Maße von England aufgenommen und gegen das nach einer Universalmonarchie strebende Frankreich angewandt. Es rettete damit Deutschland vor der Übermacht Ludwigs XIV.

und später vor der Napoleons. Insofern man die durch den Westfälischen Frieden geschaffenen Verhältnisse als Norm annahm, diente das System des europäischen Gleichgewichts dazu, die kleinen Staaten in ihrem Besitzstand zu schützen; andererseits, da es verlangte, daß, wenn ein Staat sich vergrößerte, die anderen entsprechenden Zuwachs erhielten, wenn sie nämlich in der Lage waren, ein Wort mitzureden, führte es nicht selten zu willkürlichen Zerstückelungen oder Verschiebungen. Es hatte den mechanischen und materialistischen Charakter der Zeit an sich; aber es war ein Notbehelf, solange der Weg zu einer wahrhaften Einheit nicht gefunden werden konnte. Vielheit innerhalb der Einheit war das Ideal des Mittelalters. Das europäische Gleichgewicht beruhte auf dem Nationalismus und trug insofern einen Widerspruch in sich, als der Nationalismus die Neigung zur Gleichschaltung aller Nationen unter eine einzige, mächtige hat, und das System doch die Vielheit der Nationen retten wollte. Es war bei dem Ausdehnungstriebe der Nationen vorauszusehen, daß, wenn nicht eine Einigung unter einer schiedsrichterlichen Macht gefunden wurde, die Kriege sich immer weiter ausdehnen und die schwächeren Nationen verschlingen würden.

Freimaurer

Als ein eigentümliches Zeichen der Sehnsucht nach einer universalen Ordnung kann man schließlich die Orden betrachten, die im 17. und 18. Jahrhundert entstanden. Der einzig bedeutende unter ihnen war der der Freimaurer, eine Verbrüderung jenseits der Schranken der Nationalität, des Bekenntnisses und des Standes. In England entstanden, trägt er das Gepräge des Deismus, ja man kann sagen, daß der Deismus in ihn mündete. Es haftete ihm aus dieser Herkunft das Dünne des Begriffsmäßigen an, aber der Gehalt an ewig wahren, menschenverbindenden Ideen erwirkte ihm doch eine rasche Verbreitung in einer Epoche, wo die gegenseitige Eifersucht der alten und der sich bildenden Großmächte und die Streitbarkeit der Bekenntnisse die abendländische Menschheit trennten. Die Brüderlichkeit, die auf Erden keine Stätte mehr zu haben schien, sollte unter den Freimaurern verwirklicht werden, ein Freimaurer sollte dem andern brüderlich verbunden sein, welcher Nation, welcher Kirche, welchem Stande er auch angehörte. Die Freimaurer ordnen sich den auf Erden herrschenden Vorurteilen unter, die sie nicht zerstören können, sie sind als Engländer Mitglieder der anglikanischen Kirche und weit entfernt, die Gesetze und Gebräuche ihres Landes mißachten oder gar bekämpfen zu wollen; aber sie wollen zugleich Bürger in der Sphäre der Menschheit sein und, soweit das möglich ist, den dort herrschenden Gesetzen gemäß handeln. Es war ein Geheimkult wie die Mysterien der Griechen, die helle Vernunftreligion führte unversehens in das Dunkel eines Allerheiligsten. Die Heimlichkeit war eine notwendige Vorsichtsmaßregel, denn dem Pöbel durfte man nicht sagen, daß es eine umfassendere Religion gebe als die, zu der er sich bekannte, und ein größeres Vaterland als das, in welches er hineingeboren war; aber es wirkte dabei der unwillkürliche Trieb mit, die Hülle des Übervernünftigen wiederzugewinnen, die der Verstand so hurtig zerstört hatte. Es fehlte der freimaurerischen Symbolik das Aroma, das den aus der Erde hervorwachsenden Pflanzen eigen ist, sie hat zum Teil das Frostige oder Abgeschmackte, das man nicht selten an den poetischen Ergüssen von Leuten beobachten kann, die viel Verstand und wenig Phantasie haben; grade deshalb aber entsprach sie dem Geschmack jenes Zeitalters.

Es ist wohl kaum zu bezweifeln, daß die Entstehung der Freimaurer mit den mittelalterlichen Bauhütten in Zusammenhang steht, die über das ganze Abendland verbreitet waren. In England gab es im 17. Jahrhundert Gesellschaften, sogenannte Logen von *masons* oder *freemasons,* die dadurch, daß Personen, die nicht vom Fach waren, Mitglieder werden konnten, ihren zunftmäßigen Charakter verloren hatten. Diese Bauleute, die nicht Bauleute von Beruf waren, gehörten meist der vornehmen Schicht an, die Träger der deistischen Religion war, und trugen ihre Ansichten in diesen Kreis hinein. Im Jahre 1707 schlossen sich mehrere sogenannte Werklogen zu einer Großloge zusammen, die als die erste Freimaurerloge im neuen Sinn betrachtet wird. Sie übernahmen die Symbole der alten Bauhütten, die mit der Baukunst zusammenhingen; so wurde der König Salomo, der den Tempel errichtete, als ältester Baumeister der Welt und Schutzpatron der Freimaurer verehrt, und die Bundeslade erscheint bedeutsam in der freimaurerischen Bildersprache. Auch an den Ritterorden der Tempelherren wurde angeknüpft, der im 14. Jahrhundert durch das französische Königtum ausgerottet wurde. Der König hatte damals die Anklage gotteslästerlicher Gebräuche zum Vorwand genommen, um die Güter des Ordens einziehen zu können; auch jetzt ärgerten sich die Außenstehenden an den Geheimnissen, mit denen die Brüder sich umgaben, und glaubten gern dem Gerücht von unerhörten Dingen, die sich hinter dem Vorhang versteckten.

Die ersten Großmeister waren adlige Herren, deren kirchliche Rechtgläubigkeit nicht mit Unrecht angezweifelt wurde; es hieß, die Freimaurer hielten die Menschen für Gevattern der Affen und glaubten nicht an die Auferstehung und das künftige Leben. Die atheistischen Auswüchse wurden indessen innerhalb der Loge selbst bekämpft, wie sie überhaupt im englischen Geistesleben keinen Bestand hatten. Der Orden verbreitete sich bald über ganz England. Die Freimaurer hielten öffentliche Umzüge, wobei dem Großmeister ein Schwert und die Verfassungsurkunde des Bundes vorangetragen wurden. Es kam vor, daß im Theater, es wurde eines der Königsdramen von Shakespeare aufgeführt, die anwesenden Brüder im Chore das Freimaurerlied anstimmten. Wie es der maurerischen Weltanschauung entsprach, wurden im Jahre 1732 zum ersten Male Juden in eine Loge aufgenommen; bald danach bekamen sie das Recht, Staatsbürger zu werden. Im Laufe des 18. Jahrhunderts nahm die Bewegung fortwährend zu, so daß gesagt werden konnte, der großartige Aufschwung Großbritanniens in dieser Zeit sei ein Werk der Freimaurer gewesen. Fast noch fruchtbarer für das Vaterland war der Orden in Nordamerika; von den 56 Stimmen, die die Amerikanische Unabhängigkeitserklärung unterzeichneten, waren 53 Freimaurer.

Von England flutete das Maurerwesen bald nach dem Festland hinüber, und zwar wurde die erste Loge im Jahre 1728 in Madrid gegründet. Die erste deutsche Loge gab es in Hamburg, das naturgemäß für englischen Einfluß besonders empfänglich war; dort ließ sich Friedrich der Große, damals Kronprinz, aufnehmen. Nach seiner Thronbesteigung gründete er die erste Loge in Berlin und nannte sie *Aux trois Globes;* er selbst war Großmeister. Was er an religiöser Überzeugung besaß, stimmte mit dem Deismus überein.

Es wird uns berichtet, daß der junge König Friedrich von Preußen, wenn er im Kreise vertrauter Freunde in Charlottenburg speiste, die erste Gesundheit den anwesenden Freimaurern brachte, indem er den Hut abnahm und sagte: *à votre santé, mes frères et compagnons,* worauf die Freimaurer sich erhoben und tranken. In späterer Zeit kam der König von seiner Begeisterung für den Orden etwas zurück, nicht etwa weil er ihn für gefährlich hielt, man möchte eher sagen im Gegenteil, weil er fand, daß wenig Sprengstoff hinter der anspruchsvollen Geheimtuerei verborgen war. Mann ohne Vorurteile, ein Titel, den sich die Freimaurer gern beilegten, war Friedrich ohnehin; aber diese Vorurteilslosigkeit wirkte sich nicht in großartiger Weise aus. Zweigte sich doch am Ende des 18. Jahrhunderts in Bayern der Illuminatenorden von den Freimaurern ab, weil diese zu untätig wären, zu wenig gegen den Despotismus in Staat und Kirche ausrichteten.

Soweit man über eine Gesellschaft urteilen kann, die sich manches Geheime vorbehielt, gingen die Taten der deutschen Freimaurer nicht weit über die Wohltätigkeit hinaus, die sie untereinander und gegen alle Menschen auszuüben verpflichtet waren. Wie die Gelehrten aller Länder untereinander verbunden waren, so auch die Freimaurer; aber die trennenden Dämonen zu überwinden, hatten sie keine Gewalt. Zu den höheren Graden wurden in Deutschland nur Fürsten, Adelige oder angesehene Personen zugelassen, soweit Leute in untergeordneter Stellung überhaupt Mitglieder waren, blieben sie eine stumme Gefolgschaft. Die mittlere und untere Volksschicht wurde kaum berührt. Die bedeutendsten Geister Deutschlands traten wohl in die Logen ein, Genüge fanden sie aber nicht darin. Hatte man ein Vergnügen an geheimen Zeichen, die man sich einprägen mußte, war man selbst stolz darauf zu wissen und zu handhaben, woran viele vergebens rätselten, Eingeweihter zu sein, so ging doch von diesen Geheimnissen nicht die unnennbare Kraft aus wie von den Mysterien der Kirche, die Jahrhunderte hindurch vielen Völkern das Höchste bedeutet und Kraft gegeben haben. Die freimaurerischen Geheimnisse hätten als atheistische, etwa auf dem Boden stoischer Philosophie, eine gewisse Großartigkeit haben können; aber sie hatten mehr das Dünne und Verwaschene des Deismus.

Bedenkt man, wie die Freimaurer in England, Amerika, Italien und Deutschland am Aufstieg ihres Landes mitarbeiteten, ja wie sie grade zur Befreiung ihres Vaterlandes von ausländischem Druck an erster Stelle beitrugen, so könnte man sich fragen, wie weit sie noch an ihren ursprünglichen Grundsätzen festhielten. Indessen war es ja niemals die Meinung gewesen, das eigene Volkstum zu verleugnen, man wollte nur über die Nation hinaus Mensch sein. Überhaupt brachte es die Natur der Sache mit sich, daß der Orden nur von Mensch zu Mensch wirken, sich nicht an die Völker wenden konnte; und insofern konnte Lessings Ernst in den Gesprächen über die Freimaurer wohl die Frage aufwerfen: Worin unterscheidet sich denn der Freimaurer von jedem guten Bürger, der sich bestrebt, gerecht, hilfreich und wohltätig zu sein? Wie unterscheidet er sich, könnte man vollends fragen, von dem Christen, der das Gebot der Nächstenliebe befolgt? der sich bemüht, den Feind zu lieben?

Die tiefe Wehmut und Entsagung in Lessings Freimaurergesprächen macht sie so überaus anziehend. Jede Vereinigung von Menschen ist zugleich trennend. Sind diese Trennungen unvermeidlich? Kann es immer nur eine unsichtbare Kirche sein, die alle Menschen guten Willens vereinigt? Haften der, die sich organisiert, immer die Gebrechen der armen Menschheit an?

Orthodoxie und Pietismus

Daß Luther betonte, die Lehre sei wichtiger als das Leben, erweckte ihm seit den Tagen des unglücklichen Staupitz Gegner. Es hat etwas Einleuchtendes, wenn man sagt, die Kenntnis christlicher Lehrsätze mache keinen Christen, und es scheint ungereimt, das Bekenntnis höher zu veranschlagen als die Verwirklichung des Bekenntnisses. Ja, könnte man sagen, das heißt die Wurzel der Frucht vorziehen; aber ohne die Wurzel gäbe es keine Frucht.

Luther, der in der mittelalterlichen Kirche aufgewachsen war, hatte noch Teil an ihrer glücklichen Ganzheit, die in einem reichen kirchlichen Leben, in altüberlieferten Gebräuchen, die jeden einbezogen, in der gleichen Denkweise aller sich darstellte. Obgleich er es war, der diese Ganzheit denkend trennte, hatte er doch ein einheitliches Bild der Welt in sich, die vor ihm lag wie eine Landschaft, hinter deren Bergen und Tälern der Himmel lag, die ewige Heimat, zu der man hinwandert. Was er lehrte und überhaupt äußerte, strömte aus einer großen Anschauung der göttlichen und menschlichen Dinge, fügte sich von selbst ineinander und überzeugte deshalb unwiderstehlich. Er konnte die unzähligen Fragen, die ihm gestellt wurden, aufklärend beantworten, alle Bibelstellen sinnvoll deuten, über jedes Ereignis aus vollem Herzen predigen, weil die Lehre ihm als ein Ganzes vorschwebte, weil sie eins mit seinem Glauben war, die Wärme und Lebendigkeit des Glaubens hatte. Von seinem Verstande und seiner Phantasie beleuchtet, war die Welt auf einmal durchsichtig geworden; es war der bedeutungsvolle Augenblick, wo die abendländische Menschheit eine neue Bewußtseinsstufe betrat, von der sie das Geglaubte auch erkennen und bald nicht glauben wollte, was sie nicht erforscht und erkannt hatte. War Luther anfangs glücklich im unbefangenen Durchschweifen der biblischen Glaubenswelt, so sah er doch bald die Notwendigkeit ein, ihr durch unantastbare Lehrsätze ein festes Gerüst zu geben, damit der Glaube sich nicht verflüchtige, verwirre und verwildere. Der Kirche, die er bekämpfte, mußte er darin folgen, daß er ein Gebäude von Dogmen errichtete, um dem menschlichen Wahn, der menschlichen Willkür und Selbstgefälligkeit ein Ziel zu setzen. Denn es zeigte sich bald, daß er nicht nur mit Gläubigen zu tun hatte, sondern mit alltäglichen Menschen, die belehrt und bekehrt werden mußten, mit Gleichgültigen, mit Widerstrebenden, mit Toren, mit Besserwissern. Zwar unterschied Luther selbst das bloße Fürwahrhalten vom Glauben; aber da nur wenige den Glauben hatten, mußte man sich inzwischen mit dem Fürwahrhalten der Lehre begnügen und es fordern. Denn aus irgendeiner Ansicht des Lebens, aus einer Ansicht von der Bestimmung des Menschen fließt doch das menschliche Tun, sofern es ein Tun genannt werden kann und nicht bloß durch äußeren Zwang oder durch den natürlichen Trieb der Selbstsucht bestimmt ist.

Luthers Nachfolger, die evangelischen Geistlichen des 17. und gar die des 18. Jahrhunderts befanden sich in einer von der seinigen ganz verschiedenen Lage. Sie waren in den wissenschaftlichen Betrieb der Zeit eingeordnet, waren Gelehrte, Fachleute, das Aufspalten der Glaubenssätze in Begriffszellen, sie zu schleifen und zu walzen war ihr Beruf. Da es zu ihren Aufgaben gehörte, das Bekenntnis gegenüber Andersgläubigen zu verteidigen und festzustellen, suchten sie seine Gültigkeit womöglich mathematisch zu beweisen. Mathematik war mit Wissenschaft fast gleichbedeutend geworden. Von diesem Zeitgeist waren sie so erfüllt, daß sie die Beweise selbst am liebsten zur Mathematik gemacht hätten. Die wunderbaren Sinnbilder des Glaubens schwankten seltsam anschlußlos in der mechanisierten Welt. Ohne zu bedenken, daß die wissenschaftlich formulierten Begriffe nur von den Fachleuten verstanden wurden, brachten die Geistlichen sie auch auf die Kanzel und bedrängten die nach Trost und Erhebung sich sehnenden Zuhörer mit unfruchtbarem Gezänk.

Wohl gab es unter den Orthodoxen auch gute Hirten ihrer Gemeinde; aber die vielen Streitsüchtigen, Gehässigen, Verfolgungswütigen machten die Laien mißtrauisch gegen ein Christentum, einen Liebesglauben, der auf so bissige Art vorgetragen wurde. Angewidert von der Dürre der evangelischen Kirche wendeten sich viele Protestanten wieder dem Katholizismus zu, wo freilich das veränderte Bewußtsein der Zeit sich auch, obschon in anderer Weise bemerkbar machte. Immerhin herrschte dort Einmütigkeit in der Lehre, die überhaupt weniger durch das Wort als durch die sakramentalen Vorgänge in das tägliche Leben eindringt.

Der Versuch, dem verknöcherten Luthertum neues Leben einzuflößen, wurde gegen das Ende des 17. Jahrhunderts von einem bedeutenden Theologen gemacht, der aus dem Elsaß stammte. Philipp Jakob Spener, 1635 geboren, war zuerst von einer frommen Frau, der Gräfin Agathe von Rappoldstein, später durch das kirchliche Leben von Straßburg und Genf beeinflußt worden. Die Mitwirkung der Gemeindeglieder bei kirchlichen Dingen, die er in Genf hatte kennenlernen, hatte ihm Eindruck gemacht, ebenso die Selbständigkeit der Kirche gegenüber dem Staat, die in so wohltuendem Gegensatz stand zu der Unterwürfigkeit der evangelischen Pfarrer im Verhältnis zu den Fürsten im Reich. In der Einsicht, wie sehr die Untertanenanhänglichkeit der evangelischen Kirche schadete, hat er gelegentlich gesagt, man würde es einer heidnischen Obrigkeit gegenüber leichter haben. Er griff auf die Lehre vom Priestertum aller Christen zurück, der auch Luther angehangen hatte, bis er um der Ordnung und Sicherheit seiner Kirche willen sie den Fürsten untergeordnet hatte. Wollte Spener die Gemeinde heranziehen, mußte er sie vor allen Dingen durch eine andere Art der Predigt, überhaupt eine andere Art der Religiosität gewinnen. Seinem eigenen Gefühl entsprechend, vermied er alles Streiten über Lehrfragen, suchte vielmehr auf das Gemüt zu wirken und das Leben zu bessern. Er versammelte die Willigen im kleinen Kreise, las mit ihnen die Bibel, vertiefte sich mit ihnen in ihre Geheimnisse und regte religiöses Leben in ihnen an. Um die Bibel zu verstehen, sagte er, bedürfe es keiner Gelehrsamkeit, sondern der Erleuchtung durch den Heiligen Geist, die jedem zuteil werden könne. Das Christentum sei keine Lehre, die in den Kopf gehämmert werden könne, sondern eine lebendige Kraft, die das Gemüt ergreife und sich im Leben betätige. Auch der gelehrteste Theologe sei kein wahrer Christ, wenn er nicht wiedergeboren sei.

Wie lebhaft im Volke die Sehnsucht nach religiöser Erhebung war, zeigte sich in dem Entgegenkommen, das Speners Bemühung fand. Auch viele Theologen stimmten ihm zu. Es erwuchs eine nach allen Seiten um sich greifende Bewegung, die man Pietismus nannte; es war, als sei ein belastender Stein von den Gemütern abgewälzt, und der befreite Quell des Glaubens springe freudig hervor. Allmählich aber hängte sich allerlei Unrat an die neue Richtung. Weniger die echten Gläubigen, die zurückhaltend zu sein pflegen, drängten sich dazu als die Nichtigen, die hier Gelegenheit fanden, sich hervorzutun, ihre Gefühle zu ergießen, ihre Sünden zu bekennen, sich als Erweckte zu gebärden und bewundern zu lassen. Adlige Herrschaften und Handwerksgesellen schwelgten in einer frommen Verbundenheit, die im Leben keine Folgen hatte. Da nur die Wiedergeburt den wahren Christen mache, hielten viele Pietisten das Studium und schließlich auch den Pfarrer und den Kirchenbesuch für überflüssig. Manche glaubten ihren Widerwillen gegen die Gelehrsamkeit und ihr Erleuchtetsein durch ein kindisch läppisches Gebaren am besten beweisen zu können. Es gab wohl Pietisten, die, wie Spener, ihr Leben im Lichte der Ewigkeit leben wollten; aber im allgemeinen führte die Meinung, es komme nicht auf die Lehre, sondern auf das Leben an, zu einer ängstlichen Abwehr aller natürlichen Lebenslust, zu duckmäuserischem und kopfhängerischem Wesen. Es wiederholte sich eine Entwicklung, wie sie einst Luther mit angesehen hatte, und wie er, so entschlossen sich auch seine Nachfolger, sie zu bekämpfen. Es erinnert an die Ketzermacherei der alten katholischen Kirche, wenn die Wittenberger Fakultät Spener 283 Irrtümer nachrechnete. Ein solcher Angriff war ohnmächtig wie ein plumper Saurier inmitten einer neuen, geschwinderen Welt, Spener brauchte ihn nicht zu fürchten. Seine Wirkung auf die Zeitgenossen war außerordentlich und das religiöse Leben erfrischend, aber doch auch auflösend, wie denn die vorherrschende Richtung seiner Zeit alle Bewegungen für sich auszunützen weiß. Ein Schüler Speners war Gottfried Arnold, der Verfasser der Kirchen- und Ketzerhistorie, deren Grundgedanke war, daß das wahre Christentum zu jeder Zeit bei den Ketzern und Mystikern, nicht bei der Kirche gewesen sei.

Den Standpunkt und das Recht des orthodoxen Luthertums erkennt man am besten aus dem Verhalten und den Ausführungen eines lutherischen Theologen, der etwa 40 Jahre jünger als Spener war, des Valentin Ernst Löscher. Er entstammte einem Geschlecht, das seit langer Zeit in der Gegend von Zwickau ansässig war. Ihm war die Neigung zu wissenschaftlicher Beschäftigung angeboren, und zwar interessierte er sich hauptsächlich für Geschichte und Altertumskunde; nur der Wunsch seines Vaters bewog ihn, Theologie zu studieren. Auch als Theologe suchte er möglichst viel Zeit für seine Lieblingsfächer zu erübrigen. Er war einsichtsvoll, billigdenkend und gründlich. Als ihm allmählich klar wurde, wie vereinzelt und gefährdet die Kirche Luthers war, beschloß er, die Ursachen davon gründlich kennenzulernen, um sie gegen alles, was sie zu zerstören drohte, verteidigen zu können. Nach langem Studium tat er es in bestimmter Weise.

Drei Gegnern sah er sich gegenüber und suchte sie zu entwaffnen: den Pietismus, die Mystiker und den Rationalismus. Dem Pietismus war er anfangs nicht feind gewesen, er trat sogar für die Herrnhuter ein, eine pietistische Sekte, die sich infolge der Vertreibung der mährischen Brüder und ihrer Ansiedlung in Sachsen gebildet hatte; erst später wandte er sich von ihnen ab. Als Grundirrtum des Pietismus bezeichnete Löscher, daß er Leben und Lehre als Gegensätze einander gegenüberstellte, während sie eins sein sollten, so daß das Leben aus der Lehre hervorgehe. Es war ein Streit wie über den Glauben und die guten Werke. Allerdings sei die Erkenntnis das den Menschen als edelstes Geschöpf Bezeichnende, aber der Wille müsse von ihr befruchtet werden. Was er ferner dem Pietismus vorwarf, faßte er nicht in 283, sondern in einige Punkte zusammen. Die Behauptung, nur der Wiedergeborene sei der wahre Christ, führe dazu, daß die Pietisten sich innere Erlebnisse vorgaukelten, daß sie sich zerfaserten, um Spuren des Erwecktseins zu finden, und daß sie in Verzweiflung fielen, wenn ihnen das nicht glückte. Daß sie in der Meinung, der Glaube müsse sich durch heiliges Leben erweisen, die natürliche Welt verdammten, die Teilnahme an Tanz, Spiel und jeder Lustbarkeit für sündhaft erklärten, widerspreche der Lehre, die die Liebe zur Kreatur gestatte. Ein Irrtum sei es, nur die Kirche für die wahre zu halten, die lauter vollkommene Glieder habe. Irrtümlich sei die Meinung, daß das sündhafte Leben eines Geistlichen die Gnadenwirkung des von ihm verkündeten Wortes aufhebe. Der Prediger müsse ordentlich berufen sein und richtig lehren, das Amt als solches sei das Organ der Gnade Gottes. Ein Irrtum sei die Verachtung der Kirche; sie sei nicht göttlich, aber doch zu verehren.

Setzte sich Löscher dem Pietismus gegenüber für den Wert von Wissenschaft und Vernunft ein, so bekämpfte er ebenso nachdrücklich die Gleichsetzung der menschlichen Vernunft mit Gott durch den Rationalismus. Die Annahme der Vernunft als höchstes Prinzip, die Christian Wolff zur Grundlage seiner Philosophie machte, war um so gefährlicher, als diese Philosophie eine Stütze des Christentums sein sollte. In der Tat wurde sie rasch zur Weltanschauung der gebildeten Protestanten. Wolff übernahm Leibnizens Lehre vom zureichenden Grunde und verknüpfte durch das eiserne Netz der Kausalität alle Erscheinungen zu einer von der Notwendigkeit beherrschten Einheit. Löscher selbst hatte einmal, als er die katholische Kirche bekämpfte, die Unhaltbarkeit ihrer Lehre mit mathematischer Genauigkeit nachweisen wollen. «Mathematisch soll der Beweis geführt werden», hatte er damals, der Neigung seiner Zeit folgend, gesagt. Diese Anwandlung hatte er überwunden durch die Einsicht, daß es falsch sei, mathematisches Denken auf die Religion anzuwenden. Die Art, wie er dartut, daß die Wolffsche Philosophie sich mit der christlichen Religion nicht vereinigen läßt, ist von leuchtender Überlegenheit. Die Religion, sagt er, könne ohne Geheimnisse, die in diesem Leben nicht zu ergründen seien, nicht bestehen und sich infolgedessen mit einer

Philosophie nicht vertragen, die alles mathematisch demonstrieren wolle. Daraus daß Gott in der Natur alles nach Zahl, Maß und Gewicht geordnet habe, folge nicht, daß man alles erklären könne. Es gehe wohl vieles mechanisch zu, aber nicht alles und nicht nur mechanisch. Es habe nicht alles einen von der menschlichen Vernunft zu begreifenden Grund, Gott habe wohl alles weise geordnet, aber nicht immer für uns erkennbar. Die wahre Religion setze Freiheit des Menschen voraus und ein Gewissen des Menschen als Regel seines Handelns, das nicht ein Naturtrieb, sondern von Gott gegeben sei. «Es ist und bleibt», sagt er, «eine höhere Ordnung in der Welt über der mechanischen, welche die mechanische nicht ausschließt, sondern durchdringt, zugleich in sich schließt und beherrscht.» In der Wolffschen kausalen Welt habe das Gebet keine Stelle. Wohl könne der Philosoph sagen, es sei so geordnet, daß die Erhörung des Gebetes in notwendiger Folge mit dem Gebet zusammenhänge; aber das wahre Gebet ringe mit Gott um die Erhörung. Mit untrüglichem Scharfblick verwarf er auch Leibnizens Lehre von der besten Welt und daß die Sünde zur Vollkommenheit der Welt gehöre wie das Triebrad zum Uhrwerk. Von der Philosophie überhaupt sagte Löscher, sie solle nicht systematisch sein, denn unser Wissen sei Stückwerk.

Aus Löschers Verhältnis zum Rationalismus geht hervor, daß er für die Mystiker Verständnis hatte; nur verlangte er, wie Luther, sie sollten nicht faseln und ins Bodenlose ausschweifen, was man damals Schwärmen nannte, sondern sich an den Geheimnissen der Heiligen Schrift genügen lassen.

Löscher war tief genug in das Denken Luthers eingedrungen, um den Zeitgenossen seine religiösen Anschauungen erklären zu können; aber er besaß weder die Glaubenskraft Luthers noch seine magische Persönlichkeit. Er sah mit Schrecken die Zunahme der Gleichgültigkeit und auch Abneigung gegen die christliche Religion, die Verkennung ihres Wesens auch bei denen, die eine Art von Anhänglichkeit an sie bewahrt hatten; denn selbst die Geistlichen fingen an, die Prinzipien der Wolffschen Philosophie in die Theologie einzuführen. Die Zeit werde kommen, sagt er, wo die Vernunftgläubigen das Schwert gegen die Religiosität kehren und die Religion mit Füßen treten würden. *Quo ruitis?* nannte er eine Schrift, die er im Jahre 1735 veröffentlichte. Seht ihr nicht, daß ihr dem Abgrunde zueilt? Aber weder das grimmige Ausdreschen der Glaubenssätze, wie die Orthodoxen es nach wie vor betrieben, noch das standhafte Behaupten und Erklären der Lehre, wie Löscher es tat, konnten den Gebildeten des 18. Jahrhunderts den Glauben an Dogmen erhalten, zu denen sie den Weg verloren hatten. Sie hatten die Sprache verlernt, in der sie ausgedrückt waren, und kein Lehrer konnte sie sie lehren, weil sie das Organ dazu verloren hatten.

Preußen

Im 15. Jahrhundert hatten die Fürsten, das Reich, unter Führung des Kurfürsten von Mainz und des Kurfürsten von Sachsen, den Kaiser durch ein Reichsregiment beschränken wollen. Seit dem Dreißigjährigen Kriege, mit der blendenden Erscheinung Gustav Adolfs und seinen Taten ging die Vision eines protestantischen Kaisertums nicht mehr unter. Es war ein Traum, etwas Ungeheuerliches, Revolutionäres; denn wie konnte ein protestantisches Haupt die vom Papst zu verleihende Krone tragen; wie konnte ein protestantischer Fürst Beschützer der Kirche sein? Und dennoch blieb der Traum, der so gut mit dem uralten Sondertrieb der norddeutschen Länder zusammenstimmte. Gab es doch auch protestantische Kurfürsten im Widerspruch zu den Festsetzungen der Goldenen Bulle.

Unter den protestantischen Staaten war Preußen seit der Zeit des Großen Kurfürsten derjenige, dessen Herrscher sich am ehesten solche Weissagungen der Schmeichler gefallen lassen konnte. Die einst führende Pfalz war mit allen ihren Reben und ihrem natürlichen Überfluß politisch ohnmächtig. Nachdem Sachsen durch den Glaubenswechsel Augusts des Starken ausgeschaltet war und überhaupt an politischem Ansehen unter ihm und seinen Vorgängern sehr eingebüßt hatte, waren Hannover und Preußen die bedeutendsten unter den protestantischen Staaten. Die niedersächsischen Hannoveraner, breitlebendes und aristokratisch-demokratisches Bauernvolk, mochten die dienst- und zungenfertigen Märker nicht leiden, und die mißtrauische Abneigung der Bevölkerung teilte die eifersüchtige Dynastie. Schon lange ertrugen die Fürsten die Vorzüge, die den Kurfürsten durch die Goldene Bulle eingeräumt waren, mit Widerwillen und trachteten nach einem Ausgleich dadurch, daß sie selbst Kurfürsten würden. Hannover gelang es, die Einwilligung des Kaisers dazu zu gewinnen. Wollten die Kurfürsten ihn übertrumpfen, so blieb ihnen nichts übrig, als Könige zu werden. August der Starke setzte es durch, indem er König von Polen wurde, Friedrich von Brandenburg, indem er, die bedrängte Lage des Kaisers ausnützend, die Abneigung desselben gegen eine Erhöhung des unzuverlässigen Vasallen überwand. Der Unwille in Hannover war um so lebhafter, als die englische Thronfolge damals noch in unbestimmter Ferne lag. «Lieber möchte ich mein Land unter den Türken als in den Tatzen der Preußen wissen», sagte die alte Kurfürstin Sophie. Versuche zur Annäherung wurden gemacht und durch Vermählungen bekräftigt: Friedrich, der erste König von Preußen, heiratete Sophie Charlotte, die Tochter des Kurfürsten Ernst August von Hannover und seiner Gattin Sophie, und der Sohn dieses Paares, Friedrich Wilhelm, wurde mit der Enkelin Ernst Augusts und Sophiens, Sophie Dorothea, vermählt. Die gegenseitigen Beziehungen wurden dadurch nicht gebessert, vielmehr wurde in die preußische Königsfamilie die Spaltung hineingetragen, die für den Sohn Friedrich Wilhelms verhängnisvoll werden sollte. Der Umstand, daß im Jahre 1714 der Kurfürst von Hannover, Georg, König von England wurde, überließ dem König von Preußen die Führerrolle im deutschen Norden um so sicherer, als er sein Land zu einer Militärmacht entwickelte.

Aus der Verbindung der geistvollen, kühlen, skeptischen Sophie Charlotte mit dem prunksüchtigen, charakterschwachen, aber anspruchsvollen, etwas hinterhältigen Friedrich, dem ersten König von Preußen, ging ein Sohn hervor, in dem sich die elterlichen Gegensätze so wunderlich vermischten, daß man zuweilen an seiner geistigen Gesundheit zweifeln konnte. Er war herrschsüchtig und machtgierig in der Form des Topfguckers und Wüterichs, der überwacht, ob jeder Winkel im Haus und im Staate abgestaubt ist. Man hätte ihn einen gutmütigen Polterer nennen können, den sein unbesonnenes Dreinschlagen bald reut und der im Grunde liebt und geliebt werden will; aber wiederum richtete er seine Gewalt im Hause und im Staate zu methodisch auf, als daß Gefühlsaufwallungen dabei hätten ausschlaggebend sein können. Der Ton altfränkischer Biederkeit und treuherziger Offenheit, den er oft anschlug, war nicht unecht, aber doch versteckte sich oft Berechnung darunter. Er hielt sich selbst für treu und beständig, aber da er sehr mißtrauisch war, hatten die Ränkeschmiede es leicht, ihn irre zu machen; denn dieser despotische Mann war im Inneren unsicher und dem Einfluß kluger oder schlauer Menschen zugänglich.

Mit allen seinen komischen, grotesken und kindlichen Eigenschaften war Friedrich Wilhelm I. ein Regent mit einem festen Ziel, das er entschlossen durchführte. Er hat die Selbstherrschaft in Preußen, die sein Großvater eingeleitet hatte, vollendet und in eine wohldurchdachte, haltbare Form gebracht, die für einen absoluten Fürsten als musterhaft gelten konnte. Erst Friedrich Wilhelm beseitigte die Mitherrschaft der Stände gänzlich. Als er im Jahre 1717 den althergebrachten Lehensverband in einen staatlichen verwandeln und der Ritterschaft an Stelle der abzuliefernden Ritterpferde eine entsprechende Steuer auferlegen wollte, erhob ein Graf Dohna als Landesmarschall der ostpreußischen Stände den Einwand, die Steuer sei unnötigerweise kostspielig und werde das Land verderben: *tout le pays sera ruiné*. Der König schrieb an den Rand der Eingabe die berühmt gewordenen Worte: «*Tout le pays sera ruiné? Nihil kredo,* aber das *kredo,* daß der Junkers ihre Autorität *Nic pro volam* wird ruiniert werden. Ich stabilier die *Souveraineté* wie ein *Rocher de Bronce.*» *Nic pro volam* war die Formel, mittels welcher jeder polnische Adlige den Reichstag sprengen konnte. Der König hatte nicht vergessen, daß die preußischen Stände sich einst im Streit mit der Brandenburgischen Herrschaft auf Polen gesteift hatten. Als die Stände von Cleve sich beklagten, daß ihnen die Abhaltung von Landtagen untersagt werde, versprach der König, einen einzuberufen, «im allergnädigsten Vertrauen, man werde sich zu Königlicher Majestät Vergnügen überall wohl aufführen, und dero Ordres besser parieren, als bisher bei ein und anderen Gelegenheit geschehen.»

Der Beamtenapparat, der die Regierungsaufgaben auszuführen hatte, wurde bedeutend erweitert und zu einem gebrauchsfähigen Werkzeug gemacht. Bis in das 18. Jahrhundert hinein waren die Beamten durchgehend bestechlich; waren doch die Herrscher selbst, wenn auch nicht immer geradezu käuflich, doch durch Geldzuwendungen von seiten auswärtiger Mächte zu beeinflussen. Regelmäßige Besoldung mußte vor allem der Versuchung vorbeugen; dann aber prägte Friedrich Wilhelm seinen Bedienten unbedingten Gehorsam und das Pflichtgefühl des Staatsbeamten ein, und zwar nicht nur durch Vorschriften und Worte, sondern indem er das Beispiel des Fleißes und Eifers gab. Allmählich trug die Bearbeitung der Beamtenseelen Frucht. Mit Hilfe des weitverzweigten Beamtenaufbaus wurde eine größere Einheit der so verschieden gearteten und zum Teil weit auseinanderliegenden preußischen Provinzen hergestellt, wenn auch noch nicht vollendet.

Ebenso große Aufmerksamkeit wendete Friedrich Wilhelm dem zweiten Werkzeug seiner Macht, dem Heere, zu. Als junger Prinz hatte er der Schlacht von Malplaquet beigewohnt und davon einen nachhaltigen Eindruck empfangen. Er ging immer in Uniform und gab seinem Hof einen militärischen Anstrich. Seiner kindlichen Natur entsprechend hatte seine Beschäftigung mit den Soldaten etwas Jungenhaftes, trotz des ernsthaften Zweckes und der ernsthaften Folgen. Seine Leidenschaft für lange Kerls und ihren soldatischen Ausputz konnte man freilich einen Wahnsinn nennen, denn sie hatte keinen Nutzen für sein Land, dagegen bedenkliche Folgen. Nicht nur waren die Kosten unverhältnismäßig groß; denn die Obersten, welche wußten, daß man sich durch nichts beim Könige so beliebt machen konnte als durch Lieferung langer

Kerls, zahlten beliebig viel, um sich ihrer zu bemächtigen, und ließen bei der Rückvergütung wohl einen Teil in die eigene Tasche fließen; noch schlimmer war, daß die königlichen Werber, wenn sich die Leute nicht gutwillig hergaben, mit List und Gewalt auch auf fremdem Gebiet welche einfingen, was zu peinlichen Händeln mit anderen Staaten führte. Trotzdem konnte der geizige König von dieser Spielerei nicht lassen. Bei dem Einüben der militärischen Bewegungen und des Waffengebrauchs war er soviel als möglich selbst anwesend. Die Gesandten der fremden Mächte, die wußten, wodurch das Gemüt des Königs zu gewinnen war, beflissen sich, den Paraden beizuwohnen, und versteckten das Gähnen der Langeweile hinter Ausbrüchen der Bewunderung. Prinz Eugen sprach sich mehrfach geringschätzig über das Kriegsspiel im Frieden aus; es sei leicht, meinte er, wenn man nur Geld genug ausgäbe, gutuniformierte und gutgenährte Regimenter herzustellen; aber ob sie sich im Felde bewähren würden, das sei eine andere Frage. Der geniale Feldherr verachtete die paradierenden Marionetten, wenn er an die wettergebräunten Männer dachte, die er als unerprobte junge Leute übernommen und mit denen er gewaltige Siege erfochten hatte. Später mochte man sich fragen, ob die Vernachlässigung soldatischer Ausbildung Österreich nicht doch geschadet und die Dressur Preußen nicht doch genützt habe.

Die Häufigkeit der Desertionen bewies, daß Liebe zum Soldatenstande und soldatischer Geist sich in Preußen nicht entwickelt hatten. Friedrich Wilhelm war über die Desertionen enttäuscht und betrübt. Es sei, sagte er, als ob die Soldaten den Teufel im Leibe hätten, er könne es nicht begreifen. Da die Bevölkerung, die es gut begriff, auf seiten der Deserteure war, entkamen viele, die, welche gefaßt wurden, verfielen unmenschlichen Strafen. Einmal verkündigte der König nach massenhafter Desertion einen Generalpardon. Diejenigen, welche sich daraufhin nicht selbst stellten, würden zu ewiger Festungsstrafe verurteilt, nachdem ihnen Nase und Ohren abgeschnitten wären. Aber der Militärdienst war abschreckender als die grausamsten Strafen. Von der Bevölkerung wurden die Soldaten als Unglückliche, andererseits aber auch als Ausgestoßene betrachtet. Ein Angehöriger der höheren Klassen, der freiwillig Soldat wurde, konnte nur ein mißratener Bursche sein, der zu keinem ehrbaren Beruf taugte.

Bis zum Jahre 1733 wurde in Preußen der Grundsatz der Freiwilligkeit im Heeresdienste festgehalten. Wollte der König den Heeresdienst auf die von ihm gewünschte Höhe führen, so mußte er, da die Zahl der Einheimischen nicht genügte, zur Werbung im Ausland die Zuflucht nehmen, was sehr kostspielig war und zu unangenehmen Verwicklungen führte. Aus diesem Grunde entschloß sich der König, trotz der Abneigung der Bevölkerung, eine Art allgemeiner Dienstpflicht einzuführen. Das ganze Land wurde in Kantone eingeteilt, innerhalb welcher die Rekruten aufgeboten wurden. Da der Adel, die Geistlichkeit, die höheren Beamten und alle, die über 10000 Taler Kapital besaßen, von der Dienstpflicht befreit waren, betraf die sogenannte allgemeine Dienstpflicht nur die Bauern, Handwerker und überhaupt die armen und ärmeren Leute. Überwiegend wurde auch diese Last von den Bauern getragen. Als Friedrich Wilhelm starb, hinterließ er eine gefüllte Kasse und ein Heer von 83 000 Mann; das war auf 2½ Millionen Einwohner eine beträchtliche Zahl. Beim Tode des Großen Kurfürsten hatte die Heeresstärke 50 000 Mann betragen.

Es ist begreiflich, daß der Kaiser den Machtzuwachs der Fürsten, die ihn der kaiserlichen Macht beraubt hatten und sie bei jeder neuen Kaiserwahl noch mehr verminderten, dieser Fürsten, die oft in verräterischer Verbindung mit Frankreich, dem Erbfeind des Hauses Habsburg und des Reiches, standen, nicht nur nicht wünschte, sondern womöglich zu verhindern suchte. Auf eine Rangerhöhung ließ er sich etwa noch ein, aber wenn der Anspruch auf Landerwerb ging, sann man in Wien auf Ausflüchte und Verschleppung. Dabei blieb man nicht immer tadelfrei, wie man zum Beispiel dem Großen Kurfürsten das heißbegehrte schlesische Jägerndorf versprach und es sich gleichzeitig von seinem Sohne, dem späteren König Friedrich I., in einem heimlichen Vertrage zurückstellen ließ.

Eine Art Ehrfurcht vor dem Reichsoberhaupt hatte sich als Überlieferung aus der Vergangenheit im 17. Jahrhundert an den Höfen erhalten, ein Gefühl, halb Zierpflanze halb Unkraut, mehr geduldet als gepflegt. In der Umgebung des Großen Kurfürsten waren sehr angesehene Personen, der alte Derfflinger, von Geburt Österreicher, und Fürst Leopold von Anhalt, gut kaiserlich, das heißt, sie glaubten, daß für das Wohl des Staates im Anschluß an den Kaiser am besten gesorgt sei. Auch Friedrich Wilhelm I., wie sehr er auf seine Souveränität hielt, war nicht ganz unzugänglich für die

Forderungen, die die Reichsverfassung an ihn als Kurfürsten stellte. Ging ihm der Kaisertraum etwa einmal durch den Sinn, so zeigte ihm doch sein klarer Verstand, über den er verfügte, wenn ihn nicht grade die Leidenschaft verwirrte, die Schwierigkeiten, die seine Verwirklichung unmöglich machten. «Ein Haupt muß sein», sagte er, «wer soll aber das Haupt sein? Wollen sie mir dazu machen? Gut, aber das werden Sachsen, Hannover, Bayern nicht leiden. Ergo, wer soll das Haupt sein? Sachsen? Aber da ließ ich mir lieber mein Land brennen. Soll's Hannover sein? Da ließ ich mir lieber Glied für Glied abtrennen, als einen englischen Chef zu haben.» Es bedurfte nicht der Verbindung mit England, um Friedrich Wilhelm zu nachdrücklichem Abscheu gegen ein welfisches Kaisertum zu entflammen. Da nichts übrigblieb, als die Habsburger bei ihrer Würde zu lassen, steigerte sich der König zuweilen in eine begeisterte deutsche Vasallentreue hinein, bis von irgendeiner Seite wieder Mißtrauen gesät wurde, und alles Unrecht, was seiner Meinung nach Brandenburg je von Österreich erduldet hatte, ihn feindselig stimmte. Dann schalt er wohl die Türken Bärenhäuter, daß sie dem Kaiser nicht mehr Widerstand geleistet hätten. In den auf- und abwogenden Strebungen eines so wenig grundsätzlich gefestigten Charakters mag doch das Gefühl, als deutscher Kurfürst und Glied des Reiches dem Kaiser verbunden zu sein, überwogen haben. Wenigstens hat es den Anschein, als habe er sich in dieser Haltung am wohlsten gefühlt. Er ließ es sich nicht nehmen, den Kaiser persönlich aufzusuchen, als dieser sich im Jahre 1732 in Prag aufhielt, obwohl man ihm von dort aus zu verstehen gab, daß es nicht gewünscht werde. Durch gewandtes Hervorkehren natürlicher Herzlichkeit wußte er die Schwierigkeit des Zeremoniells auf eine feinere Weise zu umgehen, als man dem meist plump zufahrenden Manne zugetraut hätte. Seine Bemerkung, der Kaiser wohne *pauvre* und miserabel schlecht, doch habe die *pauvreté un air de grandeur, qui inspire,* daß ein großer Herr dort wohne, zeigt ein überraschend sicheres Gefühl für das wahrhaft Würdige in der äußeren Erscheinung. Überhaupt war Friedrich Wilhelm für schöne Pracht empfänglich, wie ihn der Anblick von Dresden und Prag entzückte; es ist ihm vielleicht zuweilen schwer geworden, an dem Sparsystem festzuhalten, das er als junger Mann im Gegensatz zu seinem verschwenderischen Vater angenommen hatte und mit dem er seine Familie drangsalierte.

Prinz Eugen, der in der zweiten Hälfte von Karls VI. Regierung die Geschäfte führte, vertrat streng den kaiserlichen Standpunkt und suchte den König von Preußen zugleich in Schranken zu halten und an Österreich zu fesseln. Ihm kam dabei die Verehrung zu Hilfe, die Friedrich Wilhelm, dessen Jugendzeit der Ruhm des edlen Ritters beglänzt hatte, ihm dauernd bewahrte. In Eugen verkörperte sich, was ihm als Hohes vorschwebte: soldatische Tugend, Feldherrngabe, unbestechliche Redlichkeit und unermüdlicher Fleiß, ein deutsches Herz. Seiner Sparsamkeit Gewalt antuend, bot er dem Prinzen edle Pferde und seltene Tiere für seine Menagerie an; Eugen seinerseits, der inmitten der allgemeinen Bestechlichkeit sich zum Grundsatz gemacht hatte, von niemandem als vom Kaiser Geschenke anzunehmen, kam dem König so weit entgegen, daß er zwar die Pferde ablehnte, aber in bezug auf die Elentiere und Auerochsen ein Auge zudrückte. Besonderes Gewicht legte Prinz Eugen darauf, den jungen Kronprinzen Friedrich für die kaiserliche Politik zu gewinnen, und glaubte das am besten durch eine passende Heirat zu bewerkstelligen. Er ersah dazu eine braunschweigische Prinzessin, Nichte der Kaiserin. Daß sie weder so ausnehmend schön noch so ausnehmend liebenswürdig war wie diese, wußte er wohl nicht, vielleicht hielt er es auch nicht für wichtig. Ganz andere Folgen, als er von ihr erhoffte, hatte diese Verbindung. Die Königin von Preußen, eine hannoverische Prinzessin, wünschte ihre Kinder in ihrer Familie, die zugleich die des Königs von England war, unterzubringen, und ihre Kinder, der Kronprinz und seine Schwester, die mit ausschließlicher Liebe an ihrer Mutter hingen, setzten ihren Sinn leidenschaftlich auf die englische Heirat. Die Braunschweigerin, die der König ihm aufdrängte, war für den Kronprinzen wie auch für den späteren König der Inbegriff alles dessen, was seine Jugend verbittert hatte und was er haßte: die grausame Härte und Plumpheit des Vaters, Abhängigkeit, heimische Enge, deutscher Stumpfsinn. Die Heirat diente nicht dazu, ihn an das Kaiserhaus zu fesseln, sondern sie machte es ihm verhaßt. Sein persönliches Los schien ihm ebenso wie das Interesse des Staates den Gegensatz zum Kaiser zu fordern.

Mit tieferer Treue als dem Kaiser war Friedrich Wilhelm Gott ergeben. Der Kirche gegenüber erlaubte er sich ebenso despotische Eingriffe wie im weltlichen Bezirk; aber die Kirche war für den Protestanten nicht

Gott. Er war überzeugt, daß es grade für Monarchen, die kein menschliches Gesetz über sich erkennen, notwendig sei, sich vor Gott zu beugen. «Denn das ist das einzige Mittel, die von menschlichen Gesetzen und Strafen befreite souveräne Macht in den Schranken der Gebühr zu erhalten.» So hieß es in der Vorschrift zur Erziehung des Kurprinzen, die im Jahre 1695 dem Grafen von Dohna, seinem Erzieher, übergeben worden war. Die Lehren, die dem Kinde dementsprechend eingeprägt waren, hielt der Mann getreulich fest. Er mahnte den Fürsten von Anhalt, der sich nicht sonderlich um das Jenseits kümmerte, zu fleißigem Kirchenbesuch. «Sie wissen», schrieb er ihm, «daß ich kein Pietist bin, aber Gott vor alles in der Welt.» Wenn man hört, wie er auf dem Sterbebett sich vom Prediger Roloff seine Sünden vorhalten ließ und die Umstehenden kläglich anschaute, als suche er nach einem Fürsprecher, so denkt man an sein Kinderbild, das ein zutraulich keckes, naives, dem Leben entgegenlachendes und so weiches Gesicht dem Beschauer zuwendet. Wie das Kindergesicht durch die hartgewordenen Züge des kranken Mannes, so schimmert die zarte Kinderseele je und je durch sein strenges und gewalttätiges Leben.

Das Recht im absolutistischen Staat

Wenn man die kurzen Entscheidungen durchblättert, die Friedrich Wilhelm in Beantwortung der Anfragen seiner Behörden niederschrieb, glaubt man, ein Märchen aus Tausendundeiner Nacht zu lesen, wo der Sultan, und zwar nicht gerade ein gerechter Harun al Raschid, je nach Gutdünken Bastonaden, den Strang oder Zechinen an seine Untertanen austeilt. Zum Glück für die Untertanen des Königs von Preußen hatte derselbe die Einrichtung der Rekrutenkasse geschaffen, aus welcher die Anwerbungen für die ihm so teuren langen Kerls bestritten wurden; eine Einzahlung in diese Kasse konnte sie mitunter vor den ärgsten Unannehmlichkeiten bewahren. Wir hören, daß der Superintendent August Wilhelm Gutjahr in Wernigerode einen recht schönen, wohlgeratenen Sohn ins Hannöversche geschickt hatte, anstatt ihn an das Regiment seines Landesherrn abzuliefern. Trotz der Fürsprache des Grafen von Wernigerode beharrte der König auf seiner Forderung, und da der geistliche Herr mit dem verzweifelten Mute der Vaterliebe weder seinen Sohn noch auch einen Stellvertreter stellen wollte, mit welch letzterem der König schließlich sich begnügen zu wollen erklärt hatte, wären die ärgerlichsten Folgen entstanden, wenn nicht eine Zahlung von 400 Talern in die Rekrutenkasse den Knoten glücklich gelöst hätte. Wenn es sich um Anstellung von Beamten handelte, wurde häufig derjenige bevorzugt, der die größte Summe in die Rekrutenkasse zahlte.

Zu willkürlichen Eingriffen in die Justiz hielt sich der König selbstverständlich berechtigt. Ein Domänenrat, der beträchtliche Summen unterschlagen hatte, die zur Ansiedlung der eingewanderten Salzburger eingezahlt waren, wurde, da er sich bereit erklärte, die fehlenden Summen zu ersetzen, vom Kriminalkolleg zu Berlin zu mehrjähriger Festungsstrafe verurteilt; der König ordnete an, er solle gehängt werden. Trotz der Unterwürfigkeit, an die sich bereits alle Schichten des Volkes gewöhnt hatten, war der Unwille über diese Verletzung des Rechtsspruches allgemein. Bei der Sonntagspredigt über den Text: Übet Barmherzigkeit, damit ihr auch Barmherzigkeit findet, war der König zu Tränen gerührt; aber am folgenden Morgen ließ er den Schleebusch vor den Augen der Mitglieder der Kriegs- und Domänenkammer aufknüpfen. Ähnliche Fälle kamen mehrfach vor. Ein Geheimrat Wilke kam in Untersuchung, weil er, der die Anwerbung großer Rekruten als Nebengeschäft betrieb, dabei ansehnliche Summen eingesteckt haben sollte. Da ihm eigentliche Veruntreuung nicht nachgewiesen werden konnte, verurteilte ihn das Kriminalkolleg zu zwei Jahren Festungshaft. Ohne sich daran zu kehren, befahl der König, obwohl er den Wilke könne hängen lassen, wolle er doch aus angestammter Huld Gnade vor Recht ergehen lassen. Der Schuldige solle einmal vor der Hausvogtei, einmal vor dem Grumbkowschen Hause und einmal vor dem Spandauer Tor mit Staupen geschlagen und nachher auf zeitlebens in das infame Loch nach Spandau gebracht werden. Einen Obersteuereinnehmer, dessen Abrechnung nicht stimmte und der vom Gericht zu vier Jahren Festung verurteilt war, ließ der König hängen; nachher stellte sich seine Unschuld heraus.

Leutnant Katte, der Freund des Kronprinzen und Mitwisser seines Fluchtplanes, wurde vom Kriegsgericht nur zur Kassation und mehrjährigen Festungsstrafe verurteilt, mit der Begründung, daß er seinen bösen Vorsatz nicht zur Ausführung gebracht habe. Durch Kabinettsorder verhängte der König das Todesurteil und fügte hinzu, der Schuldige hätte dem Rechte nach wegen begangenem *crimen laesae majestatis* mit glühenden Zangen zerrissen und gehängt werden sollen, in Rücksicht auf seine Familie solle er aber mit dem Schwert gerichtet werden. Die Bemerkung, die der König einfließen ließ, Katte habe der künftigen Sonne gedient, läßt vermuten, daß mehr Rache als Gerechtigkeitsliebe dieses Urteils Quelle war. Urteilsmilderungen waren seltener als Urteilsverschärfungen, und wenn sie stattfanden, war meistens das eigene Interesse als Grund ersichtlich, wie wenn ein großer Musketier, der wegen Einbruchs und Diebstahls von 6000 Talern vom Gericht zum Strange verurteilt worden war, vom König begnadigt wurde. Nach Despotenart ließ der König seinen Launen und seinem Jähzorn den Lauf; wer ihn geärgert hatte, an dem mußte er sein Mütchen kühlen. In Preußen angesiedelte Schweizer forderten auf allzu stürmische Art, von einem Teil der auf ihnen lastenden Frondienste befreit zu werden. Solch Schelmenkrop, schrieb der erzürnte König, wolle er nicht dulden, man solle sie herausschmeißen und auf ihre Höfe gleich Litauer und Deutsche setzen «und ihnen alles und alles geben, was die Schweizer hatten, auch die Betten und alles und alles». Man meint, den aufgeregten Mann zu sehen, wie er sich quält, seinen Worten den entsprechenden Nachdruck zu geben. Einen Prediger, der des Socinianismus verdächtigt wurde, bedrohte er mit Einmauerung.

Die Justiz damaliger Zeit war grausam, besonders soweit sie die unteren Klassen betraf. Die höheren Stände hatten das Gefühl, wenn nicht wie der König über dem Gesetz zu sehen, doch ein Recht auf mildere und nicht entehrende Strafen zu haben. Jeder Dieb, hatte er auch nur eine Sache geringen Wertes gestohlen, wurde gehängt; man begreift, daß der König seine hohen Beamten, wenn sie viele Tausende veruntreuten, mit demselben Maß gemessen wissen wollte. Das Gesetz überhaupt zu mildern, kam ihm nicht in den Sinn. Im Jahre 1735 erschien ein neues Edikt über die Bestrafung von Hausdieben: Wer seinem Herrn über 3 Taler Wert entwendete, solle vor dem Hause desselben aufgeknüpft werden. Wirklich wurden ein Bedienter des Staatskriegsministers Happe und die Köchin eines Geheimrats Treuzettel vor den Häusern dieser Herren gehängt. Infolge des Despotismus entwickelte sich in Preußen eine geheime Polizei mit allen ihren Folgen. Sie war zur Beaufsichtigung von Steuerbeamten und Domänenverwaltern gegründet worden, dehnte aber ihre Befugnisse immer weiter aus. Durch Angeberei machte sie sich so verhaßt und verächtlich, daß anständige Leute sich zu diesem Dienst nicht hergaben. Ein Gastwirt in Cleve wurde wegen eines Lebereims angeklagt, ein Generalleutnant von Wreech, der sich einen Ausfall auf die Behörde erlaubt hatte, rettete sich durch Zahlung in die Rekrutenkasse. Es erregte Genugtuung, daß ein besonders verrufener Generalfiskal wegen Fälschung von Anklagen und Zeugenaussagen nach Spandau gebracht wurde.

An der Günstlingswirtschaft und den brutalen Ministerstürzen hatte der Hofadel ebensoviel Schuld wie der Fürst. Die genußsüchtigen und geldgierigen Herren waren voll Eifersucht und Neid gegeneinander und verleumdeten sich aufs schamloseste unter dem Mantel freundschaftlichen Umgangs. Fiel einer in Ungnade, so verließen ihn selbst die Kreaturen, die ihm alles verdankten. Unaufgeklärt geblieben ist die Geschichte des Sturzes von Eberhard Danckelmann, dem allmächtigen Minister des ersten Königs von Preußen, von dem Friedrich um so abhängiger war, als Danckelmann ihn erzogen hatte. Man hat angenommen, daß gerade diese Abhängigkeit dem König lästig geworden wäre und daß die Königin ihn zu entfernen gesucht habe, weil er den Hof zur Sparsamkeit anhielt und überhaupt bevormundete; jedenfalls hat die zugleich schwächliche und grausame Art, wie der König seinen langjährigen Berater, an dem trotz sorgfältigster Untersuchung auch nicht die geringste Verfehlung zu entdecken war, erst entließ, dann seines Vermögens beraubte und ins Gefängnis warf, etwas besonders Abstoßendes. Auch die Minderwertigkeit der Nachfolger, die Friedrich seinem Minister gab, spricht gegen ihn. Friedrich Wilhelm I., der die Schwächen seines Vaters kannte, war gerecht genug, dem alten Danckelmann die Freiheit und einen Teil seines Vermögens wiederzugeben, aber doch nicht so gerecht, daß er seine Ehre wiederhergestellt hätte.

Friedrich der Große war ebenso autokratisch wie sein Vater, um so höher ist es ihm anzurechnen, daß er auf Zureden des Justizrats von Cocceji sich von einem gewissen Zeitpunkt an der Eingriffe wenigstens in die Ziviljustiz enthielt. Eingriffe in die Strafjustiz behielt er sich nur vor, um etwa die barbarische Härte der Gesetze zu mildern und um der Gerechtigkeit, wie er sie verstand, genugzutun. Das widerrechtliche Hausen der fürstlichen Tyrannen mißbilligte er durchaus.

Unter diesen ist der Herzog Karl Eugen von Württemberg besonders berüchtigt. Obwohl die Schwaben derjenige deutsche Volksstamm zu sein scheinen, der am meisten Rechtsgefühl besitzt, und obwohl Württemberg durch seine Verfassung vor dem Absolutismus geschützt schien, hatte sich derselbe doch üppig entwickelt, allerdings nicht ohne Widerstand zu finden. Da der Adel im Laufe des 16. Jahrhunderts aus dem Staatsverbande ausgeschieden war, setzten sich die Stände aus Vertretern der Geistlichkeit und der Bürgerschaft zusammen. Durch förmliche Verträge gesichert, hatte sich die Landschaft, wie die Stände in Württemberg genannt wurden, erhalten; aber sie waren doch vor der Willkürherrschaft jeweils etwas zurückgewichen. Ihr Steuerbewilligungsrecht war der Verschwendungssucht Karl Eugens im Wege und verursachte dauernde Streitigkeiten. Des Herzogs Prachtliebe und die große Zahl seiner Mätressen verschlangen ungeheure Summen. Das Theater kostete zur Zeit seines größten Glanzes jährlich 300000 Gulden, unverhältnismäßig viel für ein Ländchen von nicht ganz 500000 Einwohnern. Durch alle erdenklichen Mittel, auf Schleichwegen oder mit Zwang, suchte Karl Eugen sich Geld zu verschaffen: Ämterverkauf, Abholzung der Wälder, Raub von Kirchengut, Münzverschlechterung, gewaltsame Erhebung ungesetzlicher Steuern, Subsidien von Frankreich. Der Subsidienvertrag zwang ihn dazu, das Heer zu vergrößern, und weckte den Ehrgeiz in ihm, als Kriegsheld zu glänzen. Auch darin hatte er die Stände gegen sich. Die Herren von der Landschaft waren nicht alle gleicher Meinung, manche rieten um des Friedens willen zur Nachgiebigkeit. Am folgerichtigsten und standhaftesten war der Staatsrechtslehrer Johann Jakob Moser, Verfasser mehrerer damals viel geltender staatswissenschaftlicher Werke. Er hatte als Professor in Frankfurt a. d. O. Erfahrungen mit dem Despotismus Friedrich Wilhelms I. gemacht, die seinen natürlichen Widerwillen dagegen verstärkten. In Streitigkeiten zwischen Landesherrn und Ständen hatte sich der Kaiser zuweilen der Stände angenommen; in diesem Falle versagte die Berufung, weil der Kaiser auf den Herzog Rücksicht nehmen zu müssen glaubte, der infolge seines Vertrags mit Frankreich gegen Preußen, also auf Seite des Kaisers kämpfte. Im Jahre 1759 ließ der Herzog Moser verhaften und auf den Hohentwiel bringen, wo er ohne rechtliches Verfahren fünf Jahre bleiben mußte. Der Oberamtmann Johann Ludwig Huber, der eine unbewilligte Steuererhebung in seinem Amt verhinderte, wurde auf den Hohentwiel gebracht, aber nach kurzer Zeit auf kaiserliche Verwendung hin freigelassen. Ganz unbegreiflich ist die Behandlung der Sängerin Marianne von Geyerseck, einer geborenen Steiermärkerin, die mit ihrem Gatten, dem Violinspieler Pirker, ohne Verhör und Urteil acht Jahre auf dem Hohentwiel zubringen mußte. Sie verlor im Kerker ihre Stimme, mit der sie die Zuhörer in der Oper bezaubert hatte, und wurde wahnsinnig. Vielleicht ist in diesem Falle wie in dem des Dichters Schubart die Gewalttat des Herzogs auf beleidigte Eitelkeit zurückzuführen.

Schubart war nicht wie Moser und Huber ein Charakter, der aus Pflichtbewußtsein und Bürgerstolz Übergriffen des Herzogs Widerstand leistete; er war ein genialer, gegen jede Schranke unwilliger, seinen Leidenschaften hingegebener, mehr von Gefühlen als von Grundsätzen beherrschter Mensch. Nach saftigem Sichausleben dürstend, fühlte er sich in dem kleinen Geislingen, wo er Präzeptor war, nicht am Platze; die Enge der häuslichen Verhältnisse drückte ihn nieder. Es war ein Aufschwung, als ihn der Herzog im Jahre 1769 zum Organisten und Musikdirektor in Ludwigsburg ernannte. Er war damals 30 Jahre alt, künstlerisch hoch begabt. Der Dichter Matthisson, der ihn in seinen letzten Lebensjahren singen und spielen hörte, hat ihn den Shakespeare des Gesanges genannt. Vielleicht hat sich die eigentümliche Art seiner Begabung mehr noch als in seinen Gedichten in der vergänglichen Kunst des

Musizierens und Phantasierens ausgesprochen. Seine Gedichte langweilen oft durch hohles Pathos; aber durch die aufgebeulten blechernen Floskeln blitzt immer wieder sieghaft der Goldglanz echter Poesie. Sein Urteil in künstlerischen Dingen war treffend, er begeisterte sich neidlos für alles Große und Schöne; was in der zeitgenössischen Literatur Gutes geschaffen wurde, entging ihm nicht. Sein religiöses Gefühl war aufrichtig, aber ohne vernünftige und sittliche Grundlage, und es gab ihm nicht immer den Halt, dessen er bedurfte. Seinem Hang zur Liederlichkeit und zu Ausschweifungen wirkte kein festes Pflichtgefühl entgegen. Es kam im Zusammenhang mit dieser Schwäche dazu, daß er seine Stelle verlor und des Landes verwiesen wurde. Im Unglück bewährte er sich besser als im Glück; allerdings machte er zuerst eine Zeit haltlosen Vagabundierens durch, tat dann aber einen glücklichen Griff, indem er eine Zeitung, die Deutsche Chronik, gründete, die rasch ein großes Publikum gewann. Sie setzte sich für gemeinnützige Ideen ein, wie es der Richtung der Zeit entsprach, namentlich aber für unverfälschtes Christentum und Freiheit. England und Nordamerika pries er als Vorbilder. In den Lesegesellschaften, die er gründete, machte er die Anwesenden mit Klopstock, Goethe und Leisewitz bekannt. Zuerst in Augsburg, dann in Ulm war er der Mittelpunkt empfänglicher, verständnisvoller Menschen. Man hat später gemeint, Schubart habe den Zorn des Herzogs durch einen Vers gereizt, in welchem er ihn als Gründer der Karlsschule verspottete: Als Dionys von Syrakus – Aufhören muß, Tyrann zu sein – Da ward er ein Schulmeisterlein. Schubart hat von der Akademie, die er die Sklavenplantage auf der Solitüde nannte, nie etwas wissen wollen. Ganz unglaublich ist es nicht, daß ein Despot ohne Humor sich durch einen mutwilligen Reim zu einer furchtbaren und lange währenden Rachehandlung veranlaßt sehen konnte.

Am 18. Januar 1777 war es, daß der Herzog dem Oberamtmann Scholl in Blaubeuren den Befehl erteilte, Schubart, der sich auf ulmischem Gebiet befand, ins Württembergische zu locken, wo er verhaftet werden solle. Drei Tage brauchte der dienstfertige Mann, bis er Schubart beredet hatte, ihn im Schlitten nach Blaubeuren zu begleiten. Dort wurde er sofort von einem Husarenoffizier verhaftet und auf den Hohenasperg gebracht. Über ein Jahr mußte er in einer Zelle des Turmes zubringen, ohne zu ahnen, was ihm vorgeworfen wurde. Irgendein Verfahren fand auch später nicht statt. Der Festungskommandant Rieger hatte früher dem Herzog beim gesetzwidrigen, zwangsmäßigen Anwerben von Rekruten gedient, war dann in Ungnade gewesen und hatte Jahre als Gefangener auf dem Hohentwiel verbracht. Unter dem Gemisch von Härte, selbstquälerischer Wollust und kerkerfeuchter Frömmigkeit, das sich während jener Zeit in der Seele des Mannes zusammengeballt hatte, litt Schubart sehr. Noch widerwärtiger erscheint der Herzog, der seine tückische Grausamkeit als den Erziehungseifer eines um das Seelenheil seiner Untertanen besorgten, menschenfreundlichen Landesherrn ausgab. Er behauptete, Schubart zum guten Menschen heranbilden zu wollen. Je nach der Stufe der Besserung, die das Opfer nach seiner Meinung erreicht hatte, gewährte er Erleichterungen der Haft. Man hat nicht das Recht, von dem Gemarterten zu verlangen, daß er durch elf Jahre der Gefangenschaft eine gleichbleibende stolze Haltung bewahre. Seinem ungefestigten Charakter gemäß wechselten Verzweiflung und Empörung mit der Bereitwilligkeit, sich allen Quälereien zu unterwerfen und sogar dem Henker zu schmeicheln. Immerhin bricht durch peinliches Gewinsel vulkanisch prächtig das Gedicht von der Fürstengruft, der Nichtigkeit des Herzogs und seiner genialen Kraft zum Denkmal. Es wurde bald nach seinem Entstehen gedruckt, und Karl Eugen hat es gelesen. Daß er Schubarts Dichtungen geschätzt habe, ist kaum anzunehmen; aber er wußte, daß andere sie schätzten, und machte sich das zunutze, indem er sie in der Werkstätte der Karlsschule drucken ließ und die Hälfte der Einnahmen für sich behielt. Wahrscheinlich schmeichelte es seiner Eitelkeit, daß die angesehensten Männer der Zeit, Fürsten und Dichter, sich für den unglücklichen Gefangenen verwendeten. Schubarts Frau konnte es nicht wagen, als Anklägerin vor ihm zu erscheinen, sondern mußte sich als jammernde Bittstellerin vor ihm demütigen und ihm danken, daß er ihre Kinder nach seinem Gutdünken ausbilden ließ. In der Zeit, als Schubart Festungsfreiheit genoß, Singspiele dichtete und komponierte, besuchten der Herzog und seine Geliebte den Hohenasperg und wohnten den von ihm geleiteten Aufführungen bei.

In den Streitigkeiten des Herzogs mit den Ständen siegte zuletzt die Landschaft. Ihre Klage beim Reichsgericht fand nach dem Siebenjährigen Kriege Gehör, und der Herzog mußte sich zu einem Vergleich bequemen, der seine schlimmsten Übergriffe abstellte.

Beispiele fürstlicher Gewalttätigkeit und sinnloser Wirtschaft ließen sich viele erzählen. Es ist dem menschlichen Geist eigentümlich, daß er, wenn er gar keinen Widerstand findet, wuchert und erkrankt. Spuren von Größenwahn zeigen sich bei vielen unumschränkten Herrschern. Wie Friedrich Wilhelm I. abnorme Züge hatte, so wurde Karl Eugen von manchen Zeitgenossen für geisteskrank gehalten. Doch hebt das Pflichtgefühl und die Frömmigkeit des Königs von Preußen ihn hoch über den schwäbischen Tyrannen, dessen gelegentliche Schuldbekenntnisse, Besserungsgelöbnisse und Pfauenfederedelmut ihn nur abstoßender machen. Friedrich Wilhelm war, wieviel er auch verdarb und wie oft er auch entgleiste, im ganzen guten Willens; dies Bewußtsein mag ihn erfüllt haben, als er trotzig die Gewißheit äußerte, er werde in den Himmel kommen.

Die Tätigkeit Friedrichs des Großen auf dem Gebiete des Rechts, namentlich des Strafrechts, ist ruhmwürdig. Im einzelnen bediente er sich dabei seines Großkanzlers Cocceji, der unter anderem die Kunst verstand, seine Pläne als die eigenen des Königs erscheinen zu lassen, wodurch sie mehr Aussicht auf Verwirklichung bekamen. Friedrich war der Ansicht, daß zivilisierte Völker sich von barbarischen durch menschenfreundlichere Gesetze unterscheiden und daß es Pflicht des Regenten sei, die Verbrechen eher zu verhindern als zu bestrafen. Gleich nach seinem Regierungsantritt wollte er die Tortur abschaffen, stieß aber bei Cocceji auf Widerspruch, der, wie die meisten Richter seiner Zeit, die Tortur für unentbehrlich hielt. Der König gab so weit nach, daß er einige schwere

Fälle, wie Majestätsverbrechen und Landesverrat, vorbehielt und daß diese beschränkte Aufhebung nicht öffentlich verkündet wurde. Nach 1777 ist die Folter in Preußen nicht mehr angewendet worden. Leider brachte es die weitgehende Rücksicht, die Friedrich auf den Adel nahm, mit sich, daß die Patrimonialgerichtsbarkeit von seinen Reformen nicht berührt wurde. Der einzige Fortschritt auf diesem Gebiet war, daß der Justitiar, den die adligen Herren anstellten, ein Examen machen mußte.

Eine sehr wichtige Neuerung war die Einführung fester Besoldung für die Richter; erst als diese gesichert war, konnte sich der preußische Richterstand den Ruf der Unbestechlichkeit und des großartigen Unabhängigkeitssinnes erwerben, der ihn seitdem auszeichnete.

Des Königs Kenntnisse in der Ziviljustiz waren zu gering, als daß er sich damit eingehend befaßt hätte. Das preußische Landrecht in deutscher Sprache, dessen Herstellung er wünschte, ist erst unter seinem Nachfolger vollendet worden. Denkwürdig bleibt aber allezeit der Befehl, den er an Cocceji richtete, immer den Landesgesetzen und Rechten gemäß zu verfahren, «allermaßen Ich Mich hiervon keineswegs immediate meliren, noch vor einen oder anderen Teil besonders portiren werde, vielmehr will, daß alles denen Rechten und Landesgesetzen gemäß tractiret werden soll, da Ich Mich Selbst solcher in meinen eigenen Sachen unterwerfe». Mag der Einfluß Coccejis und Montesquieus zu diesem Entschlusse mitgewirkt haben, so ist es schön, daß er ihm zugänglich war. «In den Gerichten», sagt er, «müssen die Gesetze sprechen, die Herrscher schweigen.»

Wirtschaft

In der zweiten Hälfte des 18. Jahrhunderts war Holland das reichste Land in Europa. Deshalb war es allgemein verhaßt. Wo ein Holländer hintritt, wächst kein Gras mehr, sagte man. Frankreich und England, die auch reich waren, bewunderte man; aber die Republikaner, die Krämer, durften sich nicht herausnehmen, Monarchien in einem so wichtigen Punkte zu übertreffen. Andrerseits nahm man doch Holland zum Vorbild, wollte von ihm lernen. Der Große Kurfürst, der durch seine Verwandtschaft mit der Statthalterfamilie der Oranier Beziehungen zu Holland und mehrere Jugendjahre dort verbracht hatte, bewunderte nicht nur den Reichtum, sondern auch die Kultur dieses Landes. Dort atmete man die anregende Luft geistiger Freiheit, dort fühlte man sich eingebettet in die Fröhlichkeit eines tätig und behäbig sich entfaltenden Volkslebens, dort war man getragen von der Festigkeit eines selbstbewußten Bürgertums, und alles war durchdrungen von der Würze einer zwanglos erblühenden Kunst. Die Länder im Reich waren arm, die meisten Fürsten konnten ohne französische Subsidien nicht wirtschaften. Die Geldnot des Kaisers hatte oft verheerende Folgen für seine kriegerischen Unternehmungen. Das Steuerwesen war überall noch wenig geordnet. Die Räte aller Länder zerbrachen sich die Köpfe an der Frage, auf welche Weise am meisten aus den Untertanen herauszupressen wäre.

In der Zeit, wo man anfing, jede menschliche Tätigkeit auf den Fuß einer Wissenschaft zu bringen, suchte man nach Gründen, warum ein Staat reich oder arm sei, und nach Regeln für die Art und Weise, wie die Wirtschaft eines Staates in Flor zu bringen sei. Johann Joachim Becker, kaiserlicher Kommerzienrat, schrieb im Jahre 1658 einen Diskurs von der eigentlichen Auf- und Abnahme der Städte, Länder und Republiken, *in specie* wie die Länder volkreich und nahrhaft zu machen; ein Buch, das dem Verfasser einen Namen machte. Becker erklärte sich entschieden für die Ordnung der Wirtschaft durch die Obrigkeit. Es gebe wohl, meint er, große volkreiche Städte, die an der See lägen und Provinzen und Königreiche zu Abnehmern hätten, die möchten wohl freien Handel treiben, da heiße es: jeder ist sich selbst der Nächste, wo nicht einmal ein Bürger den andern im selben Hause kenne, geschweige daß er darüber nachdenke, ob sein Geschäft dem andern nütze oder schade. In Deutschland sei das anders, in Deutschland müsse es eine Marktordnung geben, da gelte noch die Staatsregel, es so anzustellen, daß keiner den andern verderbe, vielmehr einer dem andern unter die Arme greife. Im Ausland heiße die Regel: man muß dem Volk seine Freiheit lassen; es werde sie denn auch benützen, setzt er mit grimmiger Schadenfreude hinzu, um seinen Oberen die Hälse zu brechen.

Er macht einen Vorschlag, bei dem ihm teilweise das Vorbild Englands vorgeschwebt zu haben scheint. Alle 10 Meilen solle eine Magazinstadt eingerichtet werden, wohin alljährlich die Landleute kämen und sich über die Preise einigten. Zu dem verglichenen

Preise müßten die Magazine jedem seine Ware abnehmen, und innerhalb der 10 Meilen dürfe nur zu diesem Preise verkauft werden. Alle Magazinstädte müßten mit einer Hauptmagazinstadt korrespondieren, damit die Obrigkeit wisse, wie reich das Land sei. Es werde dann weder Wohlfeile noch Teuerung geben. Entsprechend den Magazinhäusern für das Land solle es Kaufhäuser für die Stadt geben. Für die Reichen müsse es Banken geben, wo sie ihr Geld auf Zins legen könnten. Damals bestand noch die mittelalterliche Gepflogenheit, daß die reichen Leute ihr übriges Geld in Gütern oder Häusern anlegten oder daß sie es an bedürftige Fürsten ausliehen. Banken, meint Becker, seien sicherer. Zur Ordnung aller dieser Dinge müßten besondere Ministerien eingerichtet werden, die aber nicht von Staatsmännern und Hofräten, und damit spielt er gewiß auf Wien an, sondern von solchen geleitet werden müßten, die das Recht, den Kaufhandel, das Gewerbe, das Verlagswesen aus dem Fundament verstünden.

Die Zünfte billigte er nicht durchaus, da sie zum Teil fast zu Monopolen geworden wären; dennoch, meint er, könne man sie in Deutschland nicht wohl abschaffen. In Holland habe man es getan, und es sei dort infolgedessen ein großer Zulauf von Menschen, die in Wettbewerb miteinander stünden, er nennt es zertieren, und jeder befleiße sich guter, sauberer und wohlfeiler Arbeit; aber da Deutschland keine ausländischen Abnehmer habe, würden Hunderte verderben, wenn der Meister zu viele würden. Es gewährte Becker eine gewisse Genugtuung, den Ruin Hollands vorauszusagen: für den Fall nämlich, daß ein Krieg käme und ihm der Absatz an das Ausland verlorengehe. In gewisser Weise erfüllte sich diese Prophezeiung, insofern nämlich Holland im 18. Jahrhundert nicht mehr imstande war, kostspielige Handelskriege zu führen und zu einem entschiedenen Schutzsystem überging.

Konnte sich aber Deutschland überhaupt mit Holland vergleichen, wo es Kaufmannsgesellschaften gab, die Königen trotzen konnten, wo der Handel als Staatsangelegenheit galt? Beckers Vorschläge zur Einführung neuer Gewerbe und Handelszweige erregten in Österreich den Unwillen der Interessenten; er wurde, wie er mit Bitterkeit andeutet, bekämpft und verleumdet. Philipp Wilhelm von Hornigk, der mit Becker verschwägert war und einige Jahre später über denselben Gegenstand schrieb, meint, es gehöre ein Heldenmut dazu, die Landesökonomie und Manufaktur in Österreich heben zu wollen. Er selbst war durch eine kürzlich erschienene Abhandlung angeregt, in der der Satz verfochten wurde, wenn Deutschland alle Waren selbst verfertigen würde, die es aus Frankreich beziehe und für die es alles Geld zum Lande hinausjage, werde es bald nicht mehr arm sein, sondern Frankreich an Reichtum und Kräften übertreffen. Deutschland müsse sich industrialisieren, wie man es jetzt ausdrücken würde, und dadurch vom Auslande unabhängig machen. Da vom Regensburger Reichstage eine gemeinsame Aktion in diesem Sinne nicht zu erwarten sei, müsse jedes einzelne Land für sich das Nötige unternehmen. Der Titel dieser Abhandlung war «Teutschland über Frankreich». Daran anschließend schreibt Hornigk, es müsse der Partikularerhebung ein *Primum mobile,* ein Anstoß gegeben werden, und dazu sei der nächste der Kaiser, nicht aber als solcher, sondern als Erzherzog wegen seiner Erblande. «Österreich über alles, wenn es nur will», nannte er seine Schrift.

Die Erblande, meint er, bildeten mit der Menge ihrer Rohstoffe eine kleine Welt für sich. Freilich, alles, Gold, Silber und alle Rohstoffe besitze nur China, das in Wahrheit eine Welt für sich und von allen unabhängig sei. Indessen auch Österreich bringe viel hervor: Gold, Silber, Salz, Korn. Als ihm fehlend zählt er auf: Südfrüchte, getrocknete Fische, Austern, Reis, Tabak, Schokolade, Tee, Kaffee, Baumwolle, Seide, Porzellan, Elfenbein, gewisse Hölzer und Edelsteine, mehr Gegenstände des Luxus als des Bedarfs. Bei dem Reichtum des Landes sei es die eigene Schuld des Unfleißes und der Unachtsamkeit, wenn es arm sei. Wenn man sich nur einige Jahre der ausländischen, namentlich französischen Ware enthielte, werde sich die Lage bessern; man habe die schlesischen, böhmischen und mährischen Tücher, die schlesische und österreichische Leinwand. Er hält seinen Landsleuten das Beispiel von Holland und Frankreich vor, die mit ihrem Handel fast ganz Europa über den Kopf gewachsen seien, während sie lange und schwere Kriege führten. Sind die Deutschen wirklich so dumm, wie die Franzosen glauben? Und sind doch die besten Mathematiker! Dennoch ist es Dummheit, daß sie die deutschen Rohstoffe dem Ausland verkaufen und, nachdem sie dort verarbeitet sind, für teures Geld zurückkaufen. Die böhmischen Bergwerke sind verfallen, die einheimische Wollmanufaktur, von der soviel Segen ausging, liegt darnieder. Woran liegt es?

Ist es Fluch oder Bezauberung? Es gehört zu den österreichischen Mirakeln, daß nicht längst alles zugrunde gegangen ist.

Österreich über alles, wenn es nur will, nannte Hornigk sein Buch. Man brauche nur zu wollen, sagte er, als sei das wenig; aber wenn ein fester Wille überhaupt selten ist, so ist es sehr schwer, einen gemeinsamen Willen in einem Lande anzuregen, dessen Interessen geteilt sind. Bei Hornigk macht sich das unversehens bemerkbar, wenn er zum Beispiel darauf hinweist, es dürfe den Bauern, die zum Seidenbau und Wollespinnen angeleitet würden, kein Robott und Frondienst daraus gemacht werden; davor müsse man die armen Untertanen von vornherein schützen. Die Grundherren ihrerseits hatten keine Lust, ihre Hörigen zu entlasten, damit sie eine Tätigkeit ausübten, deren Ertrag noch ungewiß war. Die wohlhabenden Leute, vom Adel zu schweigen, ließen ihre Kinder nicht Handwerker oder Kaufleute werden, weil diese Stände zu wenig geachtet waren. Hornigk schlägt vor, die großen Verleger und Fabrikanten müßten von der Obrigkeit in einen Ehrenstand gesetzt werden, damit die Begüterten Lust zu einer solchen Laufbahn bekämen. Es kam dazu, daß die Geistlichkeit, die in Österreich und Bayern großen Einfluß hatte, die Ausbreitung der Industrie nicht gern sah, vielmehr sie bekämpfte, weil sie nicht mit Unrecht fürchtete, das arbeitende Volk werde dadurch ihrer Einwirkung entzogen werden. Kann man auch nicht sagen, daß der Katholizismus ein Hindernis der Industrialisierung gewesen sei, denn das katholische Frankreich war ja im Großbetrieb allen Ländern vorangegangen, so doch, daß er im Verein mit den föderalistischen und ständischen Verhältnissen, wie sie in Österreich aus dem Mittelalter in die neuere Zeit übergegangen waren, und mit dem lässigen Charakter der Bevölkerung als eine Hemmung dessen wirkte, was man Fortschritt nannte.

Das Ideal der Landesherren war die Autarkie, wie sie es früher in den Städten, dem politischen Vorbild der Territorien, gewesen war. Ihr Gebiet sollte, wenn irgend möglich, selbst hervorbringen, was es brauchte, dann wollten sie es mit Zollschranken umgeben, um das Hereinströmen ausländischer Waren zu verhindern. Das Geld sollte im Lande bleiben. Da zu diesem Zwecke viel Arbeit geleistet werden mußte, bedurfte man vieler Menschen, und die Landesherren ließen es sich angelegen sein, möglichst viele in ihr Territorium zu ziehen, das Land zu peuplieren, wie man sich ausdrückte. Schon den Großen Kurfürsten bewog nicht nur das Mitgefühl, die glaubensverwandten Hugenotten einzuladen, sondern er faßte dabei auch seinen Vorteil ins Auge, zumal es sich um Leute handelte, die neue Gewerbezweige einführten. Um 1700 saßen in Preußen 900 Menschen auf der Quadratmeile gegen 3000 in der dichtbevölkerten Lombardei. Sowohl Friedrich Wilhelm I. wie Friedrich der Große bemühten sich mit Erfolg um die Peuplierung. Friedrich hatte Agenten, die jede Gelegenheit erspähten, wo Leute auszuwandern geneigt waren, und suchte sie dann durch Versprechungen anzulocken. In größeren Mengen kamen außer den Franzosen und Salzburgern, die des Glaubens wegen ihre Heimat verließen, Pfälzer, Schweizer und Schwaben. Während die Hugenotten überwiegend städtisch waren, wurden die übrigen auf dem Lande angesiedelt. Friedrich II. hat 900 Kolonialdörfer gegründet; aber das Ergebnis war nicht durchweg befriedigend: Die Kolonisten waren nicht alle tüchtige, arbeitswillige Leute, und zum Teil hatten sie auch Ursache, mit dem ihnen zugeteilten Boden unzufrieden zu sein; denn der gute, brauchbare war in den Händen des Königs und des Adels. Glückliche Folgen hatte die Einwanderung der Salzburger für Litauen, wo sie hauptsächlich angesiedelt wurden, trotz der großen Schwierigkeiten, die die Gebirgsbauern in dem nördlichen Flachlande zu überwinden hatten.

Alle die aufgeklärten Fürsten bemühten sich, das gemächliche Deutschland aus seinem agrarischen Halbschlummer aufzustacheln. Früher hatten die Handwerker die Klöster verklagt, weil sie Handwerkerarbeit leisteten; jetzt schlug der im ganzen zunftfreundliche Becker vor, es sollten Werkhäuser gegründet werden, wo Bettler, Krüppel und sonstiges Gesindel zur Arbeit angeleitet würden. Man kannte damals längere Freiheitsberaubung als Strafe noch nicht; es gab Leibesstrafen in entsprechender Abstufung, und die Landstreicher und Bettler und was sonst noch die Gegend unsicher machte, pflegte man von Zeit zu Zeit über die Grenze zu treiben. Nein, sagte Becker, man solle diese Leute vielmehr ins Land hineintreiben, auch die Diebe nicht aufhängen, sondern zu ordentlichen, arbeitenden Menschen erziehen. Die Menschen fingen an, als Arbeiter ein kostbares Material zu werden. Überall sollten Webstühle sausen und Hämmer klopfen, wenn auch noch keine Maschinen stampften. Zum Großbetrieb führte schon der Bedarf an Uniformen und anderer Gegenstände für das Heer. Jeder Fürst wollte Seidenbau und Seidenfabrikation in seinem Lande haben, keinem glückte es damit so wie Friedrich dem Großen. Er bediente sich dabei hauptsächlich der Franzosen und Juden, die Familien Mendelssohn, Friedländer, Veit kamen auf diesem Wege zu Ansehen. Man gewährte den Fabrikanten, damals Verleger genannt, allerlei Erleichterungen und Unterstützungen, um sie zum Ausharren bei den mit wechselndem Erfolg arbeitenden Unternehmungen zu ermuntern. In der zweiten Hälfte des 18. Jahrhunderts gab es in Preußen schon nicht selten brotlose Arbeiter. Solcher Notlage gegenüber bewiesen die Behörden noch zunftmäßige Gesinnung, indem sie sich zum Schutze der Arbeiter verpflichtet fühlten. Es kam vor, daß man brotlosen Arbeitern ein Wartegeld zahlte, freilich ein sehr bescheidenes, und daß man die Verleger veranlaßte, entlassenen Arbeitern ein Wartegeld zu zahlen. Am Ende des Jahrhunderts tauchten die Fragen der Frauen- und Kinderarbeit in Fabriken, der willkürlichen Arbeiterentlassung und Lohnverkürzung auf. Es waren schließlich doch immer die Arbeiter, die den kürzeren zogen.

Was die Regierungen in bezug auf das Handwerk vornahmen, wirkte sich nicht zu seinen Gunsten aus. Sie teilten die Meinung Beckers, daß es nicht zweckmäßig sei, die Zünfte aufzuheben; aber wenn sie auch wohlerworbene Rechte gelten ließen, die ihnen nicht geradezu im Wege waren, so beraubten sie sie doch ihrer Selbständigkeit, die ohnehin mit der Selbständigkeit der Städte zusammenhing und mit dieser zugleich unwirksam werden mußte. Die Zünfte wurden staatlicher Aufsicht und staatlichen Eingriffen unterstellt, was man damit begründete, daß *leges speciales* den allgemeinen Gesetzen weichen müßten oder daß bei Aufstellung von Statuten die Zustimmung der Obrigkeit vorbehalten sei. Daß gewisse Gewerbe mit denen anderer Territorien in Verbindung standen, daß Gesellen von einem Gebiet ins andere wanderten, paßte den Landesherren nicht. Die sinnvollen alten Gebräuche, für welche die neue Zeit kein Verständnis hatte, wurden abgeschafft. Mit der Selbständigkeit und Verantwortlichkeit verfiel das Gefühl der Verpflichtung zu tadelloser Arbeit und das Standesbewußtsein. Eine große Schädigung war es ferner, daß den Handwerkern verboten wurde, die von ihnen verfertigte Ware selbst zu verkaufen. Der Stand, der durch die Ehrbarkeit und Tüchtigkeit seiner Glieder und durch die Güte seiner Arbeit so viel zur Höhe der mittelalterlichen Kultur beigetragen hatte, verarmte und verkümmerte. Am schlimmsten waren die Gesellen daran, deren Verhältnis zum Meister früher durch Ordnungen festgestellt war, die auch ihnen eine gewisse Standesehre gewährten. Jetzt wurde den Handwerksgesellen jede Koalition verboten, ihre Ordnungen wurden aufgehoben, sie waren schutzlos einem ungewissen Schicksal preisgegeben, verwilderten nicht selten und vermehrten mit den Fabrikarbeitern das wachsende Proletariat.

Im letzten Viertel des 18. Jahrhunderts, im Jahre 1776, erschien in England ein Buch, das auf dem Gebiete der Volkswirtschaft eine neue Epoche eingeleitet hat, das Buch über die Natur und die Ursachen des Wohlstandes der Nationen von Adam Smith. Es wurzelte in den englischen Verhältnissen und in der deistisch-moralischen Weltanschauung der Gebildeten des damaligen England. Während eines mehrjährigen Aufenthaltes in Frankreich lernte Adam Smith den Kreis um Turgot und Necker kennen und die dort herrschende Lehre, daß der Staat die Freiheit von Handel und Verkehr herzustellen und sich übrigens nicht einzumischen habe. Sie paßte gut zu der englischen Selbstverwaltung. In seinem Bestreben, die Volkswirtschaft zu einer Wissenschaft zu erheben, setzte Adam Smith als Bedingung des Volkswohlstandes Arbeit und Sparsamkeit, von welchen er annahm, daß sie am ehesten durch das eigene Interesse der Menschen erlernt und verwendet würden; sobald sie nämlich die Freiheit hätten, im gleichberechtigten Wettkampf um die Güter der Welt zu werben. Er ging davon aus, daß die Menschen von gegenseitigem Wohlwollen bewegt und daß ihre Naturanlage und infolgedessen ihre Bedürfnisse im allgemeinen gleich seien; das erzeuge in der Freiheit ein Gleichgewicht der Güterverteilung. Anstatt des Krieges aller gegen alle, den Hobbes voraussetzte, nahm Adam Smith Harmonie durch den angeborenen Trieb nach Übereinstimmung an.

Die Verhältnisse im agrarischen und absolutistisch regierten Deutschland waren von denen Englands zu verschieden, als daß das Buch hier sofort hätte wirksam werden können, obwohl es im selben Jahre seines Erscheinens in deutscher Übersetzung herauskam. Es wurde zunächst wenig beachtet. Auch ein Gegner des Polizeistaates und Anhänger der englischen Selbstverwaltung wie Justus Möser bekämpfte Adam Smith in wesentlichen Punkten. Das eigene Interesse als Hebel eines volkswirtschaftlichen Systems gelten zu lassen, war der mittelalterlichen Auffassung widersprechend, an der Möser festhielt, wonach die Selbstsucht des einzelnen zurückgehalten werden sollte, damit jeder sein Auskommen habe. Der freie Wettbewerb konnte leicht zu Unterdrückung des Schwächeren durch den Stärkeren führen. Es ist charakteristisch, daß Möser ein scharfer Gegner der Arbeitsteilung war, die Adam Smith als Fortschritt betrachtete. Den Reichstagsbeschluß, der dem Meister gestattete, so viel Gesellen anzustellen, wie er wollte, tadelte Möser, weil dadurch die Arbeitsteilung gefördert werde, die zur Verkümmerung der Arbeiter führe. Ihm kam es mehr auf die Menschen als auf die Wirtschaft an. Er war ein Feind des Großbetriebes, weil derselbe den Handwerkerstand schädige und den Typus des Handwerkers verderbe, wie das Mittelalter ihn hervorgebracht hatte, und den er für besonders wertvoll hielt. Möser dachte sich den einzelnen dem Staat gegenüber weitgehend frei; gelegentlich hat er gesagt, der Staat sei der Arzt des lebendigen Körpers der Gesellschaft; aber gebunden durch selbstgeschaffene und sich selbst regierende Gliederungen und durch Religion.

Auch für die Landwirtschaft wurde England Vorbild und Lehrmeister. Im Reich herrschte auf diesem Gebiet Gewohnheit und Schlendrian, es gab keine leitenden Gesichtspunkte, keine Verbesserungen, die die Zunahme der Bevölkerung und der Bedürfnisse erfordert hätten. Albrecht Thaer war es, der die Mängel sah und zu einem auf Erfahrung und Versuchen beruhenden System zu gelangen suchte. In Deutschland war viel über Landwirtschaft geschrieben; das alles studierte er durch, ohne etwas Gründliches, Förderndes zu entdecken. Zu seiner Überraschung fand er alles, was er suchte, in englischen Schriften, sorgfältige Versuche, einsichtsvolle Folgerungen, aufrichtiges Streben nach Wahrheit. Die meiste Belehrung schöpfte er aus dem im Jahre 1770 erschienenen Buche von Arthur Young: *Course of experimental agriculture,* daneben auch aus der Arbeit englischer Landedelleute. Eine ungeheure Anzahl angestellter Versuche hatte zu bemerkenswerten Ergebnissen geführt. Thaer führt an, daß es in den letzten hundert Jahren nur einmal eine Teuerung in England gegeben habe, daß England, obwohl nur teilweise bebaut, sich selbst und zum Teil noch seine Kolonien versorge, dazu noch Korn an Fremde verkaufe. Sein wirkungsvolles Buch, wie die deutsche Landwirtschaft zu vervollkommnen sei, ist im Jahre 1795 geschrieben und erschien drei Jahre später im Druck. Erste Bedingung der Vervollkommnung, sagte er darin, sei die Befreiung der Bauern, denn von Leibeigenen sei keine Betriebsamkeit zu erwarten. Alle Verordnungen und Prämien würden

nichts nützen, wenn nicht die ganze Verfassung des Ackerbaues geändert würde. Ferner müßten die Gemeinheiten, Überbleibsel des Mittelalters, geteilt werden. Es handelte sich auch hier wie auf dem Gebiete der Industrie um die Erregung von privatem Unternehmungsgeist, der in Deutschland noch gering war. Er sollte sich erst im 19. Jahrhundert mit unabsehbaren Folgen entfalten.

Friedrich der Große

Es war kein Wunder, daß er seinen Vater nicht liebte, daß er ihn zeitweise haßte. Friedrich Wilhelm war bäurisch in seinen Liebhabereien, grob in seinem Wesen, ganz und gar unköniglich. Seine Scherze waren roh und witzlos, wie wenn er die Leute mit kaltem Wasser begoß oder den Stuhl unter ihnen wegzog oder jemanden durch das unerwartete Erscheinen eines Bären zu Tode erschreckte. Er ging gern mit Menschen um, die ebenso roh waren wie er, die feineren, von denen er fühlte, daß sie ihn übersahen, verletzte und verfolgte er. Er stellte sich nicht nur fromm, sondern er war es, so einfältig und zurückgeblieben war er in den Augen seines Sohnes. Er war alles, was diesem als deutsch zuwider war. Und von diesem Vater mußte er sich schlagen, ja mit Füßen treten lassen vor Kreaturen, deren König er einst sein sollte. Geschlagen, getreten, bloßgestellt, mußte er mit Ausdrücken sklavischer Demut um die Gnade dieses Mannes werben.

Es ist ebenso begreiflich, daß der König seinen Sohn haßte, um so mehr, als er ihn liebte und von ihm geliebt sein wollte. Er hatte die Liebebedürftigkeit und Vertrauensseligkeit eines Kindes, aber weil er damit oft anstieß, war er mißtrauisch und empfindlich, und wenn er in seinem Allmachtsbewußtsein gereizt wurde, konnte er grausam sein. Daß Friedrich so ganz anders als er war und sein wollte, mißfiel ihm. Der Knabe hatte nichts Soldatisches, war geziert in seinem Auftreten, putzte sich gern, aß gern Leckereien und bildete sich ein, klüger und gebildeter zu sein als sein Vater. Wie ärgerlich das auch war, er hätte vielleicht darüber wegkommen können, hätte der Sohn ihn geliebt. Aber Friedrich liebte seinen Vater nicht und hatte die Kühnheit, es zu zeigen, in seinen Mienen malte sich die absprechende Kritik. Worauf steifte er sich? Er wußte, daß seine Mutter ihn beschützte; aber nicht nur das. Er war Kronprinz, er würde einst König sein, und vielleicht harrten schon viele sehnsüchtig auf den Augenblick, wo es soweit wäre. Denn seine Untertanen liebten ihn auch nicht, sie würden seinen Nachfolger lieben, der gelinder auftrat als er, um sie an sich zu ziehen. Dem weichlichen, weibischen, falschen, unsoliden Fant hingen sie an, in dem kein fester Grund war, der in einem Zirkel von Affenschwänzen eine Rolle spielen, aber kein Volk regieren könnte. Es gab Augenblicke, wo er auf den Sohn losschlug wie auf einen höhnischen Todfeind. Zugleich fühlte er sich unglücklich und beweinenswert, er, der sein ganzes Leben seinem Volk und seiner Familie opferte, denn davon war er überzeugt, und weder von seinem Volk noch von seiner Familie geliebt wurde.

In der Beurteilung seines Sohnes hatte der König nicht so ganz unrecht. Friedrich war eitel und in sich verliebt. Er sah auf alle anderen Menschen herab, außer wenn sie eine bestimmte Art von Geist hatten, das, was man *esprit* nennt. Er bewunderte Voltaire über alles und gewöhnte sich eine Art, geistreich zu sein, in Antithesen und ironischen Wendungen zu reden, an, die seinen Briefwechsel mit Voltaire, wenn man viel davon liest, so geschmacklos macht wie eine zu stark gewürzte Speise. Die Bürgerlichen verachtete er von vornherein, ohne sie zu kennen; er setzte als selbstverständlich voraus, daß nur der Adel Geist, Ehre und die erforderlichen Umgangsformen hätte. Wenn man nur bis zu einem gewissen Grade in die Tiefe geht, ist es mit einem guten Verstand nicht schwer, sich einen Überblick über die Welt zu verschaffen und ein ziemlich treffendes Urteil über alles und jedes zu äußern; wird es noch dazu von einer hohen Stellung herab gefällt, pflegt es zu blenden und zu überzeugen. Friedrich liebte es, mit seinem Urteil, das wie ein Scheinwerfer über Menschen und Ereignisse hinglitt, seine Umgebung zu verblüffen, mit spitzem Witz rasch erspähte Schwächen anzumerken. Vielleicht wußte er, daß ein König nicht auf Kosten seiner Untertanen, die sich nicht wehren dürfen, witzig sein darf; aber er konnte es nicht über sich gewinnen, einen Einfall zu unterdrücken, in dem er sich geistreich fühlte. Er legte mehr Wert darauf, ein genialer Mensch als ein König zu sein, wenn er auch die Unantastbarkeit seiner königlichen Stellung nie preisgegeben hätte. Die Elastizität seines Geistes ist bewundernswert, und wie er in jedem Augenblick gleichsam frisch geladen und wirkungsbereit war; aber erleuchtend und erhebend waren seine Gespräche selten.

Am nächsten standen ihm seine Mutter und seine Schwester Friederike, die wie er unter der Plumpheit des Vaters gelitten hatte, die die Vertraute seiner Schmerzen und geheimen Freuden gewesen war. Es ergab sich daraus von selbst, daß er in der Politik sich den Ansichten seiner Mutter anschloß und eine engere Verbindung mit der Hannoverschen Dynastie wünschte. Vielleicht wäre das weniger der Fall gewesen, wenn es sich um den Kurfürsten von Hannover gehandelt hätte; aber sein Großvater, der Vater seiner Mutter, war zugleich König von England, und das bedeutete viel. England begann die erste Macht in Europa zu werden, mehr, eine Weltmacht. Was war dagegen der Kaiser mitsamt seinem Prinzen Eugen, die ohne Englands Hilfe auf allen Linien geworfen worden wären? Und vor diesem abgestandenen Plundergötzen kniete sein Vater wie ein treuer Vasall. Die Geschwister betrachteten die in Aussicht gestellte Ehe mit den britischen Königskindern als Befreiung und Erhöhung: Friederike würde Königin von England, Friedrich würde der Schwiegersohn und später der Schwager des Königs von England werden. Der so sehnlich verfolgte Plan mißglückte. Unter der harten Faust des wütenden Vaters und der unvermeidlichen Notwendigkeit beugte sich Friedrich, mit verzweifelter Entschlossenheit machte er sich zum Sklaven des Vaters, um einst König und frei zu sein. Vielleicht hätte die Prinzessin von Braunschweig-Bevern, die zu heiraten er sich nun bereit erklärte, wenn sie so schön und liebenswürdig gewesen wäre wie ihre Tante, die Kaiserin, ihn wider seinen Willen gefesselt; da sie nur sehr bescheidene Gaben hatte, blieb sie das Merkmal seiner Schmach, die Aufgedrängte, Unwillkommene, und wurde beiseite geschoben zugleich mit der vom Vater für gut befundenen Politik.

In Friedrichs Augen war die Politik des Anschlusses an den Kaiser falsch und unverzeihlich lächerlich. Sein

Vater, sein Großvater und sein Urgroßvater, wie eifersüchtig sie auch ihre Souveränität wahrten, hatten doch noch ein Gefühl für die Hoheitsstellung des Kaisers und für ihre kurfürstlichen Pflichten gehabt. Für Friedrich war Kaiser und Reich eine Schimäre, ein Trödel, er war frei von den Wirkungen der Überlieferung.

Es gab für ihn keine Vergangenheit, kein Hauch von dem, was früher einmal Recht und ehrwürdig und heilig gewesen war, rührte ihn an. Unabhängig und wohlgefällig stand er auf dem flachen Boden und in der dünnen Luft seiner Zeit. Das gab ihm eine außerordentliche Sicherheit und erfrischende Offenheit und Wahrhaftigkeit. Fühlte er sich nicht als Glied des Reiches, so noch viel weniger als Deutschland angehörig und verpflichtet. Es setzte ihn in Erstaunen, als er merkte, daß das deutsche Volk die Franzosen haßte. Warum? Woher diese Raserei? Das Elsaß und Straßburg waren ihm gleichgültig, er verpflichtete sich gern, Frankreich in ihrem Besitz zu schützen. Den Begriff Deutschland kannte er nicht, das Reich sah er als eine Republik von Staaten an, die sich bald ganz selbständig machen würden, Österreich stand ihm nicht näher als Frankreich oder England. Während des Siebenjährigen Krieges dachte er daran, sich im Verein mit Hannover aus dem Reichsverbande zu lösen, und bemerkte später dazu: «Pedantische Staatsrechtslehrer würden diesen Plan zweifellos verdammt haben.» Während seines ganzen Lebens unterhielt er sich mit Säkularisationsplänen, durch die sich Preußen und Hannover beträchtlich vergrößert, das Reich sich aufgelöst hätte.

Dem Kronprinzen aber lag die Politik noch fern. Nachdem Friedrich Wilhelm seinen Sohn hinreichend gezüchtigt und gedemütigt hatte, als er ihn widerstandslos zu seinen Füßen sah, erwachte sein väterliches Gefühl wieder. Er war noch nicht alt an Jahren, aber er war alt, insofern er dem Tode nahe war. Unter des Todes unentrinnbare Herrscherhand gebeugt, wurde er weicher, und auch Friedrich wurde es dem Leidenden gegenüber. Hatte er nun doch alles, was er sich wünschte: Muße, zu lesen, zu musizieren, Briefe zu schreiben, zu studieren. Er interessierte sich für Philosophie, Geschichte, alles, was den Menschen und seine Welt angeht; für die mathematischen Wissenschaften hatte er keinen Sinn. In seiner Umgebung stand er wie eine Sonne, Licht und Wärme spendend, bewundert, vergöttert. Er hatte Freunde, die auf das blitzende Spiel seines Geistes eingehen oder wenigstens es schätzen konnten; er war sicher, daß sie ihm nicht nur als seine Untertanen, sondern auch als die vom Strahl seiner blauen Augen und von der Macht seines Geistes Bezwungenen ergeben waren.

Man hatte Ursache zu glauben, daß Friedrichs Regierung friedlich sein werde, friedlicher noch als die seines Vaters, der wenigstens seine Hauptstadt mit Waffenlärm erfüllt und einer Kaserne ähnlich gemacht hatte. Friedrich hatte sich, das wußte man, nur pflichtmäßig den soldatischen Übungen unterzogen. Was ihn beglückte, war Musik und Literatur, und zwar französische Literatur; einen geistreichen französischen Brief schreiben oder gar eine tadellose französische Ode dichten zu können war sein Ehrgeiz. Der merkwürdige Widerspruch, der durch sein Wesen ging, trat auch in seiner religiösen Haltung hervor. Wie viele seiner gebildeten Zeitgenossen war er Deist, das heißt, er glaubte an ein höchstes Wesen, das die letzte Ursache, ein nicht mehr Teilbares, mehr eine mathematische Größe als ein lebendiger Gott war und von dem er nicht annahm, daß er sich zu der menschlichen Erbärmlichkeit herablasse. Trotz seiner Vorliebe für die durchaus irreligiöse französische Philosophie wollte er vom Atheismus nichts wissen. Den Verkleinerern des Christentums gegenüber konnte er plötzlich für die Herrlichkeit der Bergpredigt und die Heiligkeit des Erlösers sich erwärmen. Er war zu geistvoll, um die Größe der christlichen Lehre und die Hoheit der Person Christi zu verkennen. Andererseits wollte er sich doch auch nicht auf Aberglauben und Selbstbetrug ertappen lassen, und einen frivolen Scherz Voltaires wußte er mit einem ebensolchen zu erwidern. Gelegentlich erklärte er den Menschen für ein Maschinenwerk, welches den Gewichten und Rädern, von denen es geleitet sei, notwendig folgen müsse.

Im Jahre 1739 kündigte er Voltaire an, daß er eine Widerlegung des *Principe* von Machiavelli zu schreiben gedenke, dieses verwerflichen, die Sitten der Menschen verderbenden Buches. Voltaire, der große Hochachtung vor Machiavelli hatte, konnte sich in Friedrichs Entrüstung nicht recht finden; aber die Beredsamkeit und der hohe sittliche Schwung seines fürstlichen Freundes überzeugten ihn. Wer lehre, schrieb Friedrich, man dürfe sein Wort brechen und Ungerechtigkeiten begehen, der möge noch so sehr durch Talente hervorragen, nie dürfe er den Platz einnehmen, der nur der Tugend und löblichen Gaben gebühre. Er ereiferte sich über die Machtgier und den zügellosen Ehrgeiz der Fürsten, die Vernachlässigung ihrer Pflicht, die darin bestehe, ihre Völker glücklich zu machen. Er dichtete eine Ode, in der er die Fürsten vor der Entfesselung mutwilliger Kriege warnte: Die Erde sei das gemeinsame Vaterland aller Menschen, denen die Gottheit Herzen gegeben habe, sich zu lieben, nicht sich zu hassen. Im Jahre seiner Thronbesteigung, es war das Jahr 1740, erschien der Anti-Machiavell anonym in Holland; aber von der Autorschaft Friedrichs sickerte doch etwas hindurch. «Wenn der Verfasser ein Fürst ist», sagte der Kardinal Fleury, der empfinden mochte, daß das Buch eine Spitze gegen ihn und seine Politik enthielt, «übernimmt er eine feierliche Verpflichtung gegenüber der Öffentlichkeit.» In der Tat stellte das Buch strenge Vorschriften für die Regenten auf. Sie sind dem Volke verantwortlich, ihre einzige Pflicht ist, die Völker glücklich zu machen. Die wahre Politik erfordert Gerechtigkeit und Güte. Weit entfernt, die Herren ihrer Völker zu sein, sind die Fürsten selbst die ersten Diener des Staates. Machiavelli muß dadurch überwunden werden, daß die Fürsten der Welt das Beispiel der Tugend geben. Auch in der äußeren Politik anderen Völkern gegenüber muß Gerechtigkeit gewahrt werden. Der Ruhm ist ein Trugbild. Große Taten sind nur bewundernswert, wenn sie sich in den Grenzen des Rechts halten.

Allerdings folgte ein Nachspiel; als kenne er die Theorie der Scholastiker vom gerechten Kriege, zählte er mehrere solcher auf: Verteidigungskriege und Kriege zur Aufrechterhaltung gewisser Rechte und Ansprüche. Sogar Offensivkriege können gerecht sein, wenn sie die Aufrichtung einer Universalmonarchie verhindern sollen. Damit hatte Friedrich den Eroberern so viele Lücken offengelassen, wie sie immer wünschen konnten; allein im Vergleich mit den vorangehenden Ergüssen über Gerechtigkeit und Humanität nahm dies Zugeständnis an die Wirklichkeit nur einen geringen Platz ein und konnte leicht übersehen werden. Voltaire übersah es und war entzückt. Daß es einen solchen Fürsten gibt, welch ein Glück für die Welt! Friedrich ist Titus, die Wonne des Menschengeschlechts, der Welt geschenkt, um ein goldenes Zeitalter herbeizuführen.

Da, am 20. Oktober 1740, starb Karl VI. Am 26. Oktober schrieb Friedrich an Voltaire: «Der Kaiser ist tot. Dieser Todesfall bringt alle meine politischen Ideen in Unordnung. Es ist der Augenblick vollständiger Veränderung des politischen Systems, es ist der Felsen, der sich loslöst und den Nebukadnezar auf das Bild aus vier Metallen stürzen sah.» In der Tat, es war der Augenblick vollständiger Veränderung. Von seinem idyllischen Schreibtisch fort lockt den jungen König ein neuer, ein hinreißender Klang: das Sirenenrauschen des Ruhmes. Er legt die Feder aus der Hand und greift nach dem Schwert. Kämpfen, Siegen, Eroberungen und Ruhm. Ruhm ist kein Trugbild, Ruhm ist ewiggrüner, heiliger Lorbeer. Gute und schlechte Mittel verzehrt das Feuer des Ruhmes. Wie durch den unvorhergesehenen Einschlag eines Blitzes wurde der junge König auf die kriegerische Bahn geschleudert. Aber war es wirklich so? Hatte er nicht alles auf das genaueste für den Überfall Österreichs vorbereitet? Wartete er nicht, während er von der Pflicht des Regenten, den Völkern den Frieden zu erhalten, schwärmte, voll Spannung auf die Gelegenheit zum Kriege?

Die Kriege um Schlesien

Friedrich der Große hat den Prinzen Eugen den eigentlichen Kaiser von Österreich genannt, und wenn Kaiser sein bedeutet, das Schicksal seines Landes im Herzen und auf dem Gewissen tragen und es mit großem Sinn lenken, so war er es gewiß.

Träger der Krone, vor dem sich alle beugten, blieb aber doch Karl VI., Prinz Eugen war, wenn auch mit Ehren überhäuft, ein dem Neid ausgesetzter Untertan. Die Adligen, die den Monarchen umgaben, waren zum großen Teil anspruchsvolle Müßiggänger, die sich damit beschäftigten, ihren Reichtum zu vermehren und sich zu vergnügen. Sie vertrugen sich untereinander wie die Krähen, von denen keine der gleichgearteten ein Auge aushackt, solange sie ihren Vorteil dabei findet; wenn aber ein bedeutender und ehrliebender Mann unter ihnen erschien, der das Wohl des Staates und nicht das seiner Schmarotzer im Auge hatte, suchten sie ihn durch Verleumdungen unschädlich zu machen. Ohnehin war Klatsch und Ränkespinnen ihr Zeitvertreib. Leopold I. und Joseph I. wußten, was sie dem Prinzen verdankten, und schützten ihn unbedingt; aber Karl VI., der mehrere Jahre lang fern der Heimat in Spanien gelebt hatte und sich auch später in Wien mit Spaniern umgab, die Eugens Feinde waren, ließ ihn nicht immer die Anerkennung genießen, auf die er Anspruch hatte. Erst allmählich begriff der Kaiser, wie unschätzbar Eugen für Österreich war, und zeigte ihm unbedingtes, beinah freundschaftliches Vertrauen. Er sah ein, was ihm vorher unglaublich geschienen war, daß Eugen ein unerschütterlich getreuer Untertan des Kaisers war und bleiben wollte, daß er seine Leidenschaft war, groß zu handeln, im Felde zu siegen und für eine möglichst gute Verwaltung des Staates zu sorgen, in dessen Dienst das Schicksal ihn geführt hatte. Anhänglichkeit für Karl als Person hatte er wohl kaum, wohl aber für den Kaiser, dessen Stelle er vertrat. Halb Italiener, halb Franzose, kaum der deutschen Sprache mächtig, wurde er ein Lieblingsheld des deutschen Volkes. In dem universalen Reiche wurde er nicht als Fremder empfunden, ebensowenig wie Wallenstein oder Montecuccoli.

Prinz Eugen war auf keinem Gebiet ein Neuerer. In militärischen Dingen befolgte er im ganzen die Methode, die Montecuccoli eingeführt hatte. Auch in der Verwaltung änderte er nichts; aber er setzte sich für schnelles Zustandekommen der Beschlüsse und für ihre schnelle und richtige Ausführung ein. Seine Größe lag in seinem Charakter und in seinem Feldherrngenie. Er hatte so viel gesiegt, daß man in Österreich, ja fast in ganz Europa überzeugt war, jede Unternehmung, die er anführte, müsse glücken.

Es war ein tragisches Geschick, daß er am Schlusse seines Lebens dies Zutrauen enttäuschen mußte. Im polnischen Erbfolgekriege, der dadurch entstand, daß Frankreich und Österreich verschiedene Bewerber um die polnische Krone unterstützten, führte der Siebzigjährige den Oberbefehl über die Armee am Rhein ohne

Glück, während sein Gegner und Freund, der achtzigjährige Villars, für Frankreich die Lombardei eroberte. «Mit 20000 Mann kann ich nicht 70000 die Spitze bieten», schrieb er dem Kaiser, eine alte, in Österreich oft gehörte Klage wiederholend. Vielleicht hätte in früheren Jahren sein Genie das Ungenügende der äußeren Verhältnisse aufgewogen; aber seine Kräfte waren aufgerieben, er starb bald nach dem Friedensschluß im Jahre 1736. In diesem Kriege verlor Karl VI. Neapel und Sizilien, in dem unglücklichen Türkenkriege, in den Österreich gleich nach dem Tode Eugens geriet, Belgrad, Serbien und die Walachei. Seine Bemühungen, den Handel der Niederlande wieder zur Blüte zu bringen, hintertrieben England und Holland; das Glück schien sich von ihm gewendet zu haben. Sein durch diese Unglücksfälle verdüstertes Gemüt wurde noch mehr geängstigt durch den Umstand, daß er das von so vielen Feinden umspähte Reich einem Mädchen, seiner im Jahre 1717 geborenen Tochter Maria Theresia hinterlassen mußte. Trotz seiner Liebe zu der schönen Elisabeth dachte er daran, als sie erkrankte, in einer neuen Ehe doch noch einen Sohn erzeugen zu können; aber die Kaiserin starb nicht. Um zu verhindern, daß Österreich nach seinem Tode zerstückelt werde, arbeitete er ein Gesetz über die Unteilbarkeit aller Länder seiner Krone aus und bemühte sich, die Anerkennung desselben, der sogenannten Pragmatischen Sanktion, durch alle europäischen Staaten zu erreichen. Frankreich, England, Sachsen, Preußen, alle gingen darauf ein; aber das Gefühl der Sicherheit gaben sie dem Manne doch nicht, der zu oft erfahren hatte, wie leicht die Vertreter von Staaten ein gegebenes Wort brechen. «Unterhandlungen ohne Waffen sind wie Noten ohne Instrumente», sagte Friedrich der Große. Nach der Überlieferung gab Prinz Eugen dem Kaiser den Rat, ein Heer zu rüsten, anstatt Allianzen zu schließen, ein Rat, den nach den unglücklichen Erfahrungen der letzten Jahre Karl VI. sich selbst hätte geben sollen. Nicht einmal daran dachte er, die heranwachsende Tochter in die Regierungsgeschäfte einzuführen, im Gegenteil hielt er sie davon fern, und sie war in zu großer Ehrfurcht vor ihrem Vater erzogen, als daß sie gewagt hätte, sich einzudrängen. Allerdings konnte er noch mit einer längeren Reihe von Lebensjahren rechnen: Er war erst 55 Jahre alt, als er starb.

So war denn der Augenblick da, auf den die europäischen Fürsten voll Spannung gewartet hatten: 40 Jahre nach dem letzten spanischen war der letzte deutsche Habsburger gestorben, das erhabenste, schicksalsvollste europäische Herrscherhaus erloschen. Die Fürsten von Sachsen und Bayern waren mit Töchtern Josephs I. verheiratet und konnten daraus Erbansprüche ableiten. Bayern aber trug sich mit weitergehenden Absichten. Die alte Nebenbuhlerschaft des Hauses Wittelsbach konnte nun endlich, da das Haus Habsburg ausgestorben war, triumphieren. Max Emanuel, der im Spanischen Erbfolgekrieg durch Kaiser Joseph I. geächtet und vertrieben, durch den Frieden aber wieder eingesetzt worden war, hatte sich anfangs zu einer Österreich freundlichen Politik bequemt, aber die alte Feindschaft im Herzen bewahrt. «Ich und meine Nachkommen», schrieb er seinem Sohne Karl Albert, «haben beim Erlöschen des österreichischen

Mannesstammes das beste Recht auf den höchsten Rang der Christenheit wie auf den ansehnlichsten Teil der österreichischen Erbländer... Nicht zu sprechen von unserem Recht auf die Niederlande und Tirol.» Prinz Eugen, der die bayrische Gefahr sah, riet dem Kaiser, sie durch Vermählung seiner Tochter mit Karl Albert aus der Welt zu schaffen; darauf ging Karl nicht ein, der den jungen Franz von Lothringen zu seinem Schwiegersohn erkoren hatte; die Heirat wurde im Jahre 1736, kurz vor Eugens Tode, vollzogen. In Bayern erzählte man sich eine Sage, Kaiser Karl V. habe im Traume gesehen, wie das Wappen des letzten Habsburgers, Karl geheißen wie er selbst, sich in das bayrische Wappen verwandele. Die Kaiserwürde, die das Haus Habsburg seit ungefähr dreihundert Jahren nahezu erblich besessen hatte, war frei geworden; den Bemühungen Friedrichs II. von Preußen und Frankreichs gelang es, sie Karl Albert von Bayern zuzuwenden. In der Wahlkapitulation wurde die Klausel, die den Kaiser verpflichtete, das Elsaß zurückzuerobern, weggelassen, ein Zeichen, durch welchen Einfluß die Wahl zustande gekommen war. Für Frankreich war es die selbstverständliche, hergebrachte Politik, Österreich zu bekämpfen; Preußen hatte keinen Grund als den, den günstigen Augenblick zu benützen, wo es leicht möglich schien, eine verhaßte Macht zu zerstören. Österreich war in voller Auflösung, von Feinden überrannt, an seiner Spitze stand eine junge unerfahrene Frau; Friedrich hatte eine volle Kasse und ein gutgerüstetes Heer, er war genial und durfte sich zutrauen, das Glück zu meistern. Zur Gunst des Augenblicks gehörte, daß Rußland, das er fürchtete, durch den Tod der Zarin Anna und die Jugend des Thronfolgers außerstande war, Österreich zu Hilfe zu kommen. Daß es ein deutsches Land war, welches er im Verein mit Frankreich zu überfallen sich anschickte, störte ihn nicht. «Wie brenne ich vor Ungeduld», schrieb er dem französischen Marschall Belle-Isle, «Sie als Sieger vor den Toren von Wien zu sehen und an der Spitze Ihrer Truppen zu umarmen, wie ich Sie an der Spitze der meinen umarmt habe.» Den Vorwand zum Angriff gab ihm der wohlbekannte Anspruch auf Jägerndorf, eine diplomatische Schachfigur, mit der endlich einmal nach so häufigen Drohungen gesprungen werden mußte. Für Friedrichs Gewissen hätte es dessen nicht bedurft, aber für die Pedanten, glaubte er, müsse es einen von Aktenwühlern als rechtmäßig nachgewiesenen Kriegsgrund geben. Im Hinblick auf die Pedanten hielt er es auch für richtig, zuerst bei der Königin von Ungarn seinen Anspruch anzubringen und ihr zu versprechen, er werde sie gegen alle ihre Feinde verteidigen und ihrem Gemahl bei der Kaiserwahl seine Stimme geben, wenn sie ihm das schlesische Gebiet abträte. Da er voraussah, daß Maria Theresia es ablehnen würde, gab er dem mit dieser Mission Betrauten den Auftrag, in diesem Falle den Krieg zu erklären, und zur Sicherheit rückte seine Armee zwei Tage eher in Schlesien ein, als der Gesandte in Wien eintraf. In zwei kurzen Kriegen eroberte Friedrich Schlesien, und die protestantische Bevölkerung jubelte dem jungen Sieger zu, als er in Breslau einzog; aber wenn Maria Theresia Schlesien verloren hatte, so hatte sie Österreich gerettet.

Die junge Königin war mehr Heldin und mehr

Siegerin als der König von Preußen. Als alle verzagten, blieb sie unerschütterlich und flößte Ministern und Generalen Mut ein. Ihre Lage war anfangs verzweifelt: Die vereinigten Franzosen und Bayern drangen bei Linz vor und hätten Wien erobert, wenn nicht die Franzosen dies Ziel aufgegeben und den Marsch nach Böhmen durchgesetzt hätten. In Prag ließ sich Karl Albert als König von Böhmen huldigen, dann in Frankfurt als Kaiser krönen. Inzwischen war Maria Theresia, ihren kürzlich geborenen Sohn auf dem Arme, vor die Ungarn getreten und hatte sie zu den Waffen gerufen. Ihre Räte hatten sie davor gewarnt, daran denkend, daß die Ungarn so oft die Waffen gegen Österreich gewendet hatten; es war eine Genugtuung für die Königin, daß die einst so Widerspenstigen jetzt Hilfe in der Not leisteten. Sie hat während ihrer ganzen Regierung die ungarischen Magnaten mit besonderer Auszeichnung behandelt. Aber auch die deutschen Österreicher setzten sich erfolgreich für ihr Herrscherhaus ein: Graf Ludwig Khevenhüller vertrieb den Feind aus Oberösterreich und eroberte Bayern, so daß die Kurfürsten in Frankfurt einen Kaiser ohne Land wählten; nach Khevenhüllers Tode kämpfte Karl von Lothringen siegreich am Rheine, und das Elsaß hätte zurückgewonnen werden können, wenn Friedrich nicht Frankreich in seinem Besitz geschützt hätte.

Maria Theresia, die letzte Habsburgerin, glich ihren Vorfahren weder äußerlich noch innerlich. Das Bewußtsein ihrer Stellung hatte den Quell ihrer Natur nicht eingefangen und eingedämmt: Er strömte frisch und stark einen geraden Weg. Auf der Bühne der großen Welt, inmitten einer künstlich verflochtenen, verlogenen Politik sprach sie die Sprache eines reinen und großen Herzens. Die Briefe, in denen sie ihren Feldherren Bitte oder Dank ausspricht, haben den ergreifenden Klang wahren Gefühls und sind doch voll königlicher Würde. Sie war immer zugleich ganz Mensch und ganz Herrscherin, denn auch dazu hatte die Natur sie gemacht. Auch im Gegner sah sie den Menschen und machte ihn als Menschen für sein Tun verantwortlich. Friedrich II. war für sie nicht der politische Feind, sondern der böse Mensch, der die Tochter seines Kaisers trotz aller Pflichten und Verträge in ihrer äußersten Not überfallen und beraubt hatte.

Ihrem Mut, ihrem Schwung, den das Bewußtsein, im Rechte zu sein, ihr verlieh, war es hauptsächlich zu danken, daß die Lage sich so schnell zu ihren Gunsten verändert hatte; es zeigte sich, daß ein altes großes Reich wie Österreich auf zu viel tiefgewurzelten Kräften ruhte, als daß ein wenn auch starker Anprall es umwerfen könnte. Als im Jahre 1745 der Tod den Kaiser von Frankreichs und Friedrichs Gnaden, Karl VII., hinraffte, kehrten die Kurfürsten in das verlassene Geleis zurück und wählten Franz von Lothringen, der durch seine Heirat mit Maria Theresia als zum Habsburger geworden betrachtet wurde; in diesem Falle verschlang der Stamm der Frau den des Mannes.

Friedrich hatte Schlesien und Ruhm erworben und konnte sich gesättigt der Arbeit für das Wohl seines Landes und der Philosophie widmen, Maria Theresia dagegen konnte sich in den Verlust Schlesiens, einer durch den Gewerbefleiß seiner Bewohner besonders wertvollen Provinz, nicht finden. Sie hatte das Gefühl, beraubt zu sein, und es war für sie selbstverständlich, daß sie dem Räuber die Beute wieder abnehmen würde, wenn es möglich wäre. Dazu war vor allen Dingen nötig, die Verhältnisse ihres Reiches so zu ordnen, daß es ebenso leistungsfähig wurde wie Preußen, sowohl die Verwaltung wie das Militärwesen. Sie unternahm ein großartiges Reformwerk, dessen Wesen darin bestand, daß die ständischen Einrichtungen noch mehr als vorher verstaatlicht wurden. Graf Haugwitz, der ihr dabei zur Seite stand, ein Sachse und Protestant, der Katholik wurde, hatte dabei Preußen als Muster vor Augen; der ständische Widerstand mußte in langsamer, geduldiger Arbeit überwunden werden. Die Heeresverwaltung wurde den Ständen ganz entzogen. In Wiener Neustadt wurde eine Militärakademie gegründet, in Wien eine Akademie für Ingenieure. Konnte Maria Theresia auch nicht selbst Soldat sein, so erstreckte sich doch ihr scharfer Regentenblick auch auf die militärischen Dinge. Ihre menschlich warme und königliche Art, zu loben und zu ermuntern, gewann ihr die unbedingte Anhänglichkeit der hohen Offiziere und Beamten.

Seit dem Jahre 1753 besorgte Graf Kaunitz die auswärtigen Angelegenheiten. Er führte eine aufsehenerregende Wendung in der europäischen Politik herbei, indem er Frankreich, das seit den Tagen Maximilians I. Österreichs erbitterter Feind gewesen war, Österreich zum Bundesgenossen gewann. Die Verbindung mit den Seemächten, die Leopold I. trotz des Widerstandes der jesuitischen Partei eingegangen war und die im Sukzessionskriege zu wirksamen Siegen geführt hatte, wurde aufgegeben. Auch Friedrich benützte die Friedensjahre, um sich zu rüsten. Als er im Jahre 1756 den Eindruck hatte, Maria Theresia habe ihre Vorbereitungen vollendet und stehe vor dem Angriff, erbat er sich von ihr das Versprechen, ihn weder in diesem noch im folgenden Jahre anzugreifen. Da sie es nicht gab, eröffnete er den Krieg. In dem Manifest, das die Welt von seinem Recht überzeugen sollte, rückten die alten Formeln von der bedrohten Freiheit und Religion der Reichsfürsten und von der österreichischen Universalmonarchie wieder auf. Friedrich, der im Jahre 1740 stolz und bewußt den Eroberungskrieg begonnen hatte, liebte es jetzt, sich als den unschuldig Verfolgten, das von den Wölfen gehetzte Lamm darzustellen, den Schwachen, den die schnöde Übermacht erdrücken wolle. Allerdings hatte Maria Theresia außer Frankreich das Reich und Rußland zu Verbündeten; aber das Reich war nicht ernstlich zu fürchten, und Frankreichs militärische Macht, vor fünfzig Jahren noch der Schrecken Europas, war in einem Grade gesunken, der allgemein überraschte. Frankreich war nicht in der Lage, einen Krieg zur See und auf dem Kontinent gleichzeitig mit Erfolg zu führen. Denn England war ebendamals im Begriff, Frankreich seine amerikanischen Kolonien zu entreißen; es wurde dadurch naturgemäß zum Bundesgenossen des Königs von Preußen.

Schon das erste Kriegsjahr brachte Friedrich eine bittere Enttäuschung: Sein Plan, durch überraschenden Angriff Böhmen zu erobern, mißglückte. Feldmarschall Daun entsetzte das belagerte Prag durch die Schlacht bei Kolin und zwang Preußen, Böhmen zu räumen. Es hätte auch Schlesien verloren, wenn nicht

Friedrich durch einen leichten Sieg über die Franzosen bei Roßbach und die Schlacht bei Leuthen sich gerettet hätte. Gleichzeitig mit der furchtbaren Niederlage bei Hochkirch erhielt er die Nachricht vom Tode seiner Lieblingsschwester, der Markgräfin von Bayreuth. Er hatte Augenblicke tiefster Niedergeschlagenheit, der Verzweiflung. Aber aus solchen Stimmungen raffte er sich immer wieder auf, um durch äußerste Anstrengung sich und sein Land vor dem Untergang zu bewahren. Seine Majestät der Zufall, wie Friedrich zu sagen pflegte, kam ihm zu Hilfe: Die Zarin Elisabeth starb, und ihr Sohn und Nachfolger, ein Verehrer des Königs von Preußen, zog seine Truppen sofort aus dem Kriege zurück.

Im Kampfe mit dem Schicksal, das er selbst herausgefordert hatte, war Friedrich ein einsamer, harter, verschlossener Mann geworden. Frisch und stolz hatte er seine ersten Lorbeeren gepflückt, die blutbefleckten, die er jetzt erstritten hatte, beglückten ihn nicht. War der Gewinn des Krieges die Opfer wert, die er kostete? Schon von seinem ersten großen Siege, der Schlacht bei Prag, sagte er, der Tod Schwerins habe seine Lorbeeren welken gemacht. Und wie viele seiner tüchtigsten Offiziere waren seitdem gefallen! Sein Heer, das Werkzeug, mittels dessen er sich über alle Fürsten des Reichs erhoben hatte, war aufgerieben. Er hatte Augenblicke, wo seine empfindlichen Nerven ihn vor dem Anblick des Schlachtfeldes voll von Verwundeten und Toten schaudern machten. In düsteren Stunden dichtete er, um sein jammerndes Herz zur Ruhe zu bringen. Er sah ein, daß er mit all seinem Geist, seinem Mut und seiner Schneidigkeit nicht alles erzwingen konnte: Auch der Gegner hatte Einsicht und Mut, das Schlachtenglück wechselt, die glänzendsten Siege tragen nicht die erwünschte Frucht, weil es gegenwirkende Kräfte gibt. Standhalten, dem Tod ins Auge sehen, ohne ihn zu fürchten, das war die letzte Stellung, die man dem Schicksal gegenüber beziehen konnte. Der Tod, das war nicht das Ärgste, er konnte Befreiung bedeuten – unerträglich wäre die Demütigung, als Besiegter aus dem Kriege zurückzukehren. Er, Friedrich, sollte seine Staaten aufs Spiel gesetzt und sie verspielt haben? Er war dem Untergang zu nah gewesen, um jemals die frühere Freudigkeit wiedergewinnen zu können, wenn auch sein elastischer Geist immer wieder aufflammte und sich zu freier Betrachtung des Geschehenen erhob; sein Gemüt hatte die Heilkraft nicht, das Erlebte in sich aufzulösen und zu überwachsen.

Als er nach dem Frieden in seine Hauptstadt zurückkehrte, war er, obwohl erst 51 Jahre alt, ein alter Mann geworden, freundlos, freudlos. Schlesien hatte er festgehalten, sein Ruhm leuchtete weithin, das befriedigte seinen Ehrgeiz, aber es erwärmte sein versteinertes Herz nicht. Einzig die Arbeit hatte etwas Beruhigendes für ihn. Er dachte groß genug, sich für die Leiden seines verarmten, entvölkerten, verwilderten Landes verantwortlich und zur Wiederherstellung verpflichtet zu fühlen. Der darauf hinzielenden Tätigkeit widmete er die nächsten Jahre, er war unermüdlich und forderte von seinen Beamten denselben Eifer.

Wenn die Arbeit für sein Volk sein Leben fortan ausfüllte, so war es das Pflichtgefühl, das ihn dazu antrieb, nicht Liebe zu seinem Volk. Er hatte eine gewisse Neigung, ein gewisses verwandtschaftliches Gefühl für den Adel, besonders soweit er sich dem Militärdienst widmete, seine übrigen Untertanen beachtete er kaum, wenn er sie nicht verachtete. Vor der Schlacht bei Leuthen hielt er in tiefer Ergriffenheit eine Ansprache an seine Offiziere, dankte ihnen für ihre bisherigen großen Leistungen und stellte jedem frei, angesichts der bevorstehenden schweren Aktion sofort seinen Abschied zu nehmen, es solle ihm nicht nachgetragen werden. Dann trug er ihnen auf, zu ihren Regimentern zu sprechen. «Das Kavallerieregiment», sagt er, «was nicht gleich, wenn es befohlen wird, *à corps perdu* in den Feind hineinstürzt, laß ich gleich nach der Bataille absitzen und mach' es zu einem Garnisonregiment. Das Bataillon Infanterie, was, es treffe auch, worauf es wolle, nur zu stocken anfängt, verliert die Fahne und die Säbels, und ich laß ihm die Borten von der Montierung schneiden.» Eine grausame Unterscheidung. Beide, der Adel und das gemeine Volk, mußten ihr Leben für den König einsetzen; aber der Adel, der Ehre hatte, empfing Lob und Dank, das gemeine Volk wurde nur mit Strafen bedroht. Die Bürgerlichen, die während des Krieges zum Offiziersrang aufgestiegen waren, wurden nach dem Kriege wieder entfernt. Später, nach der Aneignung von Polen, durften dort, aber auch nur dort, Bürgerliche adlige Güter erwerben; die Polen verachtete der König so, daß die deutschen Bürgerlichen gut genug waren, sie zu verdrängen. Das Gesuch eines Kammerdirektors Lehmann, der König möge seinen Sohn adeln, der Premierleutnant in einem Garnisonregiment war, wurde mit der Randbemerkung abgelehnt: «Ich liebe kein unadlig geschmeis unter der armée.» Heiraten Adliger mit Mädchen bürgerlichen Standes erlaubte er nur selten und ungern, weil er fürchtete, daß die gute Rasse dadurch verschlechtert werde. Auch die höheren Beamtenstellen wurden ausschließlich mit Adligen besetzt: Er hat nur einen einzigen Bürgerlichen, namens Michaelis, zum Wirklichen Geheimen Etatsrat ernannt. Indessen behandelte er auch die Beamten und selbst die Offiziere mit Härte und Verachtung, wenn sie sich nicht willenlos unterordneten, etwa gar eigene Wege gehen wollten. Widerspruch ertrug er nicht. Als ein Minister wagte, gewisse wirtschaftliche Maßregeln des Königs, besonders die Monopole, als schädlich zu bezeichnen, antwortete er folgendermaßen: «Ich erstaune über die impertinenten relationen, so sie mir schicken, ich entschuldige die Ministres mit ihre ignorance, aber die Malice und corruption der Concipienten muß exemplarisch bestraffet werden, sonsten bringe ich die Canailles niemahls in der Subordination.» Es geschah doch nicht nur aus Pflichtgefühl, daß er bis zur letzten Lebensstunde unermüdlich in der Verwaltung des Staates arbeitete, sondern er genügte damit zugleich der despotischen Sucht, allein, ohne Rat oder Einspruch von irgend jemand zu herrschen. Mehr und mehr lastete denn auch der Druck des unablässigen Regiertwerdens auf den Untertanen, namentlich die Berliner fühlten sich wie in einem Gefängnis. «Lassen Sie es aber doch einmal einen in Berlin versuchen», schrieb Lessing, «über andere Dinge so frei zu schreiben, als Sonnenfels in Wien getan hat, dem vornehmen Hofpöbel so die Wahrheit zu sagen, als dieser sie ihm gesagt hat, lassen Sie einen in Berlin auftreten, der für die Rechte der Untertanen, der gegen Aussaugung und Despotismus seine Stimme so erheben wollte, wie es jetzt sogar in Frankreich und Dänemark geschieht, und Sie werden bald die Erfahrung haben, welches Land bis auf den heutigen Tag das sklavischste Land in Europa ist.» Wenn schon Friedrichs Untertanen Berlin gern vermieden, taten es viel mehr noch die Ausländer. «Gegen Mitte November», schrieb Alfieri im Jahre 1769, «verließ ich die große Kaserne Preußen mit gebührendem Abscheu.»

Des Königs Erholung bestand immer noch darin, zu dichten, natürlich in französischer Sprache, die Huldigungen Voltaires und anderer französischer Schriftsteller zu empfangen und zu erwidern. Die schöne Morgenröte deutscher Dichtung erkannte er nicht, und wenn die deutsche Wissenschaft an ihn herantrat, verhielt er sich ablehnend. Einem Berliner Arzt, der eine Arbeit über Fische herausgeben wollte und um Einsendung seltener Exemplare durch die Kriegs- und Domänenkammer bat, schlug er es ab, weil man ohnehin alle Fische kenne, die es hier gebe. «Davon ein Buch zu machen, würde unnötig sein, denn kein Mensch würde ein solches kaufen.» Es ist nicht zu leugnen, daß er das königliche Vorrecht, viel zu sprechen und wenig zu hören, allzusehr ausnützte, doch kann man nicht umhin, die stets bereite Schwungkraft seines Geistes, den Reichtum seiner Einfälle zu bewundern. Er hatte unleidliche Vorurteile, aber oft handelte er in einem großen Sinn. Seine Duldung in religiöser Hinsicht hing wohl mit seiner religiösen Gleichgültigkeit zusammen; aber wie er den Grundsatz der Toleranz, ganz ohne seiner persönlichen Abneigung eine

Einmischung zu gestatten, durchführte, ist doch bemerkenswert. So erlaubte er den Mennoniten, sich mit Geld von der Wehrpflicht abzulösen, und ließ die Herrnhuter unbelästigt, obwohl er sie für eine «miserable Sekte» hielt. Seine scharfe Kritik verschonte am wenigsten die Fürsten, die ihr freilich viele Blößen boten. Er tadelte diejenigen, die nicht die ersten Diener des Staates waren; wenn sie im Gegenteil ihre Völker preßten, um ein ausschweifendes Leben zu führen, verachtete und verhöhnte er sie. «Der Gedanke», so lautet ein schönes Wort des Ministers von Heinitz, «daß er seinen Stand als einen Beruf angesehen und nach Geistes- und körperlichen Kräften so viel möglich zu erfüllen gesucht, macht ihn für die ganze Welt verehrlich.»

War er streng in seinem Urteil über andere, so war er auch streng gegen sich selbst in seinen Forderungen und seinem Urteil, wenn er auch das Bedürfnis hatte, seine Handlungen und seinen Charakter der Welt in günstigem Lichte darzustellen. Manchmal brach ein wärmeres Gefühl aus seinem starren Herzen und beleuchtete seine Einsamkeit. In den letzten Monaten vor seinem Tode behandelte ihn der berühmte Arzt Zimmermann. Da er Schweizer und in Hannöverschem Dienst war, stand ihm der König unbefangener gegenüber als seinen eigenen Untertanen und ließ sich mehr gehen. Zimmermann traf den König mit einem alten Federhut auf dem Kopfe, in einem von Tabak beschmutzten Anzug, todkrank, mit geschwollenen Beinen, entkräftet, aber voll des Willens zu leben; in guten Augenblicken war er voll Geist und Feuer. Die sanfte, wohlklingende Stimme und der Adlerblick der leuchtenden Augen, womit einst der Kronprinz seinen Hofstaat hingerissen hatte, bezauberten jetzt den Arzt, der wußte, daß er einen Sterbenden vor sich hatte. Die letzten Worte, die Friedrich zu Zimmermann sagte, als er ihn verabschiedete, waren: «Vergessen Sie den guten alten Mann nicht, den Sie hier gesehen haben.» Vier Wochen darauf war er tot. Im Sterben legte er die Krone ab, die des Königs und die des Genies, um nichts als ein guter alter Mann zu sein.

Montesquieu und England

Die Menschen des 18. Jahrhunderts sahen mit Verachtung auf das Mittelalter herab als auf eine Zeit des Aberglaubens, der Barbarei, der Anarchie, der Pfaffenherrschaft; war das auch hauptsächlich die Auffassung der Protestanten, so hatten doch auch in den katholischen Ländern Absolutismus und französische Bildung das Verständnis für die blühende Mannigfaltigkeit des mittelalterlichen Lebens und die Harmonie der mittelalterlichen Kultur verdunkelt. Montesquieu war es, ein Franzose, der die mittelalterlichen Verfassungsformen dem gegenwärtigen Zeitalter, das in den Augen der Gebildeten die Spitze der Zivilisation erreicht hatte, als Vorbild aufstellte. Er ging von dem Satz aus, daß jeder Mensch dazu neige, die Gewalt, die er habe, zu mißbrauchen, und daß die daraus entstehende Gefahr mit der größeren Gewalt natürlicherweise immer größer werde. Der Mißbrauch der Gewalt könne nur dadurch unmöglich gemacht werden, daß der Gewalt durch eine andere Gewalt Schranken gesetzt würden. So waren die Dinge im mittelalterlichen Abendlande geordnet gewesen. Eine Fülle selbständiger Gebilde erwuchs dort, von denen jedes durch die Kraft und das Recht eines anderen gebändigt war, das selbst wieder durch ein anderes gehemmt wurde. «Die gotische Regierung», sagt er, «war zuerst eine Mischung von Monarchie und Aristokratie. Sie hatte den Übelstand, daß das niedere Volk geknechtet war; aber es war eine gute Regierung, weil sie die Fähigkeit besaß, besser zu werden. Es kam die Sitte auf, Freiheitsbriefe zu bewilligen, und bald befanden sich die bürgerliche Freiheit des Volkes, die Vorrechte des Adels und die Macht des Königs in solchem Einklang miteinander, daß es nach meiner Meinung auf der ganzen Erde keine so wohl gemäßigte Regierung gegeben hat wie diejenige ganz Europas während der Zeit ihres Bestehens. Es ist wunderbar, daß aus dem Verfall der Regierung eines erobernden Volkes die beste Regierungsform, welche die Menschen haben erdenken können, hervorgegangen ist.»

Nach dem Verfall dieser Ordnung ist in Europa die Monarchie zur herrschenden Staatsform geworden. Sind aber die europäischen Staaten Monarchien? Zwischen den Monarchen und dem Volke muß es Zwischenglieder geben, und das sind gewöhnlich Adel, Geistlichkeit, Städte; fehlt die mäßigende Gewalt dieser Stände, so wird die Monarchie zur Despotie. Längst waren damals die Stände entweder beseitigt oder ihrer Macht beraubt: Die europäischen Staaten waren nach der Ansicht Montesquieus despotisch regiert. Einen einzigen hatte er kennengelernt, der der Verderbnis entgangen war, der sie überwunden hatte, der es verstanden hatte, der monarchischen Gewalt durch andere Gewalten Schranken zu setzen. Nachdem er festgestellt hat, daß jedes Volk seinem innewohnenden Wesen nach einen großen Zweck verfolge, daß es bei den Juden die Religion, bei den Römern die Macht gewesen sei, fährt er in einem fast feierlichen Tone fort: «Es gibt aber ein Volk in der Welt, das die politische Freiheit zum unmittelbaren Zweck seiner Verfassung gemacht hat.» Freiheit, lange nicht vernommenes Wort, lange nicht vernommener Wohlklang! Es war, als habe ein verwegener oder ahnungsloser Mund ein gefährliches Zauberwort ausgesprochen, das einst durch furchtbare Gesetze gebannt und endlich vergessen worden sei. Freiheit! Aus germanischem Geist ist sie geboren, Tacitus hat ihr edles Bild bei den Germanen gefunden und abgezeichnet. Den Grundgedanken der Freiheit haben die Engländer übernommen. «Dies schöne System ist in den Wäldern erfunden worden.» Zu den auf germanischer Grundlage erwachsenen Ländern rechnet Montesquieu auch Frankreich; er hofft für sein Vaterland eine Wiedergeburt im Sinne der altgermanischen Freiheit.

Das Mittel, wodurch England sich seine Freiheit erhalten hat und erhält, so entwickelt Montesquieu, ist die Teilung der Gewalten. Das Prinzip, das im Mittelalter aus glücklichem Instinkt sich verwirklichte, hat sich in England durch schwere Kämpfe zu einer gültigen Form gestaltet, zur Dreiteilung in gesetzgebende, vollziehende und richterliche Gewalt, die König und Parlament verkörpern. Weise ist es, daß das Parlament in zwei Häuser geteilt ist, denn so können sie sich gegenseitig in Schranken halten. Beide zusammen werden durch die ausübende Gewalt, den König, gehemmt, der seinerseits durch die gesetzgebende Gewalt des Parlaments gebunden ist. Wo die drei Gewalten in einer Hand vereinigt sind, wie in der Türkei, sagt Montesquieu, herrscht schändlicher Despotismus. «Wie alle menschlichen Dinge ein Ende haben», fügt er hinzu, «so wird auch der Staat, von dem wir sprechen, seine Freiheit verlieren und zugrunde gehen. Rom, Lakedämon und Karthago sind auch zugrunde gegangen. Er wird zugrunde gehen, wenn die gesetzgebende Gewalt schlechter wird als die ausführende.»

Das Werk Montesquieus, in welchem er die englische Verfassung als ein Muster für Europa schildert, heißt «Der Geist der Gesetze» und erschien ungefähr um die Mitte des Jahrhunderts, im Jahre 1748. Es bedeutete einen Einschnitt in der Entwicklung der Staaten. Es funkelte von Geist, es war voll von scharfsinnigen Bemerkungen über die Völker und ihre Zustände, es brachte viele neue Gesichtspunkte, es enthielt, ohne daß das geradezu ausgesprochen wurde, eine scharfe und stolze Kritik der Gegenwart. Zugleich aber gewährte es einen Ausblick auf bessere Zeiten, indem es auf Englands Verfassung hinwies. Die Teilung der Gewalten wurde seitdem in den Augen derer, die sich für das öffentliche Leben interessierten, das Allheilmittel für die Gebrechen der absolutistischen Regierungen.

Indessen wenn Montesquieu die Deutschen, die mit den heimischen Verhältnissen unzufrieden waren, mit einem Maßstab, einer Richtschnur ausstattete, so war er doch nicht der erste, der den Bewohnern des Kontinents die Kenntnis der meerumrauschten Insel vermittelte. Seit dem Spanischen Erbfolgekrieg, in dem England den Ausschlag bei der Zurückdrängung der französischen Übermacht gegeben hatte, bestand ein lebhaftes Interesse für das bis dahin dem festländischen Europäer noch wenig bekannte Nebelland. Zuerst waren es Schweizer, die ausführliche, auf eigene

Anschauung gestützte Nachrichten über England gaben: Guy Miege, dessen dickes Buch im Jahre 1708 erschien, und Beat Ludwig von Muralt, der seine *Lettres sur les Anglais* schon 1695 geschrieben hatte, aber erst 1725 veröffentlichte. In diesen Briefen führte er als hervorstechende Eigenschaften der Engländer Freiheitssinn an, Stolz, Mut, wilden Trotz, der zu großen Taten führt, hochgeschwelltes, rücksichtsloses Selbstgefühl, Gleichgültigkeit gegen Hofgunst, Unabhängigkeit von Gewohnheiten und Vorurteilen. Ihr Verstand sei auf das Wesentliche, Richtige, Naturgemäße gerichtet. Er hob den Reichtum an außerordentlichen, durch große Tugenden und große Fehler ausgezeichneten Charakteren hervor. Die Urteile der Deutschen, die allmählich anfingen, England zu bereisen, stimmten mit dem Muralts überein: männlich, großmütig, freigebig erschienen ihnen die Engländer. Albrecht von Haller, der Schweizer Gelehrte und Dichter, der lange in Göttingen Professor war, erklärte die englische Regierungsform für die vorzüglichste von allen in alter und neuer Zeit. Wenn er auch, als einziger einen Tadel in die Chöre des Lobes mischend, die allzu großen Vorrechte des Adels mißbilligte, so sei doch, meinte er, der Welt an Englands Erhaltung und Größe ungeheuer viel gelegen, da es allein dann und wann unterdrückten Staaten helfen und die Allmacht der großen Mächte einschränken könne. Im Jahre 1758 hob Wieland, von Montesquieu beeinflußt, als Vorzug der englischen Verfassung hervor, daß sie Freiheit mit dem Ansehn der Gesetze aufs glücklichste verbinde, die Gewalt klug zwischen Adel, König und Volk teile, er nennt sie die vollkommenste, selbst den antiken

Republiken überlegene. Auch er findet, daß das Bestehen dieser Verfassung und des freiheitlichen Geistes der Briten für das Heil und die Freiheit Europas unentbehrlich sei. Sophie la Roche rühmte die «jedem Bürger zustehende Möglichkeit, für das Wohl des Staates und für das Recht des einzelnen mit allem Nachdruck öffentlich aufzutreten.» Karl Philipp Moritz schreibt einem Freunde aus England: «England ist das erste Land Europas, in welchem der dritte Stand über Angelegenheiten des Reiches mitsprechen durfte.» Noch im Beginn des 19. Jahrhunderts klang es im selben Sinne: «England», sagte Rückert, «ist wie ein Drache, der, von seiner ewigen See umflossen, über die Freiheit der Welt wacht.» Und Ernst Moritz Arndt: «Leben, Gesetz und Gerechtigkeit blühen am reichsten da, wohin England den Fuß setzt. England hat seine Seele für Freiheit gegeben, es ist die Seele der europäischen Freiheit, die Engländer sind das größte Volk der neueren Geschichte und der künftigen Jahrhunderte. Englands Fall bedeutete den Untergang des letzten Hortes der europäischen Freiheit.» In den Göttinger Gelehrten Anzeigen stand im Jahr 1819: «Die gesammte gebildete Welt muß Großbritannien zurufen: *Perpetua esto!*»

Indem England gemäß seiner Politik des europäischen Gleichgewichts den Plänen Frankreichs, eine europäische Universalmonarchie aufzurichten, entgegenwirkte und sie vernichtete, verdiente es sich den Dank Deutschlands, das als Frankreichs Nachbar zunächst bedroht war. Aber nicht nur die englische Politik und nicht nur die englische Verfassung erregte damals die Bewunderung der Deutschen und namentlich der deutschen Protestanten: Das gesamte Geistesleben der Engländer hatte schon vor Montesquieu begonnen, auf Deutschland einzuwirken und den französischen Einfluß zurückzudrängen. Wohl wurde an den Höfen immer noch französisch gesprochen und geschrieben, die Gebildeten aber lasen nach englischem Muster verfaßte Wochenschriften, lasen englische Romane, in denen bürgerliche Tugenden verherrlicht wurden, sahen englische Schauspiele, deren Hauptfiguren nicht griechische Helden und Könige waren, sondern bürgerliche Personen mit Schicksalen, die einem jeden begegnen konnten. Alles ergriff das Herz, alles ging ein wie alt Vertrautes, zu dem man zurückkehrt. Man besann sich auf die Verwandtschaft der Engländer mit den Deutschen. Herder nannte sie auf eine Insel verpflanzte Deutsche, ein anderer durch den Genius der Freiheit veredelte Deutsche. Schon drangen von der Harfe des alten Zauberers Shakespeare verlorene Akkorde süß und schauerlich über das Meer. Man verstand sie nicht ganz, aber man horchte ahnungsvoll.

Wandel der Sprache

Vergleicht man die ebenso kraftvolle wie liebliche, in der Knappheit und Straffheit der Jugend wie in einem blinkenden Harnisch einherschreitende Sprache Luthers und Huttens mit der ausgeweideten, einem leeren Schlauch gleich hinschleichenden der deutschen Schriftsteller in der ersten Hälfte des 18. Jahrhunderts, möchte man zweifeln, ob es dasselbe Volk sei, das so verschieden redete. Während des Dreißigjährigen Krieges fand der Dichter Paul Fleming noch markige und innige Klänge. Seine Gedichte haben etwas von dem Wildniszauber einer Sprache, die noch wenig gedruckt wurde. Selbst den schläfrigen Alexandrinergaul wußte er so gebieterisch zu reiten, daß er zuweilen edler arabischer Zucht glich. Allmählich aber wurde die Ausdrucksweise immer ungelenker und zugleich gewundener und verschränkter, als wolle der Schreiber sich darin verstecken. Die Sätze sind oft einem Knäuel von Würmern ähnlich, von denen man nicht weiß, welcher Kopf zu welchem Schwanz gehört.

Wie hätte Leibniz, der so eifersüchtig über der Größe des deutschen Volkes wachte, den Verfall der Sprache nicht bemerken sollen! Sie sei, sagte er, während des Dreißigjährigen Krieges in die Rapuse gegangen, und er arbeitete, soviel er konnte, an ihrer Verbesserung. Er selbst schrieb ein klares, herzhaftes, gedrungenes Deutsch. Er spickte die Sätze nicht mit französischen Ausdrücken, wie es damals Sitte war; er war auch gegen übertriebenen Purismus. Das Einbürgern neuer, einer fremden Sprache entnommener Worte hielt er für eine Bereicherung, doch sollten sie aus einer verwandten, etwa der holländischen, stammen. Als gute Vorbilder betrachtete er die älteren Reichstagsabschiede und die Erlasse des Leipziger Gerichtshofs, die er beide wegen der Reinheit ihrer Sprache rühmte. Sehr schön nennt er die deutsche Sprache einen Probierstein der Gedanken, weil sie erdichtete Dinge und Hirngespinste wiederzugeben ungeschickt sei und dadurch zu gründlichem Denken zwinge. Da die Gelehrten immer lateinisch geschrieben hätten, sei sie unvollkommen in den abstrakten Dingen, aber ausgezeichnet in allem, was dem gemeinen Mann vorkomme, in Kunst- und Handwerksdingen, unübertrefflich in Erz- und Bergwerksangelegenheiten. Daß sie aber das Abstrakte auszusprechen nicht geschickt sei, habe auch wieder Gutes im Gefolge, denn was sich darin ohne entlehnte und ungebräuchliche Worte verständlich sagen lasse, das sei wirklich etwas Rechtschaffenes. Leere Worte, die gleichsam nur ein leichter Schaum müßiger Gedanken wären, nehme die reine Teutsche Sprache nicht an. Diesen Vorzug sollte die deutsche Sprache sehr bald einbüßen. Grade damals fingen fast alle ausländischen Gelehrten an, in ihrer eigenen Sprache zu schreiben, sehr zum Ärger jener deutschen Gelehrten, die, wie zum Beispiel Conring, nur deutsch und lateinisch verstanden. Sie mußten sich der allgemeinen Gepflogenheit anschließen, und manche lernten bald, mit Worten leeren Schaum zu schlagen, während andere die Steifheit der toten Sprache in das Deutsche hinübernahmen.

Wieviel frische, originelle Ausdruckskraft in der Volkssprache noch steckte, sieht man in den gelegentlich deutschen Äußerungen Friedrich Wilhelms I. und Friedrichs II., die nach einer Bemerkung des letzteren deutsch wie Kutscher sprachen, da sie von Kindesbeinen an gewöhnt waren, französisch zu reden. Das Heroische und Originelle in Friedrichs des Großen Persönlichkeit prägt sich deutlicher in seinen hingeworfenen deutschen Aussprüchen als in seinen französischen Briefen, Gedichten und Abhandlungen aus. Maria Theresia, die mehr als die preußischen Könige deutsch zu sprechen gewöhnt war, drückt sich im Deutschen ebenso naiv und originell, aber richtiger und gewandter aus.

In der Schriftsprache des 18. Jahrhunderts ist von frischer, derber Volkstümlichkeit kein Spürchen zu finden; sie hatte sich den Idealen angepaßt, die sie verkündete. Gehorsam, Mäßigkeit, verständiges Sichbegnügen mit den zugeteilten Gaben, geduldiges Sich-Ergehen in vorgeschriebenen Bahnen, derartige Eigenschaften pries man als den Inbegriff der Tugend, die mit der Nützlichkeit des Haustiers sehr verwandt war. Nutzen, Tugend, Glückseligkeit, Vergnügen, das waren die stets wiederholten Worte, die den Daseinszweck erklärten. Der literarische Repräsentant dieser Geistesverfassung war Christian Fürchtegott Gellert. Seine Briefe und Romane schlabbern mit der Einförmigkeit eines Landregens daher, zu ungesalzen, zu kamillensüßlich, als daß man seine redliche, menschenfreundliche Gesinnung recht würdigen könnte. Die Beliebtheit Gellerts, die in solcher Einmütigkeit aller Stände nie wieder einem deutschen Dichter zuteil geworden ist, beweist, daß das deutsche Volk sich selbst und seine Ideale in ihm wiederfand. Seichtigkeit war das hauptsächliche Merkmal der Literatur. Freilich, vergleicht man die Sprache Gellerts und anderer Schriftsteller aus der ersten Hälfte des 18. Jahrhunderts mit der heutigen bald saloppen, bald ausgetüftelten, bald schwülstigen, bald schablonenhaften, so berührt einen ihre Sauberkeit, Durchsichtigkeit und Zierlichkeit wohltuend, und man blickt auf sie wie auf ein Vorbild. Vergleicht man sie aber mit der Sprache des 16. Jahrhunderts, fällt das Urteil anders aus. Gegenüber jener Kraft und Lieblichkeit erscheinen Sprache wie Denkart verständig und verständlich, aber schwächlich und unwahr.

Da, auf einmal brach durch das Gewinsel und Gelispel ein vollerer Ton, ein ferner, fremder, sirenenhafter Inselklang: Wie Hebe kühn und jugendlich ungestüm – Wie mit dem goldnen Köcher Latonens Sohn – Unsterblich sing' ich meine Freunde – Feyernd in mächtigen Dithyramben! Woher dieser Schwung, diese stolze Verwegenheit, dieser blitzhafte Sprung der Gedanken und Bilder?

Wird jeder Dichter erweckt durch ein Vorbild, dem er sich hingibt, könnte ihn das Vorbild doch nicht erwecken, wenn nicht ein Funke in ihm wäre, der ungeduldig zuckte, zur Flamme zu werden, ohne eine schwebende Ahnung, der zu deutlicher Ausprägung das Bewußtsein fehlt. Der Ursprung des Flammenkeims in der Seele des jungen Klopstock ist ein Geheimnis; das Vorbild war neben den antiken Dichtern, die er in Schulpforta studiert hatte, der englische Dichter Milton. Als der junge Klopstock die Schule

verließ und sich der Sitte gemäß mit einer lateinischen Rede verabschiedete, feierte er darin Milton mit einer freien Begeisterung, die die Zuhörer erstaunte.

  Klopstocks Dichtung war das erste Zeichen der Abwendung des deutschen Geistes vom Einfluß Frankreichs. Derselbe hatte hauptsächlich die Höfe und die mit ihnen zusammenhängenden Kreise beherrscht, unter den Gebildeten waren immer solche gewesen, die ihn als störend empfunden und getadelt hatten. Der englische Einfluß griff tiefer in das Volk hinein und wurde mit dem Bewußtsein aufgenommen, daß er von einem verwandten Volke kam und die Deutschen zu ihrem eigenen verschütteten Wesen zurückführe. War nun auch Klopstock durch die englische Literatur beeinflußt, so hatte er doch auch in der eigenen Heimat eine Quelle, in der die deutsche Sprache sich erneuern konnte: Das war hauptsächlich die Bibel. Im Volke, soweit es protestantisch war, wurde die Bibel sehr viel gelesen, ja in manchen Kreisen las man nichts anderes; sie hatte auf Gesinnung und

Ausdrucksweise großen Einfluß. In der Sprache des Volkes hatte sich viel von der alten Kernigkeit erhalten. Ohne diesen in der Verborgenheit stetig dahinrauschenden Strom wäre das plötzliche Hervorblühen einer reifen Dichtung nicht möglich gewesen. Klopstock wie Lessing und Goethe waren bibelkundig, Voß schulte sich bewußt durch die Luthersche Bibelsprache zur Übersetzung des Homer. Herder machte auf die Schönheit der älteren Volksdichtung aufmerksam, das lange verachtete Mittelalter wurde als ein Hort edelsten deutschen Wesens geschätzt.

Stolz und freiheitsliebend war der neue deutsche Dichter, ein unabhängiger Charakter, frei von der Untertanenseligkeit, die das deutsche Volk entstellte. Staunend sah man die flammende Garbe seiner Poesie aufschießen; aber es war so, als habe die Asche im Busen des Volkes noch etwas Glut geborgen, die auf eine zündende Kraft gewartet hätte. Gellert, der Vielgepriesene, bekannte, daß hier ein Höherer erschienen sei. Klopstock selbst war sich bewußt, wie ehrlich er auch Gellerts Tugenddichtung rühmte, anders zu sein als die, welche vor ihm gereimt hatten und gleichzeitig mit ihm reimten, und etwas anderes als diese zu wollen. Er hatte ein Gefühl von der seherischen Kraft des Dichters und von seiner verantwortlichen Aufgabe, das Volk zu führen. Auch er wollte es die Tugend lehren; aber aus jeder Zeile seiner Dichtung sprach die Gewißheit, daß Tugend eine Kraft ist. Das Bewußtsein seiner hohen Aufgabe ließ ihn zuweilen feierlich erscheinen; aber ohne daß er die Unbefangenheit verloren hätte, die Natur und Vaterhaus ihm mitgegeben hatten. In einer herrlichen Ode schildert er, wie er die britische und die deutsche Muse zum Wettkampf sich rüsten sieht. Er sieht die junge deutsche Muse, der die Locke golden um die flammende Wange fliegt, ehrfürchtig und doch mit edlem Selbstbewußtsein neben der britannischen. Er läßt die Göttinnen sich großherzig begrüßen, er hört die Trompete des Heroldes, beugt sich herzklopfend vor – aber Staub fliegt auf und verhüllt die mit Adlereile Dahinfliegenden, sein Blick verliert sie. Eine neue Epoche schien für Deutschland anzubrechen. Mit einem großen Wurf, maßlos kühn hatte das Bürgertum die geschichtliche Bühne betreten. Denn, wenn Klopstock auch nicht als Vertreter des bürgerlichen Standes, sondern als Dichter für uns bedeutungsvoll ist, so war doch der Umstand, daß er und alle die großen Geister jener Zeit aus dem bürgerlichen Stande hervorgingen, ein Zeichen für die Reife dieser Schicht, die Führung des Volkes zu übernehmen. Es war nicht mehr der mittelalterliche Stadtbürger, sondern der deutsche Bürger oder der deutsche Gebildete, der, von Friedrich dem Großen dazu bestimmt und darauf beschränkt, die Wissenschaften zu studieren und durch Großbetrieb in Handel und Gewerbe Geld zu verdienen, sich bald anschicken sollte, mit diesen Mächten, Bildung und Geld, den Adel aus seiner herrschenden Stellung zu verdrängen.

Die deutschen Menschen

Der Baur · Der Edelmann · Die Bürgerin

«Das Unglück ist geschehen, das Herz des Volkes ist in den Koth getreten und keiner edlen Begierde mehr fähig.» Diesen Satz aus Hallers Staatsroman Usong stellte der junge Goethe im Jahre 1773 seiner dramatisierten Geschichte Gottfrieds von Berlichingen als Motto voran. Den gezähmten Untertanen, die seine Zeitgenossen waren, stellte er in der Gestalt des Ritters mit der eisernen Hand einen Deutschen gegenüber, der ganz anders geartet war: furchtlos, hilfsbereit, der eigenen Kraft und dem eigenen gesunden Urteil vertrauend, dessen Fehler glänzend aus dem sich überstürzenden Überfluß seines leidenschaftlichen Herzens hervorstrahlten. Wie zu dem wilden Roß der Steppe die geduldig zwischen Stall und Schlachtbank trottende Hammelherde, so verhält sich der freie Mann aus dem Fehdezeitalter zu den verkümmerten, verschüchterten Sklaven der Despoten. Sie erwarten die Regel ihres Handelns von der Regierung, nicht von ihrem Gewissen. Unterwürfig, liebedienerisch, bis zur Niederträchtigkeit gefügig nach oben, anmaßend und brutal gegen Wehrlose, so erschien der deutsche Mensch dem Unverdorbenen. Damals bildete sich in ihm das Bedientenhafte aus, das ihm von anderen Nationen vorgeworfen wurde. «Wie soll ich nun aber die Leute benennen», schrieb Karl Friedrich von Moser, «welche in ihren vier Wänden ein Löwenherz haben und in freier Luft mit Hasengleichem Mut entfliehen. Seynd das edle Seelen, die sich heimlich das Herz über die Not ihrer Mitbrüder abgrämen, aber in dem Augenblick, wo es auf freimütiges Bekenntnis des Rechts und der Wahrheit ankommt, zaghaft verstummen? Seynd das edle Verehrer der Gesetze, welche gegen besseres Wissen und Gewissen schweigen, wo sie reden dürften und sollten, damit ihnen, ihren Kindern und Verwandten nichts zum Schaden geredet würde? Man erkennt diese patriotischen Menschen an zwei Redensarten: Was soll ich mir ohne Not Feinde machen? Was wird's am Ende auch helfen, wenn ich alles geredet und gesagt habe?» Damit wollte Moser nicht einige Ausnahmen, sondern den Durchschnitt der Deutschen charakterisieren. «Der Bürger», sagte Schubart in bezug auf seine Geislinger Landsleute, «ist dumm, hochmütig, arm, ein Sklav, trägt silberne Schnallen und frißt Haberschleim.» Ähnlich urteilt der englische Gesandte am preußischen Hofe: Er findet die Untertanen des Königs im allgemeinen arm, eitel, unwissend und ohne Grundsätze. «Ihre Unwissenheit», schreibt er, «erstickt in ihnen jeden Begriff von Freiheit und Widerstand, und der Mangel an Grundsätzen macht sie zu bereitwilligen Werkzeugen bei der Ausführung aller Befehle, die sie erhalten, ohne zu überlegen, ob sie auf Gerechtigkeit gegründet sind oder nicht... Obschon sie die eiserne Rute fühlen, mit der sie beherrscht werden, klagen doch nur wenige, und keiner wagt zu murren.»

Einen großen Teil der Schuld an dem, was er den Verfall der deutschen Freiheit nennt, schreibt Moser den akademischen Lehrern zu. «Die vom Landesherrn besoldeten Lehrer des Staatsrechts sind nicht Lehrer der deutschen Freiheit.» Die Theologen vollends nennt er Gehilfen der Unterdrückung in Schrift und Predigt; die wenigen Zeugen der Wahrheit verketzern sie als Verführer und Aufwiegler. Furchtbarer fast als die scharfen Urteile Karl Friedrich von Mosers treffen die Worte des Magdeburger Rektors Resewitz, eines verständigen Anhängers der Aufklärung, der, die Zeit und die Menschen hinnehmend, wie sie eben waren, die neuen Erziehungsgrundsätze, die gegen Ende des Jahrhunderts aufkamen, als unpassend für Deutschland ablehnte: «Wehe unseren Deutschen, wenn sie *à la* Rousseau erzogen werden sollten! Dergleichen Kraftseelen, die nach ihm gebildet, würden in unserem lieben Vaterlande selten oder nie an ihrer rechten Stelle stehen. Wir Deutschen sind im ganzen genommen durch unseren Charakter, soweit wir noch einen haben, durch Regierungsform und politische Verfassung größtenteils in allen Ständen zur Treue, zu fleißiger und überlegter Ausrichtung der uns angewiesenen Geschäfte, zu Ordnung und Betriebsamkeit und zum anhaltenden Ausdauern bestimmt. Hat die öffentliche Erziehung nicht diesen Zweck, so wird sie nicht allein mißraten, sondern auch die Deutschen für Deutschland verderben.»

Der Vergleich mit anderen Nationen, von Deutschen selbst angestellt, fiel für die Deutschen beschämend aus. Neben dem aufrechten Engländer oder Eidgenossen erschien der Deutsche, der im 16. Jahrhundert so trotzig, so unbändig gewesen war, als sei ihm das Rückgrat gebrochen. «Ist Deutschland darum», ruft Moser aus, «dreißig Jahre lang der Schauplatz aller möglichen Verwüstungen gewesen, um aus deutschen Untertanen das schlechteste Volk Europas zu machen?»

Noch am Ende des 18. Jahrhunderts war Deutschland ein armes, überwiegend agrarisches Land. In den achtziger Jahren bereiste ein Herr von Archenholtz, ehemals preußischer Offizier, Italien und England. London hatte damals 900000 Einwohner, Wien 245000, Berlin 140000. Mit Abscheu spricht Archenholtz von dem Unglück, das England habe, eine so große Hauptstadt zu besitzen, ein ungeheures Ganzes ohne Maß und Ziel. Englische Patrioten hätten von der Wut gesprochen, die Grafschaft Middlesex mit Ziegeln zu bedecken, und ein Lord habe eine Auflage auf die Ziegelsteine gesetzt, dem Übel aber dadurch nicht gesteuert. In so kolossalen Städten, sagt Archenholtz, breite der Luxus seine Verheerungen aus, der Mensch erschlaffe und werde oberflächlich, sie seien die Katakomben der Gesellschaft. Einer der ersten, die sich in Deutschland mit statistischen Untersuchungen über Wachstum und Abnahme der Bevölkerung beschäftigten, Johann Peter Süßmilch, setzte die großen Städte wegen der Sterblichkeit der Kinder Örtern gleich, in denen eine stets bestehende, schleichende Pest grassiere. Kluge Regenten sollten seiner Meinung nach nicht auf übermäßige Vergrößerung einer Stadt, sondern darauf bedacht sein, die Überzahl in mehrere Städte zu verteilen.

Trotz seiner Verurteilung der Millionenstadt ist Archenholtz voll Bewunderung für ihre Reize. Es ist anregend, abends durch die erleuchteten Straßen zu spazieren. Staunend steht er vor dem, was man jetzt Schaufenster nennt, ungemein große, eingefaßte Glasscheiben, durch die man allerhand ausgestellte Waren betrachten kann. Da gibt es fertige Schuhe, bereits gebundene Bücher, Kasten, die zum Gebrauch für Reisende eingerichtet und ausgerüstet sind, kurz, das Raffinement, wie Archenholtz sich ausdrückt, geht über alle Gewerbe. Alles dient der Bequemlichkeit des Publikums, auch der sonderbare Gebrauch der Engländer, ihr Geld einem Bankier in Verwahrung zu geben. Wie anders war es in Deutschland! Die kleinen Städte waren Dörfern ähnlich, und auch in den wenigen großen gab es keine Straßen mit hellbeleuchteten Läden, wo die neuesten Schöpfungen der Industrie die Käufer anlockten, viel weniger das, was man öffentliches Leben nennt. «Sage mir, was du willst», schrieb Johann von Müller im Jahre 1773 einem Freunde, «die Kleinstädte vegetieren doch nur, und ihr Leben ist Mühe und Elend.» In Deutschland waren außer Wien,

Hamburg, Leipzig, Frankfurt fast alle Städte ihrem Charakter nach Kleinstädte.

Als hauptsächlichen Charakterzug der Engländer bezeichnet Archenholtz den *public spirit*. Er bemüht sich, dem deutschen Leser begreiflich zu machen, was das bedeute, da das Wort unübersetzbar sei. Nenne man es das eifrige Bestreben, das allgemeine Beste zu bewirken, so gebe das doch nur einen allgemeinen Begriff. Auch der niedrigste Pöbel in England habe *public spirit*. Er führt Beispiele an, die in den Sinn des Ausdrucks einführen sollen: Ein Minister verzichtet auf die mit seinem Amt verbundenen Einkünfte; ein anderer legt im Parlament einen Gesetzentwurf vor, nach welchem die Besoldungen herabgesetzt werden, und beginnt damit, seine eigene zu vermindern; als im Jahre 1742 die Preußen Schlesien eroberten, sammelte eine Dame 100000 Pfund Sterling und bot sie Maria Theresia an. Jeder ist davon durchdrungen, daß die öffentlichen Vorfälle auch ihn angehen. Der Romandichter Fielding bekleidete vier Jahre lang das unentgeltliche Amt eines Ober-Friedensrichters und hat das Londoner Polizeisystem ausgearbeitet. Der Sinn für Gerechtigkeit ist den Engländern aller Klassen eigen. Raub und Einbruch sind verhältnismäßig selten, die 2000 Nachtwächter, die nachts in London umhergehen und untersuchen, ob die Haustüren verschlossen sind, sind nicht bewaffnet außer mit Schnarren. Man nimmt keinen Anstand, die berühmte Bettleroper, in der das Räuberhandwerk verherrlicht wird, in London alljährlich einige Dutzend Male aufzuführen. Es ist die Lieblingsoper des Publikums wegen ihres Witzes und der schönen Musik, die dazugehört. Der Friedensrichter der Grafschaft Middlesex hat im Jahre 1772 den großen Schauspieler Garrick ersucht, sie nicht mehr zu spielen, aber er ist nicht darauf eingegangen. «Der menschliche Geist», sagt Archenholtz, «zeigt sich dem Philosophen nirgends erhabener, als wenn er eine Million Menschen auf einen Haufen zusammengedrängt sieht, die nicht durch das despotische Zepter des Soldaten, sondern durch das unsichtbare Band der Gesetze zusammengehalten werden.»

Wie hätte sich in Deutschland, wo die Untertanen von allen Regierungsgeschäften ferngehalten wurden, *public spirit* entwickeln können! In der Stuttgarter Privilegierten Zeitung vom Jahre 1758 findet sich folgende Stelle: «Alle Particuliers seynd von dem Thron und Stuhl, worauf die göttliche Vorsehung die Regenten als Götter dieser Erde gesetzt hat, viel zu weit entfernt und viel zu viel Staub gegen ihnen, als daß sie sich jemals erfrechen sollten Derselben Thun und Lassen zu censiren. Jeder bleibe in dem schuldigen Respect dieser Ebenbilder Gottes auf Erden und diene mit Gehorsam, Vernunft und Treue so wird er die Pflichten eines ehrlichen Weltbürgers erfüllen.» Die dem Deutschen eigene Frömmigkeit, die Neigung, den eigenen Willen einem höheren Willen unterzuordnen, band sie, sobald der Glaube an Gott erschüttert war, an die Fürsten als an die höchsten Herren. Für viele trat der Fürst an die Stelle Gottes, und ihr Gefühl für ihn bekam eine Färbung von Schwärmerei, sie schwelgten in Hingebung und Selbsterniedrigung. Waren sie aber auch nicht so ganz von der Gottähnlichkeit ihrer Fürsten durchdrungen, so waren sie doch überzeugt, daß sie von den öffentlichen Angelegenheiten nichts verstanden und daß es Sache des Fürsten und seiner Beamten sei, für das öffentliche Wohl im weitesten Umfang zu sorgen. Je mehr der Staat jede Lebensäußerung zu regeln sich anmaßte, desto mehr verengerte sich das Betätigungsfeld der Untertanen, und desto mehr verringerte sich auch ihr Interesse. Wie gefühlsschmächtig die Gebildeten noch gegen Ende des 18. Jahrhunderts waren, geht daraus hervor, daß die Shakespeareschen Tragödien, die die Schrödersche Truppe in Hamburg aufführte, mit einem glücklichen Ausgang versehen werden mußten, damit das Publikum sie ertrug.

Von der Untertanenbelanglosigkeit war bis zu einem gewissen Grade der Adel ausgenommen. Mußte er auch, wenigstens in Preußen, blind gehorchen, so war er doch den übrigen Ständen gegenüber durch Rechte und Ansehen hoch emporgehoben. Ungefähr anderthalb Jahrhunderte lang war der Adel die herrschende Schicht in Deutschland. Verdiente er diesen Vorzug? Bediente er sich der Vorteile seiner Stellung zum Besten des Ganzen? Gingen aus seiner Mitte Persönlichkeiten hervor, die sich nicht nur durch die Geburt, sondern durch bedeutende Taten, durch den Adel des Geistes und der Seele auszeichneten?

Der deutsche Adel war nicht wie der englische ein Zwischenglied zwischen dem Fürsten und dem Volk, ihm war die Aufgabe zugewiesen, den Despotismus zu stützen. Um den Preis der Unterordnung unter das absolute Fürstentum durfte er an der Herrschaft über die anderen Stände teilnehmen. Die Ansprüche, die er an den Fürsten infolgedessen stellen konnte, nützte er ohne Scham aus, indem er keinen Eingriff in die bäuerlichen Verhältnisse duldete und indem er sich seinen Besitz sichern und vermehren ließ. «Der müßige Hof-Adel ist in allen Reichen und seit mehr als einem Jahrhundert der eigentliche Blut-Igel des Landes gewesen», schrieb Karl Friedrich von Moser; «es ist des unverschämten Bettelns, Forderns und Nehmens kein Ende.» Friedrich der Große verzichtete, um den Adel in Blüte zu erhalten, auf das Aufkaufen adliger Güter durch den Staat, während das Bauernlegen durch den Adel bis in seine Zeit hinein gestattet worden war. Dafür diente der Adel dem Fürsten im Kriege. Gewohnt, als Gutsherren unbedingten Gehorsam von den Bauern zu fordern, waren die Adligen gut geeignet, Befehlshaber der Soldaten zu sein, die ja hauptsächlich aus dem Bauernstande hervorgingen. Auf diesem Gebiete entsprachen sie im allgemeinen den Erwartungen der Fürsten: Sie waren schneidige Führer, sie kämpften und fielen tapfer. Waren die Deutschen im allgemeinen gute Soldaten, wie hätten es die Adligen nicht sein sollen? Der Adel stellte ferner die hohen Beamten und tat auch hier, was von ihm verlangt wurde. Eine Anzahl höherer Beamter, und zwar gerade ausgezeichnete, war allerdings bürgerlichen Ursprungs, in Preußen zum Beispiel die Dankkelmann und die Cocceji. Die Art, wie die Könige von Preußen ihren hohen Beamten auf die Finger sahen, die peinlichste Aufsicht für nötig hielten, wie Friedrich der Große sie abkanzelte, wie er auch die Offiziere Schufte, Schlingel, Windbeutel nannte, spricht nicht für ihren Charakter. Als ausgezeichnete Erscheinungen unter den preußischen Beamten seien Ernst Wilhelm von Schlabrendorff und Karl Abraham von Zedlitz genannt, der letzte geborener Österreicher. Schlabrendorff wirkte, wenn auch vergeblich, für die Bauernbefreiung, Zedlitz für das Schulwesen, auch er mit weniger Erfolg als Einsicht und Wohlwollen.

Wenn irgendeine Gefahr drohte, sei es durch eine Seuche oder durch feindlichen Einfall, pflegten sich der Hof und der Hofadel samt ihren Kostbarkeiten in Sicherheit zu bringen. Ausnahmen fielen auf. Bei der großen Pest in Österreich im Jahre 1679 blieben zurück der Statthalter von Niederösterreich, Graf Konrad Starhemberg, der Landmarschall Graf Hoyos, der Vizepräsident der Hofkammer Graf Quirin Jörger, der Vizepräsident des Hofkriegsrats Graf Hofkirchen und der junge Graf Ferdinand Schwarzenberg. Der letztere wurde wegen seiner aufopfernden Hilfstätigkeit der Pestkönig genannt. Daß es opferbereite Geistliche und Ärzte gab, ist selbstverständlich.

Der österreichische Adel, der sehr reich war und freiere Bewegung genoß als der preußische, hat sich um die Kultur verdient gemacht durch die Pflege der Baukunst und Malerei und namentlich durch die Pflege der Musik. Wie der Name der Starhemberg mit dem militärischen Ruhme, sind die Namen der Esterhazy, Kinsky, Liechtenstein und vieler anderer mit der Kunstblüte Österreichs verbunden.

Unter dem Adel, der, abseits vom Hofe, seine Güter bewirtschaftete, gab es sicherlich viel Tüchtigkeit, Wohlwollen und echte Religiosität. Das Standesbewußtsein führte hier nicht nur zu leerer Überheblichkeit, sondern wohl auch zu dem Gefühl, daß der Adel verpflichte, und zwar zu menschlich würdiger Haltung ebenso wie zum Kriegsdienst.

Es läßt sich erwarten, daß der ländliche Charakter wohl mit mehr Roheit, aber auch mit mehr Sittenreinheit und mehr Frömmigkeit verbunden gewesen sei, als im Ausland herrschte. Sicherlich gibt es einen Zusammenhang zwischen dem Grade der Zivilisation und dem Grade der Religiosität eines Volkes. In der Natur spüren wir den Hauch Gottes, der sich in ihr offenbart, in den Städten sind wir von Menschenwerk umgeben. Je mehr das Menschenwerk sich aufhäuft und die Natur und das Natürliche verdrängt, desto mehr entwöhnen wir uns der Fähigkeit, die Stimme Gottes zu vernehmen. In die Betrachtung seines Gartens versunken, sprach Luther einmal davon, daß der Mensch nicht imstande sei, eine einzige Rose zu machen. Eine selbstverständliche und doch bedeutungsvolle Bemerkung, in der sich das Gefühl für den wesentlichen Unterschied von Gotteswerk und Menschenwerk ausspricht. Auf dem Lande und in der Wildnis, den gestirnten Himmel zu Häupten, die fruchtbare braune Erde zu Füßen, atmen wir Schritt für Schritt göttliche Kraft ein. Die dem Wechsel der Jahreszeit angeschmiegte Beschäftigung des Landmanns, seine Abhängigkeit von den Elementen nährt in ihm das Gefühl, ein Geschöpf in allmächtiger Hand zu sein wie das Kraut auf dem Acker und der Stern, der seine vorgeschriebene Bahn durchläuft. Die uralten Anbetungsworte der Psalmen drängen sich auf die Lippen, als wären sie im Augenblick entstanden. Die unzugängliche Ferne Gottes wird mit seiner innigsten Nähe, die Unerforschlichkeit seines Willens mit seiner Barmherzigkeit zugleich empfunden. Vielleicht ließe sich das Verhältnis, in welchem die Abnahme der echten Frömmigkeit mit der Zunahme der städtischen Zivilisation, des von der Natur getrennten Lebens steht, genau errechnen, wenn sich geistige Vorgänge wie Frömmigkeit sicher feststellen ließen.

Der unglückliche Umstand, daß fast alle Bauern Deutschlands in irgendeinem Hörigkeitsverhältnis standen, hatte zur Folge, daß die bäuerliche Schicht nicht so fruchtbar für das Volk, dessen Grundlage sie doch bildeten, werden konnte, wie das sonst wohl der Fall gewesen wäre. Johann Justus Möser hat gesagt, der deutsche Hörige sei nur das Zerrbild eines Bauern. In manchen Gegenden des Reichs war seine Lage zu elend, als daß ein kräftiges Gefühlsleben sich in ihm hätte entfalten und als daß er ein wirksames Glied des Ganzen hätte werden können. Immerhin kann man die Deutschen des 18. Jahrhunderts, soweit man überhaupt über das innere Leben eines ganzen Volkes urteilen kann, als ein gläubiges Volk bezeichnen. Aus allen damals verfaßten Büchern und aus allen berichteten Vorgängen geht hervor, daß der Religion das hauptsächliche Interesse der Menschen aller Klassen galt. Wo sie nicht die Herzen erfüllte, beschäftigte sie doch die Gedanken, sie war da als eine lebendige Macht, mit der jeder, auch der Zweifler, sich auseinandersetzte. Die naive Gläubigkeit des Mittelalters war allerdings den gebildeten Protestanten nicht mehr gegeben. Das eintönige Poltern der orthodoxen Prediger schreckte mehr ab, als daß es den Glauben befestigte, und die Versuche des Pietismus, das religiöse Gefühl zu beleben, führten bald zu seichtem Geschwätz oder zu abgeschmackter Schwärmerei. Während das jeweilige Bekenntnis, staatlich geduldet oder vorgeschrieben, den Ehrenplatz einnahm und während viele Menschen ängstlich und ehrlich das Wort Gottes in sich aufnahmen, erhob sich auf allen Seiten die Klage über den einreißenden Atheismus. Da die von Johann Valentin Andreae gefürchtete Cäsaropapie längst selbstverständlich geworden war und der Landesherr als der Herr der Kirche galt, war es natürlich, daß sein Glaube oder Unglaube den Untertanen als Muster diente. Friedrich der Große erklärte wohl gelegentlich, daß er an ein höchstes Wesen glaube; aber seine Spöttereien wirkten mehr. Preußen wurde als das gottloseste Land der Welt bezeichnet. Die Freiheit der Berliner, sagte Lessing, bestehe darin, über die Religion so viele Sottisen zu Markte zu bringen, wie man Lust habe. In Wien zügelte zwar die Kirchlichkeit und wahre Frömmigkeit Maria Theresias die Großen in ihren öffentlichen Äußerungen, aber rechter Ernst war es ihnen mit der Ausübung ihrer frommen Pflichten nicht. Friedrich der Große stellte mit Genugtuung fest, daß in Deutschland kaum noch jemand nach der Konfession frage, daß nicht einmal die Frauen sich mehr fanatisieren ließen, weder für Luther noch für Calvin. Mit der Klage über den Atheismus vereinte sich die über Entsittlichung, und auch diese betraf hauptsächlich das Preußen Friedrichs des Großen. Ehrlichkeit, Gerechtigkeit, Selbstlosigkeit, diese Tugenden der Väter seien unbekannt geworden, sagte der Oberst von Möllendorf. Man muß aber bedenken, daß Atheismus und der Verfall der Sittlichkeit bitter beklagt und daß er hauptsächlich in den großen Städten wahrgenommen wurde. Gerade im Gegensatz zu der im allgemeinen herrschenden oder vorausgesetzten Frömmigkeit und Biederkeit fiel die Entartung auf.

Wenn man nun versucht, an der Hand von Lebensbeschreibungen Einblick in das Dasein von Privatpersonen zu gewinnen, von Bürgern, Bauern, Gebildeten, so stößt man auf viele Züge von Roheit, ja Grausamkeit, aber daneben begegnet man einer Anzahl von tüchtigen, sogar vorbildlichen Menschen, die zu groß ist, als daß man sie für Ausnahmen halten könnte. Wie treffend auch die absprechenden Urteile im allgemeinen sein mögen, ein unverwüstlich guter Kern muß sich im Volke, unscheinbar, abseits vom breiten Wege, erhalten haben. Es ist ergreifend zu lesen, wie der vermeintliche Diebstahl eines Guldens durch den kleinen, 1763 geborenen Johann Gottfried Seume die ganze Ortschaft in Bewegung setzt, wie der nicht harte, aber strenge und stolze Vater den geliebten Sohn fast totschlägt, dabei aber selbst am meisten leidet unter der Angst, sein Liebling könne ein Lügner und Dieb werden, wie der Schulmeister des Dorfes teilnehmend und besorgt den unschuldigen Jungen durch freundliches Zureden zum Geständnis zu bringen sucht, wie hernach der Vater die Kränkung durch kleine Liebesbeweise wiedergutmacht. Andreas Seume, der Vater, war heißblütig und hatte ein leicht verletzliches Ehrgefühl. Gelegentlich war er daran, dem Gerichtshalter von Posern, wo er ein Gütchen besaß, ein Tintenfaß an den Kopf zu werfen, und als dieser drohte, ihn in das Hundeloch zu bringen, verließ er die Heimat und pachtete ein Gut in der Nähe von Leipzig. Die neue Wirtschaft begann mit einem Hungerjahr, das kleine Vermögen wurde aufgezehrt, man hatte grade noch das Notwendige. Wieder ein Familienauftritt: Der achtjährige Gottfried tauscht einem hungrigen Knaben sein Butterbrot gegen einen Hänfling und erbittet von der Mutter, die davon nichts weiß, ein neues. «Junge, wirst du denn ewig nicht satt», sagt sie halb froh, halb traurig, indem sie ihm ein zweites Butterbrot schneidet, wird aber sehr böse, als sie den Zusammenhang erfährt. Der Vater, der dazukommt, entscheidet, der Sohn habe nicht unrecht daran getan, sein Butterbrot wegzugeben, wohl aber daran, daß er sich etwas dafür habe geben lassen und dann die Mutter um Ersatz gebeten habe. Künftig solle er Hungrige, die um Brot bäten, an die Eltern weisen. Der Umgangston im elterlichen Hause war fein, rohe oder gar ungesittete Ausdrücke wurden auch vom Gesinde nicht geduldet. Pfarrer und Schulmeister erscheinen als einsichtige, wohlwollende Menschen, die es mit der Aufgabe, die Kinder ihrer Gemeinde heranzubilden, sehr ernst nehmen. Da Andreas Seume, der jung stirbt, die Witwe in ärmlichen Verhältnissen zurückläßt, beeifert sich alles, ihr beizustehen. Nie habe es ihr am Notwendigen gefehlt, erzählt der Sohn. Der Rektor Korbinsky und vollends seine Frau, denen Johann Gottfried, nachdem er der Dorfschule entwachsen war, anvertraut wurde, ersetzten ihm Vater und Mutter. Im Dorfe hatte er unübertreffliche Bibelkunde erworben, Korbinsky lehrte ihn Lateinisch, Griechisch und etwas Hebräisch, dazu Geschichte und Geographie. Dieser Schulmann nahm warmen Anteil an seinen Zöglingen, auch nachdem sie ihn verlassen hatten, besonders an ihrer menschlichen Entwicklung. Wurde ihm Ungünstiges über sie berichtet, nahm er sich das so zu Herzen, daß er nicht schlafen konnte. «Du lieber Gott, was soll aus dem Menschen werden», rief er dann wohl aus, «das macht mich sehr unruhig.» Graf Hohenthal, der Besitzer der Güter, deren eines Seume gepachtet hatte, war auf die Empfehlung des Pfarrers hin sogleich bereit, den begabten Sohn ausbilden zu lassen, und tat es auf eine sorgfältig überdachte, liebevolle, nicht knauserige Art.

Das Schicksal führte den Studenten Johann Gottfried Seume auf hessisches Gebiet, wo er ergriffen und unter die Soldaten gesteckt wurde, die der gewissenlose Landgraf den Engländern verkaufte. Diese brachten sie nach Amerika, um die abgefallenen Kolonien zu bekämpfen. In dem ganz anderen Lebenskreise, wohin der Jüngling nun versetzt wurde, wieviel Herzensgüte und Menschlichkeit auch da wieder! Wie liebenswert die jungen adligen Offiziere, die den merkwürdigen kleinen Sachsen, der lateinische Klassiker liest, in ihre Gesellschaft ziehen und ihm treue Freunde werden. Unvergleichlich das Kriegsgericht, das über den Deserteur zu urteilen hat und damit beginnt, einen lateinischen Vers zu kritisieren, den der Gefangene an die Wand geschrieben hat, worauf dieser seinen Virgil aus der Tasche zieht und die Richtigkeit des umstrittenen Hexameters nachweist. Das Urteil fällt gelinde aus, und der seltsame Soldat wird Gegenstand allgemeiner Zuneigung. Als er zum zweiten Male die Flucht wagt, hoffen die Offiziere, sie möge gelingen, und sind tief betrübt, als er zurückgebracht wird. Dem Gesetz gemäß müßten sie ihn zum Spießrutenlaufen verurteilen, verwandeln aber eigenmächtig die grausame Strafe in einen gemütlichen Arrest. Köstlich die Bremer

Bürger, die den Flüchtling verständnisvoll zum Tor hinausbugsieren, der wohlhabende Mann in Emden, der ihm 80 Taler aufdrängt, damit er Kaution für einen Urlaub in die Heimat stellen kann, von dem er wahrscheinlich nicht zurückkehrt, der Schiffer endlich, der den Verfolgten in seinen Kahn aufnimmt und, während die Kugeln ihm um den Kopf fliegen, seinen Schützling sicher auf oldenburgisches Gebiet rettet.

Nicht nur bei Begebenheiten, die auf den Soldatenzwang Bezug haben, sondern überall ist es, als ob Leute sich eines gemeinsamen Unglücks zu erwehren suchten oder als ob die Insassen eines Gefängnisses sich ihr Dasein zu erleichtern suchen, indem einer auf den andern Rücksicht nimmt.

Der Vater Klopstocks, ein Jurist, bekleidete eine höhere Stellung als der Vater Seumes, aber die Lebensauffassung war ähnlich, wenn auch die Verhältnisse bequemer und freier waren. Er glaubte an Ahnungen, das Übermenschliche spielte in sein Leben, er litt an Anfechtungen, die er dem Teufel zuschrieb. Seine Hand zuckte leicht zur Waffe, wenn es galt, die Ehre Gottes und auch die eigene Ehre zu wahren. Spott über das Heilige wurde in seinem Hause nicht geduldet. Damit seine Kinder im Freien aufwüchsen, pachtete er ein Gut in der Grafschaft Mansfeld. Er ließ es zu, daß die Knaben mit den Hunden über die hohe Hofmauer sprangen, um in den Wäldern zu jagen, daß sie im Strome badeten, hatte wohl seine Freude daran. «Jungens, ersauft mir nicht!» war die einzige Warnung, die er zuweilen für angebracht hielt. Auf den Unterricht legte er weniger Wert als auf die Kräftigung des Körpers und die Bildung des Charakters im Lebenskampfe. Immerhin ließ er seinen Ältesten die gründliche Bildung von Schulpforta genießen. Im Vergnügen sollte Maß gehalten, bei Entbehrungen nicht geklagt werden. Das Leben sei ein Stand der Versuchung, sagte der Vater, der Mensch müsse mit dem Kreuzsalz geläutert werden. Wenn von der Mutter nicht viel mehr berichtet wird, als daß sie 17 Kinder zur Welt gebracht habe, so ist das begreiflich; wichtiger für den heranwachsenden Dichter war die Großmutter, die ihm wie ein Schutzgeist, eine Seherin erschien.

Überraschend schnell konnte sich, wenigstens außerhalb Preußens, der Aufstieg aus der untersten Schicht des Volkes vollziehen. Der Großvater des Dichters Johann Heinrich Voß, ein Mecklenburger, wurde aus der Hörigkeit entlassen und betrieb ein Handwerk, der Sohn, des Dichters Vater, gab das Handwerk auf, wurde Kammerdiener eines Domherrn, pachtete ein gräfliches Vorwerk und kaufte ein Haus mit dem Recht des Bierbrauens und Branntweinbrennens. Aufgeweckten Sinnes hatte er sich ein gewisses Maß von Bildung angeeignet, so daß die Prediger des kleinen Ortes, wo er lebte, der Rektor, der lateinische Bürgermeister, der den Terenz liebte, die adligen Offiziere und Gutsherren der Nachbarschaft gern mit ihm umgingen. Als er infolge des Siebenjährigen Krieges in Vermögensverlust geriet, fehlte es ihm nicht an hilfreichen Freunden.

Schubart sagte von seinem Vater, der ein armer Kantor war, er habe mit Empfindung und Geschmack gesungen, sein Haus sei ein beständiger Konzertsaal gewesen, darin Choräle, Motetten, Klaviersonaten und Volkslieder erklungen wären. Sein Gesicht habe

Seelenfeuer ausgestrahlt, seine ganze Person den gesunden, kühnen deutschen Mann dargestellt. Sein Sohn, der Dichter, bewegte sich augenscheinlich mit Leichtigkeit in den Hofkreisen. Die Söhne Klopstocks wurden von einem jungen Theologen gemeinsam mit den Söhnen der benachbarten Edelleute unterrichtet.

Man hat den wohltuenden Eindruck einer über alle Stände verbreiteten Kultur, die sich auf dem Fundament des Christentums ausgebildet hatte. Es war nicht mehr die mittelalterliche Kultur eines reichgegliederten und geordneten Volkes, die sich dem Sternenhimmel ähnlich in vorgeschriebener Bahn bewegt, sie beruhte auf dem Gewissen des einzelnen, der sich in Übereinstimmung mit dem Willen der allumfassenden Gottheit setzen will und daher auch in Übereinstimmung mit den Menschen setzen kann. Die Erziehung war streng, oft hart; aber Eltern, Lehrer, Geistliche, Vorgesetzte aller Art waren sich ihrer Pflicht bewußt, ihre Pfleglinge zu gottesfürchtigen, tätigen, tapferen Menschen zu erziehen, und weitherzig genug, der Jugend ein gewisses Recht auf Freude und mutwillige Streiche zuzugestehen. Ironie und Satire, hat Maria Theresia einmal gesagt, seien nicht deutsch, die Welt sei so leichtfertig geworden, daß alles ins Lächerliche gezogen und zur Bagatelle gemacht werde. Dabei verlören die Deutschen ihre besten Eigenschaften, nämlich schwerfällig und rauh, aber gerade, fleißig und wahrhaft zu sein. Die große Königin hatte diese Beobachtung wohl von den höfischen Kreisen Wiens und ihrem Anhang abgezogen, wie sie ähnlich in Berlin gemacht wurden; im Volke herrschte noch überwiegend der gesammelte Ernst, der das Leben als eine Aufgabe nimmt, die von der göttlichen Weisheit zu unerforschlichen, aber guten Zwecken gestellt ist. In vielen Pfarrhäusern, Bürger- und Bauernhäusern gab es Männer und Frauen, von denen man sagen konnte, sie hatten, wenn sie sich zum Sterben ausstreckten, einen guten Kampf gekämpft.

Wohl gab es in Brandenburg und Preußen zur Zeit Friedrichs des Großen viele Dörfer ohne Schulen, und wo Dorfschulen waren, bestand die Vorschrift, daß den Kindern nur das Notwendigste an Lesen, Schreiben und Rechnen beizubringen sei; aber es gab auch deutsche Länder, wo der Volksunterricht besser und wo der Bauer weniger gedrückt war, wo Kinder, wenn sie nur einigermaßen aufgeweckt waren, sich praktische Lebenstüchtigkeit erwerben konnten. Trotz der Trennung der Stände, die in Preußen strenger Grundsatz war, lebte das deutsche Volk, arm und in der Zivilisation zurückgeblieben, wie es war, im allgemeinen in ähnlichen Verhältnissen. Durch Geld und zahlreiche Bedienung konnten sich die Hochgestellten Bequemlichkeiten verschaffen und sich Unbequemlichkeiten entziehen; aber der Durchschnitt lebte in schlecht geheizten, schlecht erleuchteten Stuben, war an Schmerzen gewöhnt und hatte Krankheit und Tod vor Augen.

Vielleicht ist es die Eigenart eines jeden Despotismus, jedenfalls war es die des deutschen Absolutismus im 18. Jahrhundert, daß seine Wurzeln nicht bis in die Tiefen des Volkes reichen. Die Maschine des Beamtenstaates erfaßte hauptsächlich die oberen Kreise, die untersten Stufen des Volkslebens berührte sie weniger. So kam es, daß im Vordergrunde ein mechanisiertes, unselbständiges Wesen sich abspielte, während es unten aus ewiger Fülle grünte und keimte. Aber auch im Beamtenstande hatten sich allmählich nicht nur Fleiß und Rechtschaffenheit ausgebreitet, sondern auch die Ideen der Aufklärung, die der Absolutismus selbst verkündete und die ihm entgegenwirkten.

Bauernbefreiung

Während der auf die Entscheidung der Ritterwaffen gestellten Verhältnisse des Mittelalters verschlechterte sich schon früh die Lage der ursprünglich freien Bauern; dadurch, daß der Landesherr landesherrliche Rechte an den ritterlichen Adel verlieh, wurden die Adligen zu Grundherren der Bauern, die, losgelöst von der Landesherrschaft, völlig von ihnen abhängig wurden. Nur in einigen Gegenden des Reiches, in den Niederlanden, in der Eidgenossenschaft, in Tirol, in Westfalen erhielten sich freie Bauern. Die Lage der untertänigen Bauern war verschieden, im allgemeinen erträglich, nicht selten gut; erst als der Adel aufhörte, dem Kaiser Waffendienst zu leisten, und auf seinen Gütern lebte, begann sie sich ernstlich zu verschlechtern. Die Gutsherren trachteten nun danach, ihre Güter zu vergrößern und zwecks kostenloser Bewirtschaftung derselben die Dienste der Bauern entsprechend zu vermehren. Je mehr seit dem Beginn der kapitalistischen Zeit die Güter in Großbetrieb genommen wurden, desto gefährdeter war der Bauer. Irgendein Vorwand fand sich für den Gutsherrn, ihn von Haus und Hof zu treiben und sein Gut einzuziehen, man nannte dies tückische Verfahren das Abstoßen der Bauern oder das Bauernlegen. Wie leicht konnte der Bauer durch Krankheit verhindert werden, die vorgeschriebenen Dienste abzuarbeiten oder die geforderten Abgaben zu leisten. Anfänglich waren die Dienste, je nach der Gegend Fronden, Scharwerk oder Robott benannt, auf ein erträgliches Maß beschränkt. Hatten die Bauern auch das Feld des Herrn unentgeltlich zu bestellen, so war doch der Herr gehalten, sie während dieser Tage reichlich zu ernähren, in der mittelalterlich menschlichen Weise war man bedacht, den Frondienst durch allerlei Erquickung leidlich zu machen. Es war dafür gesorgt, daß dem Bauer Zeit genug blieb, sein eigenes Gütchen zu bewirtschaften. Mehr und mehr, namentlich seit dem unglückseligen Bauernkriege, setzten die Gutsherren sich über die vertraglichen Bestimmungen hinweg und verwandelten die bemessenen Dienste in ungemessene. Hatten die Bauern anfangs noch einigen Rechtsschutz genossen, so hörte das in der zweiten Hälfte des 17. Jahrhunderts auf, als die Fürsten sich die Unterwerfung des Adels mit Preisgabe der Bauern erkauften.

Merkwürdigerweise hat man zuweilen den Absolutismus gelobt, weil er die ungerechten Standesunterschiede beseitigt und alle Untertanen gleichmäßig dem Staat unterworfen habe. Vielmehr gelang es den Fürsten gerade dadurch, sich absolut zu machen, daß sie den Adel auf seinen Gütern so unbeschränkt schalten und walten ließen, wie sie selbst in ihrem Lande schalteten. Dadurch geriet der Bauer in eine Untertänigkeit, die der Sklaverei fast gleich war. Damit er seinem trostlosen Zustand nicht entweiche in der verzweifelten Hoffnung, es anderswo besser zu treffen oder wenigstens das Elend einmal zu wechseln, wurde die Freizügigkeit aufgehoben und der Bauer an die Scholle gebunden. Nur der Tod konnte ihn frei machen. Damit der Herr auch im Hause eine billige und gefügige Dienerschaft habe, wurde der Gesindezwang eingeführt. Die Heirat war vom Willen des Herrn abhängig. Das schlimmste war, daß der Gutsherr auch die Gerichtsbarkeit über seine Bauern hatte, daß es also kein Recht für ihn gab. Von der Wiege bis zum Grabe war er unter die Hand seines Herrn gebeugt. Die Hand konnte härter oder gelinder sein, der Druck wurde unablässig empfunden.

Auch der despotischste Herrscher muß sich auf irgendeine Schicht des Volkes stützen, die ein Interesse daran hat, seine Herrschaft zu erhalten. Die absoluten Fürsten des 17. und 18. Jahrhunderts stützten sich auf den Adel. Der Adel bequemte sich dazu, auf seine ständischen Rechte dem Fürsten gegenüber zu verzichten, dem Landesherrn als Beamte und Offiziere zu dienen, dafür wurde er der unanfechtbare Herr seiner Bauern. Allmählich zeigte sich, daß der Adel, wie unterwürfig er sich auch gab und wie schmiegsam er sich auch mancher Gewalttätigkeit fügte, doch unversehens ein Netz um den Despoten geknüpft hatte, das ihm viel von seiner Willensfreiheit nahm.

Die Nützlichkeit der Bauern war zu auffallend, als daß die Landesherren nicht hätten wünschen sollen, den Nutzen ganz auf ihre Seite zu ziehen. Sie sahen das Bauernlegen ungern, durch welches steuerbare Bauern verelendet wurden. Das persönliche Schicksal der so tief unter ihnen stehenden Leute bekümmerte sie nicht; aber alle Untertanen interessierten sie als Einnahmequelle. Die Hoffnung auf Steigerung der Einnahmen lenkte gelegentlich den Blick Friedrichs, des ersten Königs von Preußen, auf die Bauern. Ein Mann namens Luben von Wulffen machte den Vorschlag, die königlichen Domänen zu zerschlagen und die gewonnenen kleinen Stellen Bauern in Erbpacht zu geben. Die Kommission, die eingesetzt wurde, den Vorschlag zu begutachten, empfahl ihn in der Meinung, es würden dadurch große Summen in die königliche Kasse fließen, vorausgesetzt, daß viel Bauern die Pacht erkaufen wollten. Im Stile und in der Denkungsart des 17. Jahrhunderts unterstützten sie das Projekt auch deshalb, «weil die Leibeigenschaft unter Christen billig nicht stattfinden solle». Das Unternehmen scheiterte an der Unzuverlässigkeit der Beamten, vielleicht auch daran, daß das ersehnte Geld nicht sofort herzuströmte und man nicht Geduld hatte zu warten. Luben fiel in Ungnade und wurde, da er klüglich aus den preußischen Grenzen entflohen war, als Vagabund verfolgt.

Für Friedrich Wilhelm I. kamen die Bauern als Soldaten in Betracht. Wie andere Fürsten Gemälde oder Edelsteine sammelten, so sammelte er großgewachsene Leute, meist waren es Bauern, wog sie, maß sie, verglich ihr Maß mit dem der Soldaten anderer Fürsten, uniformierte sie und ließ sie paradieren. Am meisten freuten sie ihn, wenn es Landeskinder waren, dann konnte er eher hoffen, daß sie nicht desertierten. Wie gedrückt die Lage der Bauern auch war, freiwillig wurden sie nicht Soldaten; es scheint, daß sie die Szylla der Leibeigenschaft der Charybdis der Soldatenknechtschaft vorzogen. Daß die Soldaten bei den Bauern einquartiert wurden, bedeutete eine vermehrte Belastung, die ohnehin fast unerträglich war. Wenn in Preußen der Adel auch nicht völlig steuerfrei war, so zahlte der Bauer doch erheblich mehr, erheblich mehr auch als der Bürger. In Cleve zum Beispiel steuerte ein armer Bauer dreimal mehr als der reichste Bürger. In Hinsicht auf den Adel kam noch dazu, daß ihm möglichste Erleichterung, wenn nötig sogar Unterstützung gewährt wurde, während vom Bauer die Steuer mit unnachsichtiger Härte eingetrieben wurde. Weichherzig war Friedrich Wilhelm I. nicht. Wenn er wünschte, daß es dem Bauer in seinem Lande gut gehe, daß er Fleisch und Speck zu essen habe, so war das so, wie ein Bauer sein Vieh gut versorgt und mit Behagen den glatten Bauch seiner Kuh streichelt, die ihn ernährt. Immerhin vereinte sich sein Interesse als Kriegsherr mit seinem Verantwortungsbewußtsein als Herrscher für sein Volk und mit seinem Streben nach Vereinheitlichung. So wie er die Staatsgewalt auffaßte, mußte er wünschen, daß alle Untertanen nur von ihm abhingen. Er hätte gern die Verhältnisse der Bauern auf denselben Fuß gebracht, wie sie in der Mark waren; sie waren besonders schlimm in Hinterpommern und da, wo es eine überwiegend slawische Bevölkerung gab; am allerliebsten aber hätte er die Leibeigenschaft ganz aufgehoben, und dem gab er auch in der ihm eigentümlichen Art Ausdruck.

«Soll Leibeigenschaft aufgehoben werden», verordnete er eigenhändig. «Wer Hofwehr bezahlen kann, soll bezahlen, doch nit der Untertanen Ruin. Wer nit bezahlen kann, soll nit bezahlen und doch nit mehr leibeigen sein.» Man sollte denken, das sei kurz und bündig, ein klarer, unmißverständlicher Befehl, dem die gehorsame Ausführung zu folgen habe. Dem war nicht so. Der Pommersche Adel sagte, die Leibeigenschaft gehöre zur Landesverfassung, zum Loskaufen habe der arme Untertan kein Geld. In Preußen sagte der Adel, von der Freiheit, Bauerngüter einzuziehen, hänge der Wohlstand der Gutsherren ab. Die Beamten, die ja auch zum Adel gehörten, sagten, es gebe in Preußen keine Leibeigenschaft, deren Kennzeichen sei, daß der Bauer verkauft werden dürfe und kein Eigentum besitzen und vererben könne. Allerdings war die eigentliche Leibeigenschaft in diesem Sinne selten; im allgemeinen gab es Erbpächter oder Pächter, die gemäß dem Vertrage gekündigt werden konnten. In den Jahren 1709 bis 1714 erließ der König Edikte zum Bauernschutz, in denen das Bauernlegen verboten wurde; aber sie hatten so wenig Wirkung wie jener Befehl. Wenigstens auf seinen Domänen, wo er der Herr war, wollte der König keine Leibeigenschaft leiden, aber hier trat ihm die Rücksicht auf den eigenen Nutzen entgegen: Abwanderung wollte er doch nicht dulden und gewährte deshalb keine Freizügigkeit.

Friedrich II. setzte die Bemühungen seines Vaters mit ebenso geringer Wirkung fort. Es erinnert an Friedrich Wilhelm I., wenn er im Jahre 1763 den Befehl erließ: «Soll absolut und ohne alles Resonnieren alle Leibeigenschaft von Stund an gänzlich abgeschafft werden.» Wahrscheinlich wurde insgeheim viel räsoniert, gehorcht wurde überall nicht. Wenn die Frondienste aufhörten, sagte der Adel, würde der Gutsherr von freien Arbeitern abhängig werden, und das würde zum Umsturz der monarchischen Verfassung und schließlich zum Umsturz der Welt führen. In Ostpreußen wurde der Gesindezwang, wo er schon aufgehoben war, wieder eingeführt. Da das Befehlen nicht half, versprach Friedrich dem pommerschen Adel eine Geldentschädigung, wenn er die Leibeigenschaft abschaffe, worauf sie wiederum sagten, es gebe keine Leibeigenschaft, es gebe nur Gutspflichtigkeit, und die dürfe nicht aufgehoben werden, wenn nicht Verödung und Verminderung des Bauernlandes entstehen solle. Soviel setzte der König doch durch, daß das Edikt, welches das Bauernlegen verbot, strenger als bisher gehandhabt wurde; in Ostpreußen freilich kehrte man sich nicht daran. Gegen das Ende der Regierung Friedrichs wurde der erbliche Besitz von Bauerngütern, der schon vorher üblich gewesen war, gesetzlich. Auf des Königs eigenes Betreiben wurde bestimmt, daß auch Bauerntöchter Bauernhöfe erben könnten.

Was Friedrich der Große für den Bauernschutz getan hat und zu tun versuchte, geschah hauptsächlich auf Anregung des Ernst Wilhelm von Schlabrendorff, eines im Jahre 1719 geborenen Märkers, der Präsident der Provinz Pommern und dann der Provinz Schlesien war. Durchdrungen von der Ungerechtigkeit der Hörigkeitsverhältnisse und überzeugt, daß der Bauer viel besser wirtschaften würde, wenn er sein Gütchen zu eigen besäße, trat er mit Energie für Erleichterung seiner Lage ein. Er duldete das Bauernlegen nicht, suchte die Frondienste auf ein erträgliches Maß zu beschränken und zwang den Adel, wüste Stellen zu besetzen. Je größer die Widerspenstigkeit des Adels war, desto strenger griff er durch. Diese Haltung zog ihm die Feindschaft seiner Standesgenossen zu, und der König, der anfänglich auf Schlabrendorffs Absichten verständnisvoll eingegangen war, ließ sich gegen ihn einnehmen. Trotz der großen Verdienste, die sich der Präsident während des Krieges um Friedrich erworben hatte, entzog er ihm seine Gnade. Schlabrendorff starb 1769. Sein Nachfolger, Johann Heinrich Casimir von Carmer, erhielt den Auftrag, den schlesischen Adel zu schonen und zu beschützen, ein Auftrag, der seiner eigenen Neigung entsprach. Er unterstützte den Adel nicht nur in seinen Herrschaftsrechten gegenüber den Bauern, sondern ließ zu, daß sie sie über Gebühr ausnützten. Die Bevorzugung des Adels, die scharfe Trennung der Stände, die Beschränkung der Bauern auf das geringste Maß von Kenntnissen, das gehörte zu sehr zu Friedrichs Regierungsgrundsätzen, als daß er sich zu einer Hebung des Bauernstandes auf Kosten des Adels hätte entschließen können.

In Österreich war die Lage der Bauern in jedem der verschiedenen Länder anders. In den Erblanden war sie erträglich, in Kärnten saßen achthundert freie Bauern wie Edelleute auf ihren Gütern, wenn auch die Mehrzahl untertänig war. Am schlimmsten waren die Verhältnisse in Böhmen, dort herrschte die eigentliche, der Sklaverei ähnliche Leibeigenschaft. Maria Theresia litt unter dem Bewußtsein der Ungerechtigkeit dieser Zustände und hätte die Leibeigenschaft gern ganz abgeschafft; aber sie vermochte es ebensowenig wie die preußischen Könige. Besonders gegen die ungarischen Magnaten, mit denen sie dauernd in guten Beziehungen gestanden hatte, war sie rücksichtsvoll; sie glaubte, die Anhänglichkeit der einstigen Rebellen nicht aufs Spiel setzen zu dürfen. Im Jahre 1766 begann sie mit einigen Reformen, die sie nicht befriedigten, weil sie sie als Halbheit empfand. Da, wo sie nach Gutdünken schalten konnte, auf ihren eigenen Gütern, beseitigte sie die Untertänigkeit so gut wie ganz. Am nachdrücklichsten war der Widerstand der böhmischen Herren. Es kam zu einem Aufstand der Bauern, die von der Absicht der Regierung wußten und sich deshalb berechtigt glaubten, die Aufhebung des Robotts zu erzwingen; aber die Selbsthilfe der Unglücklichen wurde mit Strenge niedergeschlagen. Erst nach dem Tode Maria Theresias erließ Joseph II. im Jahre 1781 das berühmte Bauernbefreiungsedikt. Nur in den slawischen Ländern ließ er eine gemäßigte Untertänigkeit fortbestehen.

Im letzten Viertel des 18. Jahrhunderts wirkte zugunsten der Bauern, daß die Anschauungen der Gebildeten humaner geworden waren; führte das doch in Frankreich zu einem freiwilligen Verzicht des Adels auf seine Vorrechte. Das Naturrecht, das auf allen Universitäten gelesen wurde, lehrte, daß das Recht auf Freiheit und Eigentum allen Menschen angeboren und zustehend sei, und wenn auch bei den meisten diese Lehre nicht bis an ihre Selbstsucht rührte, so wurden doch Edlere von ihr ergriffen. Mehr aber als die Ideale der Freiheit und Gerechtigkeit wirkte vielleicht ein verstecktes Materielles, eine Umwälzung weltlicher Kräfte in der Welt. Die Arbeitssklaven wurden an einer anderen Stelle gebraucht, an einer Stelle, wo mehr Geld als bisher mit ihnen verdient werden konnte. Der Moloch der Industrie hatte Hände nötig; er wartete, wartete, bis sie kamen und sich verschlingen ließen; das konnte erst geschehen, wenn die Bande, die sie fesselten, abfielen. Magische Kräfte gingen in seiner Verborgenheit von ihm aus und lösten die Gebundenen, so daß sie einen Beruf wählen konnten, bei dem sie sich besser zu stehen hofften. Ein sehr feines Ohr hätte die neuen Ketten klirren hören können, die ihrer warteten. Dann, wenn das arbeitende Volk in den Dienst einer anderen Schicht getreten war, konnte der Regent sich auf diese stützen und bedurfte des Adels nicht mehr so ausschließlich.

Sachsen

Im ersten Viertel des 16. Jahrhunderts fing das obersächsische Land melodisch zu tönen an. Dieser wunderbare Durchbruch begann mit der Reformation und hing mit ihr zusammen. Das geistige Leben des Reiches hatte bisher hauptsächlich im Westen und Süden geblüht, wenn auch die Teilnahme Thüringens durch den Sängerkrieg auf der Wartburg und die Tätigkeit hervorragender Mystiker bezeichnet wird; nun aber schenkte Sachsen eine verschwenderische Ernte, die sich zwei Jahrhunderte hindurch fortwährend erneuerte. Schlözer spricht von den Chören russischer Kirchenmusik, die er während seines Aufenthaltes in Rußland hörte, sie seien so unvergleich schön, daß selbst solche, die die beste Musik in allen europäischen Ländern gehört hätten, darüber in Staunen gerieten. Dabei erwähnt er, daß die Ukrainer der am meisten musikalische Stamm in Rußland seien wie die Böhmen in Deutschland. Gluck erzählte gelegentlich einem Freunde, in seiner Heimat Böhmen treibe alles Musik, selbst in den kleinsten Dörfern, die Jugend in der Schule, die Alten im Kirchenchor. Das bringt auf den Gedanken, dem Einströmen slawischer Bevölkerung in das benachbarte Sachsen sei vielleicht die Geburt der Musik in diesem Lande zu danken, wenn auch der Ursprung aller Dinge, die wir als göttlich empfinden, nie ganz zu erklären ist.

Die stürmische Blüte Sachsens setzte mit dem Auftreten Luthers ein. Alle Schattierungen, in denen seine Religiosität sich entfaltete, dauerten fort: der Mystizismus und der Dogmatismus, der rebellische Geist, das gläubige Herz, der Tiefsinn, der umfassende Blick, obwohl nie wieder alles in einer Person vereinigt. Die fürstlichen Brüder, die sein Werk in ihre Hut nahmen, sowie ihr Vetter, Herzog Georg, der es bekämpfte, gehörten zu den bedeutendsten Regenten der Zeit. Sie zeichneten sich alle drei durch den festen und graden Bau ihres Charakters und durch echte Frömmigkeit aus. Die Zeitgenossen waren sich der Überlegenheit des Kurfürsten Friedrich so sehr bewußt, daß sie ihn den Weisen nannten. Er liebte die schönen Dinge, die Malerei und die Musik. Er hatte eine Hofkapelle, die sogenannte Hofkantorei, die für die musikalische Ausgestaltung sowohl des Gottesdienstes wie der höfischen Feste zu sorgen hatte. Er hatte sie nach dem Vorbild der Brabanter Hofkapelle eingerichtet, die er durch seine nahen Beziehungen zu Kaiser Maximilian und dessen Sohn Philipp den Schönen kennengelernt hatte. Maximilian bevorzugte niederländische Musik.

Da die Musik in ihrem Tonsystem mit der Zahl verwandt ist und deshalb zu den Formen gehörte, von denen man annahm, daß das Weltall in ihnen aufgebaut sei, war sie von jeher für eine heilige Kunst gehalten worden; man glaubte, daß die kosmischen Ordnungen einem schärferen Ohr, als das menschliche ist, in harmonischen Akkorden erklängen. Für den mittelalterlichen Menschen hatte der Kosmos seinen Grund im Wesen Gottes, und die Musik rückte dadurch dem Weltenschöpfer nah und in das Gebiet der Religion. Sie wurde ausgebildet und ausgeübt nach sinnreich ausgewogenen Gesetzen, die für den kirchlichen Gebrauch streng befolgt wurden, eine heilige Wissenschaft ebenso wie eine heilige Kunst. In der Musik, die Luther vorfand, bildete noch immer der einstimmige Gregorianische Kirchengesang den Kern, den man Tenor nannte. Er versinnbildlichte das Wort Gottes, das ruhende Urbild des Seins, und war umgeben von den Stimmen des Diskant, Alt und Baß, die, von ihm ausgehend und doch ihm ungleich, als das Erschaffene das Unerschaffene umspielten, zugleich es widerspiegelnd und verhüllend. Durch die ihn umspielenden Stimmen wurde der Tenor, der göttliche Urgrund, dem Hörer eigentlich erst erfaßbar. Sie umringten das furchtbare Geheimnis gleichsam wie die priesterliche Kirche, die das Laienvolk vor dem Abgrund der ewigen Glut schirmt und ihm mit geweihten Händen davon austeilt, was ihm verständlich und dienlich ist.

Diese Musik war ein höchst künstliches Gebäude, dessen Teile fest ineinander verschränkt waren wie das Dogma des Kirchengebäudes, in der ein Ton auf den andern bezogen und jeder folgende durch den vorhergehenden bedingt war, eine tönende Scholastik. Luther liebte diese Musik, die Kunst, die den Tenor umgebenden Stimmen mit mannigfachen Figuren zu verzieren, entzückte ihn; dennoch war er berufen, das Wesen der Musik zu verändern, wie er auch die Kirche, der er als gläubiger Sohn angehörte, verlassen und eine ganz anders geartete errichten sollte. Die bisher unterirdisch hinfließende Quelle der Musik, die Sehnsucht des Menschen nach unmittelbarem Einswerden mit der Gottheit, schwoll an und durchbrach das geheiligte Gefüge. Das Neue bestand darin, daß die Führung vom Tenor auf den Diskant überging und daß die melodische Fülle des Volksgesanges in den Choral aufgenommen wurde. Die Schranke der Priesterschaft zwischen Gott und dem gläubigen Volke fiel vor der Sehnsucht der einzelnen Seele, sich Gott hinzugeben. Das Wort raunte nicht mehr in unzugänglicher Verborgenheit, es brach herrlich hervor und lockte die Antwort aus hingerissenen Herzen. Gott und die Seele standen sich gegenüber und hielten Zwiesprache. Gott ist dir näher, als du dir selbst bist. Eine ungeheure, gefährliche, unberechenbare Veränderung; wenn das Leben ihren Sinn bald verdunkelte, entfaltete er sich unbefleckt in der Musik.

Wie sich der Kirchenbau den Bedürfnissen des Gottesdienstes entsprechend entwickelte, so wurde auch das Musikwesen durch den Gottesdienst der jungen evangelischen Kirche beeinflußt. Luthers Bestreben war, die Gemeinde in innigere Beziehung zum Gottesdienst zu bringen: dazu sollte der Gebrauch der deutschen Sprache und die Musik dienen; er wußte aus eigener Erfahrung, wie sehr sie das Gemüt zur Aufnahme des Heiligen stimmt.

Die Pflege der neuen kirchlichen Musik lag den städtischen Schulen und städtischen Kantoreien ob, während die Hofkapellen sich immer mehr der weltlichen widmeten. Die herzlichen Worte, mit denen Luther den Ratsherren aller Städte in deutschen Landen ans Herz legte, die Knaben nicht nur in Sprachen und Historie zu unterrichten, sondern auch die Musika und die ganze Mathematika, wie er sagte, lernen zu lassen, bewirkte die Einführung eines gründlichen Unterrichts in der Musik, der die Kinder befähigte, den schwierigen Figuralgesang der Zeit auszuführen. Denn Luther verwarf die alte Musik durchaus nicht, behielt sie vielmehr zur Verherrlichung des Gottesdienstes bei. Was aber die Menschen so gewaltig zu der evangelischen Kirche zog, war der Gemeindegesang; er mußte zu der alten Musik hinzukommen, damit der Wunderbaum der deutschen Musik erwachsen konnte.

Zur Herstellung eines Gesangbuches für die Gemeinde und zur musikalischen Ordnung der deutschen Messe zog Luther den Musiker Johann Walter heran, der, in einem Dorfe bei Kahla geboren, im Jahre 1517 in die von Friedrich dem Weisen gegründete Hofkapelle als Sänger eingetreten war. Luther hielt große Stücke auf ihn, der seinerseits des Reformators unbedingter Anhänger war. Ihn kann man als den Vater aller der Kantoreien bezeichnen, die bald aus dem gesamten Reichsboden Quellen des Wohllautes entspringen ließen. Vorzüglich taten sich Sachsen und Thüringen hervor, wo sogar viele Dörfer eigene Kantoreien hatten. «Ist doch bald kein Dörfflein», schreibt

1620 der Musiker Michael Altenburg, «bevorauß in Thüringen, darinnen Musica, beydes vocalis und instrumentalis, nicht herrlich und zierlich den Oertern nach solte floriren und wohl bestellet sein. Hat man ja kein Orgelwerk, so ist doch die vocalis musica zum wenigstens mit fünf oder sechs Geigen ornirt und geziert, welches man vorzeiten kaum in den Stätten hat haben können.»

Moritz von Sachsen, der die Kurwürde an die herzogliche Linie gebracht hatte, erhob seine Residenz Dresden zur Pflegestätte der weltlichen Musik. Dort wurde im Jahre 1664 ein Opernhaus erbaut, wo mit großer Pracht Opern aufgeführt wurden, ein Vorbild, das in Gotha, Rudolstadt, Altenburg und anderen sächsischen und thüringischen Städten Nachahmung fand. Unter den schaffenden Musikern, die im 16. und 17. Jahrhundert in Sachsen-Thüringen geboren wurden, sind rühmlich bekannte Namen: Michael Praetorius, Johann Kuhnau, Samuel Scheidt, Johann Hermann Schein, vor allem aber der edelste und gewaltigste unter diesen, Heinrich Schütz, 1585 in Köstritz bei Jena geboren. Alle diese Komponisten fühlten sich berufen, soweit sie geistliche Musik schufen, das in der Heiligen Schrift geoffenbarte Wort Gottes in Töne zu übertragen. Dies Buch der Bücher, insbesondere die Psalmen und die Evangelisten, war die Quelle, aus der sie schöpften, wie es einst die Quelle der Malerei gewesen war. Neben den Pfarrern und oft mehr als sie waren diese Tonsetzer Träger des lutherischen Geistes, eines vom geoffenbarten Wort ausgehenden, das Leben verklärenden, die Welt überwindenden Glaubens. Hundert Jahre nach Schütz wurden nicht weit voneinander Johann Sebastian Bach und Georg Friedrich Händel geboren, Bach als Sprößling und Krone einer Organistenfamilie, die seit dem Beginn des 17. Jahrhunderts in Thüringen blühte. Von den vielen Meistern, die neben den Heroen wirkten, seien Reinhold Keiser und Johann Philipp Telemann genannt, jener bei Weißenfels, dieser in Magdeburg geboren.

Aber nicht nur Musik überströmte sächsische Lande, auch der einzige Dichter, den das 17. Jahrhundert hervorgebracht hat, Paul Fleming, ist ein Sachse, in Hartenstein im Vogtlande geboren. Seine knappen, stolzen Verse vergegenwärtigen einen durchgebildeten, von einer wissenschaftlich gerichteten, aber noch religiösen Kultur getragenen Menschen. Sein Bild zeigt ihn mit dem Spitzenkragen und dem freien, über den Hals fallenden Haar, wie sich die Männer im Zeitalter des Dreißigjährigen Krieges trugen, während wir Hoheit und Leidenschaft bei Bach, Händel und Leibniz unter der übergestülpten Barockperücke suchen müssen.

In der Theologie blieb Sachsen in den der Reformation folgenden Jahrhunderten noch führend. Waren auch die Orthodoxen, die sich als die eigentlichen Erben Luthers betrachteten, zum Teil in zu buchstabenmäßig enggefaßter Dogmatik erstarrt, so blieb doch das religiöse Leben regsam und kräftig genug, um viel Wertvolles zu erzeugen. Der Begründer des Pietismus, Spener, war ein Elsässer, aber er wirkte in Sachsen und gewann in Sachsen Anhänger, unter denen als eine in dauernder Gesellschaftsbildung erfolgreiche Sekte die Herrnhuter hervorzuheben sind. Die Mystiker Valentin Weigel und Jakob Böhme wurden vielen Gottsuchern Freunde und Führer. Der in Annaberg im Erzgebirge geborene Gottfried Arnold entwickelte in seiner Kirchen- und Ketzerhistorie den Gedanken, daß die als Ketzer von der Kirche Verfolgten jederzeit die wahren Gläubigen gewesen seien, und beleuchtete damit Protestantismus und protestantische Kirche.

Leibniz, in Leipzig geboren, gehörte dem ganzen Reich und der ganzen gebildeten Welt an; aber seine Denkungsart zeigt ihn als Glied des lutherisch-sächsischen Kulturkreises, insofern als sie im wesentlichen innerhalb der mittelalterlichen Weltanschauung blieb. Auch Lessing, in der Lausitz geboren, obwohl ein Sohn der Aufklärung, erwies sich fast wider Willen als gespeist von den ambrosischen Früchten, die das Wort Gottes auf sächsischem Boden erzeugte.

Von den großen romanischen und gotischen Kirchenbauten gehören nur wenige dem sächsischen Gebiet an. Es ist, als ob es der sublimsten aller Künste, der Musik, vorbehalten gewesen wäre, hier noch einmal in entrücktester Gottesnähe das Überirdische der Sinnenwelt zu vermitteln. Die weltliche Baukunst aber hat die Residenz Dresden, eine schon von der Natur begünstigte Stadt, mit dem Reiz des Märchenhaften beschenkt. Der von Daniel Pöppelmann geschaffene Zwinger, eine der berückendsten Visionen der Barockphantasie, sieht aus, als habe der Zauber von Aladins Lampe ihn über Nacht aus der Erde wachsen lassen. Im äußersten Gegensatz dazu steigt in strenger Anmut die schlanke Kuppel der protestantischen Kirche empor, die der Dresdener Ratszimmermeister Georg Bähr, nachdem er den Widerstand des Königs und aller Architekten überwunden hatte, erbaute. Ein edler Fremdling, kühn, selbstgenügsam, kühl, steht sie zwischen der reizenden Pracht der Barockhäuser, die den Platz umgeben. Im Jahre 1739, ein Jahr nach dem Tode ihres Baumeisters, wurde zum erstenmal darin gepredigt.

Das durch Musik und Kunst begnadete Land war auch das Land des Gewerbefleißes. Mit der Musik verbunden blühte die Herstellung von Musikinstrumenten mit der böhmischen Einwanderung im Zusammenhang. Die böhmischen Exulanten, die seit der Reformation besonders durch das Erzgebirge nach Sachsen zogen, brachten die Kunst des Geigenbaus mit. Auch Mandolinen, Lauten, Harfen wurden angefertigt, nicht minder, die man die Königin der Instrumente nannte, die Orgel. Der berühmte Orgelbauer Gottfried Silbermann soll 48 Orgeln in Sachsen hergestellt haben.

Unter den eigentlichen Gewerben war die Textilindustrie am meisten verbreitet. Die Leinwand der Lausitz hatte besonderen Ruf, in Thüringen waren Apolda und Eisenach Mittelpunkte der Weberei. Das Spitzenklöppeln im Erzgebirge war zu einer Zeit, wo Spitzen ein beliebter Schmuck der vornehmen Welt waren, eine einträgliche Arbeit. Im 18. Jahrhundert lebte ein Drittel der sächsischen Bevölkerung von Handwerk und Fabriken. Das war ein Hauptgrund, warum Friedrich der Große mit besonderer Begier nach dem Besitz Sachsens trachtete. Trotz aller Bemühungen gelang es ihm nicht, Preußens Fabriktätigkeit so ertragreich zu machen wie die Sachsens. Der vom Throne ausgehende Wille eines einzigen erwies sich als nicht so fördersam wie die Tätigkeit vieler, die in die Verschlingungen des Volkslebens eingesenkt, von dort aus den nächsten Umständen und Bedürfnissen Rechnung tragend, sich entfaltete. Die sächsischen Fabriken waren meistens nicht auf fürstlichen Befehl entstanden, sondern durch Privatpersonen, die sich langsam von Arbeitern zu Gründern eines anfänglich bescheidenen, allmählich wachsenden Unternehmens aufgeschwungen hatten. Gegen das Ende des Jahrhunderts wurden Maschinenkräfte benutzt, die Sachsen in den Stand setzten, mit England zu wetteifern.

Alteinheimisch war in Sachsen die der Kunst verwandte Töpferei; wozu sich die aus Böhmen eingeführte Glasbläserei gesellte. Über diese schrieb Johann Kunkel, Sohn eines Feuerkünstlers, die *Ars vitraria experimentalis,* die vollkommene Glasmacherkunst, die im Jahre 1679 erschien. Kunkel war der Erfinder des Rubinglases. Zur Herstellung des Porzellans haben mehrere Personen beigetragen. Als den eigentlichen Erfinder muß man Johann Friedrich Böttger betrachten, der, 1682 in Schleiz geboren, mit einer Neigung zur Chemie begabt zu einem Apotheker in Berlin in die Lehre kam und sich dort mit alchemistischen Versuchen beschäftigte. Dabei glaubte er die Tinktur gefunden zu haben, die unedle Metalle in edle verwandeln könne. Er wurde dadurch zu einer begehrten, aber auch gefährdeten Persönlichkeit, denn die geldbedürftigen Fürsten pflegten sich derjenigen zu bemächtigen, die im Rufe standen, Gold machen zu können, und sie hart zu bestrafen, etwa gar mit dem Tode, wenn sie keine beweiskräftige Probe ablegen konnten. Als der damalige König von Preußen, Friedrich I., auf ihn aufmerksam wurde, entfloh er nach Sachsen, wurde aber hier von Friedrich August I., August dem Starken, in Gewahrsam genommen, der den Kundigen auszubeuten hoffte.

Es war ein glücklicher Zufall, daß Böttger mit dem im Jahre 1651 in der Nähe von Görlitz geborenen Walter von Tschirnhaus in Beziehung trat, einem Edelmanne, der viel gereist war und sich die Bildung seiner Zeit angeeignet hatte. In Holland hatte er Spinoza kennen und schätzen gelernt, in Paris verkehrte er in dem Kreise um Huygens, in London in dem um Newton, mit Leibniz war er befreundet. Seit dem Jahre 1675 beschäftigten den vielseitigen Mann Versuche, Porzellan herzustellen, wobei ihn ein Bäcker namens Hoffmann unterstützte. Auf seinem Gute gründete er eine Glashütte und Schleiferei, um optische Instrumente herzustellen. Von Tschirnhaus angeregt, entdeckte Böttger, nachdem er die in Sachsen vorkommenden Erden gründlich untersucht hatte, zuerst das Steinzeug, das er Jaspisporzellan nannte, dann das eigentliche Porzellan. Das Kaolin, den zur Herstellung des Porzellans notwendigen Grundstoff, lieferte Schnorr, der reiche Besitzer eines erzgebirgischen Hammerwerks, der in der Folge als Schnorr von Carolsfeld geadelt wurde.

Im Jahre 1709 teilte Böttger dem König August seine Erfindung mit, worauf die Porzellanmanufaktur in Meißen gegründet wurde. Das blanke, glatte, spiegelnde Material, das sich so wohltuend in die Hand schmiegt und das Auge bezaubert, gab Anlaß zum Entstehen einer reizvollen Kunst. Nachdem anfänglich das bewunderte chinesische Porzellan Vorbild gewesen war, bekam sie allmählich einen originalen, einheimischen Charakter. Nach Böttgers Tode, der 1719 starb, waren hauptsächlich zwei Künstler dabei tätig, Johann Gregorius Herold, 1696 in Jena, und Johann Joachim Kändler, 1706 bei Dresden geboren, der erste Schöpfer der malerischen, der andere Schöpfer der plastischen Ausgestaltung des neuen Stoffes. Herolds leuchtende Farben und Kändlers Phantastik brachten Figuren von unverwelklichem Reiz hervor, groteske, abenteuerliche, liebliche Gestaltungen, die zwischen Kunst und Gewerbe schwanken, wie das Porzellan als ein neues Element zwischen Wasser und Erde zu schweben scheint.

An architektonischer Schönheit konnte sich Leipzig mit Dresden nicht messen; aber es zeichnete sich aus durch seine Universität, seinen Buchhandel, seine Messe, seine Gärten. Im Anfang des 18. Jahrhunderts hatte Leipzig das einst durch seinen Büchermarkt den Buchhandel beherrschende Frankfurt aus dem Felde geschlagen. Bernhard Christoph Breitkopf gründete die berühmte Firma, in welche gegen Ende des Jahrhunderts Gottfried Härtel eintrat. Auch Musikstadt zu werden, schickte sich Leipzig im 18. Jahrhundert an. Ein Kaufmann namens Zehmisch gründete im Jahre 1741 eine Konzertgesellschaft. Etwa 30 Jahre später führte sich eine «kunstliebende Gesellschaft» mit dem Graunschen Tedeum ein. In Berlin gab es regelmäßige Konzerte erst seit dem Jahre 1779. Gedenken wir noch der Universitäten Jena und Wittenberg, der Klosterschulen von Schulpforta, Meißen und Bergen, so erhellt, ein wie großer Teil der Geistesbildung des 17. und 18. Jahrhunderts von Sachsen ausging.

Brachte der Albertinische Stamm nach den Brüdern Moritz und August keine bedeutenden Regenten mehr hervor, denn man kann August den Starken kaum dazu rechnen, wenn er auch Kunst und Kunstgewerbe begünstigte, so waren doch unter den Nachkommen des unglücklichen Johann Friedrich, dem die kleinen sächsisch-thüringischen Fürstentümer zugefallen waren, tüchtige, wohlwollende, begabte Menschen. Herzog Karl August erhob die kleinen Orte Weimar und Jena, indem er Dichter und Denker heranzuziehen und zu fesseln wußte, zum geistigen Mittelpunkt Deutschlands und zu einer für immer denkwürdigen Stätte.

Politisch hatte Sachsen seit dem Dreißigjährigen Kriege wenig mehr zu bedeuten, kulturell war es herrschend im Reich. Nur Österreich konnte sich mit ihm messen, das zugleich auch politisch eine Macht, das Haupt des Reiches und eine Großmacht für sich war, ein einzigartiges, aus ferner Vergangenheit erwachsenes und sich immer verjüngendes, fabelhaftes Gebilde.

Wien

Die seit der Mitte des 17. Jahrhunderts herrschende Schicht, der Adel, dessen größte Leistungen Waffentaten waren, hat nirgends so rühmlich gewirkt wie in Österreich; denn die Kriege Österreichs waren Befreiungskriege, die das Reich vor den Eroberungsplänen Frankreichs und der Türkei retteten. Nirgends auch hat sich der Adel ein so großartiges Denkmal gesetzt wie in Österreich: das Wien der Barockzeit.

Wien war im Anfang des 18. Jahrhunderts mit etwa 200000 Einwohnern die größte Stadt im Reiche, die Hauptstadt des Reiches, die Kaiserstadt. Seit dem Regierungsantritt Leopolds I. und vollends seit dem großen Türkenkrieg im Jahre 1683, als durch die Belagerung vieles zertrümmert war und die völlig zerstörten Vorstädte in die Linie einbezogen worden waren, gestaltete sich die Stadt ihrer Würde gemäß. Im Stil des frühen Barock baute sich der Adel weiträumige Häuser, die geeignet waren, viele Gäste zu empfangen, Damen in bauschigen, langschleppigen Brokatkleidern, Herren in löwenmähniger Perücke, den Degen an der Seite. Es entstanden die Paläste Starhemberg, Lobkowitz, Caprera, Trautson, Schwarzenberg, das Stadt- und das Sommerhaus Liechtenstein, das Haus des Prinzen Eugen an der Himmelpfortgasse und sein Sommerpalast, der später Belvedere genannt wurde. Diese Paläste sind wuchtig und grandios; aber es fehlt ihnen nicht ganz an Gemütlichkeit. Waren die früheren zurückhaltend, so entlud sich in den späteren die Lust an hochgeschwungenen Formen und an prächtiger, bildhafter Verzierung ungehemmt. Der natürlich quellende Fluß der Phantasie ließ ihr Werk nie als aufdringlich erscheinen, das Übermaß selbst diente der Erhöhung des Ganzen. Wie es die Gotik vermocht hatte, löste das Barock die Härte des Steins auf, ließ den undurchdringlichen Stoff biegsam und fast durchsichtig erscheinen. Der mächtige Umriß des Belvedere verschmilzt so zart in die Landschaft, daß man meinen kann, er werde, während man die Augen schließt und wieder öffnet, wie ein Traumbild verschwinden. Doch ist Kraft und männliche Leistung überall gegenwärtig. An den Portalen und Treppen strafft sich wohl der muskulöse Körper des Herkules, neben Allegorien und Emblemen des Ruhmes bilden seine Taten und seine Aufnahme in den Göttersaal den Gegenstand der Deckengemälde. Im Belvedere waren die Siege des Prinzen Eugen in einer Reihe von Gemälden dargestellt.

Unter den Architekten waren die größten der in Graz geborene Johann Bernhard Fischer von Erlach und sein Sohn und Lukas Hildebrand. Gleichzeitig mit ihnen arbeiteten unzählige andere, meistens Italiener, dazu Stukkisten, Gipser, Freskanten, Maler. Auch von diesen war die Mehrzahl Italiener, doch gab es daneben Deutsche, wie zum Beispiel die drei Brüder Strudel, die mit Apelles, Praxiteles und Phidias verglichen wurden. In derselben Zeit, wo die Paläste entstanden, wurden auch viele alte Kirchen dem neuen Geschmack entsprechend umgebaut und neue errichtet. Die bedeutendste unter den neuen ist die Karlskirche, ein Meisterwerk des älteren Fischer von Erlach, für Kaiser Karl gebaut, dem heiligen Carlo Borromeo geweiht. Mit genialer Kraft ist die barocke Kuppel mit dem tempelartigen Vorbau zu einer Einheit zusammengefaßt. Die beiden Säulen weisen im Andenken an Karls Aufenthalt in Spanien und seine dortigen Taten auf die Säulen des Herkules, die einst ein Nonplusultra bedeuteten, das von Karl V. in ein Plusultra verwandelt wurde. Die Kirche ist gravitätisch ernst und prunkvoll, und es umweht sie nicht, wie einst die gotischen, der Schauer des Heiligen; dennoch fügt sich die ganze barocke Herrlichkeit wohllautend zu einem feierlich rauschenden Akkord unter dem tiefen Grundton des alten gebietenden Doms von Sankt Stefan.

Zur Architektur gesellte sich die Musik als Muse Wiens, und in dieser Hinsicht mag die Kultur Sachsens mit der Österreichs verglichen werden. Der große Unterschied hängt mit dem Unterschied des Glaubensbekenntnisses zusammen, der wiederum mit der Eigenart von Land und Leuten zusammenhängen mag. Das wesentliche Merkmal des Protestantismus, der den Gläubigen in unmittelbare Beziehung zu Gott setzt ohne die Vermittlung der Kirche, die für den Katholiken eins ist mit dem Christentum, kommt in den monumentalen Musikschöpfungen der Schütz, Bach, Händel zu gültigem Ausdruck: Gott, die Liebe, wird Fleisch, wirkt in der Welt und wird von der Welt gekreuzigt, die Urtragödie der Menschheit offenbarte sich in Tönen durch das protestantische Genie. Das katholische Genie Österreichs hat ihm die Komödie gegenübergestellt, wenn man diesen Begriff im höchsten Sinne faßt. Die katholische Kirche steht zwischen Gott und dem Menschen, die ewige Glut mildernd, den Strom der himmlischen Gnade verteilend, einen heiteren Glanz gleichmäßig verbreitend. Das Himmlische steht dort nicht dem Menschlichen in einem Gegensatz gegenüber, der vernichtend sein kann, sondern mischt sich ihm vertraulich. Die Mischung des Überirdischen und Irdischen läßt das Leben als Komödie erscheinen, als ein Gewebe von Verwicklungen und Lösungen, von Verfehlung und Versöhnung, von Gutem und Bösem, das trotz seines Widerstandes in das allbeseligende göttliche Licht aufgenommen wird. Der Gegensatz der menschlichen Wirrsale zu der hohen göttlichen Ordnung stellt sich in Abstufungen des Komischen, Humoristischen, Wehmütigen bis zum Komisch-Tragischen dar, welches letztere in dem Durcheinander der Elemente nur ein Anklang sein kann. Den Sieg behält das göttlich-gütige Lächeln, das menschliche Torheit und Bosheit mit unerschöpflicher Gnadenfülle auszugleichen verheißt. In diesem Sinne war das mittelalterliche Mysterienspiel Komödie, wo der Teufel als komische Person in die Passion des Herrn hineingrinsen durfte. Von diesem Geist erhielt sich etwas in den katholischen Ländern, namentlich in Österreich, sowohl durch Volksgebräuche wie durch die dramatischen Aufführungen an den Jesuitenschulen. Sie waren durch Hinzufügung von Musik und durch die Wirkung künstlicher Maschinen nicht selten großartig und erhielten den Sinn für das Ineinanderspielen von Himmel, Hölle und Erde, für das Verzaubernde der Musik, für die Aufgabe der Kunst, die

Alltäglichkeit des Lebens mit dem Schein des Wunderbaren zu durchleuchten.

Die musikalische Begabung der Dynastie Habsburg und die ihnen eigentümliche leidenschaftliche Liebe zur Musik vereinigte sich mit der Natur der Österreicher, um die Musik in Wien heimisch zu machen; Wien war von jeher eine melodische Stadt. Leopold komponierte selbst: Im Jahre 1683 wurde seine Musik zu der deutschen Komödie «Die thörichte Schäferin» gespielt; auch zu einer anderen Komödie mit dem Titel «Die Ergetzungsstunden der Schlavinen auf Samia», die bei Gelegenheit der Hochzeit Max Emanuels von Bayern mit Leopolds Tochter eigens für die Hofdamen bestimmt war, hatte der Kaiser die Musik gemacht. Noch nach seinem Tode wurde bei gewissen kirchlichen Feierlichkeiten ein von ihm komponiertes Salve regina gesungen. Joseph I., der ebenso wie sein Vater eine gute musikalische Bildung besaß, ließ ein neues Theater bauen, das sowohl für die große Festoper wie für das italienische Schauspiel bestimmt war. Oper und Schauspiel bezogen sich in der Maske antiker oder biblischer, zuweilen auch altgermanischer Stoffe auf die großen Ereignisse der Gegenwart, wie es die Titel andeuten: Die Rückkehr des Julius Caesar als Sieger über Mauretanien; die ruhmvollen Vorbedeutungen des Scipio Africanus; Herkules Besieger Indiens; der besänftigte Mars; das wiedereroberte Kapitol. Unter Leopold komponierte der Italiener Bononcini Opern, die im ganzen Abendlande bewundert wurden, zur Zeit Karls VI. ließ Caldara über achtzig Opern in Wien aufführen. Auch Opern von Scarlatti, Porpora, Lotti und Hasse waren beliebt. Der Steiermärker Johann

Joseph Fux wurde 1696 Organist bei den Schotten, später Hofkapellmeister Leopolds und Karls. Er widmete Karl ein berühmtes Lehrbuch der Komposition: *Gradus ad Parnassum*.

Das Hoftheater wurde auf Kosten des Kaisers geführt und erforderte große Summen; es war nur dem Hof und geladenen Gästen zugänglich. Ein italienischer Textdichter machte darauf aufmerksam, welchen Vorteil ein Theater haben würde, das sich durch ein zahlendes Publikum erhielte. Joseph I. ging auf den Vorschlag nicht ein, aber die Stadt ergriff den Gedanken und baute im Jahre 1708 ein am Kärntnertor gelegenes Theater, das eine Heimstätte für die Wiener Komödie und insbesondere für die Hanswurst-Komödie werden sollte. Zunächst wurden sogenannte Haupt- und Staatsaktionen gegeben, die irgendein historisches Ereignis, meist aus dem Altertum, ziemlich langatmig und trocken abhandelten. Der Steiermärker Johann Anton Stranitzky, der das Haupt einer deutschen Truppe war, kam auf den glücklichen Einfall, diese gravitätischen Ungetüme durch Einführung einer lustigen Person, des Hanswurst, kurzweiliger zu machen. Die komische Person, die er selbst spielte, trat in verschiedenen Rollen auf, wie das Stück es eben erlaubte, als Soldat, als Doktor, als geprellter Bräutigam, als Wirt, immer einfältig-schlau und die zündende Macht über das Gelächter des Publikums. Eins der beliebtesten Stücke Stranitzkys war das Leben und der Tod des Doktor Faust, worin der Hanswurst den Dämon besiegt, während er der bösen Frau nicht Meister wird; Stranitzky, der im Leben ernsthaft und bieder gewesen sein soll und nebenbei Hof-Zahn- und

Mundarzt war, starb im Jahre 1726 als reicher Mann. Sein Nachfolger, der junge Gottfried Prehauser, trat zuerst in dem Volksstück Don Juan sowohl als Einsiedler wie als Hanswurst auf. Er schaffte die herkömmliche Haupt- und Staatsaktion ab und machte den Hanswurst, der früher Gegenspieler des Helden gewesen war, zur Hauptperson. Eine Abart des Hanswurst schuf Johann Felix von Kurz in der Figur des Bernardon. Die Hanswurstiaden und die Bernardoniaden waren Stegreifkomödien, für die nur eine Art Gerüst, ein Szenarium, entworfen wurde. Sie stellten hohe Ansprüche an die Geistesgegenwart, den Witz und Einfallsreichtum der Schauspieler.

Wenn auch Kaiser Franz I. und manche Herren seiner Umgebung Geschmack an den Hanswurstiaden hatten, so bestand doch ein Gegensatz zwischen dem höfischen Theater und der städtischen Komödie, der dem Publikum desto deutlicher bewußt wurde, je mehr das Klassische aufkam. Graf Kaunitz führte als Franzosenfreund eine französische Truppe ein, deren Darbietungen, wie alles Französische, vom Volk abgelehnt wurden. Auch das Theater der Neuberin, die ein Gastspiel gab, fand das Wiener Publikum steif und manieriert. Dennoch siegte das Klassische bis zu dem Grade, daß Kurz Wien verlassen mußte und andere Städte aufsuchte. Als er nach einigen Jahren zurückkehrte, wurde er mit Jubel empfangen. Sein besonderes Verdienst war es, daß er das Element des Zaubermärchens in die Bernardoniade mischte. Dadurch wurde die Komödie völlig von der Wirklichkeit losgelöst und eine Sphäre geschaffen, in der das Wunderbare lachend über das Verständige triumphierte. Mögliches und Unmögliches, Plattes und Erhabenes, Traum und Wirklichkeit gaukelten durcheinander unter dem Szepter von Musik und Poesie.

Nach dem Siebenjährigen Kriege schickte sich die Aufklärung, die nun erst recht in Wien eindrang, in der Person des Professors Sonnenfels zum Kampf gegen die Burleske an. Einer ihrer Verteidiger ließ ihn als Herr Langwitz in einem satirischen Lustspiel auftreten, und es entstand ein jahrelang andauernder Streit, der der Hanswurstkrieg genannt wurde. In einem anderen Lustspiel hielt Apollo eine Lobrede auf Prehauser-Hanswurst und setzte sich zum Schluß dessen grünen Hut auf sein Götterhaupt. Bald darauf starb Prehauser, 77 Jahre alt; man muß an den Ausspruch Montesquieus denken: In Wien stirbt man, aber man altert nicht. Sonnenfels jubelte: Er ist gefallen, der große Pan! Die Stütze der Burleske ist gefallen, ihr Reich zerstört! Aber der große Pan war nicht tot; im Jahre 1781 eröffnete Marinelli ein Theater in der Leopoldstadt, wo die Zauberposse auferstand. Johann Laroche trat in zahlreichen Stücken als Kasperl auf: Kasperl unter den Menschenfressern, Kasperl in der Narrengasse, Kasperl als Mahomet. Hasenhut schuf die komische Rolle des Thaddädl, der junge Kapellmeister Wenzel Müller begann die lange Reihe seiner Kompositionen mit dem Sonnenfest der Brahminen und dem König auf der grünen Wiese. Im Jahre 1786 wurde das Theater auf der Wieden, 1788 das Theater in der Josephstadt eröffnet.

Kurz-Bernardon starb im Jahre 1783; aber er war schon vorher tödlich getroffen, da die Stegreifkomödie verboten wurde. Maria Theresia hielt große Stücke auf Sonnenfels; auch war sie seit dem Tode ihres lebenslustigen Gatten so verdüsterten Gemütes, daß es leicht war, sie gegen die Burleske einzunehmen, der man Unanständigkeiten mit Recht vorwerfen konnte.

Die Muse der Musik indessen, die an der Donau wandelte, ließ sich durch die Aufklärung nicht gebieten, sondern begnadete die Tollheiten und Phantasien des Volkes ebenso wie den Ernst und die Feierlichkeit des Hofes. Komponierte doch Haydn die Musik zum krummen Teufel, einer besonders beliebten Bernardoniade von Johann Felix von Kurz.

Im Todesjahr des Prinzen Eugen, 1763, erschien der junge Christoph Willibald Gluck zum erstenmal in Wien, Gast im Hause Lobkowitz, wo er mit Fux und Caldara verkehrte. Zwölf Jahre später komponierte er zur Eröffnung des Burgtheaters mit Beziehung auf Maria Theresia «Die wiedererkannte Semiramis». Eine seiner frühen Opern, «Die Chinesen», wurde weit berühmt. Gegen Ende des Siebenjährigen Krieges fand die erste Aufführung des Orpheus statt, einer Oper, die nicht ohne Verwandtschaft mit dem phantastischen Zauberstück ist. Den Text hatte ein Italiener geschrieben, der als juristischer Beamter in Wien lebte. Im selben Jahre wurde der kleine Mozart von der kaiserlichen Familie bewundert und gehätschelt.

Wenn ein Festsaal mit Trauben aus buntem Glase geschmückt wäre, würde es niemandem auffallen, wenn zwischen die gläsernen Beeren ein Edelstein geraten wäre. Nur einem Kenner verriete vielleicht das schönere Feuer den kostbaren Fremdling. Die meisten freuen sich an dem reizenden Tand, der den Saal mit festlichem Glanz erfüllt, wie es seine Bestimmung ist, und was ihnen zumeist ins Auge fällt, loben sie am lautesten. So wurde in Wien dem großen Genie, das die Kaiserstadt mit unvergänglicher Glorie krönte, nicht die einhellige Verehrung zuteil, die wir ihm dargebracht sehen möchten. Er war eine Stimme in einem Chor, der wie einst die Nachtigallen in den Gärten Wien mit Wohllaut erfüllte, einem Chor, in dem es viele Italiener gab, die man gewöhnt war, als unübertreffliche und beispielgebende Musiker und Dichter zu betrachten. Immerhin wurde Mozart von Kaiser Joseph gewürdigt und geschützt, wenn auch nicht seiner Bedeutung entsprechend.

Unter Joseph verschwanden allmählich, je mehr Fabriken entstanden, die vielen Gärten. Zum Ersatz eröffnete er dem Volk den Prater und den Augarten, der die alte Favorite umgab. Über das Portal, das zum Augarten führte, ließ er die Inschrift setzen: «Allen Menschen gewidmeter Erholungsort von ihrem Schätzer.» Neben der wohlwollenden Absicht spricht sich die etwas knöcherne Korrektheit des gekrönten Menschenfreundes in diesen Worten aus. Einen anderen Charakter als diese Gärten, wo zwischen den Karossen der Vornehmen und den Konzerten für Kenner die einfachen und kindlichen Belustigungen des Volkes sich auftaten, hatte der Park von Schönbrunn, der einen Palast Maria Theresias umgab. Die marmornen Brunnen und Götterbilder, die durch die Gebüsche schimmerten, krönte die im Jahre 1775 von dem Baumeister Hetzendorf von Hohenberg erbaute Gloriette. Getragen von anmutigen Arkaden breitet der Kaiseradler seine Flügel über Helme und Waffen aus, die Denkzeichen kriegerischer Taten. Das Majestätische war in Wien mit dem Lieblichen verschwistert, eine Mischung, die auch Maria Theresia verkörperte. So vereinigte sich die Majestät der Kirche mit dem volkstümlichen Glauben und Aberglauben. Joseph konnte weder die Anhänglichkeit an den Papst noch die Gewohnheit des Wetterläutens ausrotten.

Kirche und Staat in Österreich

Ohne daß es sie viel Kopfzerbrechen gekostet hätte, wußte Maria Theresia das Ansehen des absoluten Herrschers zu wahren und doch die Kirche nicht allzusehr zu beeinträchtigen. Sie war religiös und kirchlich, streng in der Ausübung ihrer kirchlichen Pflichten, wie sie es auch von anderen forderte, aber wiederum zu sehr durchdrungen vom Pflichtgefühl als Inhaberin der Staatsgewalt, überhaupt zu sehr bewußte Herrscherin, um der Kirche zuliebe ein Interesse des Staates hintanzusetzen. Als Verteidiger der Kirche maßte sie sich, als verstehe sich das von selbst, allerlei Aufsichtsrechte über die kirchliche Vermögensverwaltung an.

Ein Gegenstand des Streites zwischen Staat und Kirche waren die Schulen: Beide wünschten dies Mittel, die Jugend zu beeinflussen, in der Hand zu haben. In den protestantischen Ländern ordnete sich das von selbst zugunsten des Staates. Die Universitäten waren ursprünglich kirchliche Anstalten mit kirchlichem Charakter, an der Spitze stand ein hoher Geistlicher, Geistliche waren die meisten Professoren. Bei den von protestantischen Fürsten gegründeten oder zu protestantischem Gebiet gehörenden Universitäten wurde der Papst, wie es sich von selbst versteht, nicht mehr zugezogen, die Professoren wurden fürstliche Beamte, wenn die Anstalten auch noch mit gewissen Rechten der Selbstverwaltung ausgestattet blieben. Die österreichischen Universitäten standen zur Zeit Maria Theresias unter der Leitung der Jesuiten, die doch ihren einst erworbenen Ruf, vorbildliche Lehrer und Erzieher zu sein, nicht mehr verdienten. Auf das Betreiben ihres Leibarztes, des Holländers van Swieten, den sie sehr schätzte, verdrängte sie Maria Theresia von den Universitäten, ohne daß es der Wissenschaft zugute gekommen wäre, die nun der Aufsicht des Staates unterstellt wurde. Die Professoren lehrten nach Büchern, die von staatlichen Stellen begutachtet wurden. Als Sonnenfels, ein angesehener Professor der Universität, Vorkämpfer der Aufklärung, für die Aufhebung der Tortur zu wirken begann, wurde ihm vorgeworfen, er habe Sätze gelehrt, die den publizierten Gesetzen schnurstracks zuwiderliefen. Sonnenfels sprach die Ansicht aus, Universitätslehrer sollten nicht nur die bestehenden Gesetze erklären, sondern auch Grundsätze mitteilen, damit die Schüler einst imstande wären, die in Ausübung begriffenen Gebrechen zu bekämpfen. Als er wegen dieser Auffassung angegriffen wurde, wendete er sich an Maria Theresia mit der Anfrage, ob er sein Vorlesebuch nach dem, was er in der Ausübung vor sich sehe oder nach denjenigen Grundsätzen zu bearbeiten habe, die er als richtig erkennte, ohne darauf zu achten, ob sie mit der gegenwärtigen Verfassung übereinstimmten oder ihr widersprächen. Maria Theresia wies ihn auf das letztere. Dabei war vermutlich ihre Vorliebe für Sonnenfels, dessen Ehrlichkeit und Treue ihr bekannt waren, ihr großer Sinn und ihre eigene Gewissenhaftigkeit maßgebend, keineswegs ein Verständnis für die Wissenschaft und ihr Recht der freien Forschung, das sie grundsätzlich niemals zugestanden haben würde. Die Hochschulen hatten in ihren Augen den Zweck, gute Staatsbeamte heranzubilden; übrigens war sie zu sehr von dem unersetzlichen Wert der Kirche für die Gesittung der Menschen überzeugt, als daß sie der wissenschaftlichen Forschung das Recht zugestanden hätte, das von der Kirche errichtete Weltbild zu verrücken. Überhaupt handelte die Königin nicht systematisch, sondern von Fall zu Fall, wie es der Augenblick erforderte. Auch war sie, obwohl streng und nüchtern, sogar gegen ihre Kinder oft von unbeugsamer Härte, weitherzig genug, um ein gewisses Maß von Gemütlichkeit, das, was man die österreichischen Menschenrechte genannt hat, gelten zu lassen. Der starre Maschinenleib des Leviathan war durch purpurne Mantelfalten und weichen Hermelin verhüllt. So hatte man einst um des Schwunges und der Großartigkeit seiner Regierung willen Karls V. Härten geduldet, die man seinem engherzigen Nachfolger nicht verzieh.

Unter Joseph II. änderte sich der Geist der Regierung. Es war verhängnisvoll für Joseph, daß Friedrich der Große, den er zugleich haßte, fürchtete und bewunderte, durch seine weltberühmt gewordene philosophische Regierung ein Vorbild gab, dem er nacheifern, das er womöglich übertrumpfen wollte, ohne zu bedenken, wie verschieden vom preußischen Staat die vielgliedrige österreichische Monarchie war. Joseph hätte es seinem Gegner und Muster viel eher gleichtun können, wenn er die Idee eines Staatenbundes und eines in der Hauptsache katholischen Landes in möglichster Vollkommenheit und grade im Gegensatz zu

Preußen zu verwirklichen versucht hätte. Aber das Prinzip der Vereinheitlichung und der Rationalisierung beherrschte das Jahrhundert so sehr, und Josephs Geistesart stimmte so damit zusammen, daß er den Weg einschlug, der für ihn verhängnisvoll war. Der Wetteifer mit dem preußischen Vorbild gab seiner Reformtätigkeit etwas Krampfhaftes und ließ ihn alles auf die Spitze treiben. Dazu kam, daß die Herrscherpersönlichkeit seiner Mutter ihn zurückgehalten und dadurch ungeduldig gemacht hatte. Dem angebeteten Gatten hatte sie jede Mitwirkung in der Regierung versagt, dem Sohne stand sie anders gegenüber. Er war ihr Nachfolger, und sie war zu pflichtbewußt, um ihn nicht auf seine künftigen Aufgaben vorzubereiten; aber im Zweifelsfalle behielt sie doch das Übergewicht. Sie liebte ihn, aber sie empfand ihn als fremd und zuweilen feindselig, nicht nur in der Sache, sondern aus einem persönlichen Gegensatz heraus. Er hatte das ganze, aus dem Verstande ausgezogene Geflecht der aufklärerischen Gedankengänge in sich aufgenommen und wollte dementsprechend in seinem Reich aufräumen, eine Vereinfachung durchführen, die auf dem Papier leicht scheint, der Vielfalt des verwickelten Lebens aber Gewalt antun muß. Sein durchgreifendes, grundsätzliches Schalten, nachdem sie ihn zum Mitregenten gemacht hatte, mißfiel Maria Theresia; es gab oft Zusammenstöße, die nur äußerlich ausgeglichen wurden und die ihr Gemüt verbitterten.

Joseph war nicht frei von Eitelkeit. Auch er hatte schöne blaue Augen wie Friedrich von Preußen, auch er konnte durch die Anmut seiner Erscheinung und die Liebenswürdigkeit seines Benehmens bezaubern; aber während Friedrich seine Gaben gern im Kreise der Adligen oder französischer Schriftsteller spielen ließ, wählte Joseph sich das Volk als Hintergrund. Er liebte es, unter fremdem Namen Wohltaten auszuteilen, und genoß das Staunen der Beglückten, wenn er seinen Stern enthüllte; er liebte es, der Menschenfreund auf dem Throne oder der königliche Samariter genannt zu werden. Die zahlreichen Anekdoten, die von ihm erzählt werden, zeigen ihn fast immer, wie er die Anmaßung der Vornehmen straft und dem armen Mann aus dem Volke Recht verschafft. Liebe zur Gerechtigkeit war sicher, was ihn leitete, nur stellte er sich das Geschäft, sie zu erkennen und auszuteilen, zu einfach und zu sehr nach den Regeln der Rechenkunst vor.

Zu den kirchlichen Reformen, die er im Sinne hatte, konnte Joseph erst nach dem Tode seiner Mutter schreiten, der im Jahre 1780 erfolgte. Kaum hatte er die Hand frei, ging er daran, die innere Verwaltung seines Reiches völlig umzuschaffen, wie er sagte. Er habe die Philosophie zur Gesetzgeberin seines Reiches gemacht, und infolge ihrer Logik werde Österreich eine andere Gestalt gewinnen. Ein Reich, das er regiere, schrieb er dem Erzbischof von Salzburg, müsse nach seinen Grundsätzen beherrscht, Vorurteile, Fanatismus, Parteilichkeit und Sklaverei des Geistes müßten unterdrückt, und jeder seiner Untertanen müsse in den Genuß seiner angeborenen Freiheit gesetzt werden. Zu dem Zweck wolle er zunächst eine Anzahl von Stiften und Klöstern aufheben, denn die Mönche seien die gefährlichsten und unnützesten aller Untertanen, da sie sich der Beobachtung der bürgerlichen Gesetze zu entziehen suchten und sich bei jeder Gelegenheit an den Pontifex zu Rom wendeten. Es sei seine Pflicht, Fakire zu Menschen zu bilden. Des Kaisers Maßstab bei seiner Verfügung über die Klöster war nur ihr Nutzen: diejenigen, die Arbeit leisteten, Krankenpflege oder Unterricht, sollten bleiben. Im ganzen wurden von 2163 Klöstern, die es in der Monarchie gab, 738 aufgehoben. Einschneidend war, daß die gesamte Klostergeistlichkeit der Weltgeistlichkeit unterworfen wurde. Die Denkungsart des Volkes sollte, nachdem der Einfluß der Mönche gebrochen wäre, durch die Bischöfe umgeschaffen werden, die er in ihre Rechte einsetzen wollte. Sie sollten dem gemeinen Mann anstatt der Romane der kanonisierten Leute, der Heiligenlegenden, das Evangelium und die Moral predigen. So würden nach Jahrhunderten Christen herangebildet werden, und die Enkel würden ihn segnen, weil er sie von dem übermächtigen Rom befreit, die Priester in ihre Grenzen zurückgewiesen und ihr Dortsein dem Herrn, ihr Dasein aber dem Vaterland allein unterworfen habe. Denn das war seine letzte Absicht: eine von Rom unabhängige, von der Staatsgewalt abhängige Nationalkirche zu schaffen. Eine Reihe von Edikten sollte diesem Zweck dienen. Den inländischen Klöstern wurde jeder Verkehr mit den ausländischen Ordensbrüdern, insbesondere mit den römischen, verboten, ausgenommen daß sie füreinander beteten. Päpstliche Verordnungen jeder Art durften nur nach erhaltener landesfürstlicher Erlaubnis bekanntgegeben und befolgt werden. In verschiedenen Fällen, wo die Bischöfe früher nach päpstlicher Ermächtigung handelten, sollten sie derselben künftig nicht mehr bedürfen. Jeder neu erwählte Bischof und Erzbischof mußte vor der päpstlichen Bestätigung dem Landesfürsten einen Treueid leisten, in dem er gelobte, den landesfürstlichen Geboten ohne alle Rücksicht und Ausnahme zu gehorchen. Der Besuch des alten Collegium Germanicum in Rom wurde verboten, weil dort Grundsätze eingeflößt würden, die die Anmaßungen des römischen Hofes begünstigten.

Zu den Grundsätzen des Kaisers gehörte die Toleranz. Maria Theresia war unnachgiebig streng gegen die protestantischen Ketzer gewesen, erst in ihren letzten Lebensjahren hatte sie einige Zugeständnisse gemacht. Joseph hielt es für richtig, mit starken Schlägen durchzugreifen. Durch das Toleranzedikt, das er ein Jahr nach dem Tode seiner Mutter erließ, wurde den Lutheranern, Reformierten und nicht-unierten Griechen die Ausübung ihrer Religion allenthalben zugestanden. Den Vorzug der öffentlichen Religionsübung sollten allerdings nur die Katholiken genießen, doch sollten die Protestanten Bethäuser und Schulen bauen dürfen. Die Bethäuser durften keinen Glockenturm, kein Geläut und keinen öffentlichen Zugang an der Straße haben. Gegen diejenigen, welche nicht zu den tolerierten Bekenntnissen gehörten, verfuhr Joseph sehr hart. Unbelehrbare Deisten wurden ihres Vermögens beraubt und als Soldaten unter die slawonischen oder galizischen Regimenter gesteckt, auch mit anderen strengen Maßnahmen und schließlich sogar mit Stockschlägen bedroht. Wie es dem Kaiser oft erging, mußte er auch in diesem Fall erfahren, daß das Leben sich in viel zu reicher Verzweigung entfaltet, als daß es von einer lakonischen Verordnung erfaßt werden könnte. Dem Toleranzedikt mußten erläuternde und einschränkende Zusätze folgen. Mehrere Erzbischöfe und Bischöfe gingen mit überschwenglicher Bereitwilligkeit auf des Kaisers Ideen ein, und weite Kreise der Bevölkerung billigten seine Maßregeln. Sie gingen davon aus, daß der Staat in weltlichen Dingen, ein Begriff, den man sehr umfassend nahm, völlig unabhängig von der Kirche sein müsse, daß die Kirche dem Wohl des Volkes im Wege stehe. Die vielen Feiertage, die Wallfahrten lenkten das Volk von der Arbeit ab. Man blickte mit Neid auf die protestantischen Länder: Da blühten Handel und Gewerbe, da könne das Licht der Vernunft den Wohlstand befördern. Preußen sei mächtiger als Österreich, weil es da keine vom Staat unabhängige Geistlichkeit gebe und weil kein Geld nach Rom fließe. «Wenn nicht ein Wunder geschieht, müssen die protestantischen Staaten mit der Zeit die katholischen vernichten.» Die Protestanten dürfen alle Bücher lesen, denken selbst, führen neue Erfindungen und Verbesserungen ein. Ihr Geld ist immer im Umlauf, ihre Bevölkerung wächst, da sie das Zölibat nicht kennen, es sind Hände genug zur Arbeit da. Wir haben zwar «unsere freilich sehr hoch zu schätzende Religion», sind aber träge, arm und elend. Mit den vielen Gottesdiensten und den Karnevalslustbarkeiten wird zu viel Zeit versäumt, die Protestanten arbeiten ununterbrochen. Spanien ging zugrunde, weil es aus Intoleranz die Mauren vertrieb, durch Intoleranz verlor es die Niederlande, zog sich der Handel Antwerpens nach Amsterdam. Das ungeheure Vermögen der Toten Hand müsse dem ganzen Lande zugute kommen.

Die Rechte des Papstes wurden untersucht und behauptet, daß er nichts anderes sei als der erste Bischof. Der Landesherr habe die Gewalt von Gott, und er habe nur Gott Rechenschaft abzulegen. Die Einmischung Fremder sei schon gar nicht zu dulden. Man wies darauf hin, daß es in den christlichen Staaten Hunderttausende von Soldaten gebe, die für Gehorsam sorgen könnten. Wer nur den geringsten Begriff vom Staatsrecht habe, wisse, daß Staaten im Staat wie die Klöster nicht geduldet werden könnten. Auch der philosophische Geist des Jahrhunderts wurde herangezogen, der erfordere mehr Gleichgültigkeit gegen Lehrsätze und mehr Eifer für die Moral. Die Jahrhunderte der Unwissenheit seien vorüber, die Menschheit sei lange genug durch Blendwerk irregeführt. Die ewige Wahrheit sei klar und hell, blinder Glaube sei kein Glaube.

Daß der Kaiser auch viele Gegner hatte, versteht sich von selbst. Sie wiesen darauf hin, daß ein Landesherr, der die Klöster aufhebe und ihr Vermögen einziehe, Verträge und bestehende Gesetze mißachte, auch vor den Gütern und Rechten der Bürger nicht haltmachen werde. Die Toleranz erklärten sie für gefährlich, die Folge werde ein Mischmasch der Religionen, Uneinigkeit und schließlich der Untergang der Religion sein. Alle diese Meinungsergüsse wurden in einer Masse von Flugschriften veröffentlicht, was die von Joseph eingeführte, fast unbeschränkte Pressefreiheit ermöglichte.

Der Papst, Pius VI. aus der Familie Braschi, glaubte diesen erschreckenden Umwälzungen am ehesten durch persönlichen Einfluß entgegenwirken zu können und machte dem Kaiser den Vorschlag, er wolle ihn in Wien besuchen, damit sie gemeinsam versuchten, die päpstlichen und monarchischen Rechte in Einklang zu bringen. Dem Kaiser war das sehr unlieb, und er wollte es hintertreiben, da Pius aber bei seinem Vorsatz blieb, schrieb er ihm höflich doch fest, Seine Heiligkeit werde mit allen gebührenden Ehren empfangen werden, möge aber nicht darauf rechnen, eine Änderung der kaiserlichen Beschlüsse zu erwirken. Trotzdem brach Pius im Februar 1782 auf. Diese Reise des Papstes erregte in ganz Europa Aufsehen. Man erinnerte daran, daß, seit Leo III. nach Paderborn kam, um bei Karl dem Großen Schutz zu suchen, kein Papst einen Kaiser aufgesucht hatte, man stellte einen Vergleich an zwischen dieser Reise und dem Zuge Heinrichs IV. nach Canossa. Joseph empfing seinen hohen Gast mit Ehrerbietung und zeigte sich als guter Katholik, fuhr aber während der Anwesenheit des Papstes in seiner antirömischen Reformtätigkeit ausdrücklich fort, um seine Unbeugsamkeit zu zeigen. Dennoch, obwohl Pius in keinem Punkte ein Nachgeben des Kaisers erreichte, war seine Anwesenheit nicht erfolglos. Hatte schon seine Reise durch das österreichische Gebiet einem Triumphzuge geglichen, so zeigte sich vollends in Wien die Anhänglichkeit der Bevölkerung in erstaunlicher Weise. Joseph schrieb selbst seiner Schwester, daß er ein solches Zusammenströmen begeisterten Volkes nie gesehen habe und nie mehr sehen werde. Auch von protestantischer Seite wurde dem Papst viel Ehre erwiesen. Das gab dem Kaiser doch zu denken; es wurde ihm anschaulich, daß der Heilige Vater eine Weltstellung innehatte. Allerdings fuhr er fort, seine Unnachgiebigkeit darzutun: Nachdem er in Mariabrunn, bis wohin er seinen Gast begleitet hatte, kniend um den päpstlichen Segen gebeten und sich verabschiedet hatte, hob er noch am selben Tage das dortige Kloster auf. Als im Herbst des folgenden Jahres der Erzbischof von Mailand starb, setzte der König widerrechtlich aus eigener Machtvollkommenheit einen Nachfolger ein. Da es hierüber zum Bruch zwischen den beiden Häuptern zu kommen schien, entschloß sich Joseph, nach Rom zu reisen und den päpstlichen Besuch zu erwidern. Allerdings erreichte er, daß die Besetzung der lombardischen Pfründe ihm zugesprochen wurde; aber den Gedanken, eine deutsche, von Rom unabhängige Kirche zu gründen, gab er endgültig auf. Man nimmt an, daß Gespräche mit den französischen und spanischen Gesandten den Eindruck in ihm verstärkten, den er schon in Wien gewonnen hatte, daß er durch eine Loslösung von Rom nicht nur einer Empörung seiner Völker gewärtig sein müsse, sondern auch Österreich aus einem Weltzusammenhang lösen würde, den er mehr Interesse hatte zu erhalten.

Man hat gesagt, daß in Österreich im 18. Jahrhundert die Revolution sich vollzogen habe, die im nordischen und mittleren Deutschland im 16. Jahrhundert stattgefunden habe. Dieses Nachholen dessen, was man den Fortschritt nannte, war gewiß notwendig. Es ist ja nicht das gute Alte, was in Revolutionen fortgeräumt wird, sondern das entstellte, verwilderte, entartete, das durch seine Schäden Anlaß zum Widerspruch gab. Selbst wenn etwas Gutes erhalten wäre, es hätte wie eine Insel inmitten weiterflutenden Lebens verkümmern müssen. Wohin es führt, wenn das Alte in einer veränderten Welt gewaltsam festgehalten wird, konnte man an Bayern sehen, dessen Kultur um die Wende des Jahrhunderts trotz der Tüchtigkeit des bayrischen Stammes und wertvoller Einzelerscheinungen im allgemeinen ein erstarrtes Gemengsel von Despotismus, Aberglauben und Stumpfsinn war.

Betrachtet man die Josephinische Reformation wie eine Art Wiederholung der Lutherischen, so ist erklärlich, daß ähnliche Härten und ähnliche Mißverständnisse vorkamen. Wie damals meinten viele, mit dem kirchlichen Einfluß auf die Schulen auch das Wissen und die Wissenschaft über den Haufen werfen zu sollen. Anstatt griechischer und lateinischer Grammatik, die überflüssig wäre, sollten nur reale Sachen, wie man sich ausdrückte, gelehrt werden. Hauptsächlich sollte das römische Recht abgetan werden, es geht uns nichts an, sagte man, denn wir sind Deutsche. Der gekrönte Menschenfreund, hieß es in den Flugschriften, werde das alles besorgen, seine Verordnungen würden künftig der einzige Gegenstand der Rechtswissenschaft sein. Verordnungen erschienen in Menge und oft so übereilt, daß sie zurückgenommen werden mußten. Ein Komiker erschien auf der Bühne mit einem Haufen von Papieren auf dem Rücken und einem anderen vorn. Auf die Frage, was er da schleppe, antwortete er, vorn habe er die kaiserlichen Verordnungen und hinten die Widerrufungen. Sehr abweichend von der Reformationszeit berief man sich nicht auf das Urchristentum, sondern auf die Natur. Die heilige Einfalt der Natur wurde gegen die Wissenschaft, die alten Scharteken, die Klöster, gegen alte

Gebräuche, gegen alles, was man Aberglauben nannte, ins Feld gerufen. Unter dem Titel der Vereinfachung wurde alles Gewachsene, alles Geheimnisvolle und auch Heilige bekämpft; denn was man Einfalt oder Einfachheit der Natur nannte, war nur eine Ausmerzung der vielfältigen Lebensäußerungen zugunsten durchfahrender Gradlinigkeit und einseitig egoistischen Verstandes. Justus Möser hat im Jahre 1791 daran erinnert, daß Montesquieu die Einfachheit der Gesetze das Kennzeichen des Despotismus genannt und im Anschluß daran die Bemerkung gemacht habe, Rousseaus *Idées simples et uniques* schienen ihm der Weg zum demokratischen Despotismus zu sein.

Wie man überall seit geraumer Zeit im Hinblick auf den Gesundheitszustand der Bevölkerung die Begräbnisstätten vor die Stadt verlegte, ordnete auch Joseph dies an und setzte es trotz anfänglichen Widerspruchs durch. «Damit man jedoch nicht gar zu großer und zu vieler Friedhöfe bedürfe», fuhr er in seinen Verordnungen fort, «so ist zugleich anzuordnen, auf daß man künftig die toten Körper, um sie desto geschwinder der Verwesung zuzuführen, mit Kalk gleich in den Totentruhen genugsam bestreue und darüber von den Beamten genauere Obsicht gehalten werde.» Als dies Schwelgen in Vereinfachung einen unangenehmen Eindruck auf die Bevölkerung machte, gebot Joseph, es solle dabei verbleiben, und die toten Körper sämtlich, sie möchten höheren Standes oder vom Volk gewesen sein, sollten in Säcke genäht, ohne Truhe in die sechs Schuh tiefe Grube gelegt und dort mit Kalk beworfen werden. Die Erben dürften Truhen anschaffen, aber sie nicht in die Erde legen, sondern sie hätten sie dem Totengräber zu lassen. Der Bericht der Behörden über den Widerwillen der Bevölkerung gegen diesen Befehl rührte den Kaiser nicht; erst als das Gubernium von Böhmen darauf aufmerksam machte, daß die Leute lieber auswandern als sich fügen würden, lenkte er ein. Die bitteren und schneidenden Bemerkungen, mit denen er die Widerrufung des Befehls begleitete, zeigen, wie sein despotisches Herz unter der erzwungenen Nachgiebigkeit litt. Für die Bedürfnisse des Gemütes, für die Anhänglichkeit an Überliefertes, für das Recht des Schönen, für den Zauber, den Symbole und symbolische Handlungen auf den Menschen ausüben, hatte er keinen Sinn. Die Kunstschätze der aufgelösten Klöster wurden verschleudert, die Grabstätten der Vorfahren des Kaisers zerstört. Den Gebrauch, an hohen kirchlichen Feiertagen einen Verbrecher zu begnadigen, hob Joseph mit der Bemerkung auf, er bedauere, daß ein solcher Unsinn solange gedauert habe.

Auch die Reformatoren des 16. Jahrhunderts schafften manches ab, was sie einst selbst gläubig mitgemacht hatten und wodurch dem Volk ein Ausdruck religiöser Empfindung genommen wurde; insofern aber besteht doch ein großer Unterschied zwischen jener Beraubung und der neueren, daß Luther und andere Reformatoren dem Volke ihren Glauben und die Bibel dafür gaben. Ihre Absicht war, den christlichen Glauben zu einem Licht und einer Kraft des Lebens zu machen, ihn von Entstellungen, die sich angeheftet hatten, zu befreien, damit seine überirdische Macht desto wirksamer sei. Sie dienten dem Gottesreich. Das aufklärerische Österreich hatte keine anderen Ideale als die Allmacht des Staates, den wirtschaftlichen Aufschwung und das, was man die Einfalt der Natur nannte. Es handelte sich um die Gründung von Fabriken, um vermehrte Einkünfte, um Teilnahme am Welthandel, um Betriebsamkeit. Das waren nützliche, zum Teil notwendige Dinge, die jedoch zu keinem Vergleich mit der Reformation Anlaß gaben. Auch in Luthers hohe Zwecke mischten sich von anderer Seite materielle Interessen; aber in der österreichischen Reformation des 18. Jahrhunderts gab es überhaupt keine Ziele, die über das materielle Interesse hinausgingen. Einzig die Bauernbefreiung läßt sich unter einen höheren Gesichtspunkt stellen, und immer wird man es Joseph nachrühmen, daß er die durcheinander wirkenden Bestrebungen und Ränke mit seiner berühmten Entscheidung vom 1. November 1781 beendete und eine Hebung des erniedrigten Standes einleitete. Hier, wo die allgemeine Auffassung ihm schon vorgearbeitet hatte, war seine Regel, in großen Dingen einen den Knoten zerhauenden Schlag zu tun, gut angebracht.

Die Teilung Polens

Der Verwesungsgeruch eines sich auflösenden Körpers lockt die Geier an. Auch um das Römische Reich Deutscher Nation sammelten sich die gierigen Räuber, und schon hatten sie hie und da Stücke abgerissen und sich in den zerfallenden Körper hineingedrängt. Nicht ohne Grund verglichen damals Hippolytus a Lapide und andere das Deutsche Reich mit Polen. Die Deutschen wie die Polen waren Individualisten, sie forderten viel Selbständigkeit und Entfaltungsmöglichkeit für den einzelnen, eine Freiheit, die, da sie durch keine Ordnung geregelt war, den Stärkeren ermöglichte, die Schwächeren zu unterdrücken. Mit dem Schlagwort der Libertät hatten die deutschen Fürsten die Zentralgewalt des Reiches entkräftet, wie die Polen die königliche durch das *Liberum veto*. Aber es gab wesentliche Unterschiede. Im Reich fehlten der Wille und die Kraft, eine gemeinsame Ordnung herzustellen, doch nicht ganz, sie herrschte besonders in den Städten und ging später auf die Territorien über. Sie beruhte zum großen Teil auf einer wehrfähigen, tätigen, tüchtigen Bürgerschaft, die selbst noch im 18. Jahrhundert, da der Adel die herrschende Schicht war und sie unterdrückte, ein stark mitwirkendes Element bildete. Polen dagegen war eine Adelsrepublik, in deren höchster Körperschaft nur der Adel stimmte und nur seine eigenen Interessen vertrat; der Bürgerstand war ganz bedeutungslos. Wenn das Reich zerfiel, blieben Länder übrig, die für sich Bestand hätten, löste Polen sich auf, so blieben vereinzelte Magnaten mit ihren Leibeigenen, die einer geeinigten Macht nicht würden Widerstand leisten können. Im Reich war das Wahlprinzip mit dem Prinzip der Erblichkeit verbunden. Man pflegte von einer Dynastie nicht abzugehen, bis sie erlosch. Polen wurde das Wahlprinzip erst verderblich, als keine einheimische oder einheimisch gewordene Dynastie mehr vorhanden war und das Ausland anfing, sich für diesen oder jenen Bewerber einzusetzen und sich in die wichtigsten Verhältnisse einzumischen. Im Jahre 1668 legte Johann Casimir, der letzte Wasa, die Krone nieder. Unter ihm kam das unheilvolle *Liberum veto* in Gebrauch, das die königliche Macht vollends aushöhlte. Nach diesem hatte die Stimme eines einzelnen Magnaten so viel Gewicht, daß sie das Zustandekommen eines Reichstagsbeschlusses verhindern konnte.

Zu den Gefahren, die durch die innere Verfassung Polens bedingt waren, kam die größte, daß ihm der Schutz guter natürlicher Grenzen fehlte. Wenn ein Nachbar stark genug war, seinem Drange nach Ausdehnung nachzugeben, mußten die Polen zu energischem Widerstande gerüstet sein. Sie waren es in so ungenügender Weise, daß schon Gustav Adolf, der Nachbar jenseits des Baltischen Meeres, ihnen Livland entreißen konnte. Der Nachfolger des schwedischen Eroberers, Karl X. Gustav, fand Polen schon in schlimmer Lage, denn es wurde gleichzeitig im Osten vom russischen Zaren angegriffen, und im Westen verwandelte sich der preußische Vasall in einen starken und schlauen Gegner. Als der Kanzler Oxenstjerna mit dem Grafen Waldeck den etwaigen Gewinn ihres gemeinsamen Krieges überschlug, zog er einen Strich auf der Karte, die vor ihm auf dem Tische lag, und sagte zu Waldeck: «Die Hälfte für euch, die andere für mich.» Österreichs Hilfe und eigenes Aufraffen verhinderten diesmal die geplante Teilung. Ein halbes Jahrhundert später änderte sich das Verhältnis zu den Nachbarn: An Stelle Schwedens, das nach dem Sturze Karls XII. aus der Reihe der Großmächte ausschied, lagerte sich die ungestalte Masse des russischen Reiches. Die Nachbarschaft konnte den Polen wohl den Atem verschlagen. Wenn jetzt die russische Macht Eroberungspläne hegte, wie sollten sie sich ihrer erwehren? Würde Österreich noch bereit und fähig sein, sie zu schützen? Der preußische Nachbar arbeitete einen Teilungsplan aus, der außer ihm selbst Rußland und August den Starken, Kurfürst von Sachsen und König von Polen, bereichern sollte. Unglückliches Land, dessen König, ein Fremder, seine Stellung dazu zu benützen dachte, ein Stück davon loszureißen und mit seinem Stammlande zu vereinigen. An der Ablehnung Peters des Großen scheiterte der preußische Teilungsplan. Seit seinem Siege über Schweden war das Übergewicht im Osten so groß, daß das Schicksal Polens ohnehin von Rußland abhing.

Das Bedürfnis, das Recht der eigenen Sphäre zu wahren und diese möglichst weit zu fassen, war stärker als das Bedürfnis, einem starken, handlungsfähigen Körper anzugehören. Im Jahre 1657 sprengte zum erstenmal eine einzige abweichende Stimme einen Reichstag, seitdem wurde das sogenannte *Liberum veto* als Kleinod, als Schild der Freiheit des Adels gehütet.

In den Jahren 1655–1704 wurden von 55 Reichstagen 48 durch das *Liberum veto* zerrissen, wie man das nannte. Indessen wurde doch ein Ausweg gefunden, um einmütiges Handeln zu ermöglichen. Eine Partei, die sich einem Reichstagsbeschluß nicht fügen wollte, konnte eine Konföderation bilden, deren Charakter davon abhing, ob der König ihr beitrat oder nicht. Trat er ihr bei, so wurde sie zur Generalföderation. Auf diesem Wege ließ sich ein ordentlicher Reichstag in einen konföderierten verwandeln, auf dem Stimmenmehrheit galt. Die eigentlichen Herrscher des Landes waren die Landboten, die Adligen, die den Reichstag bildeten, von denen der ärmste dasselbe Recht hatte wie der begüterte. Sie vertraten weder die Interessen der Städte noch der Bauern, sondern nur ihre eigenen, die nach ihrer Meinung mit dem Landesinteresse zusammenfielen. In ihren Augen erforderte das Landesinteresse, daß der König sich nicht irgendein Recht oder eine Macht anmaße. Unter dem Druck des Adels verlor er sogar das Recht, die Inhaber der hohen Ämter zu ernennen; der Hetmann, der Oberste des kleinen stehenden Heeres, der Schatzmeister war nicht ihm, sondern dem Reichstag verantwortlich. Wäre Polen eine reine Aristokratie gewesen, so hätte sich vielleicht unter dem Zwang auswärtiger Gefahren eine handlungsfähige Regierung gebildet; der mißachtete und mehr oder weniger uninteressierte König wirkte nicht einigend und stärkend, sondern eher auflösend, indem sein bloßes Dasein zu Unruhen und Widersetzlichkeiten reizte.

So verblendet waren die Polen doch nicht, daß sie die Gefahr ihrer Lage nicht erkannt hätten. Sie sahen ein, daß es darauf ankam, sich den Nachbarstaaten gegenüber stark zu machen, und daß das nur durch Einmütigkeit und durch Stärkung der königlichen Macht geschehen konnte. Andrerseits konnten sie ihr Wesen nicht so verändern, daß sie aus der herkömmlichen Zersplitterung zu gefestigter Einheit übergegangen wären, und hätten sie es gekonnt, so wäre es in der zweiten Hälfte des 18. Jahrhunderts zu spät gewesen.

Die Kaiserin Katharina, die im Jahre 1762 die Regierung antrat, war zur Beraubung Polens entschlossen und bereit, jedes Mittel zu dem Zwecke anzuwenden, wie unsittlich es immer sei. Es war ihr klar, daß sie dabei namentlich Preußen auf ihrer Seite haben müsse; denn das europäische Gleichgewicht verlangte, daß die Vergrößerung eines Landes durch eine entsprechende des benachbarten ausgeglichen werde. Daß Friedrich der Große einem einseitigen Vorgehen Rußlands ruhig zusehen werde, war nicht anzunehmen. Allerdings hatte Friedrich nach Beendigung des Siebenjährigen Krieges ein aufrichtiges Friedensbedürfnis. Seine Länder waren teilweise verwüstet, das Heer hatte so ungeheure Verluste erlitten, daß seine Wiederherstellung langer, mühevoller Arbeit bedurfte; er war ernstlich bemüht, Konflikte zu vermeiden. Darin aber war er mit Katharina einig, und darauf drang er mit Nachdruck, daß Reformen, durch welche Polen sich würde kräftigen wollen, nicht geduldet werden sollten. So schwach, wie sie waren, sollten sie bleiben und in diesem Sinne von ihren Nachbarn überwacht werden. Friedrich und Katharina standen am Lager des Kranken und verhinderten ihn, die Arznei zu nehmen, die ihn hätte retten können.

Nach dem Tode Augusts III. von Polen, des Sohnes Augusts des Starken, brachte Katharina ihren Günstling, Stanislaus Poniatowsky, auf den polnischen Thron. Es war ein feiner, gebildeter Mann, auch guten Willens, aber doch manchen Königen jenes Zeitalters ähnlich, die den Flitter für Kleider nehmen und schließlich zu mit Zieraten behangenen Schaufensterpuppen werden, die zu nichts gut sind, als angegafft zu werden. Sein Hang zu Liebesabenteuern verleitete ihn zu großen Ausgaben, die ihn finanziell noch abhängiger von Katharina machten, als er ohnehin durch seine persönlichen Beziehungen zu ihr war. Unter den Magnaten gab es Patrioten, die das *Liberum veto* abschaffen, die Staatsgewalt verstärken, die Bauern befreien wollten; aber sie erzielten keine Einigkeit und hatten auch kein Mittel zur Durchführung ihrer Pläne. Viele glaubten, sie könnten sich dabei auf Rußland stützen, wozu sie auch dadurch verleitet wurden, daß in der Tat ein Minister Katharinas für Einführung von Reformen im polnischen Staate war; die Kaiserin selbst aber hatte entgegengesetzte Absichten. Zum Anlaß, sich in die polnischen Angelegenheiten einzumischen, benutzte sie die Dissidentenfrage. Das anfänglich sehr tolerante Polen war im Zuge der Gegenreformation durch Jesuiten zu der allerunduldsamsten Form der Katholizität gebracht. Seitdem konnten die, welche nicht Katholiken waren, keine Ämter bekleiden, waren überhaupt fast aller bürgerlichen Rechte beraubt. Die daraus entstehenden Zwistigkeiten und Zusammenstöße gaben Katharina die erwünschte Gelegenheit, Truppen in Polen einrücken zu lassen, die jede ihr nicht zusagende Bewegung verhinderten. Nicht ohne Mitwirkung Österreichs wurde sie jedoch von ihren polnischen Plänen noch einmal abgelenkt durch einen Krieg mit der Türkei.

Sowohl Preußen wie Österreich sahen das Anschwellen des russischen Staates mit Sorge. Ihr Interesse hätte erfordert, daß sie sich vereinigten, um es aufzuhalten; aber dem stand die gegenseitige Eifersucht im Wege. Das Bewußtsein Friedrichs, Österreich eine bedeutende Schädigung beigebracht zu haben, machte ihn mißtrauisch gegen Josephs zur Schau getragene Zuneigung. Waren es nicht die Russen, denen er im Siebenjährigen Kriege seine Rettung verdankt hatte? Zugleich beunruhigte ihn doch ihre zunehmende Macht. Der Krieg mit der Pforte, der im Jahre 1768 begann, offenbarte die Überlegenheit Rußlands. Die Türken wurden in mehreren entscheidenden Schlachten geschlagen, die Russen eroberten die Moldau und Walachei und näherten sich den Grenzen Österreichs. Erschreckt spielte Friedrich der Zarin einen Plan zur Teilung Polens in die Hände, um sie abzulenken; aber in ihrer Siegesfreude beachtete sie ihn nicht. Furcht vor Rußland führte zu einer behutsamen Annäherung Österreichs und Preußens, die sich in zwei Begegnungen Friedrichs mit dem Sohne seiner Feindin, Joseph, vollzog. Freilich wurde das beiderseitige Mißtrauen dadurch nicht getilgt; aber das deutsche Volk durfte gerührt zusehen, wie der jugendliche Kaiser, das Oberhaupt des Reiches, den ruhmvollen Preußenkönig wie einen verehrten Vater begrüßte. Die beiden Monarchen waren sich darin einig, daß sie die Türkei erhalten wollten, und boten den kriegführenden Mächten die Friedensvermittlung an. Kathari-

DIE TEILUNG POLENS

nas Forderungen waren ihren Siegen entsprechend ungeheuer; wie sollten sie auf ein erträgliches Maß zurückgebracht werden? Wieder stellte sich der Gedanke ein, die Türkei auf Kosten Polens zu retten. Während des Krieges hatte Österreich die Herrschaft Zips besetzt, ein Stück Polens, das früher zu Ungarn gehört hatte und im 15. Jahrhundert an Polen verpfändet worden war. Bei einem Besuch des Prinzen Heinrich von Preußen in Petersburg warf er im Gespräch eine Andeutung auf Teilungspläne hin, die bei seiner Gastgeberin Anklang fanden. Zwar war sie zunächst noch mehr auf die türkischen Eroberungen erpicht; aber die Entschlossenheit, mit der jetzt Friedrich den Gedanken verfolgte, riß sie fort. Nachdem er einmal die unblutige Eroberung ins Auge gefaßt hatte, ergriff ihn Ländergier unaufhaltsam. Westpreußen, namentlich aber Danzig und Thorn, lockten unwiderstehlich. Er ging auf eine Reihe von Katharina gestellter Bedingungen ein, die für Preußen nicht vorteilhaft und nicht gerade ehrenvoll waren. Auch auf Danzig und Thorn verzichtete er; aber er sagte sich, wenn er einmal die Weichsel hätte, würde Danzig ihm mit der Zeit von selbst zufallen. Bedenken, ob er etwa machiavellistisch handle, hatte er nicht, wenigstens äußerte er sie nicht. Der König von Polen, sagte er, ist ein guter, galanter Mensch, nur sein Hirn ist schwach und mit romantischen Ideen beladen, von denen er einige bei dieser Gelegenheit zum besten geben wird. Was die Polen anbelangt, so werden sie sich nicht zu rühren wagen, in jedem Fall wird man sie über die Ohren schlagen.

Nachdem der Pakt zwischen Rußland und Preußen im Jahre 1772 geschlossen war, blieb noch ein schwieriges Stück Arbeit zu tun: Österreich nämlich mußte zum Mitschuldigen gemacht werden. Trat Österreich dem Anschlag nicht bei, so drohte ein allgemeiner Krieg; denn käme es nicht zu beträchtlichem Gewinn in Polen, würde Rußland auf Abtretung der Moldau und Walachei bestehen, was Österreich keinesfalls dulden wollte. Maria Theresia wies die Teilnahme an einer Zerstückelung Polens mit Entrüstung ab. Sie könne, sagte sie, eine Politik nicht begreifen, die glauben machen wolle, es müsse, wenn zwei Starke einen Schwachen überfallen, auch der dritte Starke dabeisein. Anfangs war Kaunitz auf ihrer Seite. Als ihm vorgeworfen wurde, er habe ja mit der Beraubung Polens begonnen, indem er sich die Zips angeeignet habe, sagte er stolz, es handle sich dabei nur um das Auslösen einer Pfandschaft, er sei aber bereit, sie zurückzugeben, wenn gleichzeitig Rußland und Preußen ihre Truppen aus Polen zurückzögen. Schließlich aber, als er begriff, daß Rußland und Preußen von ihrer Beute nicht mehr lassen würden, schien es ihm richtiger, sich zu beteiligen. Zwischen den Politikern, die, gestützt auf die Staatsraison, Völker und Länder verschacherten, erscheint Maria Theresias Menschlichkeit fremdartig schön und tragisch. Sie war die einzige, die einen sittlichen Maßstab an die Handlungen der Staatsgewalt legte. Ein Fürst habe kein anderes Recht als der Privatmann, sagte sie. Größe und Erhaltung seines Staates würden ihm nicht in Rechnung gestellt werden, wenn er einst vor Gott Rechenschaft ablegen müsse. «Als alle meine Länder angefochten wurden», schrieb sie an Kaunitz, «und ich gar nicht mehr wußte, wo ich ruhig niederkommen sollte, stützte ich mich auf mein gutes Recht und den Beistand Gottes. Aber in dieser Sache, wo nicht allein das offenbare Recht himmelschreiend wider uns, sondern auch alle Billigkeit und die gesunde Vernunft wider uns ist, muß bekennen, daß Zeitlebens nicht so beängstigt mich befunden und mich sehen zu lassen schäme. Bedenk der Fürst, was wir aller Welt für ein Exempel geben, wenn wir um ein elendes Stück von Polen oder von Moldau und der Wallachei unsere Ehre und Reputation in die Schanze schlagen. Ich merke wohl, daß ich allein bin und nicht mehr in Kraft. Darum lasse ich die Dinge, jedoch nicht ohne meinen größten Gram, ihren Weg gehen.» Dem Drängen ihres Sohnes und ihres Ministers nachgebend, erteilte sie schließlich ihre Einwilligung; sie glaubte, die Verantwortung für die Folgen der Ablehnung, die man ihr drohend ausmalte, nicht auf sich nehmen zu können. «Placet», schrieb sie, «weil so viele große und gelehrte Männer es wollen. Wenn ich aber schon längst tot bin, wird man erfahren, was aus dieser Verletzung von allem, was bisher heilig und gerecht war, hervorgehen wird.» Das Bewußtsein, ihren guten Namen verwirkt zu haben, verdüsterte ihre letzten Lebensjahre. Die beinahe düstere Schwermut im Gesicht der alten mächtigen Herrscherin, die das Bildnis zeigt, steht in ergreifendem Gegensatz zu der jungen Maria Theresia, die in der äußersten Not so stolz, so lieblich und so glücklich war. «Die Teilung», schrieb sie ihrem Sohne Ferdinand, «ist die Quelle alles Unheils, das über die Monarchie kommen und sie vielleicht zerstören wird.» Friedrich der Große schrieb seinem Bruder Heinrich: «Die Teilung Polens wird die drei Religionen vereinigen, die griechische, die katholische, die kalvinische, denn, wenn wir kommunizieren am selben eucharistischen Leibe, nämlich dem Leibe Polens, und wenn das nicht zum Heile unserer Seele gereicht, so ist es sicherlich ein wichtiger Gegenstand für das Wohl unserer Staaten.» Indessen, wie zynisch er auch redete und wie er auch Maria Theresia verhöhnte, daß sie sich mit edlen Grundsätzen spreize, während sie den Raub einstecke, so scheint es doch, daß sein Gewissen nicht ganz unempfindlich war, wenigstens wollte er nie zugeben, daß er die erste Anregung zur Teilung gegeben habe.

Merkwürdig war das Verhalten des Auslandes. Vergebens bestürmte der Papst die katholischen Mächte, eine so verabscheuungswürdige Politik zu hintertreiben. England und Frankreich dachten eine Zeitlang daran einzuschreiten; aber sie brachten es nicht zum rechtzeitigen Handeln. Als der Raub vollzogen war, begnügten sie sich damit, ihn als eine kuriose und auffallende Begebenheit zu bezeichnen. Das englische Parlament sprach seine Befriedigung aus, daß der Friede erhalten sei. Diese allgemeine Erschlaffung hatten die Ostmächte sich zunutze machen können.

Bei der ersten Teilung verlor Polen 4000 Quadratmeilen, wovon die Hälfte Rußland zufiel. Trotz einer so bedeutenden Verkleinerung blieb Polen immer noch ein ansehnliches Gebiet, und die Patrioten hofften auf völlige Wiederherstellung, wobei sie natürlich auf ausländische Hilfe rechneten. Je nachdem der Beistand von Rußland, von Preußen oder von Sachsen ins Auge gefaßt wurde, unterschieden sich die Parteien; Einmütigkeit gab es nicht. Durch den leidenschaftlichen Einsatz der edleren Kräfte war die Zeit des Unglücks

DIE TEILUNG POLENS

zugleich eine Zeit des Aufschwungs. Mehrere Magnaten gaben ihren Bauern die Freiheit, die Städte wurden selbständig gemacht, Adel und Bürger verbrüderten sich in der gemeinsamen Hingabe für das Vaterland. Man einigte sich auf eine Verfassung, in der das *Liberum veto* abgeschafft und die Staatsgewalt gestärkt wurde. Als nach dem Tode Friedrichs die Zarin sich von Preußen ab- und Österreich zuwandte, glaubten die Polen, auf Preußens Unterstützung hoffen zu dürfen. Aber Preußens Begierde nach den ihm bei der ersten Teilung entgangenen Städten Danzig und Thorn, auf die Polen nicht verzichten wollte, ließ es zu keiner Verständigung kommen. Nur ein Aufatmen war dem unglücklichen Lande gegönnt, solange Katharina mit der Türkei beschäftigt war. Die durch eine gemeinsam verübte Beraubung verbündeten Mächte hielten nicht inne, bis das zappelnde Opfer sich nicht mehr regte. Aber wenn auch Übermächtige ein Land zerschlagen können, Völker sind nicht so leicht auszurotten. Im Osten klaffte eine Wunde, die fort und fort blutete.

Österreich und Preußen

Friedrich der Große hatte die Gelegenheit, sein Land ohne Krieg zu vergrößern, mit Begier ergriffen; des Kriegführens war er aufrichtig müde. Er war früh gealtert und fühlte sich den Beschwerden des Krieges nicht mehr gewachsen, von seinen großen Offizieren waren die meisten gefallen, seinem verarmten Volke durften keine Opfer mehr zugemutet werden. Er glaubte nicht mehr an sein Glück. Maria Theresia, die nicht selbst zu Felde ziehen konnte, hatte nur Kriege geführt, weil die Verhältnisse sie dazu zwangen, das Alter vermehrte noch ihre Abneigung dagegen. Ganz anders war es um Joseph bestellt. Er brannte danach, sich mit Friedrich zu messen, sich der Welt als dem bewunderten Helden ebenbürtig zu zeigen. Friedrich beurteilte ihn richtig, indem er ihn für unbändig ehrgeizig hielt. Von Jugend auf hatte er sich auf den Zweikampf mit Friedrich vorbereitet, er hatte sich in den Waffen geübt, durch strenge Abhärtung seinen zarten Körper zu stählen gesucht, die Kriegswissenschaft studiert, das Heer auf guten Fuß gebracht. Zwei bedeutende Generale, der Irländer Lascy und der Schotte Laudon, waren ihm aus der großen Epoche seiner Mutter geblieben und standen ihm treu zur Seite. Indessen ging er nicht nur auf Ruhm, sondern auch auf Ländergewinn aus und richtete dabei seinen Blick auf die Türkei und auf Bayern. Der Gedanke an

Bayern lag nicht fern: Weder Bayern noch Österreich hatten vergessen, daß sie einst ein einziges Land gebildet hatten, Jahrhunderte hindurch hatten sie durch wechselseitige Heiraten den Zusammenhang zu erhalten gesucht, aber grade der von der stärkeren Macht beanspruchte Zusammenhang hatte nicht selten zum Widerstand und Abfall Bayerns geführt. Eine günstige Aussicht schien sich für Österreich zu eröffnen, wenn Maximilian Joseph, der Sohn des glücklosen Kaisers Karl VII., der keine Kinder hatte, stürbe. Ihm würde das Haupt der pfälzischen Linie, Karl Theodor, folgen, ein Fürst, der mehr Sinn für ein genußreiches Leben als für Regierungsgeschäfte hatte und bereit war, gegen eine erhebliche Summe große Teile seines künftigen Reiches abzutreten. Mit ihm setzte sich Joseph heimlich in Verbindung und erwirkte ein seinen Absichten genügendes Versprechen für den Fall, daß er durch den Tod Maximilian Josephs Herr von Bayern würde. Unerwartet schnell kam es dazu, indem der letzte Wittelsbacher bayrischen Stammes, erst 57 Jahre alt, im Jahre 1777 starb. Sofort besetzte Joseph Bayern, und Karl Theodor hielt Wort, indem er es duldete.

Kaum wurde Josephs Absicht bekannt, als Friedrich der Große beschloß, ihm entgegenzutreten. Wie friedliebend er auch war, er wollte, wie er selbst sagte, lieber zugrunde gehen als eine Vergrößerung Österreichs leiden. Die Rechtsgründe, auf die Joseph seine Ansprüche auf Bayern stützte, gingen auf mittelalterliche Verwandtschaft und Erbverträge zurück und ließen sich leicht als nicht stichhaltig nachweisen; jeder Fürst hatte einen Haufen alter Pergamente, aus denen er die grade beliebten Rechtstitel ableiten konnte. Später sagte

Friedrich einmal, wenn Joseph sich mit ihm verständigt und ihm einen entsprechenden Gewinn zugesichert hätte, dann würde er ihm den seinigen gelassen haben. Man mag das dahingestellt sein lassen; jedenfalls kehrte Friedrich die Entrüstung des Reichsfürsten und des Menschen über Josephs machiavellistische Machenschaften heraus. Er setzte sich mit dem Herzog von Zweibrücken, dem voraussichtlichen Nachfolger Karl Theodors, in Verbindung und erhielt von diesem die Zusicherung, daß er in eine Zerstückelung Bayerns niemals willigen würde. Da Joseph sich weigerte, das besetzte Gebiet herauszugeben, mußte es zum Kriege kommen. Beide Monarchen führten ihre Truppen ins Feld. Für Joseph war nun der ersehnte Augenblick gekommen, wo er seine Kriegskunst erweisen konnte; allein seine Lage war erschwert durch den Umstand, daß er noch nicht Alleinherrscher, sondern Mitregent seiner Mutter war. Der Krieg wurde in ihrem Namen geführt, ein Krieg, den sie so wenig billigte wie früher die Teilung Polens; sie hatte kein Herz zu einer so willkürlich herbeigeführten Sache. Ihre Abneigung gegen die Wendung, die die Dinge genommen hatten, war so groß, daß sie sich dazu überwand, hinter dem Rücken ihres Sohnes ihrem verhaßten alten Feinde, dem König von Preußen, Friedensvorschläge zu unterbreiten. Die Sorge um ihren Staat und um ihren Sohn waren stärker als ihr Stolz. Friedrich war hoch erfreut über die Möglichkeit, den Krieg zu vermeiden, aber er blieb unerschütterlich dabei, daß kein Stück von Bayern an Österreich fallen dürfe. Es erbitterte Joseph, daß seine Mutter ihm heimlich entgegenarbeitete und ihn vor seinem Gegner demütigte, dessen

Mißgunst unüberwindlich war, und der Ausbruch ernstlicher Feindseligkeiten stand bevor. Da änderte sich alles durch die Dazwischenkunft Rußlands. Katharina gab zu verstehen, daß sie im Kriegsfall ihrem preußischen Verbündeten zu Hilfe kommen werde, und vor dieser Drohung wich Joseph zurück. Es kam zum Frieden, in dem er sich mit einem kleinen Stück Bayerns, dem zwischen Donau, Salzach und Inn gelegenen sogenannten Innviertel, abfinden ließ, einem Frieden, dessen Garantin die Zarin war. Joseph wurde inne, wie sehr das Auftauchen des russischen Kolosses die politische Lage im Osten verändert hatte. Einst war Österreich der Schutzwall gegen die Türkei gewesen und hatte hoffen können, den ungläubigen Nachbar mit der Zeit ganz zu verdrängen und sein Erbe zu werden. Jetzt kam es mit seinen in schweren Kämpfen erworbenen Ansprüchen einem anderen Reich ins Gehege, das uralte Rechte an das kaiserliche Byzanz geltend machte, einem Reich, das wie ein Erdteil war, mit unendlichen schneebedeckten Steppen, mit schwarzen, undurchdringlichen Wäldern, mit Völkern, unbekannten, wilden, die zahllos aus dem Dunkel hervorbrachen. Der schlaue König von Preußen hatte die Bedeutung der neuen Macht erkannt und es verstanden, indem er auf ihre Pläne einging, sich gut mir ihr zu stellen. Nun kam es für Joseph darauf an, Katharinas Freundschaft zu erwerben, von den beiden königlichen Bewerbern der Bevorzugte zu werden; denn der Verbündete Rußlands würde das Übergewicht im Osten haben.

Im Frühling des Jahres 1780 führte er seinen Plan aus: Er traf zuerst im eroberten Polen mit Katharina zusammen, dann besuchte er sie in Petersburg. Seine anmutige Erscheinung, sein unbefangenes Wesen, die gewählte Form seiner Schmeicheleien machten Eindruck auf die für männliche Vorzüge empfängliche Kaiserin. Die beiderseitigen Absichten auf die Türkei, die trennend hätten wirken können, wurden zunächst ein Mittel der Vereinigung, indem man verbunden desto mehr auszurichten hoffen konnte. Katharina erinnerte daran, daß es einst ein oströmisches Reich mit der Hauptstadt Byzanz und ein weströmisches mit der Hauptstadt Rom gegeben habe. Der junge Kaiser hatte in der Tat den preußischen Freier ausgestochen.

Die Annäherung Rußlands an Österreich war für Preußen eine diplomatische Niederlage. Die Herzlichkeit, die Friedrich in den persönlichen Begegnungen mit Joseph zur Schau trug, hatte niemals einem aufrichtigen Gefühl entsprochen; von Herzen kam es, wenn er ihn den Cäsar der Avaren, den bösen Dämon oder den verfluchten Wiener Tyrannen nannte. Er hegte die ausschweifendsten Vorstellungen von den welterobernden Plänen des Kaisers und der Zarin. Seine Absicht, sich Bayern anzueignen, hatte Joseph schon gezeigt, und es war die Rede davon, daß er auch auf Schwaben alte Ansprüche geltend machen wollte.

Einige Monate nach dem Besuch Josephs in Petersburg schied Maria Theresia aus dem Leben; sie starb inmitten ihrer aufgeregten und gerührten Umgebung in fürstlicher Haltung. Da Joseph nun keine Rücksicht mehr zu nehmen und keine Eingriffe mehr zu fürchten brauchte, nahm er seinen Plan, Bayern mit Österreich zu vereinigen, wieder auf. Diesmal dachte er durch Tausch mit den Niederlanden sein Ziel zu erreichen, wie das schon mehrmals, namentlich zur Zeit des Sukzessionskrieges, ins Auge gefaßt worden war. Karl Theodor, offenbar ein handlicher Mensch, erklärte sich einverstanden, und Katharina war bereit, zur Unterstützung ihres Freundes einen Druck auf den Herzog von Zweibrücken auszuüben. Als Herr der Niederlande sollte der ausgebootete Kurfürst von Bayern den Titel eines Königs von Burgund führen. Obwohl der Tausch nicht als eine Vergrößerung Österreichs anzusehen war, so bedeutete er doch durch die Lage Bayerns eine Verstärkung Österreichs im Reich, eine Verstärkung im Gegensatz zu Preußen, und Friedrich war entschlossen, das zu verhindern. Er bediente sich der alten Deklamationen von der fürstlichen Libertät, die vor der Habgier des Hauses Österreich geschützt werden müsse.

In seinem Testament hat Friedrich seinen Nachfolgern den Rat gegeben, sich Sachsen anzueignen, womöglich auf die Art, daß Böhmen und Mähren erobert und dann gegen Sachsen getauscht würden. Er war so sehr an machiavellistische Politik gewöhnt, daß er vermutlich nur gelacht hat, wenn er diese Anweisung mit seinen Tiraden gegen Josephs Habgier verglich. Er gewann zunächst Hannover und Sachsen zur Gründung des Fürstenbundes. Die schwächeren Staaten fürchteten zwar Preußen fast mehr als Österreich, hielten es aber doch für geraten, der Einladung zum Beitritt Folge zu leisten.

Allerdings hatte, es ist nicht zu leugnen, die eigentümliche Gewaltsamkeit in Josephs Charakter Mißtrauen gegen ihn erregt. Trotz seiner ihm mit Recht nachgerühmten Humanität ging er bei der Durchführung seiner Pläne so geschoßmäßig hinfeuernd vor, als ob er allein auf der Welt sei, als ob rechts und links nichts und niemand etwa Einsprache erheben oder Widerstand leisten könne. Die Holländer hatten laut älterer Verträge das Recht, einige niederländische Festungen zu besetzen und die Schelde für die niederländische Schiffahrt zu sperren. Das war sicherlich ein unnatürlicher Zustand, der nur durch die besondere Lage Österreichs am Ende des Spanischen Erbfolgekrieges zu erklären war und den ein mächtigerer Kaiser abzuschaffen suchen mußte. Auch hätten die Holländer vermutlich das Recht der Festungsbesetzung, das inzwischen sinnlos geworden war, freiwillig fallengelassen, wenn Joseph mit ihnen verhandelt hätte; aber er zog es vor, sie zu überrumpeln und durch Drohungen zu zwingen. Es gelang ihm in bezug auf die Festungen, nicht aber in bezug auf die Eröffnung der Schelde, und er mußte, um einen Krieg zu vermeiden, einlenken, nachdem er sich das allgemeine Mißfallen zugezogen hatte.

Durch die Gründung des Fürstenbundes vereitelte Friedrich der Große den Tausch, der Österreichs Stellung im Reich verstärkt und die Niederlande für immer mit dem Reich vereinigt hätte. Zur Zeit, als Waldeck an einer Allianz unter Führung Preußens arbeitete, bekämpfte er auch Österreich, aber er dachte doch an das Reich. Friedrich dachte nur an Preußen. Wenn er, der einst drauf und dran gewesen war, mit Hannover zusammen aus dem Reichsverband auszuscheiden, der sich immer mit Säkularisationsplänen trug, jetzt plötzlich sich als getreuer Reichsfürst auftat und sich bewundern ließ, weil er die durch den Westfälischen Frieden festgesetzte Reichsordnung erhielt, so war das nur eine Maske, hinter der er Österreich schaden konnte. Daß eine Verstärkung Österreichs durch die Verschmelzung mit Bayern und eine festere Verbindung der Niederlande mit dem Reich für Deutschland ein Glück sein könne, kam für ihn nicht in Betracht, so wenig wie er die Wiedererwerbung des Elsaß wünschte. Der Verlust dieses schönen Landes und Straßburgs, der alle Deutschen schmerzte, war ihm nicht nur gleichgültig, im Gegenteil, er tat, was er konnte, um es bei Frankreich zu erhalten, damit es nur nicht zu Österreich zurückkehre. Er schämte sich nicht, bei der Gründung des Fürstenbundes das Ausland als Bundesgenossen der ständischen Unabhängigkeit anzurufen und seine Angst vor einem monarchisch geeinten und dadurch starken Deutschland zu reizen. Das herkömmliche Kirchengebet für den Kaiser stellte er unter der Hand ab.

Ein Jahr, nachdem er sein Werk, auf das er stolz war, den Fürstenbund, vollendet hatte, starb Friedrich der Große. Nach seinem Tode wünschte Joseph, sich Preußen zu nähern. «Wenn das Haus Österreich und das Haus Brandenburg», schrieb er an Kaunitz, «sich aufrichtig verbinden, so haben sie sich weder vor einer noch vor mehreren verbündeten Mächten zu fürchten und sind nicht bloß Schiedsrichter über Deutschland, sondern über ganz Europa. Sie können das Glück ihrer Untertanen bewirken und ihre Staaten blühend machen. Das ist eine Wahrheit, die man mathematisch nachweisen kann.» Wie einleuchtend den Späteren der Gedanke ist, daß Preußens und Österreichs Zusammengehen dem Reiche dienlich sein würde, so wenig überzeugend war er den Zeitgenossen. Kaunitz hielt an dem von ihm geschaffenen Bündnis mit Frankreich fest; eine innigere Verbindung mit Preußen, meinte er, würde demselben schaden. Die preußischen Minister vollends fanden aus dem herkömmlichen Gegensatz gegen Österreich nicht heraus. Friedrich hatte es dahin gebracht, daß das Band zwischen den beiden mächtigsten deutschen Staaten zerschnitten und damit die Einheit des Reiches aufgelöst und seine Kraft gelähmt war.

Der Kaiser überlebte seinen großen Gegner nur um fünf Jahre, die voll von Kämpfen und Enttäuschungen waren. Der Versuch, seine Reformen in den Niederlanden einzuführen, bewirkten ihren Abfall; es wiederholte sich der Vorgang, der im 16. Jahrhundert die Losreißung der holländischen Provinzen von Spanien zur Folge gehabt hatte. Wie in Holland, so bestanden auch in den Niederlanden mittelalterliche Verhältnisse in bezug auf die Staatsformen. Die Theorie von der einheitlichen Staatsgewalt und dem unumschränkten Recht des Landesherrn war hier nicht durchgedrungen. Noch bestand in Brabant die berühmte Blyde Inkomst oder *Joyeuse entré* zu Recht, ein Vertrag zwischen dem Landesherrn und den Ständen, der den letzteren erlaubte, den Herrn abzusetzen, wenn er ihre Privilegien und Freiheiten verletzte. Die Stände besaßen das kostbare Recht der Steuerbewilligung. Joseph II., dem Korporationen schon ein Dorn im Auge waren, litt die ihm gezogenen Schranken sehr ungern, und er glaubte, seine Regel, in großen Dingen einen die Knoten zerhauenden Schlag zu tun, würde auch hier zum Erfolge führen. Indessen erhob sich über

Klosteraufhebungen, Einsetzung landesherrlicher Beamten, willkürliche Steuererhebung und ähnliche Maßnahmen lebhafter Widerstand auf Grund der *Joyeuse entré,* so daß Joseph glaubte versichern zu müssen, er werde die beschworenen Verträge halten. Doch war er weit entfernt, seine Pläne aufzugeben, sondern meinte, wenn seine Untertanen die guten Folgen seiner Einrichtungen erlebten, würden sie einsehen, daß er nur ihr Glück bezwecke. Sie waren jedoch entschlossen, dies nicht abzuwarten, und es kam zu Tumulten, die Joseph veranlaßten, die *Joyeuse entré* für verwirkt zu erklären. Er war um so mehr erstaunt über die Einsichtslosigkeit des belgischen Volkes, als sich an seiner Spitze die Edlen der Nation, wie er selbst sagte, befanden. Es sei auffallend, schrieb er dem Grafen Trauttmansdorff, daß sich der Geist der Widersetzlichkeit in Europa grade in einem Jahrhundert verbreite, wo gute Könige regierten. Man habe sich von der Aufklärung mehr Ordnung im bürgerlichen Leben und Folgsamkeit für die Gesetze versprochen, da sie die notwendige Folge des Nachdenkens gutgesinnter Untertanen sein müßte. Der menschliche Geist geriete vielleicht in ein Labyrinth, wenn er die Ursachen aufspüren wollte, die so viele Bewegungen hervorbrächten. Es war zwei Jahre vor dem Ausbruch der Französischen Revolution. Auch Friedrich der Große, der drei Jahre vor dieser Revolution starb, spürte das unterirdische Wühlen so wenig, daß er meinte, das Zeitalter der Revolutionen sei abgeschlossen. Es hängt wohl mit der inneren und äußeren Abgeschlossenheit der Despoten zusammen, wenn sie nicht ahnen, was ihre Völker bewegt.

Wenn Joseph den Niederländern gegenüber nicht so scharf durchgriff, wie es sonst seine Methode war, sondern zwischen Strenge und Nachgiebigkeit schwankte, war unter anderem der drohende Türkenkrieg schuld daran. Katharina führte einen Zusammenstoß mit der Pforte absichtlich herbei, wobei es sich zunächst um den Besitz der Krim handelte. Als die Zarin den Kaiser an seine Bundespflichten mahnte, überlegte er, ob es ratsamer sei, sie mit Truppen zu unterstützen oder als selbständig kriegführende Macht aufzutreten, und er entschloß sich zu letzterem. Bei seinem Besuch in Petersburg hatte er die barbarisch gewaltige Machtentfaltung Rußlands gesehen und glaubte, ihr von Anfang an standhalten zu müssen, um nicht von ihr verschlungen zu werden. Er begab sich mit seinen altbewährten Heerführern Laudon, Lascy und Haddik auf den Kriegsschauplatz und zog sich dort eine Lungenentzündung zu, der er im Anfang des Jahres 1791 erlag, nachdem er noch den endgültigen Abfall der Niederlande hatte erleben müssen. Im selben Jahr folgten ihm im Tode die beiden Alten Laudon und Haddik und der junge Mozart.

Der menschliche Geist wird durch alles erquickt, was aus der Natur, das heißt aus der Welt des Lebendigen, zu ihm hinströmt, der aus eigenem Wesensgrunde wachsenden, in die wir hineingeboren werden. Wir können aus der Natur wohl Regeln und Gesetze herausziehen, die unserem Verstande entsprechen, aber das ist nicht sie selbst; ihr Eigenstes ist immer überraschend, immer wechselnd, unerschöpflich, unergründlich, von keiner Regel einzufangen, neu, als sei es eben der göttlichen Hand entsprungen. Deshalb entzückt uns an den Menschen oft grade das, was als ein Widerspruchsvolles, ja vielleicht als ein Frevelhaftes uns anstößig sein könnte, wenn es uns nur die dem Richtscheit spottende Macht und Fülle der Natur offenbart, während uns das Tadellose mit widriger Kälte anrühren kann. Aus diesem Grunde reißt uns das Menschlich-Lebendige in Friedrich dem Großen fast wider Willen hin, während uns seine Härten und Einseitigkeiten abschrecken, dagegen hat die Humanität des unglücklichen Joseph nichts Beglückendes, weil sie sich wie ein Paragraph aus der Aufklärungsphilosophie von seiner Seele ablöst. Die abgesonderte Stellung des unumschränkten Monarchen, die ihn aus dem erfrischenden Strom der menschlichen Beziehungen, freundlichen und feindlichen, heraushebt, überliefert sie leicht den Erstarrungen und Verkrampfungen, die wir Wahnsinn nennen; daran erinnert bei Friedrich und Joseph ein eiskalter Hauch, der von ihnen ausgeht. Bei Joseph ist er über sein ganzes Wesen ausgebreitet, während er bei Friedrich im Gegensatz zu den Augenblicken wärmster Lebendigkeit auffällt. Unter seinen Äußerungen sind wohl solche, die durch überhebliche Härte und Verständnislosigkeit abstoßen, aber die Frische der Natur und der Schmelz des Humors und der Wehmut verleihen ihnen einen unverwischbaren Reiz und prägen sie dem Gedächtnis ein. Man vergißt die unzähligen Anekdoten nicht, die von ihm erzählt werden; es gibt fast noch mehr aus Josephs Leben, aber sie bringen ihn uns nicht näher. Seine großherzige Mutter klagte einmal gegen Lascy, ihr Sohn sei unglücklich, weil er niemanden liebe. Lieben ist sich selbst vergessen, und das konnte Joseph nicht. Während seiner Regierung erschien eine Schrift unter dem Titel: Warum wird Kaiser Joseph von seinem Volke nicht geliebt? Darin wurden nacheinander alle die Wohltaten aufgezählt, mit denen er sein Volk beglückt habe, und jede Nummer endete wie mit einem Kehrreim mit der Frage: Warum wird Kaiser Joseph trotzdem von seinem Volke nicht geliebt? Sprach sich darin zum Teil auch die Selbstsucht derjenigen Kreise aus, die durch des Kaisers Reformen etwaiger Vorrechte beraubt waren, so doch auch zugleich das Gefühl, daß die vielbewunderten blauen Kaiseraugen das Volk, das er beglücken wollte, gar nicht sahen, sondern wie über einen gleichgültigen Gegenstand darüber hinschauten.

Dennoch, wer möchte behaupten, daß es nicht sein ernster Wille gewesen sei, seine Untertanen glücklich zu machen! Ebenso wie Friedrich der Große hat er als ein Diener des Staates gearbeitet, dessen Herr er war und sein wollte. Wenn er die Pflicht wie einen Hammer gebrauchte, hat er ihn zuerst gegen sich selbst geschwungen. Und der undeutschen Gesinnung Friedrichs des Großen gegenüber, wie wohltuend berührt das Wort des Kaisers, das er in einem Brief an Dalberg aussprach: «Ich bin stolz darauf, ein Deutscher zu sein.» Er war mehr nationalistischer Deutscher, als der Herrscher des universalen Österreich hätte sein dürfen. Zu sehr seiner selbst bewußt und über die anderen hinwegsehend, erschrak er, als die Gegenstände, mit denen er hantierte, sich plötzlich bewegten und gegen ihn empörten. War das möglich? Hatte er doch, wie er selbst sagte, keine Arbeit und Mühe und selbst Qualen nicht gescheut, um sie glücklich zu machen! Welche Tragödie, über Undankbare zu herrschen! Er schrieb sich selbst die Grabschrift: Hier ruht ein Fürst, dessen Absichten rein waren, der aber das Unglück hatte, alle seine Entwürfe scheitern zu sehen. Das Alter hätte ihm vielleicht noch mehr trübe Erfahrungen gebracht, die Früchte seines Geistes aber süßer ausreifen lassen; indessen auch das gehört zu seiner Person und seinem Schicksal, daß er sich früh ausgelebt hatte.

Auch Friedrichs Tod wurde von seinem Volke nicht beklagt. Seine lange Regierung wurde mehr und mehr als Druck empfunden, besonders hatten die Beamten, hohe und niedere, darunter gelitten und waren verbittert und unzufrieden. Alle die Schäden machten sich bemerkbar, die mit einer Regierung zusammenhängen, welche ein einziger selbst führen will, ohne doch alles überblicken und alles richtig beurteilen zu können. Obenhin haspelte die stramm aufgezogene Maschine ihre Aufgabe ab, darunter höhlten Gleichgültig-

keit und Widerstreben das Fundament aus. Gleich nach dem Tode Friedrichs urteilte Graf Münster, die preußische Monarchie sei jetzt so beschaffen, daß sie einem Unglück nicht standhalten würde. Er schrieb das den falschen Maßregeln eines rein fiskalischen Systems zu. Sogar das Heer, Friedrichs Stolz und Ruhm, war bedenklich herabgekommen; Drill und Kleinigkeitskrämerei, die Bewertung des Mechanischen nahmen zu, während die guten Köpfe fehlten. «Das ist die Wirkung des Despotismus», sagte Prinz Heinrich, der als scharfer Kritiker neben seinem Bruder stand, «das ist die Wirkung der schlechten Beispiele, die eine ganze Nation verderben.»

Freiheit

Im Jahre 1773 erschien, von einem jungen Dichter verfaßt, die Geschichte des Ritters Götz von Berlichingen in dramatischer Form, die Geschichte eines Raubritters, der das Fehderecht für sich in Anspruch nahm, nachdem es von Kaiser und Reich förmlich aufgehoben war. Der junge Dichter, Goethe, ließ ihn als Helden auftreten, als freien deutschen Mann, der die Schwachen, Verunrechteten beschützt, die Bedränger der Armen straft. Als den Mann, den die Fürsten hassen und an den die Bedrängten sich wenden, feiert ihn der Mönch, der den Namen Luthers trägt. Auf eingehender Kenntnis der öffentlichen Verhältnisse des späten Mittelalters aufgebaut, ist die frühlingsbrausende Dichtung ein echtes Gemälde der Zeit, in der sie spielt, und spiegelt zugleich das Geistesleben der Zeit ihrer Entstehung. Das Schwert, das im 16. Jahrhundert dem untergehenden Rittertum aus der Hand fiel, der Dichter des 18. Jahrhunderts rafft es auf und schwingt es anklagend gegen die Sieger von damals, die Fürsten, die die Tyrannen von heute geworden sind. Sie, die dem Kaiser ein Stückchen seiner Macht nach dem andern ablisteten, putzen sich mit den Fetzen seines Purpurs, machen sich selbst allmächtig, um alle anderen zu ihren Untertanen und Knechten zu machen. «So sind unsere Herren ein verzehrendes Feuer, das sich mit Untertanen, Glück, Habe, Blut und Schweiß nährt, ohne gesättigt zu werden.» Aber aus ihrem Tun selbst erwächst die Rache. «Wehe, wehe denen Großen, die sich aufs Übergewicht ihres Ansehens verlassen! Die menschliche Seele wird stärker durch den Druck.» Ein Hauch kräftigen, beschwingten Lebens durchweht das Jugendgedicht, das mit sanftem Sausen und stürmischem Grollen einer Phantasie über das Wort Freiheit gleicht. Das Wort erklingt immer wieder, es erklingt wie ein Schlachtruf, wie ein stolzes Bekenntnis, wie eine feierliche Beschwörung, wie ein sehnsüchtiger Seufzer. Als der umzingelte Ritter seinen Freunden das letzte Glas Wein aus der letzten Flasche einschenkt, sagt er: «Und wenn unser Blut anfängt auf die Neige zu gehen, wie der Wein aus dieser Flasche erst schwach, dann tropfenweise rinnt – was soll unser letztes Wort sein? Es lebe die Freiheit! es lebe die Freiheit! und wenn die uns überlebt, können wir ruhig sterben.» Freiheit ist der letzte Atem, das letzte Gebet des sterbenden Gefangenen. «Setzt mich hier unter den Baum, daß ich noch einmal die Luft der Freiheit aus voller Brust in mich sauge und sterbe. Himmlische Luft! Freiheit! Freiheit!» Der Ritter Berlichingen ist zum Bilde des deutschen Volkes geworden, das im Kerker schmachtet, von den Fürsten gefesselt, seiner alten Ehren und Rechte beraubt. Von den Lippen eines Sterbenden löst sich das heilige Wort wie ein fragender Seufzer, dem die Antwort wird: «Nur droben bei dir! Die Welt ist ein Gefängnis.» Die deutsche Welt ist die Welt der entrechteten Untertanen.

Am Schluß des Egmont erscheint die Freiheit selbst, glänzend im himmlichen Gewande, von Klarheit umflossen, von Wolken getragen, und weist dem Todgeweihten als Zeichen künftigen Sieges ein Bündel Pfeile, den Stab mit dem Hut und das Blut an ihrem Saum. Wie das Meer durch die Dämme bricht, wird das Volk den Wall der Tyrannei durchbrechen. Nicht als Seufzer, als Siegesmarsch ist Freiheit das letzte Wort dieser Dichtung.

Unter dem Druck des Absolutismus besannen sich die Deutschen auf die Freiheit als auf ein Recht, das ihnen gebühre und das ihnen einst zu eigen gewesen war. Man kann zwei Wurzeln verfolgen, aus denen ihnen das Bewußtsein, ein Recht auf Freiheit zu haben, erwuchs: das Naturrecht und das Volksrecht.

Das Naturrecht fiel ursprünglich mit dem göttlichen Recht zusammen. An den göttlichen Ursprung des Rechts glaubten das heidnische Altertum und das christliche Mittelalter. Man unterschied das ungeschriebene Recht von dem geschriebenen, das von Menschen gemacht war, ein ewiges, unveränderliches von dem veränderlichen staatlichen Recht. Cicero schildert das Recht der Natur als allen geschriebenen Gesetzen, ja dem Dasein aller Staaten vorangehend, als das gleiche in Rom, Athen und überall, ewig dauernd und unveräußerlich, aller Menschen Meister, Herr und Gott. Augustinus unterschied die *lex aeterna,* die göttliche Vernunft, das Wort Gottes, und die *lex naturalis,* die Gott in das menschliche Herz eingepflanzt hat, Thomas von Aquino die *lex aeterna,* das heißt die die Welt leitende Vernunft, die im göttlichen Geist ihr Dasein hat, die *lex naturalis* und die *lex humana*. In der Glosse zum Sachsenspiegel heißt es, daß das natürliche Recht auch Gottes Recht heiße, weil Gott das Recht allen Kreaturen geschenkt habe.

Die Reformatoren behielten die von den Kirchenvätern angenommene Lehre über das Naturrecht bei; doch finden wir bei einigen schon die Neigung, das Naturrecht, als in der Vernunft beruhend, von Gott und von Gottes Wort wenn nicht geradezu zu trennen, aber doch von Gott unabhängig zu machen. Gott selbst, hieß es da, könne es nicht ändern, da es Gott selbst sei. Dieser Gedanke erscheint bei Grotius wieder in der Form, daß er sagte, das Naturrecht würde zu Recht bestehen, wenn es auch keinen Gott gäbe. Dadurch wurde es tatsächlich der menschlichen Vernunft übereignet und zu einer selbständigen Macht erhoben. Auch nannte man seitdem das Naturrecht häufig in gleicher Bedeutung Vernunftrecht. Es bekam einen subjektiven und wissenschaftlichen Charakter, die Juristen bemächtigten sich seiner, es wurde an den Universitäten gelesen. Das *Neminem laedere* und *suum cuique tribuere* blieb noch Grundsatz, aber es herrschte doch mehr Willkür in dem, was jeder Lehrer aus der Vernunft folgern wollte. Im allgemeinen galt die Naturrechtslehre des englischen Philosophen Locke, der als unveräußerliches Recht des einzelnen das Recht auf Leben, Freiheit und Eigentum festgesetzt hatte. Es folgte daraus, daß niemand seines Lebens, seiner Freiheit und seines Eigentums beraubt werden könne, außer nach den ordentlichen Gesetzen und im ordentlichen Verfahren seines Landes. So war es in England.

Wenn man zugibt, daß die Gläubigkeit des Mittelalters, die Luther noch einmal zu hoher Flamme angefacht hatte, erloschen war und daß die Bemühungen frommer und edeldenkender Männer wie Calixt und Spener ihr nicht die frühere Kraft wiederzugeben vermochten, so wird man die Verselbständigung des Naturrechts preisen müssen. Das göttliche Recht, wenn man es auch noch hie und da im Munde führte, war fern gerückt, es bedeutete den meisten Menschen nichts mehr; im Naturrecht blieb sein Abglanz, blieb der überirdische Charakter des Rechts erhalten. Daran konnte sich das Rechtsgefühl der Menschen immer wieder entzünden, während es erlöscht oder verdirbt, wenn es an das gebrechliche irdische Recht gebunden ist.

Das Volksrecht hat seine Wurzel in den Rechtsbüchern und Gewohnheiten der germanischen Stämme. Wenn es auch den Freien, der das Heer bildete und den König wählte, nicht mehr gab, so war doch sein Rechtsstand unvergessen, zumal seit Montesquieu die Erinnerung an die Freiheit der germanischen Wälder neu belebt hatte. Auch war in der Ständeverfassung, die in einigen deutschen Ländern noch bestand und sogar wirksam war, der Freiheit der Untertanen so weit Rechnung getragen, daß die Vertreter dem Landesherrn ebenbürtig, ja fast besser ausgerüstet gegenüberstanden. Nicht allzuweit lag die Zeit zurück, wo den Untertanen gewisser Länder das Recht des Widerstandes zugebilligt war, im Fall der Landesherr ihre Freiheit verletzte. Die Engländer betrachteten die verschiedenen Gesetze, durch welche sie sich vor Vergewaltigung durch den Landesherrn sichergestellt hatten, als ihr *Birthright,* ein ihnen angeborenes Recht, dessen Quelle nach ihrer Meinung das alte sächsische Recht war, das sie aus ihrer norddeutschen Heimat auf ihre Insel herübergebracht hätten. Den Despotismus schrieben sie der normannischen Einwanderung zu, deren üble Folgen sie im Geist der alten Sachsenfreiheit überwunden hätten. Die nordischen Völker, zu denen die im Reich lebenden Niedersachsen und Friesen gezählt wurden, galten von jeher als wesentlich freiheitsliebend. Der französische Gelehrte Bodin, der im 16. Jahrhundert lebte, sagte von ihnen, daß sie sich nicht einem einzigen unterwürfen, sondern in Republiken und Wahlmonarchien lebten. Man nahm an, daß die Schweizer von den Schweden abstammten.

Der Charakter der Freiheit, die aus dem Naturrecht erwächst, unterscheidet sich von der aus dem Volksrecht erwachsenen, und ebenso der Charakter der Menschen, die den beiden Strömungen anhangen. Die volksrechtliche Freiheit beruht auf Freiheiten, die erkämpft und erworben wurden, die naturrechtliche ist eine allgemeine, allen Menschen zustehende; der jener verpflichtete Mensch bildet sich seine Überzeugung aus dem Leben, an geschichtlichen und persönlichen Erfahrungen, er fußt auf bestimmten, begrenzten Rechten, der andere bildet sich seine Überzeugung an Begriffen, die allgemeiner und schrankenloser sind. Jener ist konservativ, dieser ist radikal. Revolutionär können beide sein, aber der eine wird eher die Massen, der andere die führende Schicht ins Treffen rufen. Von den deutschen Dichtern vertritt Goethe die volksrechtliche, Schiller die naturrechtliche Dichtung. Es ist merkwürdig, daß Schiller, ein Angehöriger des Landes, dessen Stände den Despotismus so rühmlich bekämpft hatten und auch später so nachdrücklich, beinah eigensinnig auf dem alten Recht beharrten, seiner Freiheitsdichtung eine mehr naturrechtliche Grundlage gab. Daß Goethe, Sohn der alten Reichs-

und Krönungsstadt, volksrechtlich und konservativ fühlte und dachte, ist verständlich.

Ähnlich wie Goethe und Schiller standen sich auf ihrem, dem staatsrechtlichen Gebiet, Justus Möser und Schlözer gegenüber. Schlözer war im Hohenloheschen geboren. Der Graf von Hohenlohe, stolz auf einen so gelehrten und berühmten Untertan, empfing ihn gern zum Besuch, nötigte ihn zu sich aufs Sofa, lud ihn zum Essen ein und setzte ihm sein Lieblingsgericht vor: Pökelfleisch und Sauerkohl. Schlözer war lebhaft, genußfähig, scharfsinnig, unermüdlich wachen und tätigen Geistes; in seiner Jugend liebte er es zu reisen und scheute dabei keine Anstrengung. Berühmt machte ihn die periodische Zeitschrift, die er, unter dem Titel «Briefwechsel und Staatsanzeigen» in den Jahren 1774 bis 1794 erschienen, herausgab. Er brachte darin politische, statistische, wirtschaftliche und sonst merkwürdige Nachrichten aus allen Ländern, hauptsächlich aus denen des Reichs, und erzählte alle Mißgriffe, Torheiten und Untaten der deutschen Fürsten, die zu seiner Kenntnis kamen. Mit Vorliebe schwang er seine Geißel über die geistlichen Fürsten. Der Briefwechsel machte ihn zum reichen Mann, so begierig wurde er gelesen. Seine guten Beziehungen zum Ausland bewirkten, daß er von vielen Seiten mit interessantem Stoff versehen wurde. Da berichtet er über die Einrichtungen der Bank von Hamburg, der solidesten in Europa, die ohne Bank-Zettel und imaginäres Geld arbeitete, über die vielen Zollstellen am Rhein, über die Toleranzedikte Josephs II., über die Intoleranz der pfälzischen Regierung, über die Borniertheit der Mainzer, welche sich der Verlegung der Friedhöfe aus der Stadt widersetzten. In der allgemeinen Öffentlichkeit sah er eines der wichtigsten Heilmittel für alle Gebrechen. «Ihr Helvetier», schrieb er dem unglücklichen Pfarrer Waser, «seid bisher eine stille Polyphemshöhle. Alles geschieht hinterm Vorhang, keiner tuts Maul auf, und die Herren sprechen noch von Freiheit dabei. Heraus, wer ein gutes Gewissen hat. In Aachen, in Rom (in dem Cäsars), in London, in Württemberg, in Mecklenburg wird alles bei offener Tür verhandelt, in Isfahan, Venedig, Versailles ist alles mausestill. *Publicitas* ist der Puls der Freiheit.»

Die Unerschrockenheit Schlözers machte allerdings vor den Großmächten halt, besonders vor dem mit Hannover verbundenen England, unter dessen Schutz die Göttinger Professoren sich einer weitgehenden Preßfreiheit erfreuten; allein seine rüstige Feder stöberte auch sonst genug Unrat auf, den es auszukehren galt. Die Zeitgenossen verglichen ihn mit Luther. Von den vielen kleinen deutschen Souveränen drängten sich manche an ihn heran, versorgten ihn mit Nachrichten und suchten ihn von ihrer guten Gesinnung zu überzeugen. «Mein werthester Herr Professor», schrieb der Herzog von Meiningen, «schon mehrmals haben Sie durch mich, ohne daß Sie es wußten, Beiträge zu Ihrem interessanten Briefwechsel erhalten. Die Güte und Diskretion, mit der Sie es jedesmal aufnahmen, und die nähere Kenntnis, die ich nun von Ihnen und Ihren wohltätigen Absichten habe, ermuntert mich, Ihnen hiermit zu versprechen, daß ich alles, was in meinen Kräften steht, beitragen werde, Ihnen wichtige und lesenswürdige Nachrichten mitzuteilen, um dadurch Aufklärung und Duldungsgeist zu befördern und Bosheit und Dummheit zu entlarven und zu unterdrücken. Eine Folge des letzteren ist der Aufsatz, den ich hier zu Ihrer Verfügung und zu Ihrem Gebrauch beilege. Die Geschichte hat bei uns in Franken viel Aufsehen erregt, und die Behandlung des Fürsten gegen seine Untertanen ist unerhört und recht ohne Kopf. Was wird der gute Kaiser Joseph dazu gesagt haben?! Denn es ist sogleich einer von den Grafen Löwenstein-Wertheim nach Brüssel zu dem Kaiser gereist, um ihm die Sache zu erläutern und untertänigst Vorstellung zu tun und um Hilfe und Beistand zu bitten. Sollten Sie, würdiger Mann, dieses nicht zur Ehre Deutschlands bewerkstelligen können? Ihr Briefwechsel wird überall gelesen und ist jetzt das einzige Buch seiner Art, das so allgemeinen Nutzen auftut und so manche gute Idee in dem Herzen eines wohldenkenden Regenten erweckt. O bester Mann, fahren Sie doch fort, uns so viel Gutes und Nützliches bekannt zu machen, und lassen Sie sich nie durch etwas abschrecken, Ihr Journal fortzusetzen... Ich hoffe, daß Sie mich richtig beurteilen und die Freiheit und Offenheit entschuldigen werden, mit welcher ich Ihnen schreibe. Ihre Verschwiegenheit in dergleichen Fällen läßt mich hoffen, daß Sie auch mich nicht nennen werden, und so werde ich mich im Stande sehen, Ihnen noch viele große und wichtige Dinge in der Folge mitzuteilen, welche es Ihnen nicht werden gereuen machen, mit mir bekannt zu seyn.» Ein Graf Fugger hält es für strenge Pflicht, Schlözers patriotisches, unsterblichen Dank verdienendes Bemühen in Ergründung der Wahrheit nach Kräften zu unterstützen. Aber auch die Mächtigen rechneten mit dem journalistischen Wächter; wenigstens wurde erzählt, Maria Theresia habe einen Vorschlag des Staatsrates mit den Worten abgelehnt: «Nein, das geht nicht. Was würde Schlözer sagen!»

Der ungemeine Beifall, den Schlözer erntete, und die Furcht, die er einflößte, erklärt sich daraus, daß seine Opposition dem Geiste der Zeit entsprach. Er war ein Aufklärer, wie es die großen absolutistischen Regenten Friedrich II. und Joseph II. waren, denen sich viele von den kleineren anschlossen. Er bekämpfte Aberglauben, Hexenprozesse, Tortur, Ungleichheit der Besteuerung, Sklaverei, alles, was die allgemeine Glückseligkeit und den allgemeinen Wohlstand aufzuhalten schien. Er glaubte an den Fortschritt, an die Güte der menschlichen Natur, an die Möglichkeit, durch vernünftige Einrichtungen und Erleuchtung des Verstandes ein Paradies auf Erden zu schaffen. «Sind nicht jene Staaten die glücklichsten», heißt es in dem Staatsanzeiger, «die die meisten glücklichen Menschen enthalten? Die glücklichsten Staaten sind auch die stärksten. Sind nicht in jenen Staaten die meisten und die glücklichsten Menschen, wo die meisten Mittel vorhanden sind, die Bedürfnisse eines jeden Individualmenschen zu befriedigen? Sind nun jene Staaten glücklicher, die viel Adel und Geistlichkeit haben? Oder jene, die viel Fabriken, Manufakturen, Handel, Handwerk, Künste, Gelehrte und Soldaten haben? Warum verwandeln die Landesherren die Klöster und Stifte nicht in Fabriken und Manufakturen? Die Adligen in Gelehrte und Soldaten? Könnte im Staate ein größeres Übel sich zutragen, als wenn viele Menschen desselben heilig werden wollten? Wozu die sogenannten Legenden, die Verstand und Herz verderben? Wozu die Pfaffen beiderlei Geschlechts, die Feinde des Staates sind und Feinde des Staates ziehen? Verträgt es sich mit der Vernunft, zu glauben, daß die Natur und der Schöpfer aller Wesen Geschöpfe derselben Klasse durch Geheimnisse necke? Und daß nicht alle Menschen gleiche Mittel haben glücklich zu seyn? Steht für Europa, insonderheit für Deutschland Glückseligkeit zu erwarten, solange Geburt und Salbung das Monopol der menschlichen Glückseligkeit haben? Solange man glückselig seyn kann ohne nützlich zu seyn?» Schlözer selbst würde diese Ansichten verständiger, gebildeter ausgedrückt haben, aber es waren die seinigen, das Bekenntnis der Aufklärung.

Die Aufsätze Justus Mösers, die im Osnabrücker Intelligenzblatt seit 1768 erschienen und vom Jahre 1774 an von seiner Tochter gesammelt und unter dem Titel «Patriotische Phantasien» herausgegeben wurden, fanden nicht so viele Leser wie Schlözers Briefwechsel und Staatsanzeigen, aber ein kongenialer Geist wie Goethe nannte sie Goldstaub und Goldkörner, die soviel wert wie Goldbarren wären. Es war etwas Unerhörtes namentlich für einen Protestanten, etwas dem Zeitgeist ganz Widerstrebendes, daß Möser im Mittelalter, das als die Zeit der Finsternis und Barbarei betrachtet wurde, eine Blütezeit des deutschen Volkes sah, in der sich sein Wesen vorbildlich entfaltete. Er war ein Feind der Zentralisation und der allgemeinen Begriffe, er liebte das Konkrete, das Provinziale, das Individuelle, er ging vom einzelnen Fall aus. Er war ein Feind der Beamten und des Heeres, er liebte den selbständigen Bauern und Bürger, die sich selbst verwaltende Gemeinde. «Alle sind geneigt», schrieb er, «den fürstlichen Dienern überall große Vorzüge einzuräumen. Sollte aber der Mann, der seinen Ellbogen auf seinen eigenen Tisch stützt und von seinem Fleiß oder Vermögen wohl lebt und anderen Gutes tut, nicht ebensogut sein, als der sich im Dienste krümmt? Soll man den Hunger nach Bedienungen, der jetzt überhand nimmt und so manchen tapferen Kerl dem Fleiße und der Handlung entzieht, noch durch Vorzüge und Ehre reizen? Ist denn das deutsche Herz so tief herabgesunken, daß es schlechterdings den Dienst über die Freiheit setzt? Und sehen die Leute nicht, daß, da sie solchergestalt allen Vorzug dem Dienste geben, kein Mann von Ehre und Empfindung der ungeehrten Freiheit treu bleiben werde?» Bei Möser hört man nichts von Fortschritt, von Gleichheit, von Glückseligkeit, und die Freiheit, die er herbeisehnte, war das Recht des einzelnen, sich als Glied seiner Gemeinde und weiterhin seiner Provinz und seines Staates selbständig, kräftig, nach eigenem Gesetz zu entfalten.

Als ein dritter Freiheitskämpfer ist Karl Friedrich von Moser zu nennen, der Sohn jenes Johann Jakob Moser, den Herzog Karl von Württemberg fünf Jahre lang auf dem Hohentwiel gefangengehalten hatte. Ganz im Sinne seines Vaters haßte und bekämpfte er den Absolutismus. Goethe erwähnt ihn als einen Mann, der bedeutenden Einfluß auf ihn gehabt habe, und erinnert sich seiner als eines angenehmen, beweglichen und dabei zarten Mannes. Moser lebte mehr als Schlözer und Möser in den Traditionen der Reichsverfassung; er sah es als die Pflicht eines deutschen Patrioten an, die Reichsverfassung so viel wie möglich zur Wirklichkeit zu bringen. Den Absolutismus mit allen seinen Zutaten sah er als eine Entartung an, die durch Verwirklichung der Reichsverfassung überwunden werden müsse und könne. «Wir haben in Deutschland keine Könige, sondern Kurfürsten, Fürsten und Stände des Reichs, die in einer gesetzmäßigen Verbindung und Verhältnis mit dem von ihnen zum Oberhaupt und Richter gewählten Kaiser stehen, die an Gesetz und Ordnungen gebunden sind, welche sie selbst und ihre Vorfahren errichten halfen; die ihren Vasallen, Landständen und Untertanen zu pflichtmäßiger Belassung und Bewahrung ihrer Rechte, Privilegien und Freiheiten verbunden sind. Dieser aber haben sich dieselben nie begeben, und das momentane Beugen unter den Schrecken des militärischen Joches kann nimmer als eine Erlöschung der älteren und unvernichtbaren Denkmale und Urkunden der Freiheit betrachtet werden.» In dem verfallenden Labyrinth des alten Reiches, das seinem Zusammenbruch nahe war, wandelte Moser kundig und anhänglich, wie ein Führer die Herrlichkeit des Gebäudes erklärend, obwohl keine Zuhörer mehr vorhanden waren.

Sind nun auch die beiden Wurzeln des Naturrechts und des Volksrechts und sind auch ihre Anhänger untereinander verschieden, so ist das doch eine Einteilung, bei der man nicht vergessen darf, daß die Verschlungenheit der menschlichen Seelenkräfte aller Einteilungen spottet. Tatsächlich gehen Naturrecht und Volksrecht ineinander über, wie auch die Volkscharaktere und die Charaktere der einzelnen nicht scharf voneinander abzugrenzen sind. So priesen nicht nur Justus Möser und Karl Friedrich von Moser, sondern auch Schlözer England, das Land der Tradition und volksrechtlichen Freiheit, und unter den konservativen deutschen Freiheitsfreunden ist wohl keiner, der nicht auch mehr oder weniger durch die radikale Revolution Frankreichs beeinflußt worden war. Derselbe Schlözer, der unter dem Einfluß naturrechtlicher Ideen stand, bezog sich auf historisches Recht, als im Jahre 1794 Hamburg als neutral gelten wollte, um mit Frankreich weiterhin Handel treiben zu können, obwohl der Kaiser mit diesem Lande Krieg führte. Der Reichsstadt, die sich deshalb an Schlözer wandte, an ihre Pflicht mahnend, antwortete Schlözer ablehnend: «Sagen Sie mir nicht, daß die Tricerer und Bructerer für Brüder zu erklären ein altfränkischer Gedanke sei. Mir kam's selbst so vor, als ich vorige Woche in den Zeitungen die Correspondenz zwischen Brandenburg, dem fränkischen Kreise, dem Bischof von Speyer und dem Reichsfeldmarschall las. Nur Hamburg ganz vorzüglich muß ignorieren, daß der Reichsverband so lax ist, noch minder agiren, als wäre kein Reichsverband mehr. Ohne denselben wäre Hamburg nie Hamburg geworden, ohne denselben hört es auf, Hamburg zu sein, und wird in der nächsten Generation ein Nest voll reicher Sklaven.»

Das *Birthright* der Engländer, das eigentlich ein altsächsisches Volksrecht sein sollte, ging bei den Engländern, die in Amerika Kolonien gegründet hatten, unmerklich in ein naturrechtliches Menschenrecht über. In der berühmten Schrift des James Otes, die 1764 erschien, sagt er, es könne zwar eine Zeit kommen, wo das englische Parlament jede amerikanische Verfassung für null und nichtig erkläre, damit seien aber nicht zugleich ihre Rechte als Kolonisten, Menschen und Bürger angetastet, die sie von Natur in ihrer Eigenschaft als solche hätten. Diese würden bleiben und könnten nicht vernichtet werden, *till the general conflagration* – bis zum Jüngsten Gericht. Daß Steuern und Zölle ohne die Bewilligung des Volkes erhoben würden, sei nicht gegen die Gesetze des Landes, wohl aber gegen die ewigen Gesetze der Freiheit. Das von der Natur gegebene Recht ist aber immer zugleich das altsächsische Recht, das jedem Engländer als Nachkommen der Sachsen angeboren ist. An der Spitze des altsächsischen Grundrechts steht: *every Englishman is born free*. In schönster Bildlichkeit erscheint die Verschmelzung von Naturrecht und Volksrecht in Schillers berühmter Rütliszene, wo die Eidgenossen, der historischen Wirklichkeit entsprechend, sich auf ihre Beziehung zum Kaiser berufen und alle Schritte tun, die Reichsfreie damals unternehmen konnten, um landesfürstlichen Druck abzuwehren, zugleich aber auch auf jenes Recht, das die Natur allen Menschen gibt. Ein Spalt oder Widerspruch ist da nicht bemerkbar, höchstens vielleicht, daß die Sprache des Dichters hinreißender aufglüht, wo er die ewigen Menschenrechte verkündet. «Wenn der Gedrückte nirgends Recht kann finden – Wenn unerträglich wird die Last, greift er – Hinauf getrosten Mutes in den Himmel – Und holt herunter seine ewgen Rechte – Die droben hangen unveräußerlich – Und unzerbrechlich wie die Sterne selbst.» Aber vorher hat derselbe Stauffacher versichert: «Wir stiften keinen neuen Bund, es ist – Ein uralt Bündnis aus der Väter Zeit – das wir erneuern», und setzt ausführlich das Recht der Freien und ihre Beziehungen zu Kaiser und Reich auseinander. Das Naturrecht ist hier die letzte Zuflucht des Menschen, wenn seine historischen Rechte vergewaltigt werden.

«Der alte Urstand der Natur kehrt wieder», läßt Schiller seinen Stauffacher sagen. Man ging im 18. Jahrhundert von der Voraussetzung aus, daß der Staat durch Vertrag entstanden sei, in welchem der einzelne auf einen Teil der Freiheit verzichtet habe, die im Naturstande herrsche, um den Schutz der Staatsgewalt im Innern und nach außen zu genießen. Auch diejenigen, welche der Staatsgewalt die allergrößte Macht einräumten, wie Hobbes, billigten doch dem einzelnen ein kleines Überbleibsel der alten Freiheit zu, welches sie die staatsfreie Sphäre nannten. Unter dem Druck des Despotismus entstand bei den deutschen Denkern und Gebildeten der Wunsch, die staatsfreie Sphäre möglichst auszudehnen. In Humboldts Aufsatz über die Grenzen der Wirksamkeit des Staates sind die Grenzen dieser Sphäre so weit gesteckt, daß der Staat, in einen Winkel gedrückt, sich nicht rühren darf außer zum Schutze der Untertanen. Es ist ein notwendiges Übel, das man geduldig oder zähneknirschend trägt. Es gab wohl auch solche, für die der Staat nicht der Gegensatz zur Freiheit, sondern ihre Bedingung und Erfüllung war, das waren diejenigen, die den englischen Staat als Muster vor Augen hatten. Der absolutistische Beamtenstaat wurde abgelehnt, unter den preußischen Beamten selbst gab es solche, die danach strebten, ihn in einen Rechtsstaat zu verwandeln. Es war das Ideal, das Kant aufgestellt hatte und das mit seiner Philosophie in das deutsche Geistesleben eindrang. Carl Gottlieb Suarez war ein freisinniger Beamter dieser Art, wie sie unter Friedrich dem Großen sich entwickeln konnten. Ihre Meinung war, in einem Staat ohne Verfassung müsse dieselbe durch einsichtsvolle, freisinnige Gesetzgebung und durch die Unabhängigkeit der Richter ersetzt werden. In den Vorträgen, die Suarez dem Kronprinzen zu halten berufen wurde, suchte er diesen mit viel Freimut für seine Ansichten empfänglich zu machen. «Darin besteht», sagte er zum Beispiel, «der große Vorzug des Menschen als eines vernünftigen Geschöpfes, daß er frei ist, das heißt, daß sein Wille nur durch das Gewicht seines Verstandes bestimmt werden, daß er unmöglich etwas glauben kann, was er für falsch, noch etwas wollen kann, was er für böse hält. Es kann also auch im Preußischen Staat, der seine Untertanen als vernünftige Menschen behandelt, keine Gesetze geben, welche vorschreiben, was jemand für wahr halten, glauben oder verlangen und wünschen soll. Gesetze, welche Denk- und Gewissensfreiheit auf irgendeine Art verbieten wollen, sind keine wirklichen Gesetze, sondern bloße Äußerungen despotischer Willkür.» Nicht einmal die öffentliche Beurteilung und Bestreitung wirklicher Landesgesetze könne der Staat verbieten; denn auch Gesetze könnten fehlerhaft und schädlich sein, und dem Staat widerfahre eine Wohltat, wenn denkende und unparteiische Schriftsteller den König und seine Minister auf solche Fehler aufmerksam machten. Die Wahrheit könne nicht anders als gewinnen, wenn sie geprüft und angegriffen werde. Vor allen Dingen kam es Suarez darauf an, den künftigen König vor Eingriffen in die Justiz zu warnen. Der Regent dürfe nicht selbst Richter sein wollen, sagte er dem Kronprinzen, es fehle ihm dazu die nötige Kenntnis, die erforderliche Zeit, die nur durch Übung zu erwerbende Fertigkeit. Der Regent dürfe nicht durch willkürliche Verfügungen die richterlichen Erkenntnisse aufheben oder abändern. «Machtsprüche», sagte er, «wirken weder Recht noch Verbindlichkeit. Es kann weder irgendein Minister, noch ein Souverän selbst Machtsprüche tun. Diese Sätze sind die Schutzwehr der bürgerlichen Freiheit eines preußischen Untertanen. Sie unterscheiden den Bürger der preußischen Monarchie von dem Sklaven einer orientalischen Despotie.»

Friedrich Wilhelm II. hielt sich als König nicht an die Lehren, die Suarez dem Kronprinzen vorgetragen hatte, sondern hantierte wieder mit Machtsprüchen, deren Friedrich der Große sich auf die Vorstellungen Coccejis hin enthalten hatte. Er suspendierte das neue Gesetzbuch hauptsächlich aus dem Grunde, daß es landesherrliche Machtsprüche als wirkungslos hinstellte. Bei einem Eingriff, den der König sich erlaubte, sagte der Kammergerichtspräsident Kircheisen zu den Kammerrichtern: Menschenfurcht sei ein Wort, das ihrem Eide und ihrer Denkungsart zuwider sei, und zum Kronprinzen: daß die gesittete Welt, dies mächtige Tribunal, übereingekommen sei, die Worte Machtspruch und Ungerechtigkeit als verschwistert zu denken. Die Erwiderung des Königs lautete: «Überhaupt muß ich Euch doch sagen, daß die Justizbedienten seit kurzem einen Ton annehmen, der mir gar nicht gefällt, denn es ist beinah, als ob sie eine Art von Parlament vorstellen wollten, welches ihnen nie gestatten, sondern sie bei aller Gelegenheit derb auf die

Finger klopfen werde, sofern sie sich nicht solches bald abgewöhnen.»

Parlament, das war das Wort, das auf die Fürsten wie das rote Tuch auf den Stier wirkte, es erinnerte an die englische Verfassung, an Widerspruch und Widerstand, an Königsmord. Am Schluß dieser Epoche entstand in Preußen eine kurze, aber gehaltvolle Schrift, in der darauf hingewiesen wurde, daß das Wesen und die Kraft der englischen Freiheit nicht sowohl in der Verfassung, sondern in der Selbstverwaltung begründet sei. Der Verfasser der Schrift war der Freiherr von Vincke, ein Westfale, sie hatte den Titel «Darstellung der inneren Verwaltung Großbritanniens» und war die Frucht eines Aufenthaltes in England und der Beobachtungen und Studien, die er dort gemacht hatte. Seit Montesquieu pflegten die Gegner des Absolutismus dieser Regierungsform die englische entgegenzustellen, die Teilung der Gewalten, das Parlament sahen sie als Grundlage eines zugleich freiheitlichen und geordneten Zustandes. Vincke sagte, das entscheidende Merkmal der englischen Verhältnisse im Vergleich mit den festländischen sei die Selbstverwaltung, eine germanische Gepflogenheit, die sich in England erhalten habe, während in Deutschland an dessen Stelle das System besoldeter Staatsdiener, der Beamten, getreten sei. Es gebe wenig Minister, wenig Richter in dem Reich, dem die Welt den Ruhm der besten Justizpflege einräume, wenig Soldaten, keine Ministerialbüros oder General- und Landdirektoren, keine Kammerkollegien, keine Steuerräte, keine Polizeikommissare, alles, was diese bei uns täten, werde in England vom Volke und einigen

Männern aus demselben besorgt, welche es neben ihrem eigentlichen Beruf als Nebensache trieben, ohne alle Besoldung und ohne allen äußeren Prunk. Bei dieser die Deutschen aufs äußerste überraschenden Verwaltungsart durchreise man England mit größter Sicherheit auf den schönsten Wegen und in guten Gasthöfen. Man sehe überall Leben und Tätigkeit, Kultur und hohen Wohlstand, Wohltätigkeitsanstalten, öffentliche Anlagen, freie Wirksamkeit der Menschen, ruhigen, glücklichen Lebensgenuß in allen Klassen, die Bettler nicht ausgenommen; höchstens in den Niederlanden seien ähnliche Zustände zu finden.

Vincke gibt ein übersichtliches Bild von den Ämtern, welche im Wege der Selbstverwaltung ausgeübt werden, unter denen das wichtigste das des Friedensrichters ist, von dem ein berühmter englischer Rechtslehrer gesagt habe, die ganze Christenheit habe nichts dergleichen, wenn es richtig verwaltet werde. Es konnte anfänglich nur von Edelleuten übernommen werden, später war es an einen bestimmten Besitz gebunden. Obwohl diese Verwaltungen viel Zeit in Anspruch nehmen, werden sie nicht als Belastung, sondern als Ehre empfunden, und das Volk unterwirft sich ihren Vertretern bereitwillig. Die ausübenden Werkzeuge des Friedensrichters und des Lordlieutenants werden zum Teil besoldet. Es ist bemerkenswert, sagt Vincke, daß diese Einrichtung sich nicht nur für die früheren einfachen Zustände als tauglich erwiesen hat, sondern auch für die verwickelten gegenwärtigen des gewerbereichsten Landes mit Erfolg dient. Es ist ein System, welches sich allen Kulturstufen anpaßt, die Engländer haben es in alle ihre Kolonien mitgenommen. Auf Grund privater Tätigkeit blühen in England die Universitäten und öffentlichen Anstalten; der Ostindischen Compagnie, die sechzig Millionen Menschen regiere, dem größten Privatinstitut der Welt, sei erst in neuester Zeit ein Regierungsbeamter beigesellt, und auch das nur zur Kontrolle.

Sehr schlicht und zurückhaltend, nur hie und da durch ein betonteres Wort es beglänzend, entwirft Vincke das Gemälde des öffentlichen Lebens in England, wo im Gegensatz zu Deutschland alles durch das Volk geschieht. Daß diese Erscheinung möglich wurde, dazu gehörte, wie Vincke erklärt, der Umstand, daß die Hörigkeit in England früh aufhörte, daß es viel freie Leute gab, die keiner Patrimonialgerichtsbarkeit unterstanden, daß es viel Wohlhabende gab; vor allem aber war Bedingung das in England allgemein verbreitete Rechtsgefühl, der gesunde Menschenverstand, der wahre Patriotismus, die wahre Religiosität und Humanität, die sich mehr in Werken als in Worten äußert. Auch das englische System habe Fehler, Vincke gibt das zu, aber sie würden weit überwogen von der Unzuträglichkeit des zuviel Regierens. «Die Regierungsweise», das ist sein Ergebnis, «ist immer die vorzüglichere, welche den Menschen am wenigsten den Druck der bürgerlichen Vereinigung empfinden läßt.» Er lobt «den leisen und einfachen, doch festen und kräftigen Gang der großen Staatsmaschine in der ganzen inneren Verwaltung des Reiches ohne sichtbare Regierungsgewalt». Die staatsfreie Sphäre verlangt Vincke nicht, damit der einzelne sich ungestört seinen Liebhabereien, etwa der Kunst oder Literatur hingeben könne, sondern damit er selbst die Staatsgeschäfte ausübe, die Kenntnis von den Rechten und Pflichten eines jeden Bürgers erlange und sich als selbständiges Mitglied eines großen Ganzen fühlen lerne.

Im Grunde geht die Schrift Vinckes von demselben Gesichtspunkt aus wie Goethes Götz, daß das deutsche Volk durch den Absolutismus an Mannhaftigkeit, an Rechts- und Freiheitssinn, an Würde verloren habe. Die Edlen der Nation waren des Regiertwerdens müde. Während die aufgeklärten Despoten immer mehr Gesetze und Verordnungen zur Beglückung des Volkes aufhäuften, schien es den Beglückten, als müßten sie unter dem Wust ersticken, und sie sehnten sich, ihn abzuschütteln. Als die ersten Blitze der Revolution in Frankreich fielen, atmeten viele von den besten in Deutschland auf, wie man es bei dem ersten Anhauch eines lösenden Sommergewitters tut. «Der hohe Reichstag Galliens dämmert schon», dichtete Klopstock, «Die Morgenschauer dringen dem Wartenden – Durch Mark und Bein: o komm, du reine – Labende, selbst nicht geträumte Sonne.» Er läßt die Geliebte des Fürsten umsonst versuchen, seine Stirn durch Lieder und Wein zu entwölken. Was blickst du so wild? fragt sie. Siehst du eine Erscheinung? eine Totengestalt? Keine Totengestalt, erwidert er, aber dennoch einen Geist, «Ha, den schrecklichen Geist der Freiheit – Weh mir, wo ist, der sich an den Hundertarmigen Riesen – Hundertäugigen Riesen sich wagt?» Im Jahre 1790 feierten angesehene Hamburger ein Freiheitsfest, bei dem auch Klopstock anwesend war und bei dem ein von dem Kaufmann Georg Heinrich Sieveking gedichtetes Bundeslied gesungen wurde, in dem es hieß: «Freie Deutsche, singt die Stunde – Die der Knechtschaft Ketten brach – Schwöret Dank dem großen Bunde – Unserer Schwester Frankreich nach. – Fünfundzwanzig Millionen – Feiern heut das Bundesfest – Das nur der Despoten Thronen – Nur die Sklaven zittern läßt.» Dem Beispiel englischer Freiheit stellt sich ein anderes, das blendende Beispiel französischer Freiheit zur Seite.

Montesquieu hat gesagt, in Despotien sei nur die Religion eine Macht und ein Schutz. Damals standen die Gebildeten der katholischen Länder auf seiten des Staates im Kampfe gegen die Kirche, die protestantische Kirche hatte sich freiwillig dem Staate untergeordnet; nicht im Namen einer Kirche, sondern im Namen des Individuums wurde die Freiheit gefordert. Das war, wurde es auch nicht ausgesprochen, doch auch Religion; denn es beruhte auf naturrechtlicher, zugleich aber auf der christlichen Anschauung, daß das Individuum in Gott wurzelte und deshalb einen über das Irdische hinausgehenden Wert habe. In den Kämpfen der Reformationszeit hatte sich der Protestant auf den Spruch berufen: Man muß Gott mehr gehorchen als den Menschen; an sein Gewissen gebunden, konnte

der einzelne gegen alle Welt stehen. In den protestantischen Ländern waren im 18. Jahrhundert die religiös-kirchlichen Benennungen und Ausdrücke teils formelhaft leer geworden, teils durch den Eigensinn der Orthodoxie widerwärtig; aber als Erbteil der lutherischen Gläubigkeit war das Gefühl der Gottverbundenheit geblieben. Ohne sie hätte der Ruf nach Freiheit dünn geklungen; aber die von ihr Beseelten glichen den griechischen Helden, neben denen verhüllte Götter gingen und ihren Kampf verstärkten.

Pestalozzi und Möser

Goethe sagt einmal in bezug auf den Abt Steinmetz, den Vorsteher einer Klosterschule: «Die Welt bedarf solcher Licht- und Wärmequellen, um nicht im egoistischen Irrsal zu erfrieren und zu erstarren.» Die Worte passen in hohem Grade auf Pestalozzi.

Es fehlte dem wärmespendenden Pestalozzi nicht an der Inbrunst des Hasses, an Kampflust und Tapferkeit; aber er hatte nicht die Gabe zu herrschen, die Luther in so hohem Maße besaß. Das war sein persönliches Unglück; sein tragisches Prophetenschicksal war, daß er, im Frühling des bürgerlichen Zeitalters lebend, die Gefahren eines künftigen heranwachsen sah und zugleich die Schwächen seiner Schicht erkannte, die sie hinderte, ihnen zu begegnen.

Als armer Knabe aufgewachsen, liebte Pestalozzi die armen Kinder, ihnen gehörte sein Herz. Indem er um sein eigenes tägliches Brot und um das Geschick und die Seele der armen Kinder kämpfte, lernte er allmählich die Schäden der Zeit kennen, und suchte er Heilmittel für sie zu ergründen. Voll Mißtrauen gegen das seichte Geschwätz, das immer nur mehr Geschwätz erzeugt – er nannte es leeres Maul –, dachte er nicht an schriftstellerisches Wirken, obwohl er ein Dichter war. Gezwungen durch die Verhältnisse, tieftraurig, schrieb er sein erstes Werk, die «Abendstunden eines Einsiedlers», dann die Erzählung «Lienhard und Gertrud», die ihn berühmt machte. Sie erschien in Berlin in dem verschwenderischen Jahre 1781, das den Deutschen auch Schillers Räuber, Vossens Odyssee und Kants Kritik der reinen Vernunft schenkte. Wie später Gotthelf und wie einst Luther schrieb Pestalozzi immer nur, um sein Volk auf den rechten Weg zu führen. Wäre er ein Reichsdeutscher gewesen, hätte er vielleicht den Despotismus, die Sittenlosigkeit und Hohlheit der Höfe bekämpft; als Schweizer bekämpfte er das eigensüchtige, volksfremde, verkünstelte Wesen der heimischen Aristokratie. Die Einsicht, daß Rückkehr zur Natur, zu einfachem, natürlichem Leben notwendig sei, hatte Pestalozzi nicht allein; aber der Schrei nach Natur hatte bisher nur dazu geführt, daß die Vornehmen sich als Schäfer verkleideten, daß sie sich außerhalb der Stadt Lusthäuser im Grünen erbauten, daß sie im besten Falle sich damit abgaben, die Landwirtschaft zu heben und sich für das Leben und Treiben der Bauern zu interessieren.

Im Kanton Zürich, dem Pestalozzi zugehörte, gab es gegen das Ende des 18. Jahrhunderts schon ziemlich viel Fabriken und Fabrikarbeiter, die meist eigentumslos waren. Es war vorauszusehen, daß ihre Zahl fortwährend zunehmen werde. Schon jetzt sah Pestalozzi Besitzende und Arme, voneinander getrennt, fast wie zwei feindliche Nationen, sich gegenüberstehen. Die Zeit wird kommen, das drängte sich ihm auf, wo wenig Besitzende einer Mehrzahl von Besitzlosen gegenüberstehen, einer Masse, die nicht mehr Volk ist. Die Unterscheidung von Masse und Volk ist einer von den grundlegenden Begriffen in Pestalozzis Anschauungswelt. Er unterschied sie, wie er Zivilisation und Kultur unterschied: Die Kultur, sagte er, beruhe auf selbständigen Individuen, die Zivilisation auf der bloßen Zahl; die Kultur erwachse an der Natur, die Zivilisation habe die Menschen der Natur entfremdet. «Die Kraft der Kultur vereinigt die Menschen als Individuen in Selbständigkeit und Freiheit durch Recht und Kunst. Die kulturlose Zivilisation vereinigt sie ohne Rücksicht auf Selbständigkeit, Freiheit, Recht und Kunst als Masse durch Gewalt.»

Es war Pestalozzis letzte, tiefste Einsicht, daß das Göttliche sich im Individuum offenbart, durch das Individuum wirkt. Es war eine Grundauffassung des Mittelalters, daß jedes Individuum kraft seiner ewigen Bestimmung auch für den Staat in seinem Kern heilig und unverletzlich sei, und diese Auffassung rettete das Naturrecht in die neuere Zeit hinüber. «Ein jeder Mensch», sagte Leibniz, «hat unendlich hohen, eigenartigen Wert, der dümmste ist noch unvergleichlich mehr als das gescheiteste Tier ... denn die Individualität birgt in sich das Unendliche.» Und Pestalozzi: «Der Mensch wird nicht wie das Tier zu dem, was er sein und werden soll, geboren, er wird, was er werden soll, nur durch die Erhebung seiner Natur zur Wahrheit und Liebe. Solche Erhebung ist aber immer etwas Persönliches. Das Wertvollste im Menschen, die tiefste Menschlichkeit ist aber immer etwas Individuelles. Wenn das Menschliche in der Menschheit erstarken soll, muß es in jedem einzelnen gebildet werden. Die Ausbildung der Gemeinkraft mehrerer vereinigter Menschen führt überwiegend zur Stärkung der Kräfte, die wir mit dem Tier gemein haben.» Dem einzelnen kann sein Gewissen das Recht geben, gegen alle zu stehen, in seinem Gewissen, im Bewußtsein seiner Freiheit und Gottverbundenheit liegt seine unantastbare Würde.

Es lag Pestalozzi fern, das Individuum vereinzeln zu wollen, den Wert der Gemeinschaft zu verkennen. Im Gegenteil, er dachte sich den einzelnen immer innerhalb einer Gemeinschaft, wie im Mittelalter jeder einzelne mit der Familie, der Gilde, der Bruderschaft, der Gemeinde, der Stadt, dem Lande und schließlich der Christenheit und der Menschheit verbunden war. Die Gemeinschaft aber sollte eine natürliche, organische sein, das, was man im Mittelalter ein *corpus mysticum* nannte. Kant hat ein organisiertes Produkt der Natur als solches bezeichnet, in welchem alles Zweck und wechselseitig auch Mittel ist, im Gegensatz zur Maschine. Im Organismus seien die Teile nur durch die Beziehung auf das Ganze möglich und müßten sich dadurch zur Einheit eines Ganzen verbinden, daß sie voneinander wechselseitig Ursache und Wirkung wären. Der moderne Staat hatte die Neigung, maschinenmäßig zu arbeiten, wie ja auch die Staatsmänner von der Staatsmaschine zu sprechen pflegten. Er löste die sich selbst verwaltenden Korporationen entweder auf oder beraubte sie ihres Eigenlebens, um die einzelnen zu widerstandslosen Untertanen zu machen. Die alle als einzelne umfassende Gemeinschaft war der Staat, von Pestalozzi häufig die kollektive Existenz genannt. Er hielt ihn für verderblich, weil er das Individuum mißachte und dadurch das Volk zur Masse herabwürdige. «Der Staat», sagte er im Jahre 1803 mit besonderer Beziehung auf das napoleonische Frankreich, «erfaßt den individuellen Menschen, um ihn zu Rädern am großen Wagen zu machen.» Das Individuum gehe zugrunde, wenn die Ansprüche der kollektiven Existenz das Übergewicht gewinnen. Der Mensch müsse zwar den Staat bejahen, aber man müsse doch sich bewußt sein, daß er als organisierte kollektive Existenz die Reinheit des Menschentums gefährde. Alle Verfassungsvorzüge seien umsonst, wo es an Sorge für die Individualveredlung fehle. «Die innere Kraft der Menschennatur ist eine göttliche Kraft. Sie ist die Kraft Gottes. Ein menschlichkeitsleeres Regieren, das die Kraft Gottes nicht kennt und sich nicht auf sie als auf ihren ewigen Hintergrund stützt, ist kein menschliches, kein göttliches.» – Regieren ist etwas anderes als bloßes Machtgebot, ist etwas Heiliges. Unheiliges Regieren ist, das göttliche Wesen der Regierungskraft der ungöttlichen Form einer Gewaltskraft unterzuordnen. «Dafür dienen dann die Künste des Abrichtens vortrefflich. Sie sind auch gewöhnlich bei einem Volke in dem Grade leichter anwendbar, als es bildungslos ist.»

Pestalozzi sah mit an, wie aus teils begüterten teils armen Bauern eigentumslose Fabrikarbeiter wurden;

er nannte diese neu entstehende Schicht Gesindel. Er verabscheute das Gesindel mit seinen Lastern und seiner sittlichen Stumpfheit, aber mehr noch die Regierenden, die dem Unglück des Volkes nicht vorbeugten, die es geschehen ließen, als gehe es sie nichts an. Echte Kultur, sagte er, beruhe auf persönlichen Kräften, deren höchstes Recht und höchstes Glück es sei, Verantwortlichkeit zu tragen. Die Regierenden seien verantwortlich für die, welche sie regieren; anstatt dessen sähen sie gleichgültig zu, wie das Gesindel, Schuldige und Schuldlose, sich mehre, wie das Volk zur Masse werde.

Das einzige, das ewige Heilmittel in dieser unaufhaltsamen Verderbnis sah Pestalozzi in der Familie, der Familie, wie sie in einem einfachen und armen, aber doch nicht ganz eigentumslosen und verelendeten Volke besteht. In der Familie verehrte er die erste natürliche Gliederung des Volkes, die Keimzelle und das Vorbild aller übrigen. In der Wohnstube, wo Eltern und Kinder, Knechte und Mägde beisammen sind, wo das eine dem andern helfen, eins in das andere sich schicken muß, wo eins auch mit dem andern streitet, wetteifert und ringt, da entfaltet sich das Individuum in seiner Kraft und Eigentümlichkeit. Das Vaterhaus ist ihm die Grundlage aller reinen Naturbildung der Menschen, die Kraft dieser nächsten Beziehung ist ein Kraftquell zur Bildung aller ferneren und fernsten Beziehungen. Die Schule kommt wohl der Familie zu Hilfe; aber die erste, die beste, die unersetzliche Lehrerin zur Menschlichkeit und zur Tugend ist die Mutter. Immer wieder hat Pestalozzi geschildert, was das Walten der Mutter oder der mütterlichen Frau für das

Kind, für die Gesellschaft überhaupt bedeutet; neben seiner Frau, die ihm opferwillig zur Seite stand, waren hauptsächlich einige unverheiratete Frauen in dienender Stellung seine Vorbilder.

Für notwendig hielt er auch eine Veredlung des Erwerbslebens, wie er sich ausdrückte. Mit Beziehung auf die Fabrikanstalten der Herrnhuter sagte er, Fabriken wären nicht immer verderblich, nur dürften die Arbeiter für die Fabrikanten nicht nur Mittel für wirtschaftliche Zwecke sein, sondern müßten als Glieder einer Gemeinschaft betrachtet werden, für welche sie, die Fabrikanten, die sittliche Verantwortung trügen. Überhaupt war er der Ansicht, jede Ordnung könne gut sein, wenn sie mit sittlichem Geist erfüllt würde. Die Arbeit, die der Lebensatem des Menschen sein solle, könne ihrer Aufgabe nur genügen, wenn Herz und Sinn des Arbeitenden an ihr teilnehmen. Befriedige die Arbeit den, der sie täglich tun müsse, nicht, so könne sie sogar zur Wurzel des Bösen werden. Auch dürfe Beruf und Arbeit den Menschen nicht ganz verschlingen, wozu das Fabrikwesen doch an sich geneigt wäre. «Die Routinemittel der Bildung zur Industrie, die der eigentumslose Fabrikarbeiter genießt, genügen dem Bedürfnis nicht. Der üble Einfluß dieses Umstandes wirkt auch auf die immer schwächer werdenden Überreste unseres alten Mittelstandes.»

Trüber und zweifelvoller waren Pestalozzis Gedanken über die Veredlung des Staates. Er ging von der Ansicht aus, daß die Wirksamkeit des Staates als der Organisation unserer kollektiven Existenz in einer Ordnung liege, die niemals die höchste Form unserer Lebensgestaltung sein dürfe. Es müsse daher eine Mäßigung der kollektiven Ansprüche eintreten. Das habe aber nur Aussicht auf glückliche Ausführung, wenn die Regierenden selbst im ganzen Sinne des Wortes menschlich wären. Würden sie das aber sein? Können sie es sein? Schreckliche Zweifel befielen ihn. «Allen Individuen und allen Behörden, in deren Hände die öffentliche Macht gelegt ist, klebt mehr oder weniger immer die Macht des Rohen, Niedrigen, Einseitigen der Selbstsucht unseres Geschlechts an.» Liegt nicht ein notwendiger, unvermeidlicher Gegensatz zwischen dem Staat und dem Individuum? Liegt es nicht im Wesen des Staates, das Unheilige der menschlichen Gemeinnatur über das Göttliche unseres individuellen Wesens emporzuheben? Kann die Macht sich mit der Idee des Rechts und der Sittlichkeit erfüllen, ohne ihr Wesen einzubüßen? «Als kollektive Existenz unseres Geschlechts muß sich der Staat als selbstsüchtig aussprechen, sonst hört er auf, Staat zu sein, er hört auf, mit seiner kollektiven Existenz, mit sich selbst in Harmonie zu sein und konsequent mit dem ursprünglichen Zweck seiner Existenz zu handeln. Dieser ist nicht Veredlung des Menschengeschlechts, sondern Sicherstellung der Möglichkeit der Ruhe, der Befriedigung und Äufnung der Vorteile des Beieinanderlebens großer und kleiner Menschenhaufen.»

Dunkel sah der alte Pestalozzi, der vereinsamte, enttäuschte, die Zukunft heraufziehen mit der Gefahr der Proletarisierung, des Massewerdenmüssens, mit der Entwicklung des Machtstaates. Die Fessellosigkeit, mit der sich die Selbstsucht der Herrschenden entfalte, meinte er, habe den Begriff der Souveränitätsrechte zu einem bloßen Machtbegriff herabgesetzt.

In Bonaparte sah er den Dämon, der alle früheren Menschlichkeitsansprüche zugunsten des kollektiven Lebens niedergetreten habe. Der Staat habe alle sittliche Substanz verloren und sei zu einer kalten äußerlichen Organisation geworden. Am meisten beunruhigte ihn aber doch das Zurücktreten der Persönlichkeit hinter den Bestrebungen der Masse. «Die Kunst unserer Zivilisation faßt das Menschengeschlecht immer unendlich fester und bestimmter in seiner Massengestalt, in seinen Massenbedürfnissen, in seiner Massenkraft und in seinem Massenwerk ins Auge als in den Bedürfnissen, Eigenheiten, Kräften und im Werk unserer Individualitätserscheinung.»

Zu Pestalozzis Zeit lebte im nordwestlichen Deutschland, in Osnabrück, ein Staatsmann und Denker, dessen Ansichten und Absichten in wesentlichen Fragen mit denen Pestalozzis zusammenstimmten. Pestalozzi lebte als Schweizer, Justus Möser als Bewohner des kleinen halbgeistlichen Fürstentums Osnabrück außerhalb des Absolutismus; schon das unterschied sie von der Mehrzahl der übrigen Deutschen. Niedersachsen hat wenig Dichter und Künstler hervorgebracht; aber es war von jeher die Mutter freiheitsstolzer Söhne, darin der Schweiz verwandt. Die Osnabrücker, ein eigenwilliges Bauernvolk, Protestanten lange vor Luther, hatten immer einen trotzigen Unabhängigkeitssinn bekundet. Durch den Westfälischen Frieden war das Ländchen in eine staatsrechtlich sonderbare Lage geraten, die die lockeren und verwickelten Umstände der Reichsverfassung ermöglichte: Es wurde abwechselnd von einem katholischen und einem protestantischen Bischof regiert, welch letzterer

Kurfürst von Hannover war. Bei dieser Wechselregierung war das Interesse des jeweiligen Regenten an diesem Gebiet nicht sehr lebhaft; in der Mitte des 18. Jahrhunderts lag die Regierung fast ganz in den Händen Justus Mösers, der als *Advocatus patriae* die Geschäfte des Fiskus führte und zugleich Syndikus der Ritterschaft war. Es kam vor, daß er in Streitfällen zwischen Staat und Ritterschaft beide Parteien vertrat. In seinem Lebensgang und in seinem Charakter war Justus Möser ganz von Pestalozzi verschieden: ein ohne Sorge ums tägliche Brot fest und sicher in seiner bürgerlich-bäuerlichen Umwelt lebender Mann. Er hatte nicht das leicht verwundbare Bluterherz Pestalozzis, er war keiner von den Göttersöhnen, die der Himmel als Sühnopfer der Erde hingibt, aber er war ein Mann, der, wie einst Hutten und Zwingli, von sich sagen konnte, daß der gemeine Schmerz ihm weher tue als andern, daß er sich die allgemeinen Angelegenheiten wie die eigenen zu Herzen gehen lasse, ein Volksfreund und Volkserzieher wie Pestalozzi.

Möser war zwanzig Jahre älter als Pestalozzi und hat die Napoleonische Herrschaft nicht miterlebt; um so bemerkenswerter ist es, daß im Zentrum seiner Anschauungen ebenso wie bei Pestalozzi die Hochhaltung der Individualität gegenüber der Masse steht. Er hat das Problem nicht so tief und nach allen Seiten durchdacht wie Pestalozzi, auch die Besorgnis vor der Vermassung nicht so ausdrücklich und häufig ausgesprochen; aber alles, was er bekämpft und empfiehlt, bezieht sich darauf im Sinne Pestalozzis. Im Individuum sieht er den Träger der sittlichen Kraft und darum den Träger des Staatswesens, und darum will er Entfaltung der individuellen Tätigkeit und Verantwortung, darum verlangt er, daß die individuelle Tätigkeit so wenig wie möglich vom Staate beschränkt werde. Dem einzelnen, sagt er, müsse Spielraum gelassen werden. Daß er für das Fehderecht eintrat, das dem einzelnen gestattete, sich sein Recht zu erkämpfen, erklärt sich hieraus; während den Zeitgenossen das Verständnis dafür völlig verlorengegangen war, sah Möser darin die Selbstherrlichkeit des Individuums. Als eine Art Überbleibsel des Fehderechts lobte er das Duell; der Mensch, sagte er, habe ein angeborenes Recht, seinen Beleidiger zu strafen. Nicht nur, daß er darauf hinwies, wieviel zerstörender die Kriege seiner Zeit wirkten als die Fehden des Mittelalters, die ganze Art und Weise der gegenwärtigen Kriegführung war ihm zuwider, weil sie nicht mehr auf individueller Tüchtigkeit, sondern auf der Gewalt der Masse beruhe. «Das Kriegsrecht der jetzigen Zeit», sagt er, «besteht in dem Recht des Stärksten... Es sind geschleuderte Massen ohne Seele, welche das Schicksal der Völker entscheiden... Eine einförmige Übung und ein einziger allgemeiner Charakter bezeichnet das Heer... Eine solche Verfassung muß notwendig alle individuelle Mannigfaltigkeit und Vollkommenheit unterdrücken.» Der Staat, sagt er an anderer Stelle, gehe unter der Wucht stehender Heere seinen maschinenmäßigen Gang.

Im Gegensatz zu fast allen Politikern seiner Zeit war er gegen die unbedingte Vermehrung der Bevölkerung. Der Österreicher Sonnenfels ging darin so weit, daß er die Gleichstellung unehelicher mit den ehelichen Kindern empfahl und den ledigen Müttern den

Dank des Staates ausgesprochen wissen wollte für das Geschenk, das sie ihm gemacht haben. Möser war darin ganz anderer Ansicht: Er wollte die Benachteiligung des unehelichen Kindes um der Heiligkeit der Familie willen. Abgesehen davon, daß er die Vermehrung der Volkszahl an sich für kein Glück hielt, durchschaute er auch die Absicht, die die Regierenden mit ihrer Geburtenleidenschaft verfolgten. «Die großen Herren, diese Zerstörer des menschlichen Geschlechts», läßt er einen Edelmann des Stifts Osnabrück klagen, «denken auf nichts als auf Bevölkerung, und wir werden sicher nächstens ein philosophisches System erhalten, worin die möglichste Vermehrung der Menschen als die größte Verherrlichung Gottes angewiesen wird, bloß um eine Menge menschliches Vieh aufzuziehen, welches sie auf die Schlachtbank liefern werden.» Auch von der Arbeitsteilung, die damals als Fortschritt begrüßt wurde, wollte er nichts wissen; er nannte sie Simplifikation, deren Folge lebenslängliche Unselbständigkeit und geistige Verkrüppelung der Arbeiter sein würde. Auch hier schlug er einen materiellen Gewinn gering an gegenüber einem Verlust an individueller Kraft.

Ein Vorbild sah er außer in der mittelalterlichen Vergangenheit in England, wo die Tradition weniger als auf dem Festlande unterbrochen war, und zwar sah er geraume Zeit vor Vincke das Vorbildliche vor allem in der Selbstverwaltung. Nur England und Holland, sagte er, kenne den Bauern in seiner Größe, in Deutschland sei er nur ein Zerrbild. Bürger und Bauern müßten wieder Selbstbewußtsein bekommen, das Recht, Waffen zu tragen, müsse ihnen zurückgegeben werden. Noch kannte er nicht wie Pestalozzi die Verheerungen, die das Fabrikwesen unter den bäuerlichen und kleinbürgerlichen Schichten anrichtete; doch sagte auch er, den letzten Stoß hätten die Fabriken dem Handwerk gegeben.

Pestalozzi glaubte, daß die Wiederbelebung des Familieneinflusses vor der Gefahr der Vermassung schützen könne; auch Möser erkannte die Wichtigkeit der Familie für das Volkswohl, verweilte aber besonders bei dem Gedanken der Wiederherstellung der Korporationen. Auch die Familie ist eine Korporation, eine natürliche Gemeinschaft, diejenige, die Pestalozzi kannte und innerhalb derer er sich betätigen konnte; Möser, der Staatsmann, erhoffte Wirkung von den Gemeinschaften, die das Individuum in eine organische Verbindung mit dem Staat bringen. «Nur in Konföderationen», sagt er, «kann der Mensch sich vor der Masse schützen.» Während der absolute Staat seinerzeit möglichst zentralisieren, möglichst alle Einzelkräfte in seiner Hand vereinigen wollte, wünschte Möser, daß die einzelnen sich vereinigten, um so viel wie möglich sich selbst zu helfen und ihre Angelegenheiten selbst zu besorgen. Die mittelalterliche Herrschaft der Gesellschaft über den Staat, das war, was er im Interesse des Individuums gegen die Masse für gut hielt. «Es würde eine größere Mannigfaltigkeit in die menschliche Tugend und eine stärkere Entwicklung der Seelenkräfte bewirken, wenn jede große und kleine bürgerliche Gesellschaft mehr ihr eigener Gesetzgeber wäre und sich minder nach einem allgemeinen Plan formte.» Er hätte es für gut gehalten, wenn jede Stadt, wie im Mittelalter, ihre besondere Verfassung, ihre eigene Verwaltung gehabt hätte. Mit Stolz und Trauer dachte er an die Großtaten der Hanse. Er verzieh es den Fürsten nicht, daß sie die Hanse bekämpft und dadurch den Aufstieg Englands ermöglicht und den Untergang der norddeutschen Seemacht bewirkt hatten. «Wäre das Los umgekehrt gefallen», sagt er stolz, «so hätten wir jetzt zu Regensburg ein unbedeutendes Oberhaus, und die verbundenen Städte und Gemeinden würden in einem vereinigten Körper die Gesetze handhaben, welche die Vorfahren mitten in dem eifrigsten Kriege gegen die Territorialhoheit der übrigen Welt auferlegt hatten. Nicht Lord Clive, sondern ein Ratsherr von Hamburg würde am Ganges Befehle erteilen.» Nicht nur an dieser Äußerung erkennt man, daß Möser die Ohnmacht des Reiches beklagte, daß er ihm die rühmliche Stellung zurückwünschte, die es einst inmitten des Abendlandes innehatte; aber sie sollte beruhen auf einem selbständigen, seiner Ehre und seiner Verantwortlichkeit bewußten Volke. Wichtiger als die Vergrößerung und die Macht des Staates war ihm der einzelne Mensch.

Inmitten der bedientenhaften Untertanen absoluter Fürsten wünschte sich Möser diese einzelnen nicht nur tüchtig, sondern stolz, abenteuerlustig, etwas wild sogar. In einem merkwürdigen Aufsatz legte er einem Mädchen die Klage in den Mund, daß die ewige Sittenlehre, werde sie nun im weichen oder harten Ton gesungen, sie nicht mehr befriedigen könne. Der Mensch müsse durch mächtige Reize bewegt werden, große Entschlüsse müßten ihn erfüllen, damit er sich glücklich fühle. Glücklicher und besser sei sie nie gewesen, als da ihr Geliebter, ein Offizier, in den Krieg habe ziehen müssen. Sie habe dabei gelernt, daß ein Volk nicht durch bloße Vorträge belehrt, sondern in eine große Tätigkeit versetzt werden müsse, in der es seine Kräfte anspannen lerne. In dem jetzigen Leyerstande werde nur der kleinste Teil der menschlichen Kräfte verbraucht, man tanze wie Leute, die nichts dabei empfinden. Die Leidenschaft der Liebe lange nicht mehr zu heroischen Taten, die Leidenschaft der Ehre, die Patrioten, Helden und Redner bilde, finde zu wenig Arbeit. «Die Dichter mögen noch so sehr in Dithyramben rasen oder uns in ihren Bardenliedern das warme Blut aus Hirnschädeln zutrinken, es bleibt immer ein müßiges Volk, und unsere Ehrbegierde wird dadurch nicht nach ihrem Verdienste genährt.» Ihr Geliebter glaube, die Masse des Staates müsse in einer beständigen Gärung, und die Kräfte, welche seine Erhaltung wirken, in einer anhaltenden Arbeit sein, wenn seine Einwohner groß und glücklich sein sollten. «Er sieht es als eine Folge des Despotismus an, der als eine ungeheure Masse alle unteren Federkräfte niederdrückt, daß wir so ruhig und ordentlich leben, und glaubt, je freier und mächtiger alle Federkräfte in der Staatsmaschine wirkten, desto größer sei auch der Reichtum der Mannigfaltigkeit und die Privatglückseligkeit. Erfordere es gleich mehr Klugheit und Macht, die Ordnung unter tausend Löwen und Löwinnen zu erhalten, so wolle er doch lieber Futterknecht bei diesen, als der oberste Schäfer seyn, und eine Heerde frommes Vieh spielend vor sich her treiben.» Von dem Kriegsdienst und den Kriegen, die die Mächtigen seiner Zeit führten, spricht Möser oft mit so deutlicher Abneigung, daß man sieht, er hielt nicht diese für die großen Taten, zu denen ein Volk entflammt werden müsse.

Versenkt man sich in die Gedankengänge Pestalozzis und Mösers, so versteht man die scheinbare Härte, mit der sie verachtungsvoll von den Eigentumslosen als vom Gesindel sprachen. Möser wollte die bürgerlichen Rechte nur auf das Eigentum gegründet wissen, am liebsten hätte er sie auf das Landeigentum beschränkt. Er hat viele Vorschläge gemacht, um der Verarmung vorzubeugen und um die Armen zu versorgen; nur die staatsbürgerlichen Rechte sollten sie nicht ausüben können. Beide, Pestalozzi und Möser, zogen bei ihren Untersuchungen und Forderungen die Großstadt, die damals in Deutschland erst zu entstehen im Begriff war, kaum in Betracht. Ihre Weltanschauung war die eines überwiegend auf agrarischer Grundlage lebenden Volkes.

Die Zauberflöte

Es ist für Österreich charakteristisch, daß Maria Theresia die Freimaurer mißbilligte, während ihr so sehr von ihr geliebter Gatte, Franz von Lothringen, einer der ersten Deutschen war, die Mitglieder des Ordens wurden. Maria Theresia nahm an, daß die Universalität der Freimaurer der Ausschließlichkeit der katholischen Kirche entgegen sei, doch täuschte sie sich, wenn sie meinte, ein Freimaurer könne kein guter katholischer Christ sein. Auch Österreich war ja universal, wie es im Grunde auch die katholische Kirche gewesen war; die grundsätzliche Ablehnung der Protestanten und Atheisten, zwischen denen man keinen wesentlichen Unterschied fand, beruhte auf der Besorgnis, daß der kritische und verneinende Geist, den man ihnen zuschrieb, in der durch Zufall, Tradition, Glauben und Gewalt zusammengewachsenen, phantasievollen Mannigfaltigkeit Österreichs auflösend wirken könne. Darin hatte die Kaiserin recht: Die Freimaurer nahmen zwar die Glieder jeder Kirche und die Anhänger jeden Bekenntnisses auf, aber sie waren ihrem Wesen nach unkirchlich: Sie wollten der unsichtbaren Kirche angehören, jener Vereinigung gutwilliger, dem Göttlichen zustrebender Menschen, die es vom Anbeginn aller Zeiten inmitten der im Dunkel irrenden Menschheit gegeben hat.

Dieser unsichtbaren Kirche baute Mozart, ein Salzburger von Geburt, in Österreich heimisch geworden, mit der letzten Kraft seiner sterbenden Hände einen unzerstörbaren Tempel: die Zauberflöte. In dies Wunderwerk ergoß sich eine Menge von Motiven, die damals anklangen: das Märchen, die Zauberposse und die Spieloper des Wiener Theaters und die Geheimnisse der Freimaurer in großartig spielendem Durcheinander. Das Märchen jener Zeit war kein Volksmärchen, es war ebenso spitzfindig, dünn und geistreich wie die Verstandeskultur, der es entfliehen wollte, aber es enthielt doch einige uralte Mythensinnbilder, wie das von dem Zaubermusikinstrument, das, die Gesetze der Natur aufhebend, die Schöpfung nach eigenem Gesetz wandelt und die Natur zwingt, seinem Besitzer zu dienen. Die Flöte des Orpheus bannt die Tiere, dem Rattenfänger mit seiner Pfeife folgen die Kinder, Heimat und Eltern verlassend, Musik verzaubert die Welt. Das war, was das Wiener Volkstheater brauchte: Zauber, der durch die durchsichtig werdende Maske der Wirklichkeit die ungebundene selige Geisterwelt hindurchschimmern läßt. Die Berührung der irdischen mit der überirdischen Welt war dem süddeutschen Volke schon durch das Jesuitenschauspiel vertraut, und gab doch der heiligste kirchliche Vorgang mit silbernem Glockenton das Zeichen zur Verwandlung des erdgewachsenen Brotes in reinste überirdische Klarheit. In einer tieferen Region führte die Zauberposse den Doppelsinn der Erdendinge vor; der Theaterdirektor war der Zauberer, der mit einem Schwingen seines Stabes den Dämonen das Zeichen gab, aus ihren Schlupfwinkeln hervorzubrechen, Schabernack zu treiben und Segen zu stiften. Sinn und Zusammenhang brauchte es in dieser verwandelten Welt nicht zu geben: Der Sinn war grade der Einbruch einer mächtig herrschenden, triumphierenden und unberechenbaren Geisterwelt über die beschränkte Wirklichkeit.

Der Dichter des Textes der Zauberflöte, Schikaneder, und der Meister, den er warb, ihn in Musik zu setzen, Mozart, waren beide Freimaurer, und sie ordneten das bunte Wirrsal der Handlung einer Verherrlichung des Maurertums unter. Was an Possenhaftem, an Märchenhaftem und kindlich Spielerischem vor sich ging: Den Kern bildete der Großmeister Sarastro, dessen Wagen sechs Löwen ziehen, der die Strebenden mit starker und gütiger Hand Prüfungen unterwirft und diejenigen, welche die Prüfungen bestehen, in die Geheimnisse der unsichtbaren Kirche einweiht. Die Einweihung ist zugleich ein Sterben, die Erkenntnis der Wahrheit ein Stirb und Werde. Man weiß, daß die Klopftöne der Ouvertüre auf das Anklopfen der Suchenden deutet, das zu den Zeremonien der Freimaurer gehört, ebenso wie die Dreizahl, die sich im musikalischen Aufbau wiederholt, sich auf freimaurerische Symbole beziehen soll; aber diese Bedeutungen gehen unter in der Strahlenfülle der Musik, die allverständlich das Unaussprechliche verkündet. Es ist einerlei, was Sarastro sagt und ob er der Priester der Isis und des Osiris oder welches Gottes immer ist, wir fühlen, daß er der Mensch voll Kraft und Weisheit und Güte ist, der alles Trennende überwunden hat, für den es keine Schranken des Staates, des Bekenntnisses, der Rasse mehr gibt, weil er das echte Wesen aller in sich erfüllt. Er ist die Vollendung, die Tamino und Pamina suchen, die, von ihrem Genius geleitet, durch Feuer und Wasser von einer Klarheit zur andern schreiten.

Ausgelassen und lieblich klingelt dazwischen das an der Erde haftende, naturquellende Leben, die reizende Wildnis der Sinnlichkeit. In Mozarts sublime Komödie tönt die Wiener Zauberposse hinein, aus der sie gewachsen ist und die sie krönt.

Vielleicht sind nirgends die Ideale des 18. Jahrhunderts zu so hinreißendem Ausdruck gekommen wie in dieser österreichisch-katholischen Oper; denn Mozart, der Schöpfer der Zauberflöte, ihre unmittelbare Ursache, ist doch bedingt durch die Kräfte, die ihn gespeist haben: Österreich und den Katholizismus. Nach seinen eigenen Worten war Mozart nicht mehr in der Art gläubig, wie er als Kind gewesen war, aber er hing an diesem Kinderglauben und an den sinnvollen Formen, in denen die Feierlichkeit der Kirche ihn darstellt. Indessen auch die protestantische Gläubigkeit war ihm nicht fremd, sie strömte ihm zu und ging in ihn ein mit der Musik Bachs und Händels, die er kannte und innig und verständnisvoll verehrte, ohne die er nicht er selbst gewesen wäre. Mozarts Großmeister Sarastro hat nichts von dem entfleischten Menschentum, das in Blumauers Freimaurerliedern klappert, er steigt mit atmender Brust aus dem fruchtbaren Erdreich mittelalterlicher Vergangenheit.

Der Irrtum der Deisten war, daß sie dadurch zum Reinmenschlichen zu gelangen glaubten, daß sie den Erdenschmutz des Volkstums, des Volksglaubens und der Geschichte abstreiften; in der zweiten Hälfte des 18. Jahrhunderts erkannten die Dichter und Künstler, daß grade aus den Tiefen der Natur und aus der einmaligen, unteilbaren und unvergänglichen Persönlichkeit Leben und Wahrheit quillt. Auch sie suchten den Menschen, aber sie rissen ihn nicht aus dem beschränkten Bezirk seines Ursprungs und aus der Unergründlichkeit seiner Individualität. Und dieser Mensch, die edelste Blüte und das Ziel der Schöpfung, ist er nicht zugleich der Christ? Sarastro, der Großmeister, der ägyptische Priester, der Zaubergewaltige, ist er nicht zugleich Christ? Lessing läßt die Frage unbeantwortet, ob Christentum und reines Menschentum zusammenfallen, obwohl es seinem Sarastro-Nathan gegenüber einmal hervorbricht: «Nathan, Ihr seid ein Christ, ein besserer Christ war nie!» Die Verstocktheit der Mehrzahl der protestantischen Theologen seiner Zeit machte ihn blind gegen das Christentum. Als er aber am Ende seines Lebens in das Abendrot der dämmernden Ferne blickte, tröstete ihn über die Zukunft des menschlichen Geschlechts der Gedanke an das dritte Evangelium, der im frühen Mittelalter schon einmal aufgetaucht und als ketzerisch zurückgewiesen war. In der Erziehung des Menschengeschlechts stellt er die christliche Religion neben die anderen Religionen, deren Wert es ist, Erziehungsmittel zu sein; es ausdrücklich als Menschheitsreligion anzuerkennen, konnte er sich doch nicht entschließen. Andrerseits hat er wenigstens angedeutet, daß das dritte Evangelium im Neuen Testament verborgen sei. Er sprach wohl seine eigenste Überzeugung aus, als er die Legende vom Apostel Johannes erzählte, der im hohen Alter seinen Jüngern, die einen belehrenden Vortrag von ihm erwarteten, immer nur das Wort wiederholte: Kindlein, liebet euch! und auf ihre vorwurfsvolle Frage antwortete, er lehre nur dies eine, weil, wenn dies eine erfüllt würde, es genüge. Nicht der vernünftige

Mensch ist der vorbildliche, sondern der in Liebe und Haß erglühende, der ringende und kämpfende, der versucht wird und der überwindet.

In einem verklärten Menschentum glaubten die führenden Meister des deutschen Volkes die verlorengegangene Einheit wiedergefunden zu haben. Die Poesie und die Musik verkündeten die letzte Botschaft des untergehenden Weltreichs deutscher Nation.

Kosmopolitismus und Patriotismus

Der schwäbische Pfarrerssohn Reinhard war nicht der einzige Deutsche, der nach Paris ging, um die Freiheit an der Quelle kennenzulernen. Da waren der Schlesier Karl Engelbrecht Oelsner, der preußische Sonderling Graf Schlabrendorff, der mit Reinhard befreundete und zeitweise als sein Privatsekretär tätige Georg Kerner, Bruder des Dichters Justinus, der später den französischen Dienst aufgab und sich als Arzt in Hamburg niederließ, ferner der Preuße von Archenholtz, der sich früher lange in England aufgehalten und über England geschrieben hatte. Auch Archenholtz verließ Frankreich und ging nach Hamburg, behielt aber immer Sympathie für die Revolution. «So französisch werden», schrieb der Dichter Schubart, «ist größere Wohltat, als der Deutsche begreifen kann, der sich frei träumt, wenn hinter ihm die Geißel des Despoten klatscht.» Und doch fühlte Schubart sich stolz als Deutscher, ja er war, was wir heute einen deutschen Imperialisten nennen würden. «Bleiben wir einig», schrieb er, «so werden wir bald die erste Nation der Welt sein.» An anderer Stelle sagt er, Deutschland solle der Zentralpunkt aller europäischen Kraft und der erhabene Areopag sein, der die Fehden aller Völker schlichte. Grade die Schwaben, die mehr Rechts- und Freiheitsbewußtsein hatten als andere deutsche Stämme, litten unter dem Despotismus ihrer Fürsten, während sie doch mit tiefgewurzelter Anhänglichkeit an ihrer Heimat hingen. Bei der Ankündigung der rheinischen Thalia verkündete Schiller: «Ich schreibe als Weltbürger, der keinem Fürsten dient... Früh verlor ich mein Vaterland, um es gegen die große Welt einzutauschen.» Hier sieht man deutlich, wie dem Vaterlande entsagt wird, weil es eins mit dem Fürsten geworden ist: Der Weltbürger braucht keinem Fürsten zu dienen. Wenn die Württemberger im Jahre 1796 neutral zu bleiben wünschten, so war es, weil sie den Krieg zwischen Deutschland und Frankreich als einen Krieg der Fürsten gegen die Freiheit ansahen. In demselben Sinne richtete Klopstock eine warnende Ode an die Fürsten, daß sie nicht das die Freiheit stellvertretende Volk bekämpfen sollten; in diesem Kriege, sagt er, werden vergötzten Herrschern Menschenopfer gebracht.

Daß die Idee der Freiheit und des Rechts einmal laut und feierlich ausgesprochen war, schlugen viele so hoch an, daß sie auch dann noch zu der Revolution hielten, als sie durch blutige Ausschreitungen befleckt war. Es gibt einen schönen Brief Reinhards an Schiller, der sich von der anfänglich froh begrüßten Bewegung abwandte, in dem er respektvoll und doch eindringlich für das einmal hochgehaltene Ideal eintritt, obwohl er dem, was in Paris geschah, durchaus nicht kritiklos gegenüberstand. «Mich dünkt», schrieb er, «in einem Zeitpunkt, wo der große Prozeß zwischen den Herrschern und den Beherrschten so laut zur Sprache gekommen ist, sollte von einem Manne, dessen Stimme so überwiegend ist wie die Ihrige, den Menschenrechten auch nicht ein Haarbreit vergeben werden, selbst nicht aus Furcht, ihren Mißbrauch zu begünstigen.» Und weiterhin schreibt er: «Niemals habe ich meinen Landsleuten verzeihen können, daß sie aus positiven Rechtsbegriffen ein so großartiges Unternehmen tadelten.»

Diese Franzosenfreunde waren Deutsche, weil sie gar nicht anders konnten; aber sie waren Gegner der Regierung ihres Landes und insofern Gegner ihres Landes, als das Land mit der Regierung eins war. So erklärt es sich, daß der Schwabe Reinhard als französischer Graf Reinhard starb. Er war Hauslehrer in Toulon, als die französische Revolution ausbrach. Bereits der französischen Sprache mächtig und mit Franzosen befreundet, ergriff er die neuen Ideen mit Leidenschaft und tat, nachdem er in Paris tiefer in die Ereignisse verflochten war, den Schwur, Frankreich unverbrüchlich treu anzuhängen, zugleich aber ein guter Deutscher zu bleiben. Damals schien es leicht, Frankreich und Deutschland zugleich zu dienen; als der Traum der Weltrepublik zerronnen war, wurde es sehr schwer. Die selbstauferlegte Pflicht, Bürger zweier sich bekriegender Länder zu sein, lag wie ein unentrinnbarer Schatten über seinem Leben, grade weil er in keinem Augenblick aufhören konnte, Deutscher zu sein und sich als Deutscher zu fühlen.

Als der junge Zar Peter von Rußland die Höfe von Berlin und Hannover besuchte, interessierte sich Leibniz lebhaft für die ungewöhnliche Erscheinung und bemühte sich, von dem Zaren herangezogen zu werden, um einen Plan zur Bildung des russischen Volkes zu entwerfen. Er glaubte, es könne ein besseres Ergebnis erzielt werden, wenn ein Selbstherrscher ein vollständig ungebildetes Volk erziehe, als in langsamer natürlicher Entwicklung, was er durch den Vergleich einer im Lauf der Geschichte gewachsenen mit einer nach einem Riß erbauten Stadt erläuterte. Er war so sehr Sohn seiner Zeit, daß er das Gemachte dem Gewordenen vorzog. Wie man aber über die Absicht Peters des Großen denken mag, Leibniz hielt sie für großartig und fruchtbar und brannte vor Begierde, seine Bestrebungen dabei verwirklicht zu sehen. «Ich bin nicht von denen», schrieb er dem Zaren, «die auff das Vaterland oder sonst auff eine gewisse Nation erpicht seyen, sondern ich gehe auff den Nutzen des gantzen menschlichen Geschlechts. Denn ich halte den Himmel für das Vaterland und alle wohlgesinnten Menschen für dessen Mitbürger, und ist mir lieber bei den Russen viel Gutes auszurichten, als bey den Teutschen oder anderen Europäern wenig, wenn ich gleich bey diesen in noch so großer Ehre, Reichtum und Ruhe sitzen, aber dabey anderen nicht viel nutzen sollte: denn meine Neigung und Lust geht aufs gemeine Beste.» Hier betont Leibniz seine Begierde, das Gute aller Nationen zu befördern, sein ganzes Leben hindurch hat er seine Liebe zu seinem Vaterlande bestätigt. Das war selbstverständlich, hervorzuheben war, daß sie ihn nicht unfähig machte, die Bedeutung anderer Nationen zu erkennen und ihnen womöglich zu nützen. In Leibniz war lebendig, was man eher Reichsgefühl als Kosmopolitismus nennen könnte; das Gefühl, dem Reiche anzugehören, das der Idee nach, wenn auch nicht mehr tatsächlich, die ganze Christenheit umfaßte. Einer ähnlichen Einstellung begegnen wir bei Lessing, wenn auch zu seiner Zeit die Konzen-

MANESSE BIBLIOTHEK
DER WELTLITERATUR
MANESSE BIBLIOTHEK
DER WELTGESCHICHTE
MANESSE BÜCHEREI

Bitte
ausreichend
frankieren

Manesse Verlag
Badergasse 9
CH - 8001 Zürich

Wir freuen uns über Ihr Interesse, das Sie unserer Manesse-Bibliothek entgegenbringen, und hoffen, daß Sie aus der Lektüre Freude und Gewinn ziehen werden. Wenn Sie uns diese Karte mit Ihrer Adresse einsenden, werden wir Sie gerne laufend über unsere Neuerscheinungen orientieren.

Absender Vorname/Name (wenn notwendig, Vorname abgekürzt)

Straße/Hausnummer

PLZ   Ort

Land

tration der Nationen sich sehr verstärkt hatte. Er sprach gelegentlich von dem Punkt, wo Patriotismus anfange, ein Laster zu werden, und hat auch, wie bekannt ist, den Patriotismus eine heroische Schwachheit genannt. Er ist so selbstverständlich, wie es die Selbstsucht ist, beide sind natürlich und gut, wenn sie nicht übertrieben werden. Derselbe Lessing hat sich bemüht, eine deutsche Nationaldichtung und ein deutsches Nationaltheater zu schaffen, hat die deutsche Sprache wie ein Schwert geschliffen.

So einfach wie für die Engländer und Franzosen war allerdings für die Deutschen die Frage des Patriotismus nicht. Im Laufe des Gesprächs, das Friedrich der Große mit Gellert führte, sagte Gellert, es habe den Deutschen bisher ein Augustus oder Ludwig XIV. gefehlt, worauf Friedrich mißtrauisch und fast erschreckt fragte: «Wie? Will Er denn einen Augustus in ganz Deutschland haben?» Deutschland sollte es seiner Meinung nach nicht geben, es sollte für Gellert Sachsen, für einen preußischen Untertan Preußen geben. Karl Friedrich von Moser dagegen meinte, Patriot sei, wer die Reichseinrichtungen und Reichsgesetze an seinem Ort zu verwirklichen suche, und stellte die Schweizer als Muster hin, die, obwohl in 13 Kantone geteilt, doch ein Gemeingefühl hätten. Von diesem wollten gerade die mächtigsten deutschen Fürsten nichts wissen; hatte doch Friedrich der Große in seinem Staat das übliche Gebet für den Kaiser abgeschafft. Mehrere unserer geistigen Großen, Leibniz, Klopstock, Lessing, wären gern in österreichischen Staatsdienst getreten, Herder richtete an Joseph II. die Verse: O Kaiser, du von neun und neunzig Fürsten – Und Ständen wie des Meeres

Sand – Das Oberhaupt, gieb uns wonach wir dürsten –
Ein deutsches Vaterland!

Hatte das Reich kaum noch Wirklichkeit, so gab es für die Gebildeten doch ein Deutschland, ein geistiges, das über die Grenzen der Territorien hinausging. Es umfaßte alle diejenigen, die die deutsche Sprache sprachen und infolgedessen deutsch dachten, auch die Schweizer, deren Schriftsteller um die Mitte des 18. Jahrhunderts einen so bedeutenden Einfluß auf das literarische Leben der Deutschen ausübten. Der Zürcher Bodmer war für die jungen deutschen Dichter der Vater, zu dem sie wallfahrteten, um seinen Segen zu erbitten, sie nannten ihn den Lehrer Germaniens. Im Jahre 1806 berichtete der französische Konsul in Hamburg nach Paris, die Hamburger hätten keine Sympathie für den preußischen Staat, aber sie wünschten trotzdem Preußen den Sieg, weil es die deutsche Sache verteidige. Man stelle ihnen vergebens vor, daß Bevölkerungen, die weder denselben Souverän noch dieselben Gesetze noch dieselben Interessen hätten, keine einheitliche Nation ausmachen könnten, nach ihrer Auffassung gehöre alles, was die deutsche Sprache spreche, zu ihrer Nation.

Von den Feinden des Absolutismus und Freunden der Freiheit sehr verschieden sind jene Deutschen, die sich Napoleon unterwarfen; denn sie handelten im allgemeinen aus Berechnung, sei es Hoffnung auf Vorteil oder Furcht vor Schädigung. Zu ihnen gehörten die deutschen Fürsten, die in der großen europäischen Umwälzung eine sichere Grundlage suchten und zugleich den Königstitel gewinnen und ihr Land vergrößern konnten. Wer um der Sicherheit und des

Gewinns willen sein Vaterland in die Schanze schlägt, ist kein Kosmopolit, sondern ein Egoist oder Feigling, bei dem Gewissen, Grundsätze, natürliches Gefühl ungenügend entwickelt sind. Ebensowenig kann man es Kosmopolitismus nennen, daß die Fürsten von jeher geneigt waren, vom Kaiser abzufallen oder sich gegen ihn zu verschwören. Auch unter den Adligen waren viele bereit, das Unglück des Vaterlandes für sich auszunützen. Glück wirkt verweichlichend. Glück im Sinne von Besitz und hoher Stellung wird aber auch mehr durch geschicktes Anpassen an die Umstände und rücksichtsloses Sichvordrängen als durch Gewissenhaftigkeit erlangt: So waren die Hochgestellten von vornherein geeignet, mit Hintansetzung edlerer Beweggründe das Vorteilhafte zu ergreifen. Unter denen, die am Hofe von Kassel den Bruder Napoleons, Jerome, umschmeichelten, waren ein Graf Schulenburg, der Minister Friedrichs des Großen, und ein Freiherr von Schlieffen, der preußischer Generalleutnant gewesen war. Diese Art Leute bedienten sich wohl gewisser Wendungen, die ihrem rohen Verhalten ein glatteres Ansehn geben sollten, wie daß Napoleon ein Gesandter, ein Werkzeug Gottes sei, dem man nicht widerstreben dürfe, oder daß Napoleon ein Weltreich gründen werde, dessen berechtigte Glieder alle Nationen sein würden. Einige Deutsche hielten wirklich für möglich und wünschbar, daß eine Weltrepublik oder ein Weltreich entstehe, in welchem die Unterschiede der Nationen verschwinden würden, es gab Deutsche, die, weil sie ihr Vaterland verloren hatten, das geworden waren, was Schubart so treffend die alles und nichts umspannenden herzlosen Kosmopoliten nannte. Unter den beinah zweitausend selbständigen Gebieten, die das Reich bildeten, gab es eine ganze Anzahl, die zu verkommen oder zu belanglos waren, als daß Vaterlandsliebe in ihnen hätte aufkommen können, und wo die Reichsgewalt zu wenig bemerkbar wurde, als daß die Reichszugehörigkeit dem einzelnen hätte zum Bewußtsein kommen können. Solche flüchteten sich wohl in ein dünnes Allverbrüderungsgefühl, das nirgends Wurzeln schlagen konnte. Diese zerflatternde Allerweltsliebe ist sehr verschieden von dem Taumel der Entzückung, der dem in seinem Volke Wurzelnden den Jubelruf entriß: Alle Menschen werden Brüder, weil sie *eines* Vaters Söhne sind.

Als Beispiel für den leeren Kosmopolitismus kann man Karl von Dalberg anführen. Es gehört zur Tragik des Untergangs des alten Reiches, daß ebendieser Dalberg sein letzter Erzkanzler und einer der letzten Sprossen jenes alten rheinischen Rittergeschlechtes war, das jeder neuerwählte Kaiser bei der ersten Erteilung des Ritterschlags auszeichnete, indem er rief: Ist kein Dalberg da? Dies Recht des ersten Ritterschlags kam noch bei der Krönung Leopolds II. und Franz' II. zwei Dalbergs zugute. Auch betonte Karl von Dalberg stets, daß er ein teutscher Patriot sei, und meinte damit, ganz im Sinne Mosers, unverbrüchliche Anhänglichkeit an die Reichsverfassung und an das Oberhaupt des Reichs, den Kaiser; aber seine grenzenlose Empfänglichkeit ließ ihn auch solche Verbindungen eingehen, die dem Ansehen und dem Bestande des Reichs zuwider waren. Er war kaiserlich mit dem Kaiser, preußisch mit den Preußen, Freigeist mit den Illuminaten, gläubig mit den Gläubigen, nicht wie einer, der in allem

Menschlichen etwas Gutes erkennt, sondern als einer, der die Grenzen nicht unterscheidet. Er hatte das Bedürfnis, von allen geliebt zu werden, sich mit allen verbunden zu fühlen, ein Bedürfnis, das ihn zu einem liebenswürdigen und vielgeliebten Menschen machte, aber doch immer etwas Dirnenhaftes hatte. Er bediente sich gern heroischer Wendungen wie: «Im Unglück ist es schön, sich unter den Trümmern der Festung zu begraben», oder: «Ein standhafter Mann kann Schwarzbrot essen, aber seine Pflichterfüllung verkaufen, das kann er nie.» Solche Reden liefen wie bei Friedrich dem Großen völlig bedeutungslos neben seinem Leben her; aber während Friedrich der Große sich nicht über sich selbst täuschte und im Handeln eine grade Linie verfolgte, glitt Dalberg bald hierhin, bald dorthin, von dem jeweils stärksten Magneten angezogen. Der stärkste Magnet der Zeit war Napoleon, und dem gab er sich rückhaltlos hin, wobei er sich und anderen einredete, daß er dadurch das Wohl Deutschlands befördere. Dalberg war ein Mann von Sittlichkeit und Pflichtgefühl, der Nächstenliebe wirklich ausübte; er allein dachte an die vielen, die durch die politischen Umwälzungen stellenlos und brotlos wurden, und bemühte sich darum, daß sie versorgt wurden. Indessen war er doch nicht so uneigennützig, wie er zu erscheinen liebte. Dem Fürstenbunde trat er bei, weil der Kurfürst von Mainz, dessen Koadjutor er war, es verlangte und er sonst nicht sein Nachfolger hätte werden können, und Napoleon belohnte seine Hingebung reichlich.

Wenn es eine Reihe von Menschen gegeben haben mag, die eine so verschwommene Art zu denken und zu empfinden hatten wie Dalberg, so darf man doch behaupten, daß die Deutschen des 18. Jahrhunderts im allgemeinen keine alles und nichts umspannenden Kosmopoliten waren; dagegen ist es gewiß, daß ihre Vaterlandsliebe einen besonderen Charakter hatte, der sie durchaus unterscheidet von dem Nationalismus einer späteren Zeit. War die eigentümliche Idee des Römischen Reiches Deutscher Nation, des Gottesreiches, auch nicht mehr in der Form lebendig, wie sie im Mittelalter ausgebildet war, so hatte sie doch Geleise des Denkens hinterlassen, in denen man sich weiterbewegte. Die Auffassung war geblieben, daß Deutschland ein Reich der Vermittlung sei, empfänglich für die von anderen Ländern ausgehenden Einflüsse, dadurch aber nicht von diesen beherrscht, vielmehr befähigt, eine geistige Vormacht zu sein. Die einstige Kraft des Reiches, sich fremde Völker im Namen des Christentums anzugliedern, sollte jetzt im Namen einer idealen Bildung ausgeübt werden, die, wie das Christentum, nicht nur einem einzigen Volke angemessen, sondern menschheitlich sei. Schillers Gedicht Deutsche Größe, in dem unheilvollen Jahre 1801 entworfen, das durch den Frieden von Lunéville die Auflösung des Reiches einleitete, enthält diesen Gedankengang. Was Deutschlands Wert ausmacht, sagt Schiller, ist nicht verloren, wenn Deutschland auch unglücklich gekämpft hat. Deutschlands Majestät ruht nicht auf dem Haupte seiner Fürsten, sie ist geistiger Art, und von den Deutschen über der politischen gegründet. Sie besteht, wenn auch das Imperium unterginge. Das, was den Geist bildet, muß zuletzt herrschen, wenn anders Sinn und Plan in der Welt ist.

Wenn die Frucht reif ist, wird sich zeigen, daß sie deutsch ist, daß die anderen Völker nur die Blume waren, die abfällt. Dem Deutschen ist es nicht bestimmt, in Schlachten zu siegen, nach der Natur und nach dem Ideal strebend soll er das Höchste erringen. Wie er in der Mitte von Europas Völkern sich befindet, ist er der Kern der Menschheit. Die deutsche Sprache, die alles ausdrückt, das Kräftigste und das Zarteste, wird die Welt beherrschen. Schmach dem Deutschen, der seinen angeborenen Menschenadel schmäht und sich vor fremden Götzen, Frankreich oder England, beugt und ihre Wege gehen will. Denn der Deutsche hat sich das Fremde angeeignet, um an dem Bau der Menschenbildung arbeiten zu können. Jedes Volk hat seinen Tag in der Geschichte; aber der Tag der Deutschen ist die Ernte der ganzen Zeit.

Übereinstimmend mit altdeutscher Auffassung wollte Kant, daß der deutsche Staat das Recht verwirklichen solle, und ebenso träumte Fichte von einem Reich des Rechts, das die Deutschen aufrichten würde, wie die Welt es noch nicht gesehen habe; denn die Alten hätten ihr Staatswesen auf dem Unrecht der Sklaverei aufgebaut. Nicht nur die Dichter und Denker, von denen man meinen könnte, es habe ihnen das Verständnis für die politischen Erfordernisse des Staates gefehlt, auch die Historiker der Zeit wollten in Deutschland einen Friedensstaat sehen. Die Göttinger Schule pries die Kleinstaaterei Deutschlands, weil sie dem Frieden diene, und verstieg sich zu dem merkwürdigen Ausspruch: «Wehe der Freiheit des Weltteils, wenn die Hunterttausend deutscher Bajonette jemals einem Herrscher gehorchten.» Dabei war nicht an ein schwaches Deutschland gedacht; Deutschland sollte stark, aber stark zur Verteidigung, nicht zur Eroberung sein; man hielt das für die Bedingung zum Glück Europas. Grade das ist charakteristisch, daß die deutschen Denker nicht nur das Wohl ihres Landes, sondern zugleich das Wohl der benachbarten Länder, daß sie das Wohl Europas bedachten. Der Völkerbund, dessen Linien damals Kant mit so behutsamer Hand zog, bestand schon im Geiste vieler Denker. Die Föderation der europäischen Völker, sagte Adam Müller, wird gewiß kommen, und sie wird deutsche Farben tragen; denn alles Große in den europäischen Institutionen ist deutsch.

Kein geringer Platz inmitten der europäischen Völker war Deutschland zugedacht, ein herrschender vielmehr, aber ein geistig herrschender durch die universale Idee, die im Mittelalter auf der Einigkeit von Papst und Kaiser beruht hatte. Der Gedanke war in dieser Form, die Leibniz noch festgehalten hatte, untergegangen, er nahm nun den Charakter eines Rechts- und Friedensreiches an, das die Deutschen als Volk der Mitte zu verwalten hätten.

Kant forderte, daß der *miles perpetuus,* das stehende Heer, mit der Zeit ganz aufhören solle; denn er bedrohe andere Staaten unaufhörlich mit Krieg durch die Bereitschaft, immer dazu gerüstet zu erscheinen, er reize die Staaten dazu, sich gegenseitig an Zahl der Gerüsteten zu übertreffen, und da durch die hierauf verwendeten Kosten der Friede noch drückender werde als selbst der Krieg, führe er schließlich zu Angriffskriegen, durch die man die Last loszuwerden hoffe. Wie sehr hatte sich in hundert Jahren die Zeit gewandelt! Im Beginn der Epoche trachteten alle Fürsten nach dem *miles perpetuus,* um durch ihn ihre Macht zu befestigen und zu vergrößern, hundert oder hundertfünfzig Jahre später wünschte Kant seine Abschaffung samt dem Streben nach Machtvermehrung, auf der diese Einrichtung beruhte.

Freilich, die Fürsten waren nicht derselben Meinung. Und ist nicht vielleicht das ständige Streben nach Machterweiterung der Lebensatem der Nationen? Und war vielleicht das Streben nach geistiger Macht nichts als ein Umweg, den ein besiegtes Volk einschlug, um dennoch wieder zu politischer Macht zu gelangen? Oder war das Reich des Rechts und des Friedens die schöne Vision eines Volkes, das die Form, in der es Jahrhunderte hindurch sich herrlich und traulich dargestellt hatte, zerbrechen und untergehen sieht? Solche Gedanken drängen sich auf; aber die Erfahrungen jener Zeit erzeugten andere. Das Weltreich Napoleons vermehrte nur den gegenseitigen Haß der Völker und ihr Auseinanderstreben; ein anderer Weg, um die Einheit des Abendlandes herzustellen, mußte gefunden werden, der die Selbständigkeit der Nationen wahrte, wenn anders diese Einheit überhaupt festgehalten werden sollte.

Untergang des Reiches

Im Jahre 1795, nachdem Preußen, sich von Österreich trennend, Friede mit Frankreich geschlossen hatte, erschien unter vielen Flugschriften, die die Erregung des Publikums über diesen Abfall spiegelten, eine unter dem Titel: Deutschland und Polen. Eine Rhapsodie. Es wurde darin, wie schon Hippolithus a Lapide getan hatte, die Verfassung des Reiches mit der Polens verglichen und auf die drohende Auflösung des Reiches, der Polens ähnlich, hingewiesen. «Die berühmte deutsche Freiheit», hieß es da, «ist in Gesetzlosigkeit und Anarchie, in Nichtachtung der Reichsgesetze und -schlüsse ausgeartet; sie ist, wie die polnische, beim Lichte betrachtet, nicht mehr und nicht weniger als das traurige Recht der Aristokratie, d. h. des reichsständischen und des übrigen hohen und niederen Adels, die Untertanen wie Sklaven zu behandeln, auch in den dringendsten Gefahren nichts zum Besten des Vaterlandes beizutragen, und es durch Fortsetzung des Druckes und Mißbrauchs zugrunde zu richten.»

Durch jahrhundertelange, hartnäckige Bemühungen war es den Fürsten gelungen, das Band der Einheit, die kaiserliche Macht, so zu schwächen, daß das Reich der Auflösung nahe war. Ein Geruch der Verwesung ging von dem einst so imposanten Staatsgebilde aus, wie er seit einem Jahrhundert von Polen ausgegangen war, und drängte den Zeitgenossen den

Gedanken an das Schicksal Polens auf. Schon der alte Staatsrechtslehrer Johann Jakob Moser fand die Konfusion im Reiche ärger als die in Polen herrschende. Die Teilung Polens, hatte Maria Theresia gesagt, werde die Ursache alles Unglücks sein, das die österreichische Monarchie betreffen werde. Gewiß ist, daß diese häßliche Tat den Untergang des alten Europa einleitete. Zu allen Zeiten haben gewalttätige Handlungen, die im Privatleben jeder als unmoralisch und unzulässig bezeichnen würde, im Verkehr der Staaten stattgefunden, ohne von einem anderen als dem leidenden Teil getadelt zu werden; mit der Teilung Polens war eine Grenze überschritten, die, wenn sie nicht begrifflich festgesetzt werden kann, doch gefühlsmäßig anerkannt wird. Daß Friedrich der Große Maria Theresia, die in ihrem Besitz zu schützen er verbunden war, in einem Augenblick überfiel, wo sie schwach, von allen verlassen, des Schutzes am meisten bedurfte, war gewiß nicht ritterlich; aber zu Ritterlichkeit braucht sich ein Staatsmann nicht verpflichtet zu fühlen. Mit der Teilung Polens war es etwas anderes; sie hatte etwas Henkermäßiges an sich, etwas, was an die unwiderstehliche Gier des Raubtiers erinnert, die am Tier natürlich, am Menschen widerwärtig ist.

Es ist, als ob die Teilung Polens eine Hemmung entfernt hätte, durch welche die Herrscher bis dahin zur Aufrechterhaltung des Scheins menschlicher Würde gezwungen worden wären. Mehr und mehr überließen sie sich ohne Scham einer hyänenhaften Raubgier, die dadurch etwas unnatürlich Abstoßendes hatte, daß sie sich auf die eigenen Verwandten und Gefährten warf. Polen war von den Nachbarn zerrissen, das Reich zerfleischte sich selbst, seine Glieder fraßen sich gegenseitig.

Zur Zeit, als das revolutionäre Frankreich es angriff, war das Reich, wenn man die Kräfte seiner Glieder summierte, keineswegs schwach. Gottlob Benedikt von Schirach, der sich mit statistischen Untersuchungen beschäftigte, nahm im Jahre 1785 an, daß die Einkünfte von Österreich, Preußen, Sachsen und Pfalz-Bayern zusammen so viel ausmachten wie die von Frankreich. Deutsche selbst hatten das Bewußtsein, daß sie unwiderstehlich, Feinde Deutschlands, daß sie sehr gefährlich sein würden, wenn sie einig wären; aber sie waren so uneinig, daß sie sich über die bevorstehende Auflösung des Reiches nicht täuschen konnten. Das innige Einverständnis der Stände mit dem Reichsoberhaupt, von dem man beständig gesprochen und geschrieben hatte, war niemals wirklich gewesen; es war vollends zerstört, seit durch die Handlungsweise Friedrichs des Großen die Beziehungen zwischen den beiden mächtigsten Ständen, zwischen Österreich und Preußen, in unversöhnliche Feindschaft ausgeartet waren. Die entgegenkommende Haltung Josephs II. hatte Friedrichs Haß nicht gemildert, seine Politik, keine Vergrößerung Österreichs zu dulden, nicht gemäßigt. Die überkommene rebellische Haltung der Fürsten gegen das Reichsoberhaupt nahm in Friedrich einen anderen Charakter an: In seinen Augen hatte die ganze Reichsverfassung kein Dasein mehr, diese Vogelscheuche war kaum eines Fußtritts wert. Verstärkt allerdings durfte die kaiserliche Macht nicht werden, an einem derartigen Unterfangen mußte Joseph so energisch verhindert werden, wie das unglückliche Polen an jeder Reform verhindert wurde, die es wieder lebensfähig gemacht hätte.

Man könnte denken, Friedrich habe selbst nach der Kaiserwürde getrachtet; denn seit der Zeit Gustav Adolfs war der Gedanke an ein protestantisches, norddeutsches Kaisertum vorhanden und tauchte auch, so phantastisch es schien, in Preußen von Zeit zu Zeit auf. Allein für Friedrich kam das Kaisertum überhaupt nicht in Betracht, weil ihn nur Preußen interessierte. Er haßte Österreich, weil es mächtiger war als Preußen, und mißgönnte ihm die Kaiserwürde, weil es durch diese einen gewissen Einfluß auf das Reich hatte und sie insofern eine Machtvergrößerung bedeutete; aber es lag ihm doch der Wunsch fern, selbst das Kaisertum und seine Pflichten zu übernehmen. Die Vereinigung Bayerns mit Österreich, die für das Reich nützlich gewesen wäre, wollte Friedrich nicht, weil Frankreich, mit dem Bayern so oft verräterisch verbunden war, dadurch der Weg ins Herz der österreichischen Erblande erschwert wäre, so sagte ganz unbefangen ein preußischer Staatsmann. Das Reich war Friedrich so gleichgültig, daß er es im Interesse Frankreichs geschwächt und gefährdet wünschte. Als er den Fürstenbund gründete, warnte er die ausländischen Mächte vor der Gefahr, die ein unter einem starken Kaiser geeintes Deutschland für sie bedeuten würde.

Die feindselige Einstellung Friedrichs II. gegen Österreich ging auf seinen Nachfolger, Friedrich Wilhelm II., über, besonders hielten seine Minister und hohen Beamten sie fest. Friedrich Wilhelm II., der sich damit einführte, daß er im Gegensatz zu seinem Vorgänger sich mit Deutschen anstatt mit Franzosen umgab und die Religion stützen zu wollen erklärte, unterbrach die hergebrachte Politik durch einen angeborenen Hang, sich ritterlich, großmütig und großartig darzustellen; aber da dieser Hang nicht echt und kräftig genug war, um sich durchzusetzen, verwirrte und trübte er sie nur, ohne ihre Richtung zu ändern. Er brachte es dazu, daß Preußen im Verein mit Österreich Krieg gegen das revolutionäre Frankreich führte, um die königliche Familie zu retten und um das Eindringen jakobinischer Weltanschauung in die monarchischen Staaten zu verhindern; aber die Leitsterne der Politik blieben das Trachten nach Vergrößerung durch möglichst große Teile von Polen und die Angst, daß Rußland und Österreich sich noch mehr oder ebensosehr vergrößern könnten. Nicht einmal wurde das königsmörderische Frankreich mit vollem Herzen bekämpft; denn die Jakobiner konnten abtreten, Frankreich blieb die Macht, mit der Preußen sich so gern gegen Österreich verbunden hätte.

Das angstvolle Schielen nach Rußland, das seinerseits Preußen in den westlichen Krieg hetzte, um inzwischen ungestört sich Polens bemächtigen zu können, der versteckte Gedanke, daß es besser sei, mit Frankreich gegen Österreich als mit Österreich gegen Frankreich zu kämpfen, bewirkte zuerst eine nachlässige und verworrene Kriegführung und schließlich den Abfall von dem Bündnis mit Österreich und den Frieden mit Frankreich, der im Jahre 1795 zu Basel abgeschlossen wurde. Der polnische Aufstand, der unter Anführung Koszinskis heldenmütig und geraume Zeit sogar glücklich geführt wurde, gab Preußen den willkommenen Anlaß, den Krieg im Westen abzubrechen, sich auf die um ihr Dasein kämpfenden Polen zu stürzen und sich den Anteil an dem letzten noch übriggebliebenen Stück dieses unglücklichen Landes zu verdienen.

In einem geheimen Artikel des Friedens von Basel hatte sich Preußen damit einverstanden erklärt, daß die deutschen Länder links des Rheins an Frankreich abgetreten würden, und es war bereits vorgesehen, daß diejenigen Reichsfürsten, die dadurch Verluste erlitten, mit Reichsgebiet entschädigt werden würden, und zwar solle dies durch Säkularisation geistlicher Fürstentümer gewonnen werden. Es war ein Gedanke, mit dem schon Friedrich der Große umgegangen war; er hatte für die Protestanten überhaupt etwas Einleuchtendes.

Die geistlichen Fürsten waren im allgemeinen, wenn auch durchaus nicht ausnahmslos, Anhänger des Kaisers; die Idee des Reichs hing so sehr mit ihrem Dasein zusammen, daß dem Kaiser an ihrer Erhaltung gelegen sein mußte. Auch verstand sich Franz II. nur ungern zur Preisgabe des linken Rheinufers und der geistlichen Staaten; aber das unwiderstehlich anziehende und unwiderstehlich niederwerfende Auftreten Bonapartes zwang ihn nach vergeblichen Kämpfen zum Nachgeben.

Die Losung der Entschädigung durch Säkularisation entfesselte eine beispiellose Treibjagd im Reich. Im Fürstenbunde, der gegründet war, um eine Machtvergrößerung Österreichs zu verhindern, war die Erhaltung der Reichsverfassung als Grundsatz angenommen; er wurde bedenkenlos beiseite geworfen, als es sich um eigene Vergrößerung handelte. Vom Rechte der geistlichen Reichsstände war nicht die Rede; sie sahen ihre Ohnmacht der allgemeinen Habgier gegenüber selbst ein und traten in würdiger Haltung zurück, nachdem ihnen die Mittel zur Führung eines angemessenen privaten Daseins zugesichert waren. Um den Schein des Rechtes zu wahren, wurde eine Kommission von Reichstagsabgeordneten eingesetzt, welche über die Entschädigungen beschließen sollten; tatsächlich hing die Verteilung von dem Sieger Bonaparte ab, der sich seiner Macht bald mit gewinnender Liebenswürdigkeit, bald mit beleidigender Brutalität bediente. Um ihn drängten sich die Beutegierigen als Bittsteller. Die deutschen Fürsten, die sich zu erhaben dünkten, um auf ihren Kaiser Rücksicht zu nehmen, geschweige denn, daß sie sich untergeordnet hätten, die sich ihren Untertanen gegenüber in der Stellung von Halbgöttern gefielen, krochen wie Hunde vor dem fremden Eroberer. Winselnd und schweifwedelnd umdrängte ihn die Meute, um mit möglichst großen Bissen begnadet zu werden; die Verachtung, die ihnen zuteil wurde, ließen sie sich gefallen. Nach der Schlacht bei Austerlitz schrieb Friedrich von Württemberg an Napoleon, damals schon Kaiser, glückwünschend: «Meine Freude über dies Ereignis ist zu groß, als daß ich Sie quälen möchte mit Klagen über die kleinlichen Stänkereien des Regensburger Reichstages, den Sie so treffend ein Affenhaus genannt haben, und in dem auch ich in gegenwärtiger Lage ebenso das lächerliche wie das bösartige Wesen dieser Tiere verkörpert finde.»

Zur Zeit der Kaiserwahl Karls V. hatte Franz I. gesagt, als sein Gesandter sich über die Habgier Joachims I. von Brandenburg entrüstete, der Markgraf solle durchaus gesättigt werden. So verfolgte jetzt Frankreich die Politik, Preußen zu begünstigen und ihm möglichst viel zuzuwenden, um es gegen Österreich gebrauchen zu können. Für 48 Quadratmeilen, die es am linken Rheinufer eingebüßt hatte, erhielt es 230 Quadratmeilen mit einer Einnahme von vier Millionen Gulden anstatt ein und einer halben. Der Lockung, das mit England verbundene Hannover als Geschenk aus Napoleons Händen anzunehmen, widerstand Preußen nur eine Weile. Da im Fortgang der Säkularisationen es den Fürsten wünschenswert erschien, auch die Reichsstädte einzuziehen, entstand in Preußen das Begehren nach den Hansestädten und nach Nürnberg, und sogleich bemächtigte es sich auch eines Teils des Gebietes der fränkischen Stadt. Mit Nürnberg und Danzig, meinte man in Preußen, könne Preußen die erste Handelsmacht des Kontinents werden. Überhaupt fing Preußen an, die ihm zugesprochenen Landesteile zu besetzen, bevor noch der Beschluß gesetzeskräftig geworden war, und andere folgten seinem Beispiel. Das Reich fiel auseinander.

Franz II., der Sohn Leopolds II., hatte weder die Herrschergaben seiner Großmutter Maria Theresia noch die Ideenfülle und den leidenschaftlichen Willen Josephs II., noch die überlegene politische Klugheit seines Vaters; aber er stand doch so weit in der Tradition, daß er nicht nur als Dynast von Österreich, sondern auch als Kaiser des Reiches handelte. Solange es möglich war, bemühte er sich, dem furchtbaren Reichsfeinde Widerstand zu leisten, der in der Person Napoleons erschienen war, und besiegt und zum Frieden gezwungen, behielt er gleichsam einen Fuß im Steigbügel, um sich wieder aufs Kriegsroß zu schwingen. Als Napoleon sich zum Kaiser machte und die Anerkennung des Titels verlangte, geriet er in die schwierigste Lage. Konnte es zwei westliche Kaiser, zwei Nachfolger Karls des Großen geben? Da er die Anerkennung nicht versagen konnte, hätte er die Krone niederlegen können; aber er zögerte, das zu tun. Immerhin drängte sich die Möglichkeit, die Kaiserwürde könne auf ein anderes Haupt übergehen, so unwidersprechlich auf, daß er sich als Herr der österreichischen Gesamtmonarchie den Kaisertitel beilegte. Die Erbkaiserwürde, die er damit erwarb, wenn sie auch des Schimmers altgeheiligter Überlieferung und ruhmvoller Erinnerungen entbehrte, sicherte ihm ein festes Fundament seines Ansehns, wenn das alte, schon erschütterte zusammenbrach. Dieser Zeitpunkt war nah und vollzog sich in einer schmählicheren Weise, als selbst nach vorausgegangenen Erfahrungen vorauszusehen war.

Der Kurfürst von Mainz, Karl Theodor von Dalberg, der als Erzkanzler des Reiches zur vornehmsten Stütze des Kaisers berufen war, schrieb dem französischen Gesandten, die Verfassung des Deutschen Reiches bedürfe durchaus der Erneuerung. Die könne nur ein großartiger Charakter unternehmen, der den Gesetzen ihre Kraft wiedergebe, indem er die vollziehende Gewalt in seiner Hand konzentriere. Der Kaiser von Österreich, Franz II., sei als Privatmann achtungswert, aber das Szepter sei seiner Hand entfallen. Er habe jetzt die Majorität des Reichstages gegen sich, weil er die Wahlkapitulation verletzt habe, indem er Bayern besetzt, die Russen ins Reich geführt und Teile von Deutschland losgerissen habe. Könnte er doch Kaiser des Orients werden, um den Russen zu widerstehen, während das Okzidentalische Reich unter Kaiser Napoleon wieder auferstehe wie unter Karl dem Großen, zusammengesetzt aus Italien, Frankreich und Deutschland. Die Wiederherstellung der deutschen Verfassung habe von jeher in den Wünschen des Erzkanzlers gelegen; er sei der Meinung, daß die Keime der deutschen Regeneration sich bald entwickeln würden, wenn Seine Majestät der Kaiser Napoleon jedes Jahr für einige Wochen in Mainz oder anderswo sich mit den ihm ergebenen Fürsten vereinigen könnte.

Außer dem Erzkanzler selbst waren die namhaftesten Napoleon ergebenen Fürsten die Kurfürsten von Bayern und Württemberg und der Markgraf von Baden, die von ihrem erwählten Herrn zu Königen beziehungsweise zum Großherzog befördert wurden. Der Brief des Erzkanzlers gab den Anlaß zur förmlichen Gründung des schon vorbereiteten Rheinbundes, der im Jahre 1808 vier Könige, fünf Großherzoge und fünfundzwanzig Herzoge und Fürsten umfaßte. Die Akte über die Bildung des Rheinbundes wurde dem Regensburger Reichstage mitgeteilt; Bayern, Württemberg und Baden erklärten darin ihren Austritt aus dem Reichsverbande und begründeten ihn damit, daß sie in demselben keinen Schutz mehr gefunden hätten. Sie hätten sich deshalb eines Schutzes versichert, wozu sich der mächtige Monarch verbinde, dessen Absichten sich stets mit dem wahren Interesse Deutschlands übereinstimmend gezeigt hätten. «Diese Transaktion», schrieb Talleyrand seinem Kaiser, «ist die erstaunlichste, die die Welt seit fünf Jahrhunderten gesehen hat; sie hat die Auflösung eines uralten Reiches im Gefolge und vollendet ein anderes, das im Genie seines Gründers die Bürgschaft seiner Dauer hat.»

Alle Gewalttaten und Beleidigungen, die von Frankreich dem deutschen Reiche zugefügt wurden, selbst die krasse Gebietsverletzung durch die Entführung des Herzogs von Enghien, wurden vom Regensburger Reichstag stillschweigend hingenommen; nur eine einzige Stimme erhob sich unausbleiblich zürnend und protestierend, um die Ehre des Reiches zu wahren, die Gustavs IV., König von Schweden, der für Vorpommern die Reichsstandschaft besaß, sehr zum Schrecken der übrigen Abgeordneten, die sich lieber unauffällig geduckt hätten. Bei der Gelegenheit der Rheinbundgründung erinnerte das *Enfant terrible* des Reichstags an den Eid, den die Kurfürsten auf die Reichsverfassung geschworen hätten, und erklärte es unter seiner Würde, länger an einer Versammlung teilzunehmen, deren Entschließungen unter dem Einfluß der Usurpation und Selbstsucht ständen.

Wäre das Reich auch nicht durch den französischen Geschäftsträger in Regensburg für aufgelöst erklärt worden, hätte Kaiser Franz sich doch nicht länger der Tatsache verschließen können, daß es kein Reich mehr gab. Auch er befleckte den tragischen Ausgang des uralten Reiches dadurch, daß er, mit der Krone handelnd, versucht hatte, für ihre Niederlegung einen Vorteil von Napoleon zu erpressen. In der Abdankungsurkunde vom 6. August 1806 führte Franz II. «Von Gottes Gnaden Erwählter Römischer Kaiser, zu allen Zeiten Mehrer des Reiches, König von Germanien» aus, daß es ihm unmöglich sei, die Pflichten seines Amtes zu erfüllen; er erklärte die Bande für gelöst, die ihn bisher mit dem Deutschen Reiche verbunden hätten, und die kaiserliche Würde für erloschen. Er entband alle Stände, Reichsangehörige und Reichsbeamte von ihren Pflichten gegen das Reichsoberhaupt und ebenso seine eigenen Reichslande von den Verpflichtungen gegen das Reich.

So wenig wie die Annahme des Kaisertitels auf die österreichische Monarchie war diese Abdankung staatsrechtlich unanfechtbar; aber darum kümmerte sich niemand, wo die Tatsachen so unwidersprechlich zeugten. Für das auf Universalität, Föderalismus, freie Entfaltung der Individualitäten und Glauben gegründete Reich war kein Raum mehr im Abendlande, nachdem Absolutismus und Wandel der Anschauungen in seinem eigenen Schoße die Wurzeln seiner Kraft zerstört hatten.

Der Machtstaat

Der Leviathan, der vereinheitlichte Staat, den Hobbes um 1650 verkündete, war trotz seines despotischen Gebarens doch nur ein Götze, von den Menschen gemacht. «Denn künstlich erschaffen», heißt es bei Hobbes, «wird jener große Leviathan, der Staat, lateinisch Civitas genannt, der nichts anderes ist als ein künstlicher Mensch, obschon von größerer Statur und Stärke als ein natürlicher.» Deshalb machte Hobbes den Staat auch nicht zum Gott, sondern es gab in seinem Staat eine Religion, die allerdings vom Willen des Regenten bestimmt wurde, also vom Staat abhängig war.

Als der preußische Leviathan unter dem Ansturm des von Napoleon geführten Frankreich zusammenbrach, wurde sein mechanischer Charakter offenbar, und das siegreiche Frankreich gab das Vorbild zu einem neuen. Ein Schwabe war es und ein Philosoph, Hegel, der das Bild des neuen, lebendigen Leviathan, des Machtstaates, aufstellte. Dieser Staat ist nicht durch Vertrag entstanden: Etwas so Niedriges wie der Vertrag, sagt Hegel, dürfe sich nicht in die Majestät des Staates eindrängen; er ist überhaupt nicht entstanden, er war immer da, er ist ohne Anfang und Ende. Schon dadurch ist er Gott ähnlich. Sein Wesen ist Macht, sein Ziel ist Macht. Früher meinte man, der Staat müsse für Frieden und Sicherheit im Inneren und nach außen sorgen, andere sagten, er habe die Aufgabe, die Wirtschaft zu leiten und die Wohlfahrt des Volkes zu begründen, Kant wollte, daß der Staat das Recht verwirkliche, Pestalozzi, daß er eine sittliche Macht sei. Das alles war ihm nach Hegel nicht wesentlich. Das Reich verwarf er ganz und gar wegen seiner Machtlosigkeit, den absolutistischen Staat, insbesondere den friderizianischen Polizeistaat verwarf er, weil er mechanisch sei, Leben und Tätigkeit des Volkes gebunden habe. Dem Volk solle Bewegungsmöglichkeit gegeben werden, damit seine Freiheitsliebe und sein Machttrieb sich in den Staat ergieße und den Machttrieb des Staates dadurch verstärke. Während die natürliche Selbstsucht und der natürliche Machttrieb des einzelnen seine Sättigung in der Machtanschwellung des Staates finde, würde der Staat, durch diesen Drang von unten angetrieben, seine Gewaltnatur erst ganz entfalten können. Selbstsucht und Herrschsucht sollen nicht den einzelnen, wohl aber einen Leviathan speisen, an dem diese Leidenschaften nichts Verwerfliches sind, sondern sein Lebensatem, sein göttliches Wesen.

Der Machtentfaltung des Staates kann das Recht keine Schranke setzen, da der Staat selbst das Recht setzt. Es gibt kein Recht über dem Staate, denn es gibt kein Recht außerhalb des Staates. Es gibt kein Naturrecht, denn das Naturrecht geht vom Individuum aus, und das Individuum hat nur innerhalb des Staates und durch den Staat Dasein. Es gibt kein Völkerrecht, denn jedes Volk hat nur soviel Recht, als es Macht hat. Recht, das nicht verwirklicht werden kann, ist kein Recht. Es gibt kein göttliches Recht, weil der Staat selbst göttlich ist, und zwar der jeweils mächtigste

Staat, mit dem der Weltgeist eins ist. Der Wettkampf der Staaten untereinander ist der Sinn der Welt, denn in dem mächtigsten will der Weltgeist sich verwirklichen; schon deshalb muß jeder Staat Machtpolitik treiben. Wird ein schwächerer Staat durch einen stärkeren unterworfen oder vernichtet, so mag man ihn bedauern, aber man muß wissen, daß es seine Schuld war, wenn er, als ein Pygmäe neben einen Koloß sich stellend, zertreten wurde. Er hatte kein Recht, weil er keine Macht hatte.

Wie der Leviathan des Hobbes war auch der neue, lebendige Leviathan darauf bedacht, sich die Kirche, die alte Weltherrscherin, zu unterwerfen. Die katholische Kirche, das sah Hegel ein, würde niemals ganz im Staate aufgehen, darum sagte er schlechtweg, mit der katholischen Kirche könne kein vernünftiger Staat bestehen. Die protestantische hatte sich freiwillig dem Staat untergeordnet, sie war bereit, die Regenten als Erdengötter zu verehren. Immerhin gab es Protestanten, die an dem alten stolzen Grundsatz festhielten, man müsse Gott mehr gehorchen als den Menschen, auch den Fürsten.

In zwei so verschiedenen Richtungen entwickelten sich die Ideen zu Beginn des neuen Jahrhunderts, daß, während Pestalozzi vor der Vermassung warnte, Hegel den Staat durch Einbeziehung der Masse in den Staat allmächtig machen wollte, während Hegel das im Staat zusammengefaßte Volksganze für göttlich und ewig erklärte, Pestalozzi sagte: «Reiche vergehen und Staaten verschwinden, aber die Menschennatur bleibt, und ihre Gesetze sind ewig.» Während Hegel Napoleon verehrte, nannte ihn Pestalozzi den Dämon, der alle früheren Menschheitsansprüche zugunsten des kollektiven Lebens niedergetreten habe. Während Pestalozzi die furchtbare Mechanisierung beklagte, mit der der neue Staat die individuellen Menschen zu Rädern seines großen Wagens mache, sah Hegel die Bestimmung des einzelnen darin, als auftreibende Hefe im Staate aufzugehen. Während Hegel sagte, dem Staat gegenüber komme weder das moralische Bewußtsein des Individuums noch die Sittlichkeitsforderung der Religion in Betracht, gestand Fichte dem einzelnen ein Kriegsrecht zur Selbstverteidigung gegen den Staat zu. Während Hegel das Recht vom Staate abhängen ließ, sagte Fichte, die Macht sei nur ein untergeordnetes Mittel zum Zwecke der Rechtsverwirklichung. «Wenn die Gerechtigkeit untergeht», sagte Kant, «hat es keinen Wert mehr, daß Menschen auf Erden leben.»

Ein weiter Weg war es vom Sachsenspiegel, der lehrte, das Recht komme von Gott, ja Gott sei das Recht, von der mittelalterlichen Lehre, der Staat sei berufen zur Verwirklichung des für ihn unabänderlichen, nicht von ihm hervorgebrachten Rechtes, von Luther, der die unter dem Regiment des Satans stehende Welt als das Reich definierte, wo der Stärkere den Schwächeren in den Sack steckt, bis zu Hegel, der den Staat für das Absolute erklärte, dem gegenüber alles andere nur bedingt sei, dessen Recht seiner Macht entspreche. Es war das, was man später eine Umwertung aller Werte nannte. Die Pfeiler der alten Weltanschauung waren Christentum, Recht und Sittlichkeit, sie mußten zusammenbrechen, wenn man nur einen von diesen entfernte. Wenn der letzte römische Kaiser vom Throne steigt, so verkündete die Sage, beginnt die Herrschaft des Antichrist. Als Kaiser Franz im Jahre 1806 die Kaiserkrone niederlegte, begann ein neues Zeitalter. Die Heiligtümer des Reiches, Diadem und Szepter und Reichsapfel, die das Volk Jahrhunderte hindurch mit mythischen Phantasien geschmückt hatte, gingen unter; aber unvergänglich schimmern sie aus der Tiefe durch die über sie hinflutenden Wogen der Zeit.

GORDON A. CRAIG

Nachwort

Das Schicksal eines Buches ist, auf die eine oder andere Weise, immer der Zeit ausgeliefert, in welcher es geschrieben wird, und es war dieser Umstand, der die Entstehungszeit des dritten Bandes von Ricarda Huchs großem Werk *Deutsche Geschichte* kürzer sein ließ als den Zeitraum, der zwischen seiner Fertigstellung und Publikation verstrich. Er wurde im Frühjahr 1938 begonnen, nachdem die Autorin ihrem Verleger Martin Hürlimann am 9. Januar geschrieben hatte, daß sie trotz der enttäuschenden Verkaufszahlen ihres zweiten Bandes – dem herausragenden *Zeitalter der Glaubensspaltung* – und der Attraktivität anderer Projekte von der Idee besessen war, das Werk zu vollenden, um so mehr als «gerade der dritte Band so vielfach auf die Gegenwart hinweist».

«Meinem Plane nach», fügte sie hinzu, «sollte der dritte Band ‹Zeitalter des Absolutismus› oder ‹Zeitalter der Staatsallmacht› heißen; es würde also eigentlich die Revolution von 1848 mit hineingehören, als der erste Vorstoß gegen den Absolutismus; aber darüber können wir noch sprechen.» Sie arbeitete in ihrer üblichen Schnelligkeit und beendete das Manuskript (jedoch mit einem anderen Titel und zeitlich begrenzter, wobei sie mit der Abdankung Franz' II. als Kaiser des Heiligen Römischen Reiches am 6. August 1806 anstatt mit der 1848er Revolution abschloß) im März

1941, doch war der Lohn ihrer Arbeit eher geistiger als konkreter Natur, da das Buch nicht vor 1949 veröffentlicht wurde, zwei Jahre nach ihrem Tod.

Wenn Ricarda Huch auch darüber enttäuscht war, die vollendete *Deutsche Geschichte* nicht gedruckt zu sehen, verwundern tat sie es nicht. Sie machte sich keine Illusionen über das Ausmaß der Feindseligkeit, die ihr seitens des nationalsozialistischen Kulturapparates seit April 1933 entgegenschlug, als sie aus der Akademie der Künste in Berlin austrat. Denn sie war nicht gewillt, mit der Forderung der Akademie konform zu gehen, nach der ihre Mitglieder versprechen sollten, sich «einer loyalen Mitarbeit an den satzungsgemäß der Akademie zufallenden nationalen und kulturellen Aufgaben im Sinne der veränderten geschichtlichen Lage» zu verschreiben. Ihre couragierte Handlungsweise war ein solcher Schlag gegen die kulturellen Prätentionen der Nazis, daß die Autoritäten aus Furcht, dadurch deren Wirkung zu steigern, es für unzweckmäßig hielten, strafend gegen sie vorzugehen. Aber Parteifunktionäre konnten die Tatsache nicht verhehlen, daß ihre Arbeit nicht mit Wohlwollen betrachtet wurde, und dies hatte naturgemäß den Effekt, Buchhändler einzuschüchtern und davon abzuhalten, begeistert für ihre Bücher einzutreten.

Die Tatsache, daß ihr Schwiegersohn, Professor Franz Böhm, die politische Linie der Partei öffentlich kritisierte (ein Umstand, der 1938 zu dem Entzug seiner *venia legendi* führte) und daß sie selbst verdächtigt wurde, mit oppositionellen Elementen in Kontakt zu stehen (was zumindest insofern der Wahrheit entsprach, als sie eine Freundin von Elisabeth von Thadden war und sowohl mit dem Dahlemer Pastor Helmut Gollwitzer, einem Freund Martin Niemöllers, wie mit Emil Henk, einem Anhänger des «Kreisauer Kreises», korrespondierte), verschärfte die offizielle Mißbilligung und gab der Verunglimpfungskampagne gegen ihr Werk neuen Zündstoff. Im Januar 1936 teilte sie Hürlimann mit, daß allerlei Gerüchte über ihr noch nicht fertiggestelltes *Zeitalter der Glaubensspaltung* in Umlauf seien, einschließlich einer hartnäckigen Behauptung, die besage, daß es nicht veröffentlicht würde; und, nachdem es dann erschienen war, vermerkte sie als bezeichnende Tatsache, daß sie nicht einen einzigen Brief von Lesern erhalten habe. Im September 1938 informierte sie Hürlimann darüber, daß eine Verlagsgesellschaft, die ein gewisses Interesse an den Rechten für ihren Roman *Der Fall Deruda* (1917) gezeigt hätte, zurückgetreten sei, nachdem Erkundigungen in Berlin ergeben hätten, daß sie für die Regierung *persona non grata* sei.

Die Animosität der Regierung gegenüber Ricarda Huch war nicht heftiger als ihre gegen diese. Im Jahre 1933 hatte sie in ihrem Rücktrittsgesuch an den Präsidenten der Akademie der Künste geschrieben: «Was die jetzige Regierung als nationale Gesinnung vorschreibt, ist nicht mein Deutschtum», und dieser Eindruck wurde in den darauffolgenden Jahren bestätigt. Sie war zutiefst erschüttert von den Maßnahmen gegen die Juden und über die Verfolgung der evangelischen und katholischen Kirche, von denen sie Details durch Gollwitzer erfuhr, und fühlte sich, wie sie dem mit ihr befreundeten Kunsthistoriker Ulrich Christoffel im August 1937 schrieb, in anderer Hinsicht gekränkt und beschämt durch die vom *Führer* vorgeschriebenen künstlerischen Richtlinien, auch durch die offizielle Anerkennung, die lächerlichen Gemälden wie Zieglers «Terpsichore» entgegengebracht wurde, und generell durch «das Mediokre im Panzer der römischen Legionen».

Dennoch versuchte sie diese Empfindungen bei ihren historischen Schriften auszuklammern, und ging dabei so weit, daß sie ihren Verleger bezüglich der Wege, Schwierigkeiten mit dem Zensor zu vermeiden, ständig konsultierte. Hierbei wurde sie jedoch mit der harten Wahrheit konfrontiert, daß es so etwas wie eine wertfreie Geschichtsschreibung insofern nicht geben kann, als daß selbst die unakzentuierteste Dokumentation der Vergangenheit eine spürbare Kritik an der Gegenwart – und zugleich auch eine Warnung an sie – bedeutet.

Wie, um nur ein Beispiel zu nennen, könnte man die Hexenverfolgungen des 17. Jahrhunderts diskutieren – Ricarda Huch tat es in ihrem zweiten Band in einem großartigen Kapitel, in dem die Böswilligkeit und Profitgier beschrieben werden, welche die Denunziation der unschuldigen Opfer und den Mut der wenigen, die sich gegen die Blutgier der Mehrheit erhoben haben, motivierten –, ohne den Eindruck zu erwecken, eine verschleierte Anspielung auf die Verfolgungen der Nazi-Zeit zu machen? Es gab keine Möglichkeit für einen aufrichtigen Historiker, dieses Dilemma zu vermeiden, und Ricarda Huch war ebenso aufrichtig wie couragiert.

Sie war sich von Anfang an dessen bewußt, daß der dritte Band besondere Probleme aufwerfen würde, da sie sich darin nicht nur mit dem Aufstieg des Absolutismus und dem Kult der Macht würde befassen müssen, die nun ihren Höhepunkt im Totalitarismus Adolf Hitlers erreicht hatten, sondern ebenfalls mit den Ideen der Aufklärung, die ein steter Vorwurf gegen all das waren, wofür der Nationalsozialismus stand. Am 8. Januar 1939 schrieb sie Hürlimann:

«Was mich augenblicklich nachdenklich macht, ist der dritte Band *Deutscher Geschichte*. Das Zeitalter des Absolutismus bringt ganz natürlicherweise manche Analogien zur heutigen Zeit, die sich geltend machen, auch wenn sie nicht ausdrücklich erwähnt werden. Sollte das Buch verboten werden, so wäre das für Sie sehr unangenehm, für mich aber noch viel schlimmer. Andererseits habe ich nun schon ein Jahr lang daran gearbeitet und verzichte ungern auf die Frucht dieser Arbeit, und vor allen Dingen wird es mir schwer, die Gestaltung eines Werkes aufzugeben, dessen Umrisse ich schon ziemlich deutlich vor mir sehe.»

Hürlimann hat sie anscheinend darin bestärkt fortzufahren, und, abgesehen von einer Änderung des Endtermines für die Ablieferung ihres Manuskriptes, scheint sie an ihrem ursprünglichen Plan auch festgehalten zu haben. Doch das Nahen des Krieges ließ die Aussichten des Buches noch zweifelhafter erscheinen als zuvor. Am 12. März 1941 hieß es in einem Brief an Hürlimann:

«Vor ein paar Tagen habe ich meinen dritten Band beendet. Ich will ihn noch abtippen lassen und dann nach Berlin befördern. Wollen Sie ihn überhaupt verlegen, oder glauben Sie, daß es von vorneherein aussichtslos ist? Das 18. Jahrhundert hat stark unter dem

Einfluß Englands gestanden, davon mußte natürlich die Rede sein, und vielleicht erregt das jetzt Anstoß. Aber es war nun einmal so.»

Ihre Zweifel und Befürchtungen wurden bald bestätigt, und das Buch erblickte noch weitere acht Jahre nicht das Licht der Welt.

Für unser heutiges Verständnis ist es ziemlich klar, daß seine Chancen, die Zustimmung der staatlichen Zensoren zu erhalten, nicht lediglich durch die Hervorhebung des Aufstiegs von England zur Weltmacht und seine intellektuelle und wissenschaftliche Überlegenheit zerstört wurden. Beim weiteren Fortschreiten des Buches wurde deutlich, daß Ricarda Huch, während es ihr Anliegen war, den Aufstieg des leviathanischen Staates zu beschreiben, keinerlei Absicht hatte, ihre Überzeugung zu verbergen, daß dieser Aufstieg von der Verkümmerung der Würde und Humanität des Individuums, dem Entzug seiner Spiritualität und der Zerstörung seiner Freiheit begleitet wurde. Möglicherweise legte sie, als die Chancen einer Veröffentlichung des Werkes schwanden, unbewußt weniger Wert auf den Versuch, eine neutrale Haltung einzunehmen. Wie auch immer, den neuen Machiavellisten des 17. und 18. Jahrhunderts, jenen, die ihr Leben der Ausdehnung der Staatsmacht widmeten, oder denjenigen, die in ihrer eigenen Person seine Gesetzlosigkeit und Habgier repräsentierten, wurde in ihrer Darstellung wenig Bewunderung gezollt. Und als sie von der Geldgier jener deutschen Fürsten berichtete, die das Kaiserreich in der Folge des Dreißigjährigen Krieges untergruben oder von den kleinlichen Grausamkeiten eines geistig-seelisch labilen Herzogs Karl Eugen von

Württemberg, schwang in ihren Worten eine kaum verhohlene Verachtung mit. Die Helden der preußischen Historikerschule des 19. Jahrhunderts kamen auf diesen Seiten schlecht weg, ihr Format schrumpfte unter dem kritischen Blick ihrer Autorin. So ragt etwa Friedrich Wilhelm, der Große Kurfürst, in ihrer Einschätzung weniger als weiser und vorausblickender Staatsmann hervor, sondern vielmehr als «ein Aufschnapper von unbedeutenden Kleinigkeiten» (wie Shakespeare seinen Autolycus im «Wintermärchen» über sich sagen läßt), der Praktiker einer *politique volpinesque* in der Wendung des niederländischen Staatsmannes Jan de Witt, einer Fuchspolitik, welche den Erfolg, den sie hatte, ganz offener Wortbrüchigkeit verdankte.

Dinge dieser Art waren nicht darauf angelegt, bei Nazi-Zensoren Anklang zu finden – ebensowenig wie ein wenig schmeichelhaftes Porträt Friedrichs II. von Preußen, dem sie jegliches Recht absprach, als Aufklärer zu gelten, indem sie ihn als egozentrisch, lieblos und ohne Weitblick schilderte. «Seine Größe», schrieb sie, «lag in seinem Charakter und in seinem Feldherrngenie», doch es war eine Größe, welche die Kräfte seines Landes so dezimierte, daß ein Zusammenbruch seines Systems unvermeidbar war. Es gelang ihm nie, sich über die Grenzen des Zeitalters zu erheben, das die Selbsteingenommenheit seines Schlages von Fürsten geschaffen hatte:

«Es gab für ihn keine Vergangenheit, kein Hauch von dem, was früher einmal Recht und ehrwürdig und heilig gewesen war, rührte ihn an. Unabhängig und wohlgefällig stand er auf dem flachen Boden und in der dünnen Luft seiner Zeit. Das gab ihm eine außerordentliche Sicherheit und erfrischende Offenheit und Wahrhaftigkeit. Fühlte er nicht als Glied des Reiches, so noch viel weniger als Deutschland angehörig und verpflichtet ... Den Begriff Deutschland kannte er nicht, das Reich sah er als eine Republik von Staaten an, die sich bald genug ganz selbständig machen würden ...»

Eine solche Darstellung konnte zum Anstoß nur für ein Regime werden, das von einem Mann geführt wurde, der sich, als seine Schwierigkeiten im Krieg zunahmen, zusehends an dem Vorbild des großen Soldatenkönigs orientierte und von neuen Wundertaten des Hauses Brandenburg träumte.

Ebenso wäre, vom Standpunkt des machthabenden Regimes, das Kapitel über Freiheit und Recht zu beanstanden gewesen, insgesamt eines der bewegendsten Kapitel in der *Deutschen Geschichte,* das mit der Beschwörung der letzten Szenen des *Götz von Berlichingen* beginnt, deren unausgesprochene Botschaft, wie Ricarda Huch sagt, gewesen sei, daß «die deutsche Welt ... die Welt der entrechteten Untertanen [war]», und fortfährt mit einer Reihe von Huldigungen an jene Juristen, Philosophen und Dichter, von A. L. Schlözer, Justus Möser und Karl Friedrich Moser bis hin zu Kant, Suarez und Klopstock, die – jeder auf seine Weise – danach strebten, einen Freiheitsfunken in den Herzen und Sinnen ihrer Landsleute zu entfachen. Zweifellos wurde dieses Kapitel aus derselben Sorge über das, was aus Deutschland geworden war, geschrieben, die auch Ricarda Huchs Brief vom 4. November 1941 an den Grafen von Galen diktierte, den Bischof von Münster, worin sie schrieb: «Erfahren zu müssen, daß unserm Volk das Rechtsgefühl zu fehlen scheint, war wohl das Bitterste, was die letzten Jahre uns gebracht haben. Die dadurch verdüsterte Stimmung erhellt sich, als Sie, hochverehrter Herr Bischof, dem triumphierenden Unrecht sich entgegenstellten, öffentlich, und für die Verunrechteten eintraten.» Als Historikerin muß sie gespürt haben, daß Galens Mut beim Wachrufen allgemeiner Forderungen nach Einhaltung des Gesetzes und der individuellen Rechte nicht mehr erreichen würde als die Schriften derer, die sie in ihrem Kapitel ehrte wie etwa Justus Möser, der in seinem *Osnabrücker Intelligenzblatt* ausgerufen hatte: «Ist denn das deutsche Herz so tief herabgesunken, daß es schlechterdings den Dienst über die Freiheit setzt?» So wie Freiheit, die auf Recht basiert, jedesmal nur dann praktische Formen annahm im Deutschland des ausgehenden 18. Jahrhunderts, wenn die absolutistischen Regimes von einer fremden Macht gestürzt wurden, ebenso hätte aller Wahrscheinlichkeit nach auch ein allgemeiner Wunsch nach Recht und Freiheit nur dann die Möglichkeit gehabt, sich im Deutschland des 20. Jahrhunderts zu entwickeln und durchzusetzen, wenn die Nazi-Tyrannei durch Krieg zu Fall gebracht würde.

Das Argument, Ricarda Huch habe sich glücklich preisen können, daß die Veröffentlichung ihres Buches bis zum Jahre 1949 verzögert wurde, läßt sich nicht von der Hand weisen, auch wenn sie seine Drucklegung nicht mehr erleben konnte. Zu dieser Zeit waren all die grandiosen Pläne, welche die deutsche Vorstellung so angenehm erregt hatten, bereits durch die eisigen Winde der Realität zerstreut worden, all die verführerischen Träume von der Weltherrschaft waren dem Alptraum der Zerstörung durch die Bomben und dem Tod ganzer Armeen gewichen, der Mann, der von der Mehrheit der Deutschen vergöttert worden war, war demaskiert und als Ungeheuer entlarvt worden, und Deutschland war ein Trümmerhaufen, dessen Volk von der Großzügigkeit der Besatzungsmächte lebte und auf dessen Gewissen die Kenntnis lastete, daß Millionen unschuldiger Männer, Frauen und Kinder in deutschen Vernichtungslagern ermordet worden waren. Für die Geschichte, die Ricarda Huch zu erzählen hatte, gab es nunmehr ein empfänglicheres Publikum als in den euphorischen Tagen der Nazi-Arroganz und des Selbstbetrugs. In dieser Geschichte machte Huch unmißverständlich klar, daß seit der Zeit des Dreißigjährigen Krieges zu viele Deutsche bereit gewesen waren, Macht und ihre Verkörperung im Machtstaat als Lösung all ihrer Probleme zu betrachten. Ebenso machte sie klar, daß zu wenige Deutsche auch nur die Möglichkeit in Betracht gezogen hätten, daß deutsche Größe – wie Friedrich Schiller einst argumentierte – ihren wirkungsvollsten Ausdruck in Leistungen der Vernunft und des Geistes findet, in denen das deutsche Volk anderen Nationen um nichts nachstand. Der Untergang des Heiligen Römischen Reiches war ein zwingendes Beispiel für diese kollektive Kurzsichtigkeit und die Verworrenheit der Werte, da die Mittelsmänner der Macht, die dieses Reich zerstörten und dafür bewundert wurden, Gehorsam und Konformität als Preis für ihre Mühen verlangten und die Individualität und den Respekt für Natur- und Gottesgesetz, die im alten Reich floriert hatten, verachteten. Leibniz, der diesen Untergang mit böser Vorahnung verfolgte, zitierte gerne die Worte des protestantischen Pastors Johann Valentin Andreae: «Durch die Verderbnis des eisernen Jahrhunderts stürmen wie durch zwiefach geöffnete Pforten drei Ungeheuer hervor: Atheismus, Barbarei und Sklaverei.» Dies 1949 zu lesen kann nicht sehr trostreich gewesen sein, aber zumindest war es lehrreich und suggerierte einen möglichen Weg zur Wiederherstellung von Ehre und Selbstachtung.

Ricarda Huch war selbst nicht mit dem Ergebnis ihres dritten Bandes der *Deutschen Geschichte* zufrieden. Sie schrieb Martin Hürlimann am 21. Dezember 1941: «Ich richtete mein ganzes Bestreben darauf, aus dem ungeheuren Stoff das Wesentliche herauszugreifen und zusammenzufassen, daß ich darüber zu kurz geworden bin. Ich wollte es nicht ins Breite zerfließen lassen, jetzt schien es mir zu knapp.» An dieser Selbstkritik ist etwas dran. Der Auseinandersetzung mit der Aufklärung mangelt es an Reichhaltigkeit; es finden sich dort rätselhafte Aussparungen (es gibt, wie Huch selber zugab, kein Kapitel zum deutschen Idealismus, anscheinend weil ihr nicht danach war, eines zu schreiben, und sie zuletzt beschloß, das Thema umfassend in einer anderen Studie zu behandeln); und dem Werk als ganzem fehlt es an der anhaltend reflektierenden Qualität und der unverstellten Würde des vorhergehenden Bandes *Das Zeitalter der Glaubensspaltung*.

Diese Mängel (wenn sie denn Mängel sind, und wir sollten uns erinnern, daß *Das Zeitalter der Glaubensspaltung* ein derartiges Meisterwerk ist, daß es Schwierigkeiten bereitet, seine Autorin dafür zu tadeln, daß es ihr nicht in jeder Hinsicht gelang, seine Leistung zu wiederholen) werden ausgeglichen durch die gewichtigen Verdienste dieser straff strukturierten und flüssig geschriebenen Untersuchung, welche im Urteil stets prägnant und in den erläuternden Kommentaren häufig geistreich bleibt. In den politischen Teilen erweist sie sich als meisterhafte Beherrscherin der zeitgenössischen Quellen, mit einer scharfsinnigen Beurteilung der Strategien und Motivationen der Hauptakteure und einem Blick für sprechende Details. So ist man zum Beispiel dankbar für die Information, Leopold I. sei in seinen Absichten durch die feste Überzeugung bestärkt worden, daß Gott nicht nur auf seiner Seite, sondern auch «ein besonders vornehmes Glied der Familie, eine Art sagenhafter Ur-Habsburger» sei. Die Beschreibung der Entstehung des modernen Großmachtsystems nach 1648, der Wiederherstellung Österreichs, dem Aufstieg Rußlands und der Vereitelung der Hoffnung Ludwigs XIV. auf kontinentale Hegemonie durch die Armeen von Marlborough und Prinz Eugen ist in ihrer Direktheit und Pointiertheit weitaus befriedigender als alle kurzen Darstellungen seit Rankes berühmtem Essay von 1833 und dabei weniger impressionistisch als dieser.

Ricarda Huch war stets dann auf der Höhe ihrer Kunst, wenn sie über Religion und deren Rolle in der Gesellschaft sprach, und dieses Buch ist keine Ausnahme von dieser Regel, denn es enthält eine bewegende Darstellung des Glaubensschwundes in einer Zeit, die zusehends materialistisch und von der Politik auf der einen und von der Wissenschaft auf der anderen Seite dominiert wurde. In einer eloquenten Passage in einem

Kapitel mit der Überschrift «Atheismus und Machiavellismus» beklagt sie das Verlöschen des magischen Lichtes, «das einst die Dinge der Erde zauberhaft umhüllte», und daß es «die Spannung zwischen Himmel und Erde nicht mehr [gab], die einst dem Leben Bedeutung gegeben hatte», wobei sie darauf hinweist, daß in den 150 Jahren, die dieser Band umfaßt, Religion aufhörte, ein Band zwischen Gott und den Menschen zu sein, und zu einem bloßen «Bestandteil der Welt und des Staates geworden» war. Sie schließt Martin Luther von der Verantwortung dafür nicht aus, denn trotz seines eigenen tiefen Glaubens hatte er all diejenigen Kräfte unterstützt, die nun die Autorität der Religion ablösten: die weltlichen Fürsten, die er zu Schutzherren seiner Kirche gemacht hatte; die Sektierer und Kultanhänger, die durch seine eigene Kritik am Dogma dazu angeregt wurden, sich willkürlicher und phantastischer Interpretationen der Bibel hinzugeben; die Humanisten und Gelehrten, die er wegen ihrer Kenntnis der alten Sprache verehrt hatte, die aber nun die Vernunft zu einer neuen Form von Religion erhoben und dabei die der Konfessionen ersetzten. Vor allem übertrug sich Luthers eigener Hang zu Autorität auf seine Nachfolger und führte sowohl zu einer rigiden Konformität in der Führungsform der protestantischen Kirche als auch zu einer nüchternen Orthodoxie in der Praxis der Kanzelpredigt, die eine Entfremdung zwischen den Abendmahlsteilnehmern und einen alarmierenden Rückgang des Kirchenbesuchs zur Folge hatte.

In einer Zeit, in der wissenschaftliche Entdeckungen Religion irrelevant zu machen schienen, gab es verhältnismäßig wenige Pastoren, welche die Überzeugung und den Mut hatten, einen Gegenangriff auf die Hohepriester der Vernunft zu unternehmen, wie es Valentin Ernst Löscher in gewaltigen Predigten tat, in denen er argumentierte, daß es eine höhere Ordnung in der Welt gebe als die mechanische, eine Ordnung, die Wissenschaft nicht ausschließe, sondern sie durchdringe, umfasse und beherrsche. Noch gelang es der Kraft des Pietismus, den Ricarda Huch als Verkörperung der Sehnsucht nach einer Religion der Wärme und Liebe beschreibt, die Verkalkung des orthodoxen Luthertums aufzuhalten. Tatsächlich verlor diese Bewegung, wie sie aufzeigt, einen Großteil ihrer ursprünglichen Energie und ihres Potentials für immer, als sie von Enthusiasten und verrückten Propheten, Schöngeistern und sentimentalen Scheinheiligen, Selbstbeweihräucherern der einen oder anderen Sorte und von Menschen entdeckt wurde, die versuchten, materiellen oder gesellschaftlichen Nutzen zu ziehen, indem sie behaupteten, wiedergeboren zu sein.

Wenn der *Untergang des Römischen Reiches Deutscher Nation* auch keine systematische Erörterung der Aufklärung miteinschließt, die uns erlauben würde, ihre Durchschlagskraft und generelle Auswirkung in Deutschland und den relativen Einfluß ihrer moralischen, ökonomischen und politischen Lehren einzuschätzen, so wird diese Aussparung doch durch eine Reihe prägnanter Skizzen ihrer führenden Vertreter ausbalanciert. Diese erstrecken sich von einem substantiellen Kapitel über Leibniz, dem klassischen Beispiel für das ungewisse Leben eines Genies in einem Zeitalter der Macht – einem «Adler im Käfig», wie

Ricarda Huch ihn nennt, der einen Großteil seines Lebens am hannoveranischen Hof verbracht hatte, wo er häufig wie ein gemeiner Diener behandelt wurde; dessen Tod 1716 betrauert und dessen reichhaltiger Beitrag zur Gelehrtenwelt von der Akademie der Wissenschaften zu Paris geehrt, von der zu Berlin jedoch ignoriert wurde, obwohl er deren Gründer war –, bis hin zu einer interessanten und unkonventionellen Erörterung von Johann Heinrich Pestalozzi und Justus Möser, beides Opponenten der Aristokratie, der erstere (zu dem sich Ricarda Huch sowohl durch Ähnlichkeiten hingezogen fühlt, die er in manchen Hinsichten zu Luther hat, als auch durch die Tatsache, daß er aus der Schweiz stammte, ein Land, mit welchem sie eine lebenslange Liebe verband) ein Mann, der sein Leben der Förderung des pädagogischen und materiellen Fortschrittes der einfachen Leute widmete.

Ein spezieller Aspekt der Philosophie der Aufklärung wird von ihr gesondert behandelt: Der kosmopolitische Glaube an die Brüderschaft aller Völker, den Leibniz und Lessing mit Diderot und Thomas Paine teilten und der die deutschen Aufklärer dazu brachte, darauf zu bestehen, daß es keinen Konflikt gebe zwischen ihrer deutschen Identität und ihrem Recht, sich als Weltbürger zu betrachten und, wann immer es angebracht erscheine, als solche zu handeln. Selbstverständlich war auch dies keine Überzeugung, die von den Funktionären des Machtstaates mit Sympathie betrachtet wurde.

Letztlich ist einer der bezauberndsten Aspekte dieses abschließenden Bandes von Ricarda Huchs *Deutscher Geschichte* seine Fähigkeit zu überraschen. Man stößt hier auf Dinge, die man nicht erwartet hätte und für die man dankbar ist. Leopolds I. Glaube an seine verwandtschaftliche Beziehung zu Gott, die bereits erwähnt wurde, ist ein treffendes Beispiel, aber es gibt viele andere, die erwähnt werden könnten. So findet sich auch ein beiläufiger Verweis auf Pöppelmanns Zwinger in Dresden, «eine der berückendsten Visionen der Barockphantasie», der so aussieht, «als habe der Zauber von Aladins Lampe ihn über Nacht aus der Erde wachsen lassen», eine Bemerkung, die in ihrer Knappheit um so eindrucksvoller ist und um so bewegender, als der Leser weiß, was Ricarda Huch damals noch nicht wußte, daß nämlich das architektonische Juwel durch britische Bomber zerstört werden sollte, bevor ihr Buch gedruckt sein würde. Da ist auch noch die Fortsetzung der Diskussion lutherischer Kirchenmusik, die im *Zeitalter der Glaubensspaltung* begonnen wurde und die hier dem Gesangbuch von Luthers Kantor Johann Walter und der Tradition geistlicher Musik angemessenen Tribut zollt, sich aber darüber hinaus auf die ganze Reihe der Meister von Michael Praetorius, Johann Kuhnau, Samuel Scheidt, Hermann Schein und dem vortrefflichsten und kraftvolleren unter diesen Pionieren, Heinrich Schütz, bis hin zu den Meistern des darauffolgenden Jahrhunderts, Johann Sebastian Bach und Georg Friedrich Händel, erstreckt. Es gibt Kapitel über Deismus und Freimaurerei und, als Erweiterung zu letzterem, ein vorzügliches Kapitel über die *Zauberflöte,* in dem einige interessante Parallelen zwischen Mozart und Lessing gezogen werden. Schließlich, um die umfassende, wenn auch kritische Behandlung Preußens in den Kapiteln zum Aufstieg des Machtstaates und dem neuen europäischen Gleichgewicht der Mächte auszubalancieren, erinnert sie mit sanfter Eindringlichkeit: «Politisch hatte Sachsen seit dem Dreißigjährigen Krieg wenig mehr zu bedeuten, kulturell war es herrschend im Reich.»

Ricarda Huch hatte also keinen Grund, sich bei ihrem Verleger für die Schwächen ihres Buches zu entschuldigen. Es war ein gänzlich angemessener Abschluß einer bemerkenswerten Geschichte Deutschlands, gekennzeichnet, wie ihr gesamtes historisches Werk, durch profundes Wissen, scharfsinniges Urteilsvermögen, einnehmenden Stil und tiefe Menschlichkeit.

Übersetzt von Belinda Gardner

Anhang

EDITORISCHE NOTIZ

Der Text des abschließenden dritten Bandes der *Deutschen Geschichte* von Ricarda Huch mit dem Titel *Untergang des Römischen Reiches Deutscher Nation* folgt der 1949 im Atlantis Verlag, Zürich, erschienenen Erstausgabe. Zur Entstehungsgeschichte des bereits im Frühjahr 1941 im Manuskript abgeschlossenen, doch erst zwei Jahre nach dem Tode der Verfasserin veröffentlichten Werkes macht Gordon A. Craig, einer der besten und verständigsten ausländischen Kenner deutscher Geschichte, einige wichtige Mitteilungen. Ihm gilt an dieser Stelle besonderer Dank für seine Würdigung Ricarda Huchs als couragierte, politisch bewußte Historikerin, die sich in den drei Bänden ihrer *Deutschen Geschichte* stets auch als Mahnerin an die Gegenwart verstanden hatte.

Eingriffe in den Textbestand sind nicht vorgenommen worden; dagegen wurde die Orthographie und Interpunktion dem heutigen Gebrauch angeglichen. Übernommen wurden auch die in der Erstausgabe wiedergegebenen Holzschnitte von Lisa Hampe; ihre Stellung im Text konnte im wesentlichen beibehalten werden.

Wolfgang Stammler

VERZEICHNIS
DER WICHTIGSTEN NAMEN

Albertus Magnus (Graf
  Albrecht von Bollstädt),
  Gelehrter und Natur-
  forscher 139
Alexei Michailowitsch, russ.
  Zar 51, 54
Alfieri, Vittorio, Graf,
  italienischer Dichter 261
Altenburg, Michael,
  Musiker 314
Althusius, Johannes,
  dt. Rechts- und Staats-
  philosoph 9
Ampringen, Deutschmeister,
  reichsdt. Fürst 94 f.
Andreae, Johann Valentin,
  protest. Pfarrer 157, 290
Andreas II., König von
  Ungarn 91, 108
Anna, Zarin von Rußland 252
Apelles 323
Aquino, Thomas von 377
Archenholtz, von, Reise-
  schriftsteller 281–284, 421
Aristoteles 18, 36
Arndt, Ernst Moritz,
  Dichter 269
Arnold, Gottfried, Kirchen-
  historiker 193, 316
August, Kurfürst von
  Sachsen 321
August III., König von Polen
  und Sachsen 353

Augustinus 158, 377
Augustus, röm. Kaiser 425

Bach, Johann Sebastian 315,
  324, 418
Bähr, Georg, Dresdner Rats-
  zimmermeister 316
Becker, Johann Joachim,
  kaiserl. Kommerzienrat
  224 ff., 230 f.
Belle-Isle, Charles Louis
  Auguste Fouquet, Herzog
  von, Marschall von Frank-
  reich 252
Berlichingen, Ritter Gottfried
  von 278, 375 f., 396
Blumauer, Dichter von
  Freimaurerliedern 418
Bodin, Jean, franz. Gelehrter
  9, 159, 178, 380
Bodmer, Johann Jakob 426
Böhme, Jakob 315
Boisguillebert, Beisitzer am
  Gerichtshof in Rouen
  124 f.
Bononcini, Giovanni Battista,
  ital. Komponist 326
Bossuet, franz. Bischof 173
Böttger, Johann Friedrich
  318 ff.
Brandt, Eusebius von 27
Breitkopf, Bernhard
  Christoph 320

VERZEICHNIS DER WICHTIGSTEN NAMEN

Butzer, Martin, Pfarrer in Straßburg 100

Caldara, Antonio, ital. Komponist 326, 330
Calixt, Georg, protest. Theologe 174, 378
Calvin 290
Carmer, Johann Heinrich Casimir von 306
Cassan, Jacques de, kgl. Rat 59
Christine, Königin von Schweden 49
Cicero 377
Claudia von Tirol, Gattin Leopolds I. 76
Cleve, Herzog von 19
Clive, Lord Robert 412
Cocceji, Samuel Freiherr von, preuß. Großkanzler 215, 221f., 286, 392
Colbert, Jean Baptiste, Oberintend. d. franz. Finanzen 125
Condé, Ludwig II. von Bourbon Prinz von, Heerführer Ludwigs XIV. 80
Conring, Hermann 177, 272
Cusa, Nikolaus Krebs, Kardinal, Fürstbischof von Brixen 12

Dalberg, Karl Theodor Frhr. von, Kurfürst von Mainz 372, 428ff., 442
Danckelmann, Eberhard Frhr. von, Minister Friedrichs I. 214f., 286

Dante Alighieri 178
Daun, Leopold Joseph Graf, Feldmarschall 256
Derfflinger, Georg Reichsfrhr. von, Feldmarschall 205
Dietrichstein 68
Dohna, Alexander Graf, Landesmarschall von Ostpr. 201, 209

Elisabeth, Zarin von Rußland 257
Elisabeth von Braunschweig, Gem. Karls VI. 249
Elisabeth Christine von Braunschweig-Bevern, Gem. Friedrichs d. Großen 208, 240
Elisabeth Stuart, Gem. Friedrichs V. von der Pfalz 149
Enghien, Herzog von 444
Ernst, Herzog von Sachsen-Gotha 15
Ernst August, Herzog von Hannover 84, 105, 149, 176, 199
Esterhazy 68, 93, 287
Eugen, Prinz von Savoyen 88, 104, 106, 112, 115f., 119, 121ff., 126ff., 203, 207f., 240, 247–251, 322f., 330

Ferdinand II., dt. Kaiser 31, 39, 94
Ferdinand III., dt. Kaiser 33, 60, 83
Ferdinand, Sohn Maria Theresias 357

VERZEICHNIS DER WICHTIGSTEN NAMEN

Ferdinand Maria, Kurfürst von Bayern 61, 78, 102f.
Fichte, Johann Gottlieb 449
Fielding, Henry, engl. Schriftsteller 283
Fischer von Erlach, Johann Bernhard, österr. Architekt 323
Fischer von Erlach, Jos. Emanuel, österr. Architekt 324
Fleming, Paul, Dichter 271, 315
Fleury, André Hercule de, Kardinal 244
Francke, August Hermann, Gründer d. Waisenhauses in Halle 143
Frangipani, Graf, ung. Magnat 91ff.
Franz I., König von Frankreich 65
Franz I., Gemahl Maria Theresias, früher Franz von Lothringen 251, 254, 328, 415, 440
Franz II., dt. Kaiser 428, 439, 441f., 444, 450
Friederike Wilhelmine von Preußen, Markgräfin von Bayreuth, Schwester Friedrichs d. Großen 239f.
Friedländer, Familie 231
Friedrich I., König in Preußen, bis 1701 Kurfürst Friedrich III. 119, 134, 199f., 205, 214, 301, 318
Friedrich I., König von Württemberg 440
Friedrich II. (der Große), König von Preußen 169, 185f., 208, 215, 221f., 229ff., 237–247, 250–258, 261, 263, 273, 277, 286, 290, 297, 304ff., 317, 335ff., 352, 354f., 357, 359–362, 364–370, 372ff., 384, 391f., 425, 427, 429, 435ff., 439
Friedrich II. (der Weise), Kurfürst von Sachsen 310, 313
Friedrich August von Sachsen u. Polen (August der Starke) 132–135, 198f., 319, 321, 350, 353
Friedrich Heinrich von Oranien 85
Friedrich V., Kurfürst von der Pfalz 149
Friedrich Wilhelm I., König in Preußen 135f., 199–203, 205–208, 210, 215f., 221, 229, 237, 242, 273, 302ff.
Friedrich Wilhelm II., König von Preußen 392, 437
Friedrich Wilhelm von Brandenburg (Großer Kurfürst) 25–28, 33, 42ff., 46f., 51f., 54–57, 80f., 84, 96ff., 101f., 105, 110, 119, 161, 177, 199, 205, 223, 229
Fürstenberg, Egon von, Bischof von Straßburg 101
Fürstenberg, Grafen (Brüder) 79
Fugger, Graf 383
Fux, Johann Joseph, Hofkapellmeister Leopolds I. 327, 330

VERZEICHNIS DER WICHTIGSTEN NAMEN

Garrick, David, engl. Schauspieler 284
Gellert, Christian Fürchtegott 273 f., 276, 425
Georg, Herzog von Sachsen 19, 310
Georg, Herzog von Hannover, später König von England 150, 176, 200
Georg, Prinz von Hessen 136
Geyerseck, Marianne von, Sängerin 217
Gluck, Christoph Willibald Ritter von 310, 330
Goethe, Johann Wolfgang von 218, 276, 278, 375, 380 f., 385 f., 396, 399
Gotthelf, Jeremias 400
Grotius, Hugo, Gelehrter 158, 179 f., 378
Guericke, Otto von, Bürgermeister von Magdeburg 32 f.
Gustav IV., König von Schweden 444
Gustav Adolf, König von Schweden 48 ff., 131, 198, 349, 437
Gutjahr, August Wilhelm, Superintendent 210

Haddik, Heerführer Josephs II. 370
Händel, Georg Friedrich 315, 324, 418
Haller, Albrecht von, Dichter 268, 278
Happe, preuß. Kriegsminister 213
Härtel, Gottfried 320
Hasenhut, Anton, Theaterschriftsteller in Wien 329
Hasse, Johann Adolf, Komponist 326
Haugwitz, Friedrich Wilhelm, Graf von 255
Haydn, Franz Joseph 330
Hegel, Georg Wilhelm Friedrich, Philosoph 446–449
Heinitz, Friedrich Anton von, preuß. Minister 262
Heinrich IV., dt. Kaiser 342
Heinrich IV., König von Frankreich 109
Heinrich, Prinz von Preußen, Bruder Friedrichs d. Großen 355, 357, 374
Heinsius, Anton, holländ. Ratspensionär 85, 121, 127
Herder, Johann Gottfried 270, 276, 425
Herold, Johann Gregorius, Porzellankünstler 320
Hetzendorf von Hohenberg, Wiener Baumeister 331
Hildebrandt, Lukas von, österr. Architekt 323
Hobbes, Thomas 9, 11–14, 19, 79, 142, 160 f., 233, 390, 446, 448
Hocher, Hofkanzler Leopolds I. 94
Hofkirchen, Graf, Vizepräsident d. Hofkriegsrats 287
Hoffmann, Bäcker 319
Hohenlohe, Graf von 381

VERZEICHNIS DER WICHTIGSTEN NAMEN

Hohenthal, Graf 293
Homer 276
Hornigk, Philipp Wilhelm von, österr. Staatsmann 99, 226, 228
Hoyos, Graf, Landmarschall 287
Huber, Johann Ludwig, Oberamtmann 217
Humboldt, Wilhelm von 390
Hume, David, eng. Philosoph 165
Hutten, Ulrich von 271, 408
Huygens, Christian, Physiker 319

Jakob II., König von England 102, 111, 113, 120f.
Jerome, König von Westfalen, Bruder Napoleons 427
Joachim I. von Brandenburg 441
Johann Casimir, König von Polen 51, 53
Johann Friedrich der Großmütige, Kurfürst von Sachsen 321
Johann Georg, Kurfürst von Sachsen 105
Johannes, Apostel 419
Jörger, Graf Quirin, Vizepräsident d. Hofkammer 287
Joseph I., dt. Kaiser 108, 122ff., 127, 247, 250, 326f.
Joseph II., dt. Kaiser 307, 331f., 335ff., 339, 341ff., 345ff., 354, 360–372, 381, 383f., 425, 436, 441

Joseph Klemens, Kurfürst von Köln 119, 122

Kändler, Johann Joachim, Porzellankünstler 320
Kalkstein, Christian Ludwig von 26f.
Kant, Immanuel 11, 390, 400, 431ff., 447, 449
Kara Mustapha, Großwesir 95
Karl der Große 99, 342, 442f.
Karl V., dt. Kaiser 5, 31, 39, 61, 64f., 72, 99, 127, 171, 251, 324, 335, 440
Karl VI., dt. Kaiser 29, 108, 121, 124, 127, 137, 207, 245, 247–250, 326f.
Karl II., König von England 66, 102
Karl IV., Herzog von Lothringen 77
Karl V., Herzog von Lothringen 77, 103–108, 115
Karl II., König von Spanien 71 ff., 118, 120
Karl IX., König von Schweden 50
Karl X. Gustav, von Pfalz-Zweibrücken, König von Schweden 49, 51–55, 131, 133f., 349
Karl XI., König von Schweden 132f.
Karl XII., König von Schweden 133 ff., 350

VERZEICHNIS DER WICHTIGSTEN NAMEN

Karl Albert, Kurfürst von
 Bayern (von 1742–1745
 Karl VII., dt. Kaiser)
 250f., 253f., 361
Karl Alexander, Herzog von
 Lothringen, Feldmarschall
 253
Karl August, Herzog von
 Sachsen-Weimar 321
Karl Eugen, Herzog von
 Württemberg 215f., 220f.,
 386
Karl Friedrich, Großherzog
 von Baden 443
Karl Ludwig, Kurfürst von
 der Pfalz 60, 66, 113
Karl Theodor, Kurfürst von
 Bayern und der Pfalz
 316f., 364
Katharina II., Zarin von
 Rußland 352–355, 359,
 362ff., 370
Katte, Hans Hermann von,
 Leutnant 212
Kaunitz, Wenzel Anton
 Reichsfürst von 255, 328,
 356, 367f.
Keiser, Reinhold 315
Kerner, Georg, Bruder d.
 Dichters 421
Khevenhüller, Graf Ludwig
 253
Kinsky 287
Kircheisen, Kammergerichts-
 präs. unter Friedrich
 Wilhelm II. 392
Klopstock, Friedrich Gottlieb
 218, 274–277, 294, 296, 396,
 422, 425

Königsmark, Graf Otto
 Wilhelm von 107
Köprili, Großwesir 95
Kollonich, Graf, Bischof von
 Wien 106
Korbinsky, Rektor 292
Koszinsky, Führer des Polen-
 aufstandes 438
Kuhnau, Johann, Musiker
 314
Kunkel, Johann, Erfinder d.
 Rubinglases 318
Kurz, Johann Felix von, Leiter
 des Kärntnertortheaters in
 Wien 328ff.

Lapide, Hippolithus a (Bogis-
 lav Philipp v. Chemnitz),
 schwedischer Kanzler in
 Pommern 36–39, 41f., 45,
 79, 160, 348, 434
Laroche, Johann, Schauspieler
 in Wien 329
Lascy, österr. General 360,
 370f.
Laudon, Gideon Ernst Frhr.
 von, Feldmarschall 360,
 370
Lebret, franz. Staatsrat 9
Lehmann, Kammerdirektor
 259
Leibniz, Gottfried Wilhelm
 86, 96, 101, 139–151, 157f.,
 167, 169, 172–177, 195f.,
 271, 315f. 319, 401, 424f.,
 432
Leisewitz, Johann Anton,
 Dichter 218
Leo III., Papst 342

VERZEICHNIS DER WICHTIGSTEN NAMEN

Leopold I., dt. Kaiser 29, 54ff., 65–70, 72–76, 78, 83, 87ff., 93f., 99, 102f., 106, 108, 118f., 121f., 247, 255, 322, 326f.
Leopold II., dt. Kaiser 428, 441
Leopold, Fürst von Anhalt 205
Lessing, Gotthold Ephraim 187, 260, 276, 290, 316, 419, 424f.
Liebenberg, Bürgermeister in Wien 106
Liechtenstein 68, 287
Lisola, Franz Paul von, kaiserlicher Gesandter von Leopold I. 43, 56, 82f.
Lobkowitz, Fürst Wenzel Eusebius, kaiserlicher Feldmarschall u. Minister 68, 70, 74, 81, 94, 330
Locke, John, eng. Philosoph 145, 378
Löscher, Valentin Ernst, Theologe 193–197
Löwenstein-Wertheim, Graf 383
Lotti, Antonio, Komponist 326
Louvois, franz. Kriegsminister 98, 101, 113f.
Luben von Wulffen 302
Ludwig Wilhelm, Markgraf von Baden, Feldherr Leopolds I. 108, 115f.
Ludwig XIV., König von Frankreich 60, 65–92, 97–103, 108–113, 117f., 120f., 124f., 126, 141, 180, 425

Luise Henriette von Oranien, Kurfürstin von Brandenburg, Gem. des Großen Kurfürsten 52
Luther, Martin 5, 145, 152, 154f., 163, 170f., 188f., 191, 193f., 196f., 271, 288, 290, 310–315, 346f., 375, 378, 382, 399f., 407, 449
Luxembourg, François-Henri de Montmorency, Herzog von, Marschall Ludwigs XIV. 80, 147

Machiavelli, Niccolò 158f., 243f.
Margarethe Theresia, Gemahlin Leopolds I. 70, 118
Maria Theresia 249, 252–256, 273, 283, 290, 296, 306f., 329–334, 336, 339, 356ff., 360, 364, 384, 415, 435, 441
Marinelli, Theaterleiter Wien Leopoldst. 329
Marlborough, John Churchill Graf von 121, 123
Matthisson, Friedrich von, Dichter 217
Max Emanuel, Kurfürst von Bayern 103, 105, 108, 115, 118f., 122, 250, 326
Maximilian I., dt. Kaiser 255, 310
Maximilian I., Herzog, dann Kurfürst von Bayern 58
Maximilian Heinrich von Bayern, Kurfürst von Köln 79

VERZEICHNIS DER WICHTIGSTEN NAMEN

Maximilian Joseph, Sohn Kaiser Karls VII. 361
Mazarin, Jules, Minister Ludwigs XIV. 60f., 65
Melanchton, Philipp 174
Mendelssohn, Familie 231
Michaelis, Wirkl. Geh. Etatsrat 260
Miege, Guy 268
Milton, John 274f.
Möllendorf, Oberst von 290
Montecuccoli, Raimondo de, Oberbefehlshaber des kaiserlichen Heeres 81, 88ff., 96, 105, 248
Montesquieu, Charles de, Staats- und Geschichtsphilosoph 222, 264–270, 329, 345, 379, 393, 397
Moritz, Karl Philipp, Schriftsteller 269
Moritz von Oranien 85
Moritz, Kurfürst von Sachsen 314, 321
Morosini, Francesco, Heerführer Leopolds I. 107
Möser, Justus 233f., 289, 345, 381, 385ff., 399–414
Moser, Johann Jakob, Staatsrechtslehrer 216f., 386, 435
Moser, Karl Friedrich Frhr. von, Publizist 161, 279ff., 286, 386f., 425, 428
Mozart, Wolfgang Amadeus 330f., 370, 415, 417f.
Müller, Adam Heinrich, Staatsphilosoph 432
Müller, Johann von, Historiker 282

Müller, Wenzel, Kapellmeister 329
Münster, Ernst Friedrich Herbert, Graf 374
Muralt, Beat Ludwig von, Schweizer Schriftsteller 268

Nadasdy, Graf, ung. Magnat 91f.
Napoleon Bonaparte 181, 407, 426f., 429, 433, 439–444, 446, 448
Necker, Jacques, franz. Finanzmann 233
Neuber, Friederike Karoline (gen. «die Neuberin»), Schauspielerin und Theaterleiterin 328
Neuburg, Herzog von 44
Newton, Sir Isaac, engl. Physiker 319

Oelsner, Karl Engelbrecht 421
Oettingen, Graf Notker Wilhelm von 114
Oldenbarneveldt, holl. Staatsmann 80
Otes, James, engl. Staatsrechtslehrer 388
Otto I., der Große, dt. Kaiser 31f.
Oxenstjerna, Axel Gustafsson, Reichskanzler Gustav Adolfs 349

Patkul, Reinhold, livl. Edelmann 133

VERZEICHNIS DER WICHTIGSTEN NAMEN 481

Pestalozzi, Johann Heinrich 399–414, 447 ff.
Peter I. (der Große), Zar von Rußland 130 f., 133 ff., 137, 350, 423 f.
Phidias 323
Philipp II., König von Spanien 64
Philipp IV., König von Spanien 71, 73, 90
Philipp V., König von Spanien 118, 121, 126, 128
Philipp I., der Schöne, König von Kastilien 310
Piccolomini 68
Pirker, Violinspieler 217
Pius VI., Papst 341 f.
Plato 161
Pöppelmann, Daniel, Architekt 316
Poniatowsky, Stanislaus, König von Polen 353
Porpora, Nicola, ital. Barockkomponist 326
Portia 68
Prätorius, Michael, Musiker 314
Praxiteles 323
Prehauser, Gottfried, Leiter d. Schauspieltruppe Wien 328 f.
Pufendorf, Samuel Frhr. von, Rechtslehrer und Philosoph 140, 158

Rachel, Samuel, Gesandter am Friedenskongreß zu Nymwegen 179
Rákoczy, Franz, Großfürst 87, 91, 93
Rappoldstein, Gräfin Agathe von 191
Reimarus, Hermann Samuel, Deist 166
Reinhard, Karl Friedrich, Graf, franz. Diplomat 421 ff.
Reinking 159
Resewitz, Rektor in Magdeburg 280
Richelieu, Kardinal 59, 65, 98
Rieger, Festungskommandant 219
Roche, Sophie la 269
Roloff, Prediger unter Friedrich Wilhelm I. 209
Rousseau, Jean Jacques 280, 345
Rückert, Friedrich, Dichter 269
Ruyter, de, holl. Admiral 128

Savoyen, Adelaide von, Gem. d. Kurfürsten Ferdinand Maria von Bayern 103
Scarlatti, Alessandro 326
Scheidt, Samuel, Musiker 314
Schein, Johann Hermann, Musiker 314
Schikaneder, Johann Emanuel, Librettist 417
Schiller, Friedrich von 380 f., 389, 400, 422, 430
Schirach, Gottlob Benedikt von 436

Schlabrendorff, Ernst
  Wilhelm von 286f., 305f.,
  421
Schleebusch, Domänenrat
  211
Schlieffen, Frhr. von, preuß.
  Generalleutnant 427
Schlözer, August Ludwig
  von, Geschichtsforscher
  308, 381–386, 388
Schnorr von Carolsfeld,
  Besitzer eines erzgebirg.
  Hammerwerks 319
Schönborn, Johann Philipp
  von, Kurfürst von Mainz
  33, 57f., 60, 62f., 77f.
Scholl, Oberamtmann 219
Schrödersche Truppe, Schau-
  spieler 285
Schubart, Christian Friedrich
  Daniel, Dichter 217–220,
  279, 295, 421, 427
Schulenburg, Graf, Minister
  Friedrichs des Großen 427
Schütz, Heinrich, Musiker
  314
Schwarzenberg, Ferdinand,
  Graf 287
Schwerin, Feldherr Friedrichs
  des Großen 257
Seckendorff, Veit von,
  Kanzler d. Herzogs Ernst
  von Sachsen-Gotha
  15, 17, 19f.
Seume, Andreas 291f.
Seume, Johann Gottfried
  291–294
Shakespeare, William 184,
  217, 270, 285

Sieveking, Georg Heinrich,
  Kaufmann 396
Sigismund, König von
  Polen 39, 50
Silbermann, Gottfried,
  Orgelbauer 317
Smith, Adam 232ff.
Sobiesky, Johann von, König
  von Polen 105, 107, 132
Sonnenfels, Joseph Frhr. von,
  Jurist 260, 329f., 334, 409
Sophie, Kurfürstin von
  Hannover, Gem. Ernst
  Augusts 149, 199
Sophie Charlotte, T. d. Kurf.
  Ernst August von Hanno-
  ver, Gem. Friedrichs I.,
  König v. Preußen 149,
  199f.
Sophie Dorothea, Gem. Fried-
  rich Wilhelms I. von Preu-
  ßen 199
Spee, Friedrich von 57
Spener, Philipp Jakob,
  Theologe 191ff., 315,
  378
Spinola, Christoforo di,
  Franziskanergeneral 173f.
Spinoza 14, 142, 319
Starhemberg, Graf Konrad,
  Statthalter von Nieder-
  österreich 287
Starhemberg, Graf Rüdiger
  von 106, 116
Staupitz, Johann von 188
Stranitzky, Johann Anton,
  Leiter einer Schauspieltrup-
  pe 327
Strudel (drei Brüder) 323

VERZEICHNIS DER WICHTIGSTEN NAMEN 483

Stuart, Maria, Gem. Wilh. II. von Oranien u. T. Jakobs II. von England 102, 113
Sturm, Stättmeister 100
Suarez, Carl Gottlieb 391 f.
Süßmilch, Johann Peter, Statistiker 282
Swieten, Gerard van, Leibarzt von Maria Theresia 334

Tacitus 266
Talleyrand-Périgord, Charles Maurice de 443
Tattenbach, Graf 92 f.
Telemann, Johann Philipp, Komponist 315
Thaer, Albrecht 234 f.
Tököly, Emrich, zweiter Gatte der Helene Zriny 93, 95, 121
Trauttmansdorff, Maximilian Graf, österr. Diplomat 82, 369
Treuzettel, Geheimrat 213
Turenne, Henri de Latour d'Auvergne, Feldherr Ludwigs XIV. 80, 96
Turgot, Anne Robert Jacques, franz. Staatsmann 233
Tzschirnhaus, Walter von 319

Vauban, Sebastian le Prêtre de, Marschall von Frankreich 101, 124 f.
Veit, Familie 231
Velazquez, Diego Rodriguez de 71
Villars, Louis Hector, Herzog von, Marschall von Frankreich 128, 249
Vincke, Ludwig Frhr. von, preuß. Staatsmann 393–396, 410
Voltaire, François Marie Arouet de 238 f., 243, 245, 261
Voß, Johann Heinrich, Übersetzer von Homer 276, 295, 400

Waldeck, Graf Georg Friedrich von 34, 42–47, 51, 56, 84 f., 105, 350, 366
Wallenstein, Albrecht von, Herzog von Friedland 50, 248
Walter, Johann, Musiker 313
Waser, Johann Heinrich, Pfarrer 382
Weigel, Valentin, Pädagoge 143, 315
Wernigerode, Graf von 211
Wieland, Christoph Martin 268
Wilhelm I. von Oranien 79
Wilhelm II. von Oranien 80
Wilhelm III. von Oranien 80 f., 84 f., 102, 111, 113, 116 f., 119 f., 127
Wilke, Geheimrat 211 f.
Winkler, Domprediger von Magdeburg 176
Witt, Jan de, holl. Ratspensionär 67, 76, 80 f., 85
Wolff, Christian, Philosoph 195 ff.

Wrangel, Woldemar, schwedischer Generallieutnant 97
Wreech, Generalleutnant von 214

Young, Arthur 235

Zasius, Humanist 159
Zedlitz, Karl Abraham von 287

Zehmisch, Gründer einer Konzertgesellschaft 320
Zimmermann, Johann Georg, Arzt 262f.
Zriny, Helene, Verlobte von Franz Rákoczy 91, 93
Zriny, Peter, Ban von Croatien 91 ff.
Zwingli, Huldrych 408

Die Karten auf dem vorderen und hinteren Vorsatz sind der «Weltgeschichte. Geschichte der Neuzeit. Das politische Zeitalter 1650–1815» von Pflugk-Harttung, Berlin 1908, entnommen.

INHALTSVERZEICHNIS

Einleitung 5

Leviathan 9
Der Fürstenstaat 15
Stände und Städte 22
Kampf gegen das Haus Österreich 36
Brandenburg 42
Dominium Maris Baltici 48
Der Rheinbund 57
Ludwig und Leopold 65
Ludwigs erster Raubkrieg 71
Der holländische Krieg 77
Gegner Frankreichs 82
Ungarn und Türken 87
Straßburg 96
Umschwung 105
Der Spanische Erbfolgekrieg 118
Aufschwung Rußlands 130
Leibniz 139
Atheismus und Machiavellismus 152
Deismus 163
Die Einheit des Abendlandes 171
Freimaurer 182
Orthodoxie und Pietismus 188
Preußen 198
Das Recht im absolutistischen Staat 210

Wirtschaft 223
Friedrich der Große 237
Die Kriege um Schlesien 247
Montesquieu und England 264
Wandel der Sprache 271
Die deutschen Menschen 278
Bauernbefreiung 299
Sachsen 309
Wien 322
Kirche und Staat in Österreich 333
Die Teilung Polens 348
Österreich und Preußen 360
Freiheit 375
Pestalozzi und Möser 399
Die Zauberflöte 415
Kosmopolitismus und Patriotismus 421
Untergang des Reiches 434
Der Machtstaat 446

Nachwort 451

Anhang
EDITORISCHE NOTIZ 471
VERZEICHNIS DER WICHTIGSTEN NAMEN 473

Die Deutsche Bibliothek – CIP-Einheitsaufnahme

Huch, Ricarda:
Deutsche Geschichte / Ricarda Huch. –
Zürich: Manesse Verlag
(Manesse Bibliothek der Weltgeschichte)
Bd. 3. Untergang des Römischen Reiches Deutscher Nation /
mit einem Nachw. von Gordon A. Craig.
29 Holzschnitte von Lisa Hampe.
ISBN 3-7175-8096-5 Gewebe
ISBN 3-7175-8097-3 Ldr.

Umschlag und typographisches Konzept:
Hans Peter Willberg, Eppstein

Copyright © 1988 by Manesse Verlag Zürich
Alle Rechte vorbehalten

HEUT MACH ICH MIR
KEIN **ABENDBROT**
HEUT MACH ICH
MIR **GEDANKEN.**

PREUSZEN UND ÖST

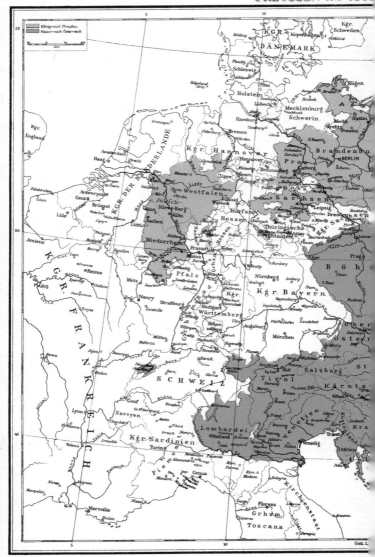